U0885462

长 沙 市 统 计 局
国家统计局长沙调查队 编

长沙统计年鉴

CHANGSHA STATISTICAL YEARBOOK

2019

中国统计出版社
China Statistics Press

ⓒ中国统计出版社有限公司 2019
版权所有。未经许可，本书的任何部分不得以任何方式在世界任何地区以任何文字翻印、拷贝、仿制或转载。

ⓒ2019 China Statistics Press Co.,Ltd.
All rights reserved. No part of the publication may be reproduced or transmitted in any form or by any means, electronic or mechanical, including photocopying, recording, or any information storage and retrieval system, without written permission from the publisher.

图书在版编目（CIP）数据

长沙统计年鉴. 2019 / 长沙市统计局, 国家统计局长沙调查队编. —北京：中国统计出版社, 2019.12
ISBN 978-7-5037-8888-8

Ⅰ. ①长… Ⅱ. ①长… ②国… Ⅲ. ①统计资料—长沙—2019—年鉴 Ⅳ. ①C832.641-54

中国版本图书馆CIP数据核字(2019)第170487号

长沙统计年鉴——2019

作　　者 / 长沙市统计局　国家统计局长沙调查队
责任编辑 / 钟　钰　扶文武
责任校对 / 王成亮
装祯设计 / 孔江陵
出版发行 / 中国统计出版社有限公司
地　　址 / 北京市丰台区西三环南路甲6号
邮政编码 / 100073
电　　话 / 邮购(010)63376909　书店(010)68783171
网　　址 / http://www.zgtjcbs.com
印　　刷 / 长沙市雅高彩印有限公司
经　　销 / 新华书店
开　　本 / 890×1240毫米 1/16
字　　数 / 795千字
印　　张 / 25.5
印　　数 / 1500册
版　　别 / 2019年12月第1版
版　　次 / 2019年12月第1次印刷
定　　价 / 280元

如有印装差错，由本社发行部负责调换。

《长沙统计年鉴—2019》编辑委员会

名 誉 主 任： 夏建平

名誉副主任： 涂文清

主　　　任： 肖正波　汤建尧　张殷海

副　主　任： 张罗先　韦　薇　赵安明　胡建中　曹敬波　何秋萍
廖晓明　聂根深　袁忠文

委　　　员：（按姓氏笔划排列）

丁　伟　万　能　文　英　王　浩　龙　苏　陈建华
刘　静　刘亦彪　刘　权　孙雪祥　朱继军　陈万龙
杨　林　扶文武　易迪炯　胡志伟　胡睿懿　唐晓军
夏晓辉　晏志波　温桂雄　曾劲松　肖　琪　熊应祥

责 任 编 辑： 钟　钰　扶文武

《长沙统计年鉴—2019》资料整理人员

朱　乐　王成亮　罗　颖　邹俊平　严司琛　燕俊杰　李　靖　曾　萌
王　静　张阿兰　曾海平　涂生辉　王　震　刘梦秋　谭俊武　肖　恒
吕晨翼　任重远　左　威　周长胜　雷　湘　曾　勇　余　琦　邓细锋
梁沅芳　曾花林　阙欢欢　顾继忠　熊铁军　盛丽霏　谭晓燕　胡素洁
邓　杰　肖植松　陈　波　欧阳湖　张立军　龙志群　蒋佳妮　孙本正
侯　璇　许　婷

统计公报资料整理： 王成亮

国民经济主要指标解释及计算方法整理： 王成亮

编者说明

一、《长沙统计年鉴—2019 》是一部全面反映长沙市国民经济和社会发展情况的资料性年刊。收录了全市及各区、县（市）2018年经济和社会发展方面的大量统计数据，以及重要历史年份的主要统计数据，还包括全国三十五个直辖市、省会和副省级城市主要经济社会指标对比资料，是一本社会各界全面、深入了解研究长沙的重要工具书。

二、《长沙统计年鉴—2019》首卷为特载一《长沙市2018年国民经济和社会发展统计公报》及特载二《主要经济社会指标统计图》。本年鉴正文内容分为18个篇章，即：1. 综合；2. 国民经济核算；3. 人口、就业和职工工资；4. 固定资产投资、建筑业；5. 财政、金融、保险；6. 物价指数；7. 人民生活；8. 城市建设、环境保护；9. 农业；10. 工业；11. 运输和邮电；12. 国内外贸易、对外经济和旅游；13. 服务业；14. 教育和科技；15. 文化、体育、卫生；16. 区县（市）主要经济和社会指标；17. 全国三十五个直辖市、省会和副省级城市主要经济社会指标；18. 国民经济主要指标解释及计算方法。

三、本年鉴中2018年的统计数据主要源于统计年报（或年快报），部分来自抽样调查或部门统计。全国其他城市数据取自相关资料，最终数据以各地统计局发布为准。因第四次经济普查数据审核尚未完成等原因，部分表格暂缺2018年数据。

四、本年鉴部分数据合计数或相对数由于单位取舍不同及四舍五入处理所产生的计算误差均未作机械调整。

五、本年鉴按照《中国统计年鉴》的大体框架和规范要求编辑。统一使用《中国统计年鉴》指标解释，统一采用国际度量标准计量单位。

六、本年鉴中的符号使用说明：“#”表示其中的主要项；“空格”表示指标数据无该项统计数据或无法收集到该项数据或数据不足最小计量单位；其他符号在表下有注解。

目 录

Contents

一、综　合

General Survey

二、国民经济核算

National Accounts

三、人口、就业和职工工资

Population, Employment and Wages

四、固定资产投资、建筑业

Investment in Fixed Assets and Construction

五、财政、金融、保险

Finance, Banking and Insurance

六、物价指数

Price Indices

七、人民生活

People's Livelihood

八、城市建设、环境保护

Construction of Cities and Environmental Protection

九、农 业

Agriculture

十、工 业

Industry

十一、运输和邮电

Transportation, Postal and Telecommunication Services

十二、国内外贸易、对外经济和旅游

Domestic and Foreign Trade, Foreign Economy and Tourism

十三、服务业

Service Trades

十四、教育和科技

Education, Science and Technology

十五、文化、体育、卫生

Culture, Sports and Public Health

十六、区县(市)主要经济和社会指标

Main Economic and Social Statistical Indicators of District, County and City

十七、全国三十五个直辖市、省会和副省级城市主要经济社会指标

Main Economic and Social Statistics Indicators of National Thirty-five Municipalities, Provincial Capitals and Cities of Sub-provincial Rank

十八、国民经济主要指标解释及计算方法

Explanatory Notes and Calculation Methods on Main Statistical Indicators of National Economy

特载一 2018年长沙市国民经济和社会发展统计公报

2018 年长沙市国民经济和社会发展统计公报

2018 年，面对复杂严峻的外部环境和经济下行压力，在市委、市政府的坚强领导下，长沙全面贯彻落实习近平新时代中国特色社会主义思想和党的十九大精神，深入实施创新引领开放崛起战略，着力建设现代化长沙和"三个中心"，全市经济社会保持了高质量发展良好势头。

一、综　　合

初步核算，全市实现地区生产总值（GDP）11003.41 亿元，比上年增长 8.5%。分产业看，第一产业实现增加值 318.73 亿元，增长 3.3%；第二产业实现增加值 4660.19 亿元，增长 6.8%；第三产业实现增加值 6024.49 亿元，增长 10.7%。第一、二、三产业分别拉动 GDP 增长 0.1、3.3、5.1 个百分点，三次产业对 GDP 增长的贡献率分别为 1.4%、38.5%、60.1%。全市一般公共预算收入 1544.95 亿元，比上年增长 10.1%，其中地方一般公共预算收入 879.71 亿元，增长 9.9%。一般公共预算支出 1329.52 亿元，增长 12.4%。

图 1　2014－2018 年一般公共预算收入及地方一般公共预算收入

全市居民消费价格比上年上涨 2.0%，涨幅增加 0.7 个百分点；商品零售价格上涨 2.5%，涨幅增加 1.1 个百分点。

表 1　2018 年居民消费价格比上年涨跌幅度

指　　标	比上年上涨(%)
居民消费价格	2.0
服务价格	1.6
食品烟酒	2.2
食品	2.9
# 粮食	0.8
食用油	1.3
菜	1.5
畜肉类	-4.1
水产品	2.5
蛋类	8.7
烟酒	1.0
衣着	2.5
居住	2.0
生活用品及服务	1.3
交通和通信	2.2
教育文化和娱乐	1.4
医疗保健	1.6
其他用品和服务	0.9

全市新增城镇就业人员 14.49 万人，年末城镇登记失业率为 2.46 %。

二、农　　业

全市实现农林牧渔业增加值 337.21 亿元，比上年增长 3.5%，其中农业增加值 229.28 亿元，增长 3.6%；林业增加值 21.42 亿元，增长 6.9%；牧业增加值 56.59 亿元，增长 1.3%；渔业增加值 11.44 亿元，增长 0.8%；农林牧渔服务业增加值 18.48 亿元，增长 8.1%。

图 2　2016－2018 年农林牧渔业增加值

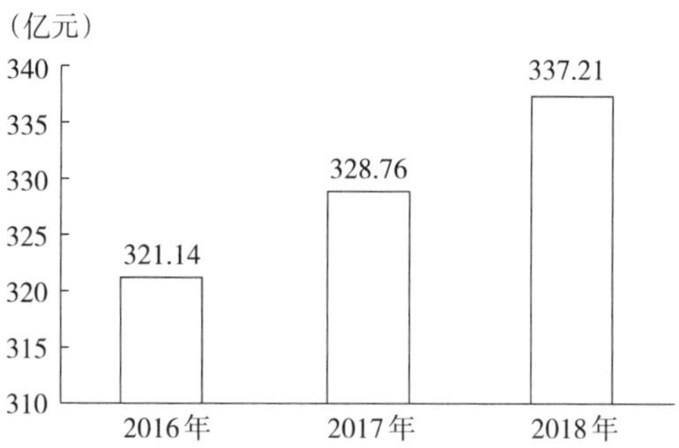

全年粮食播种面积 32.54 万公顷，比上年下降 5.5%，其中稻谷播种面积 29.30 万公顷，下降 7.5%，优质稻种植面积所占比重为 76.8%；蔬菜播种面积 14.63 万公顷，增长 2.6%；油料种植面积 5.51 万公顷，下降 1.3%；出栏肉猪 438.53 万头，增长 0.4%。

表 2　2018 年主要农产品产量及其增长速度

产品名称	计量单位	产　量	比上年增长(%)
粮　食	万吨	215.52	-4.8
棉　花	万吨	0.04	61.7
油　料	万吨	9.74	1.2
茶　叶	万吨	3.67	10.0
蔬　菜	万吨	510.55	3.0
禽　蛋	万吨	4.33	1.1
水产品	万吨	9.26	-0.9
出栏肉猪	万头	438.53	0.4
肉类总产量	万吨	41.24	3.6
牛　奶	万吨	0.54	114.9

农民专业合作组织 11520 个，比上年增长 6.6%；入社农户 24.33 万户，参与农户 39.61 万户。

农业机械总动力 607.50 万千瓦，农业机械总值 33.60 亿元，水稻耕种收综合机械化水平为 79.6 %。

农村基础设施建设投入力度加大，全市开工各类水利工程 4.8 万处，水利工程投入资金 49.94 亿元，水利工程完成土石方 0.49 亿立方米。

三、工业和建筑业

全市全部工业增加值比上年增长 7.2%，其中规模以上工业增加值增长 8.2%；工业增加值占 GDP 的比重为 33.3%。

图 3　2014－2018 年全部工业增加值增长速度

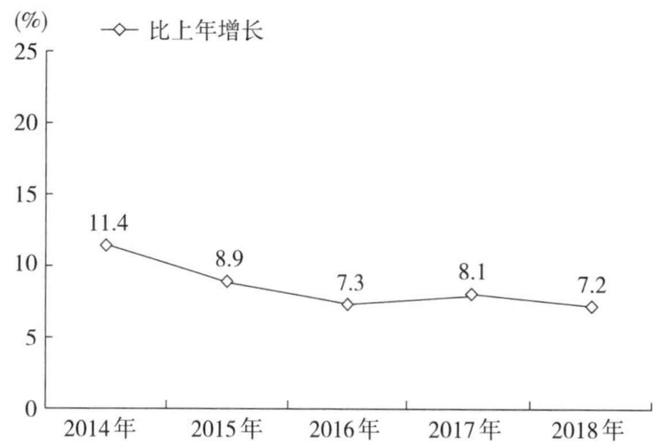

表 3　2018 年规模以上工业增加值增长速度

指　标	比上年增长(%)
规模以上工业	8.2
按经济类型分组：	
国有企业	3.6
集体企业	-13.2
股份合作制企业	14.5
股份制企业	7.5
外商及港澳台投资企业	19.9
其他企业	-2.2
按企业规模分组：	
大型企业	9.4
中型企业	14.4
小微企业	2.4
总计中：	
国有控股企业	3.1
非公有制经济	12.2

全市园区规模以上工业增加值比上年增长 12.3%，占全市规模以上工业增加值的 59.2%，对规模以上工业增长的贡献率达 83.8%。

全市规模以上工业统计的 272 种主要工业产品中，产量比上年增长的有 176 种，占产品总数量的比重为 64.7%。

表4　2018年规模以上工业主要产品产量及其增长速度

产品名称	计量单位	产　　量	比上年增长(%)
饲料	万吨	258.14	2.3
精制食用植物油	万吨	11.43	12.6
酱油	万吨	23.39	2.8
大米	万吨	77.50	-30.9
乳制品	万吨	11.51	11.3
软饮料	万吨	226.43	41.3
精制茶	万吨	2.34	-20.0
卷烟	亿支	1635.56	-2.5
服装	万件	1772.94	-46.0
涂料	万吨	16.53	17.1
化学药品原药	万吨	4.12	5.0
化学试剂	万吨	9.51	40.0
焰火制品	亿元	424.69	5.6
家具	万件	100.61	1.6
水泥	万吨	624.86	-38.8
商品混凝土	万立方米	1302.06	-1.9
铝材	万吨	47.03	-31.7
起重机	万吨	85.44	65.0
挖掘、铲土运输机械	万台	6.43	60.6
压实机械	台	3490	20.5
混凝土机械	万台	3.64	19.6
环境污染防治专用设备	万台	0.18	-91.5
汽车	万辆	38.51	26.7
其中:新能源汽车	辆	53025	72.1
光电子器件	亿只	52.27	559.7
印制电路板	万平方米	68.10	-51.6
电力电缆	亿米	14.81	11.0
自来水生产量	万立方米	91028.38	9.3

全市规模以上工业企业主营业务收入比上年增长5.5%，主营业务成本增长4.9%，利润总额增长7.8%。

全市建筑业增加值997.78亿元，比上年增长10.6%。全年具有建筑业资质等级的独立核算企业完成建筑业总产值4957.72亿元，比上年增长13.3%；房屋竣工面积7482.10万平方米，增长0.5%。

四、固定资产投资

全市固定资产投资比上年增长11.5%。全市计划总投资超过5000万元的在建项目(不含房地产开发)1752个，完成投资占固定资产投资总额的52.7%。

表5　2018年分行业固定资产投资增长速度

行　　业	比上年增长(%)
总　计	11.5
农、林、牧、渔业	56.4
采矿业	-20.4
制造业	17.3
其中:农副食品加工业	-4.7
食品制造业	-0.2
印刷业和记录媒介的复制	-8.1
化学原料及化学制品制造业	58.6
医药制造业	8.4
非金属矿物制品业	27.5
金属制品业	11
通用设备制造业	57.5
专用设备制造业	28.1
汽车制造业	20.8
电气机械及器材制造业	-19.1
计算机、通信和其他电子设备制造业	8.6
仪器仪表制造业	57.9
电力、热力、燃气及水的生产和供应业	187.8
其中:电力、热力的生产和供应业	165.5
建筑业	0.2
交通运输、仓储和邮政业	20.1
信息传输、软件和信息技术服务业	-37
批发和零售业	-34.5
住宿和餐饮业	22.8
金融业	85.7
房地产业	-6.7
租赁和商务服务业	53.2
科学研究和技术服务业	46.5
水利、环境和公共设施管理业	20.2
居民服务、修理和其他服务业	118.5
教育	35
卫生和社会工作	24.4
文化、体育和娱乐业	3.8
公共管理、社会保障和社会组织	76.7
国际组织	

在固定资产投资中，第一产业完成投资（不含水利建设投资）增长59.8%；第二产业完成投资增长22.0%，其中工业投资增长22.1%；第三产业完成投资增长5.0%。高技术产业投资增长5.7%。基础设施建设投资增长12.7%。

全市房地产开发投资1500.76亿元，比上年增长0.7%。全市商品房销售面积2387.35万平方米，增长5.7%；商品房销售额1951.01亿元，增长12.3%。

五、国内贸易

全市社会消费品零售总额4765.04亿元，比上年增长9.9%，剔除物价因素实际增长7.2%。按经营单位所在地分，城镇消费品零售额4240.18亿元，增长9.7%；乡村消费品零售额524.86亿元，增长10.8%。按消费类型分，餐饮收入467.29亿元，增长10.0%；商品零售4297.75亿元，增长9.8%。

表6 2018年社会消费品零售总额及其增长速度

指　　标	零售额(亿元)	比上年增长(%)
社会消费品零售总额	4765.04	9.9
按经营单位所在地分：		
城镇	4240.18	9.7
其中：城区	3628.01	10.0
乡村	524.86	10.8
按行业分：		
批发业	673.38	11.3
零售业	3620.37	9.6
住宿业	57.12	5.8
餐饮业	414.17	10.6
按消费类型分：		
餐饮收入	467.29	10.0
商品零售	4297.75	9.8

限额以上单位商品零售额比上年增长8.9%（全口径，下同，可比口径增速为6.7%），分类别看，粮油、食品类增长20.0%；服装、鞋帽、针纺织品类增长5.5%；化妆品类增长22.1%；金银珠宝类下降5.3%；日用品类增长31.7%；书报杂志类下降18.5%；家用电器和音像器材类下降0.2%；中西药品类增长18.4%；文化办公用品类增长1.8%；通讯器材类增长3.7%；石油及制品类增长20.8%；汽车类增长7.7%。

六、交通和邮电

全市全社会运输周转量588.59亿吨公里，比上年增长7.5%，其中旅客周转量增长7.5%；货物周转量增长8.6%。

表7 2018年交通运输业主要指标及其增长速度

指　　标	计量单位	绝对数	比上年增长(%)
货物周转量	亿吨公里	487.42	8.6
铁　路	亿吨公里	40.69	1.9
公　路	亿吨公里	423.38	10.5
水　运	亿吨公里	17.10	-15.9
航　空	亿吨公里	1.24	20.0
旅客周转量	亿人公里	300.37	7.5
铁　路	亿人公里	84.28	1.1
公　路	亿人公里	41.20	-4.0
航　空	亿人公里	174.88	14.3

全市电信业务总量647.06亿元（2015年不变价），比上年增长159.8%。邮政业务总量112.89亿元（2010年不变价），增长36.3%；邮电业务收入176.42亿元，增长9.0%，其中电信业务收入118.39亿元，增长4.1%；邮政业务收入58.03亿元，增长20.5%。年末本地固定电话用户159.25万户，下降4.7%；移动电话用户1337.07万户，增长11.2%；年末互联网宽带用户328.17万户，增长17.6%。

七、对外经济和旅游

全市进出口总额（海关口径）1283.34亿元人民币（折合193.80亿美元），比上年增长36.8%，其中出口总额823.15亿元，增长40.0%；进口总额460.19亿元，增长31.4%。在出口总额中，机电产品415.8亿元，占比50.5%；高新技术产品167亿元，占比 20.2%。在进口总额中，机电产品 289.3 亿元，占比 62.9%；高新技术产品 146.7 亿元，占比 31.9%。

图 4　2014－2018 年进出口总额

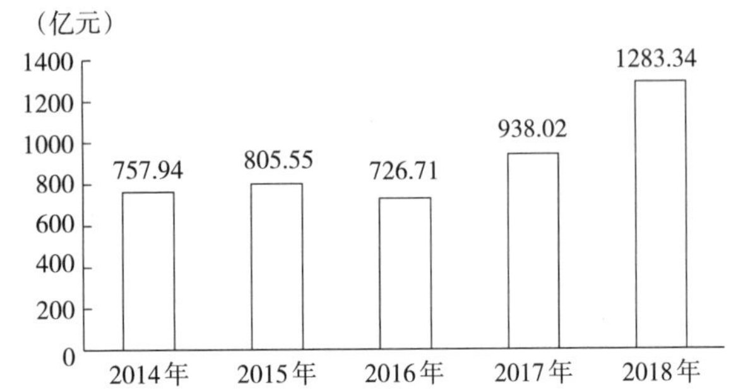

全市利用外资项目 329 个，合同外资金额 106.62 亿美元，比上年增长 35.1%；实际利用外资金额 57.80 亿美元，增长 10.1%。全市实际到位省外境内资金 1061.27 亿元，增长 16.7%。

图 5　2014－2018 年实际利用外资金额

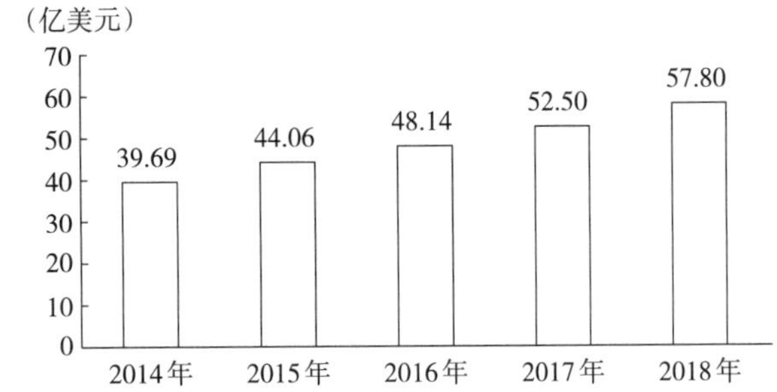

全市接待国内外旅游者 14973.46 万人次；旅游总收入 1808.05 亿元。接待国内旅游者 14843.09 万人次；国内旅游收入 1767.03 亿元。接待入境旅游者 130.37 万人次；入境旅游收入 61987.95 万美元。

八、金　　融

年末金融机构各项存款余额（本外币合计，下同）18633.60 亿元，比年初增加 1491.77 亿元，其中住户存款余额 5692.08 亿元，比年初增加 487.26 亿元。年末金融机构各项贷款余额 18360.89 亿元，比年初增加 2325.02 亿元，其中短期贷款余额 3656.00 亿元，比年初增加 584.57 亿元；中长期贷款 14175.01 亿元，比年初增加 1586.52 亿元。

全年保险公司原保险保费收入 411.82 亿元，比上年增长 24.2%，其中财产保险公司原保险保费收入 140.41 亿元，增长 22.0%；人身保险公司原保险保费收入 271.41 亿元，增长 25.3%。赔付支出 111.66 亿元，增长 17.9%。

九、教育和科学技术

全市有普通高校 51 所，普通高中 88 所，初中学校 242 所，普通小学 937 所。在学研究生 6.76 万人，比上年增长 9.7%；普通高校在校学生 63.60 万人，增长 4.2%；普通高中在校学生 14.03 万人，增长 2.6%；普通初中在校学生 25.85 万人，增长 4.7%；普通小学在校学生 62.22 万人，增长 8.4%；幼儿园在园幼儿 31.13 万人，增长 5.9%。小学适龄儿童入学率 100%，小学升初中入学率 105.8%。全市共投入学生免费入学和资助经费 14.71 亿元，全市所有义务教育阶段 170.43 万人次学生全部享受了免杂费入学，执行公办教育收费标准的 159.83 万人次学生全部享受了“一费制”（含课本费、教辅资料费和作业本费）全免入学，在长沙市就读的 12.8 万名外来务工人员子女，全部享受免杂费、免“一费制”入学。全市补助了 5.6 万人次农村家庭经济困难寄宿学生生活费。

图 6　2014－2018 年高等学校、普通中学在校学生数

全市有科学研究开发机构 95 个，取得省部级以上科技成果 135 项。专利申请 41034 件，比上年增长 10.8%，授权专利 21188 件，增长 23.4%；签订技术合同 3811 项，成交金额 145.15 亿元。高新技术产业增加值比上年增长 14.3%。

十、文化、卫生和体育

全市有艺术表演团体 11 个，文化馆 10 个，公共图书馆 12 个，博物馆（纪念馆）15 个，档案馆 14 个。

全市有卫生机构（含村卫生室）4523 个，其中医院、卫生院 331 个，卫生防疫、防治机构 14 个，妇幼保健机构 11 个。卫生技术人员 8.04 万人，比上年增加 0.30 万人，其中执业医师、执业助理医师 3.04 万人，增加 0.11 万人；注册护士 3.80 万人，增加 0.15 万人。卫生机构床位 7.73 万张，增加 0.36 万张，其中医院、卫生院 6.99 万张，增加 0.34 万张。

图 7　2014－2018 年卫生技术人员数

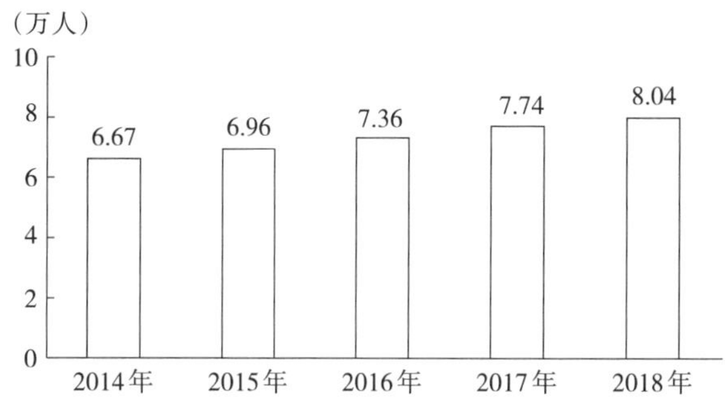

全市开展全民健身项目 220 项次（市级、区县、乡镇街道三级），全民健身运动参加人数达 500 万人。年末拥有各级健身辅导站 700 个，公共体育场地 1956 个。

十一、环境、节能和安全生产

省级自然保护区 1 个，自然保护区面积 0.67 万公顷。地表水水质优良率为 96.4%。

初步核算，全市规模工业综合能源消费量 444.19 万吨标准煤，比上年下降 14.2%。其中六大高耗能行业综合能源消费量 276.82 万吨标准煤，下降 11.7%。重点耗能工业企业的单位产品能耗中，吨水泥综合能耗下降 9.6%，吨水泥熟料综合能耗下降 2.0%，电厂火力发电标准煤耗下降 0.1%。

全市生产安全事故死亡人数 59 人，比上年下降 42.2%；亿元 GDP 各类安全事故死亡人数 0.005 人，下降 50.0%；道路交通事故死亡人数 208 人，下降 4.6%；万车死亡人数 0.82 人，下降 11.8%。

十二、人民生活和社会保障

年末全市常住总人口 815.47 万人，比上年增长 3.0%。按户籍人口计算，人口出生率为 13.67‰，死亡率为 6.77‰，自然增长率为 6.90‰。城镇化率为 79.12%，比上年提高 1.53 个百分点。

全市城镇居民人均可支配收入 50792 元，比上年增长 8.2%。其中，人均工资性收入 27664 元，增长 9.6%；人均经营净收入 7093 元，增长 4.6%；人均财产净收入 6902 元，增长 4.9%；人均转移净收入 9132 元，增长 9.5%；城镇居民人均消费支出 36775 元，增长 6.2%。在城镇居民消费分类中，食品烟酒人均消费 9523 元，增长 11.4%；衣着人均消费 2399 元，增长 10.4%；居住人均消费 7040 元，增长 1.3%；生活用品及服务人均消费 2836 元，增长 0.9%；教育文化娱乐人均消费 6876 元，增长 7.8%；医疗保健人均消费 2569 元，增长 13.4%；其他用品和服务人均消费 826 元，增长 16.7%。城镇居民平均每百户家庭拥有家用汽车 69.2 台，空调 239.1 台，计算机 91.5 台，接入互联网的计算机 81.6 台。城镇居民人均自有现住房建筑面积 42.7 平方米。

全市农村居民人均可支配收入 29714 元，比上年增长 8.6%。农民人均消费支出 20959 元，增长 9.2%。农村居民平均每百户家庭拥有家用汽车 57.1 台，计算机 47.0 台，移动电话机 290.3 台。农村居民人均自有现住房建筑面积 59.4 平方米。

全市有社会福利院、敬老院、养老院、光荣院等 200 所。各类收养性社会福利单位收养人员 2.09 万人。城镇各种社区服务设施 4507 处，其中综合性社区服务中心 683 个。接受社会捐赠 9365 万元。发放居民最低生活保障金 6.23 亿元，居民得到政府最低生活保障人数为 12.54 万人（包括城镇和农村）。

年末参加全市劳动保障部门城镇职工基本养老保险的人数达 253.20 万人，比上年末增长 11.98%，基本养老金社会化发放率达 100%；参加城镇居民养老保险人数为 8.73 万人，参加新型农村养老保险人数为254.94万人；参加城镇职工基本医疗保险人数为235.91万人，增长12.81%；参加失业保险职工人数为154.45万人，增长8.06%，领取失业保险金人数为1.97万人；参加工伤保险职工人数为153.20万人，增长4.52%；参加生育保险人数为163.41万人，增长13.06%；参加城乡居民医疗保险人数为513.09万人。

说明：1. 本公报部分数据为初步统计数，部分数据因四舍五入的原因，存在与分项合计不等的情况。

2. 根据第三次农业普查结果修正2016、2017年农林牧渔业增加值、主要农产品播种面积及产量等数据。

特载二

主要经济社会指标统计图

长沙统计年鉴

户籍总人口（万人）

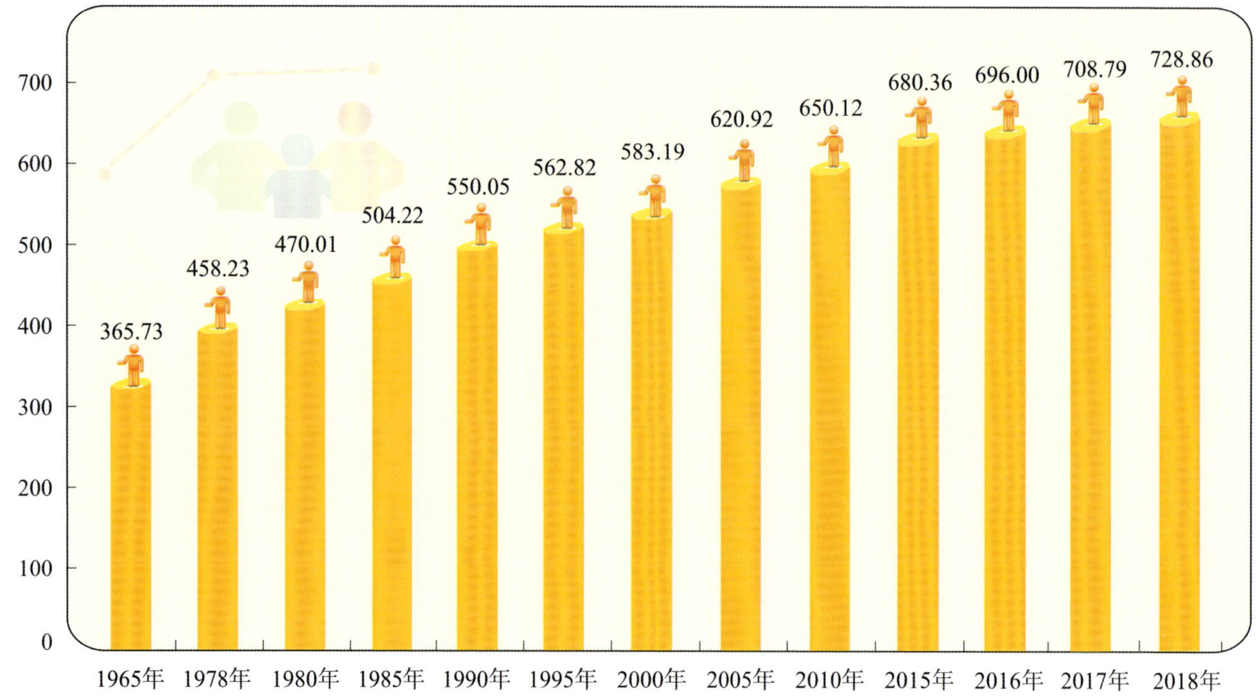

地区生产总值及增长速度（亿元、%）

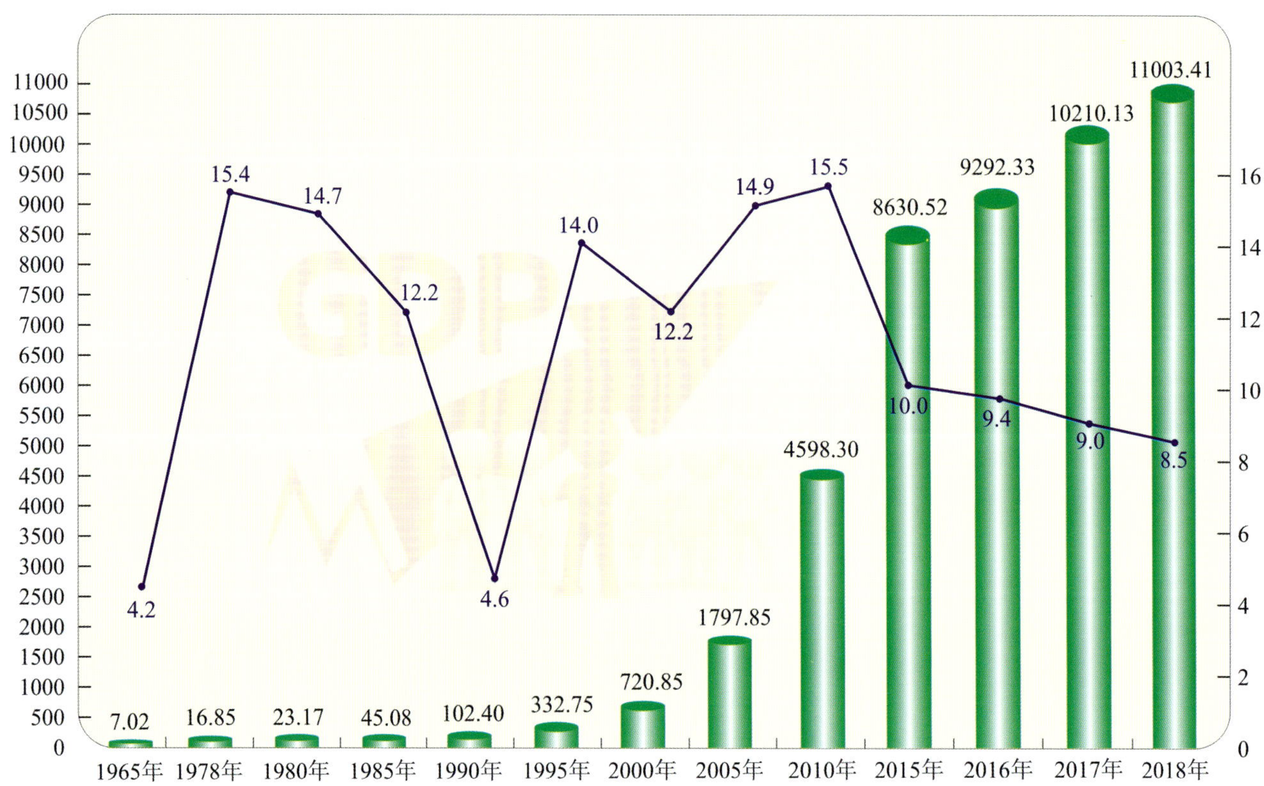

人均地区生产总值（元/人）

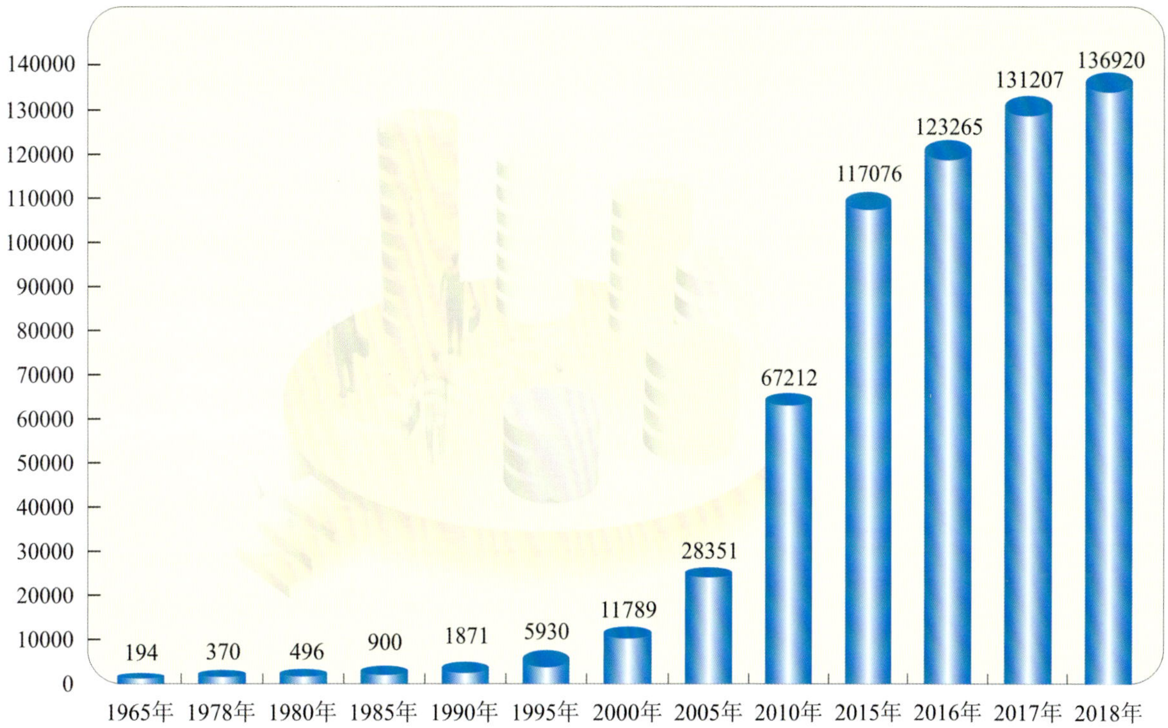

注：2000年以前人均地区生产总值按户籍人口计算，2000年以后按常住人口计算。

三次产业增加值（亿元）

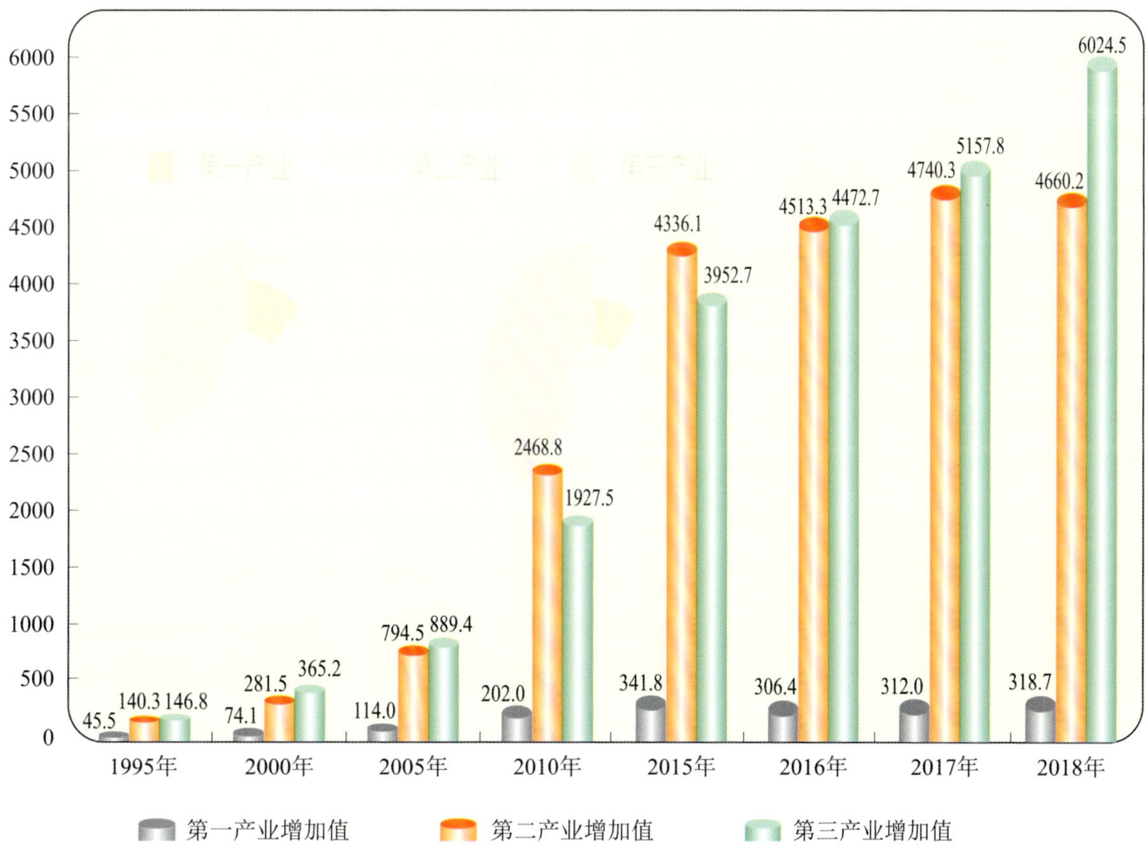

三次产业构成

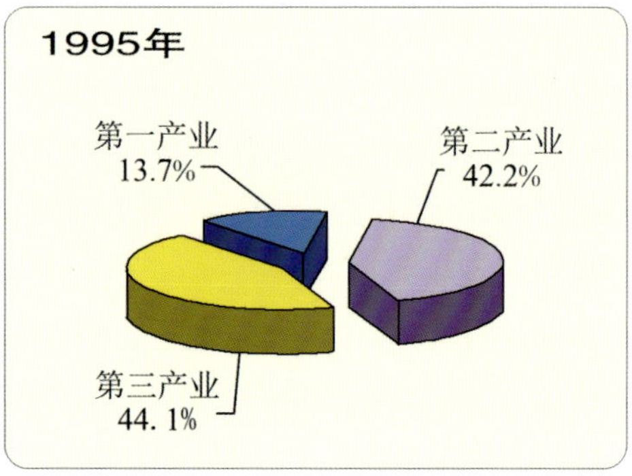

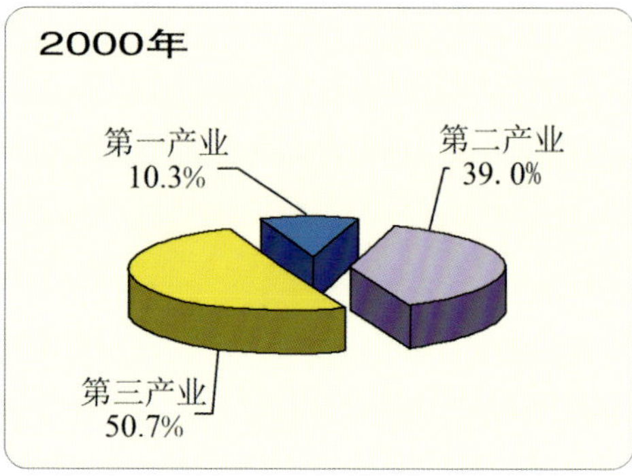

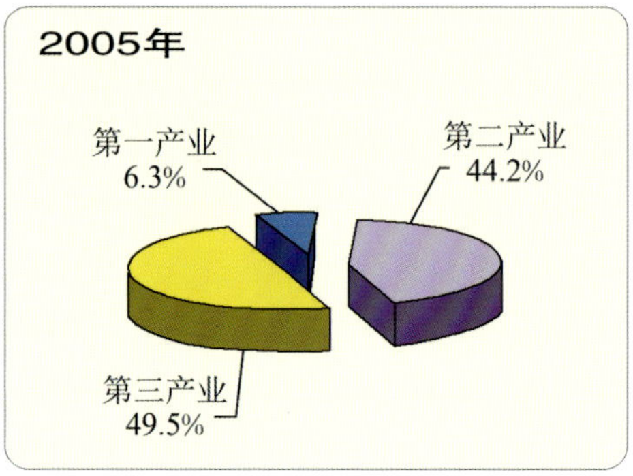

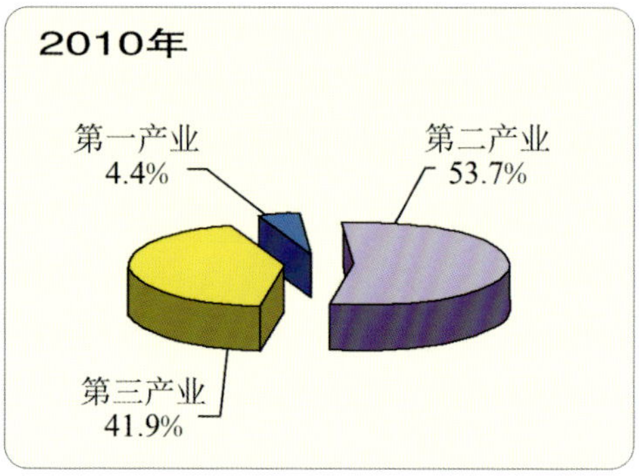

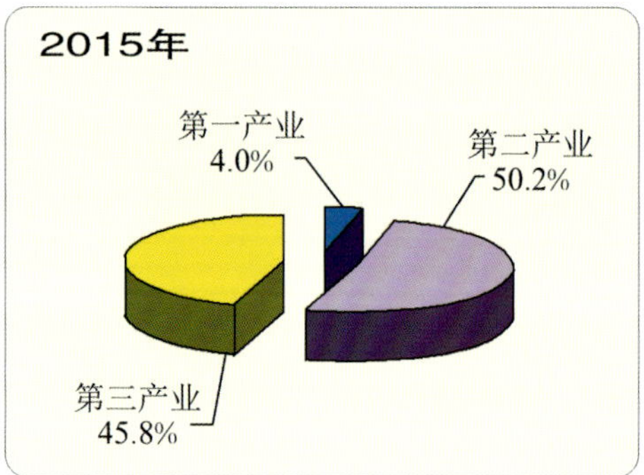

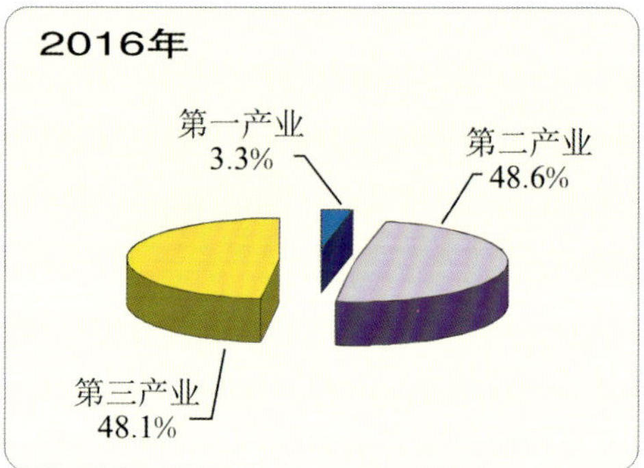

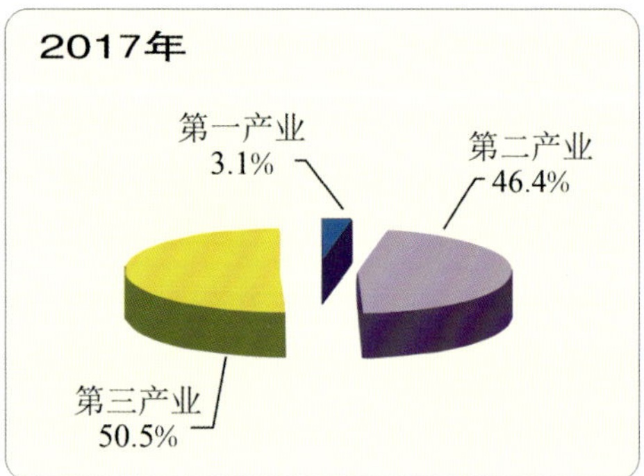

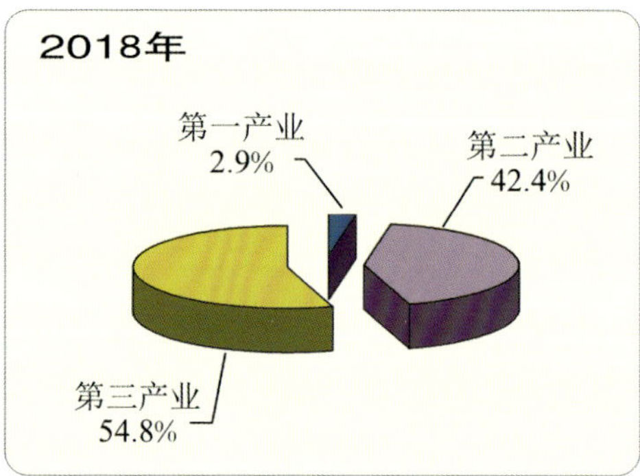

第一产业　第二产业　第三产业

农林牧渔业总产值（亿元）

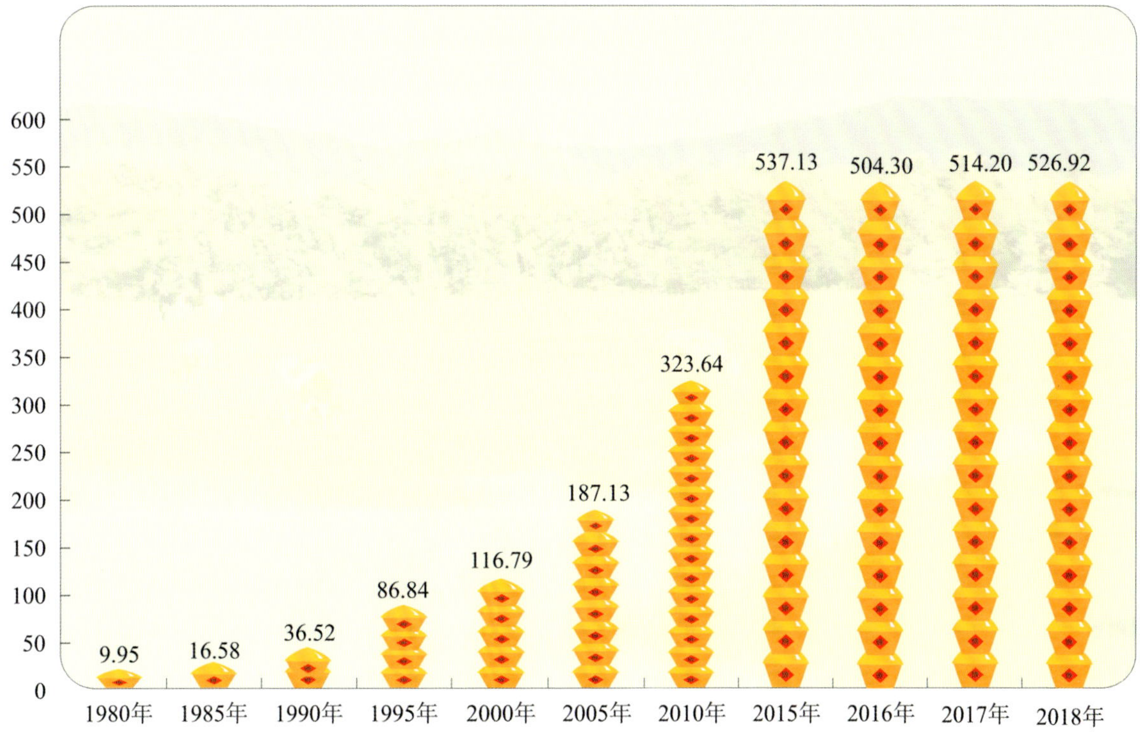

社会消费品零售总额（亿元）

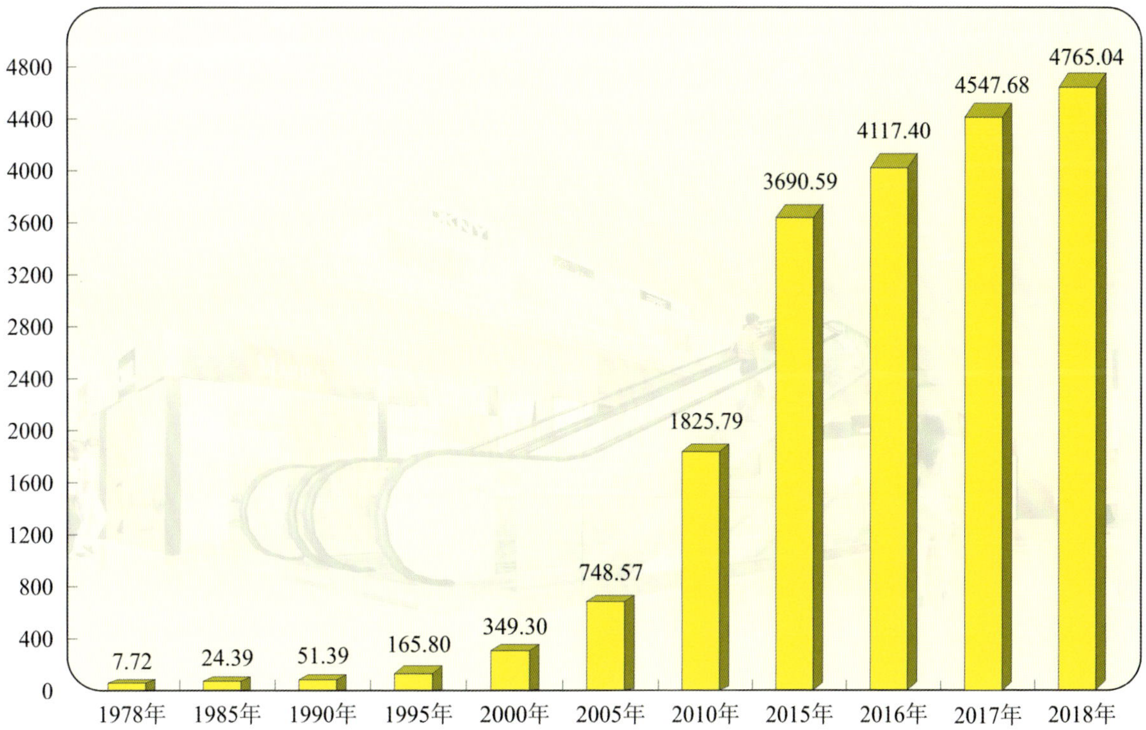

实际使用外商直接投资（亿美元）

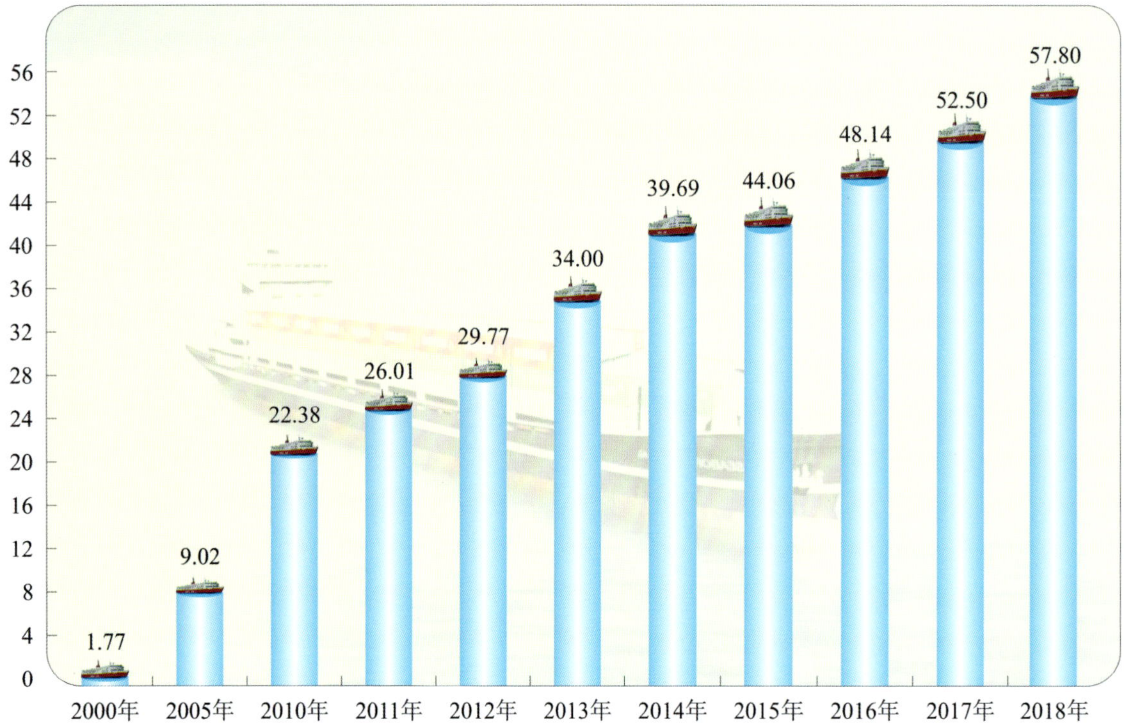

进出口总额（亿美元）

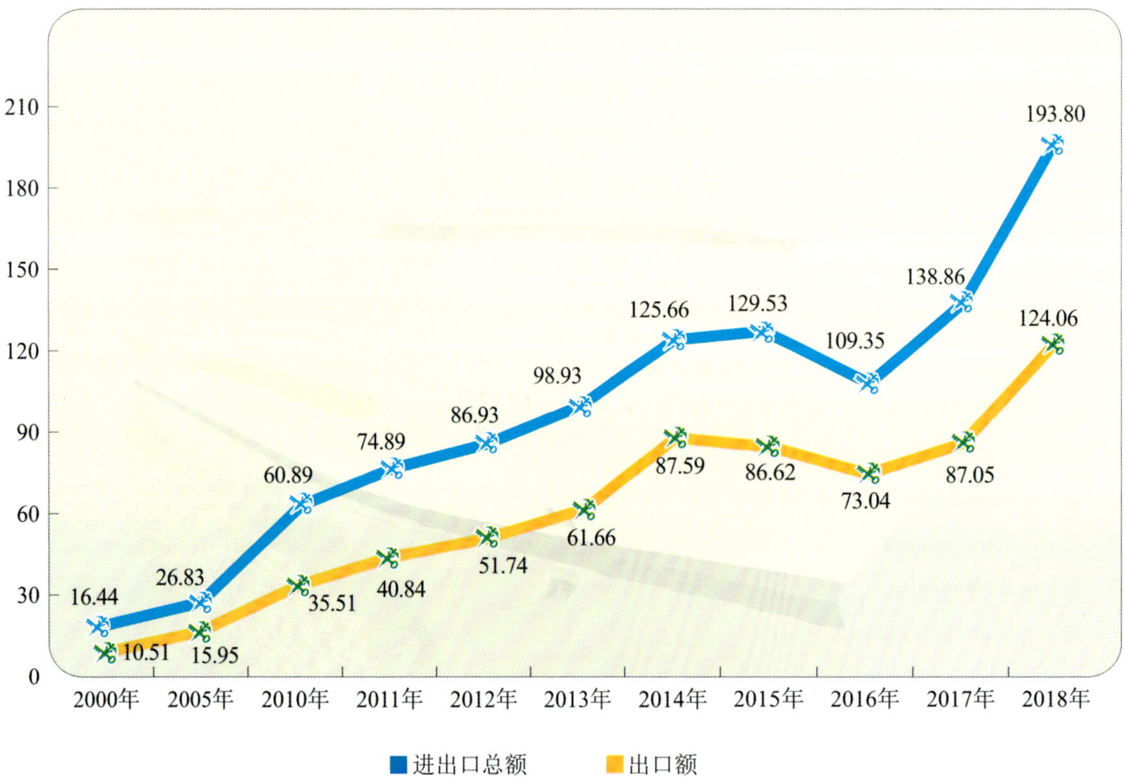

城乡居民储蓄余额（亿元）

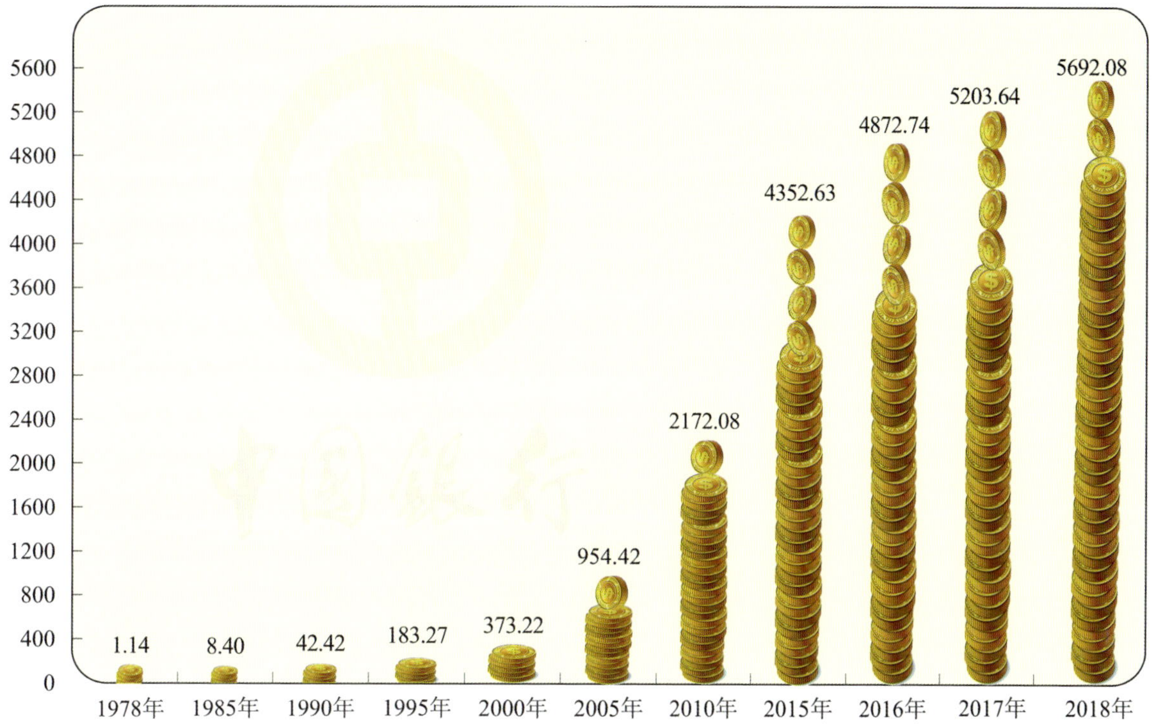

财政收入（亿元）

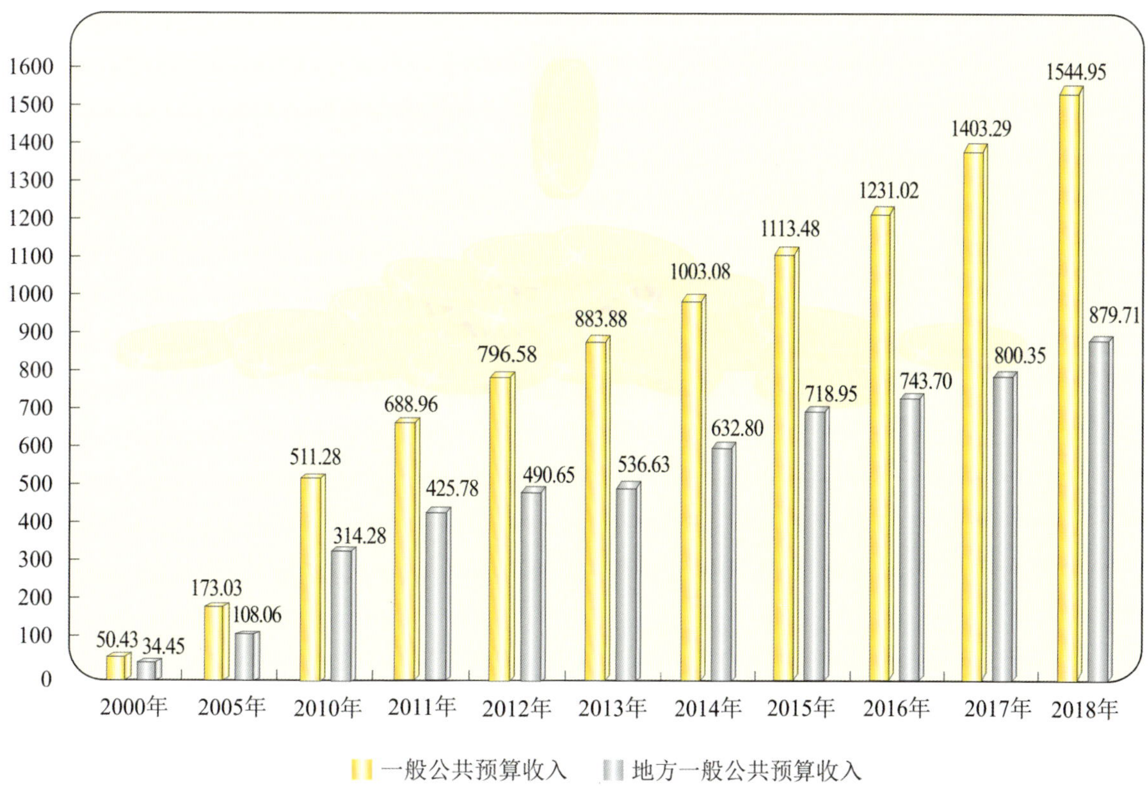

城镇居民人均可支配收入（元）

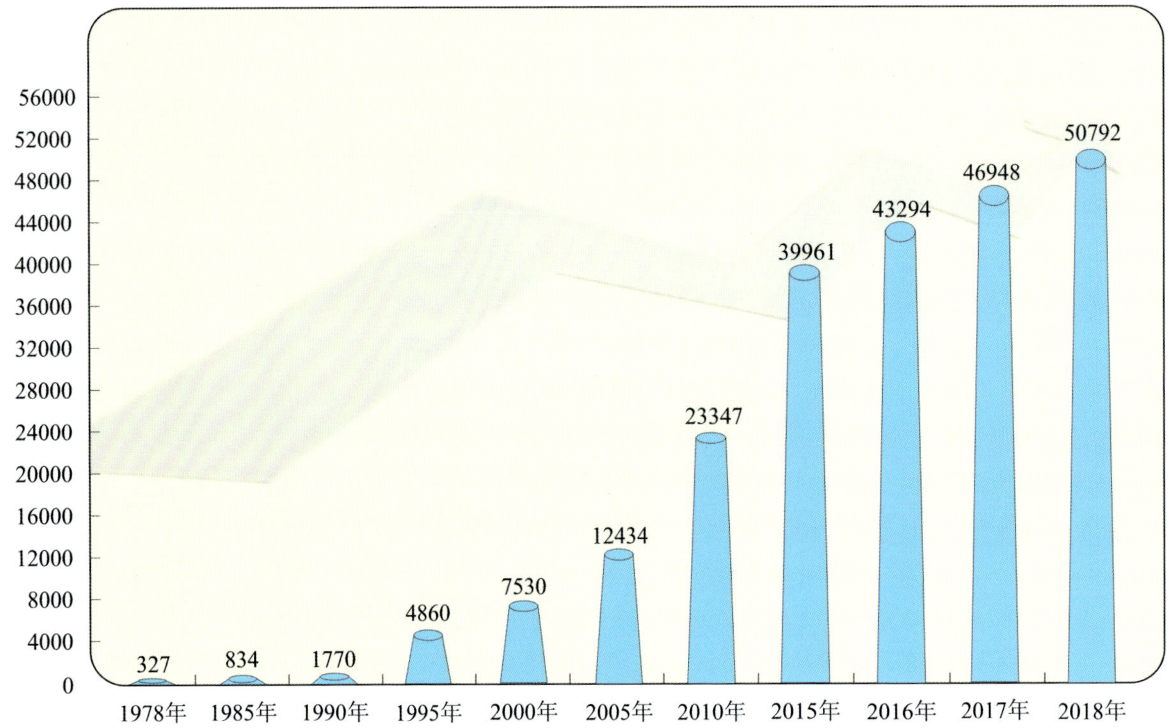

注：2012年以前为城市居民人均可支配收入，2013年开始为城镇居民人均可支配收入。

农村居民人均可支配收入（元）

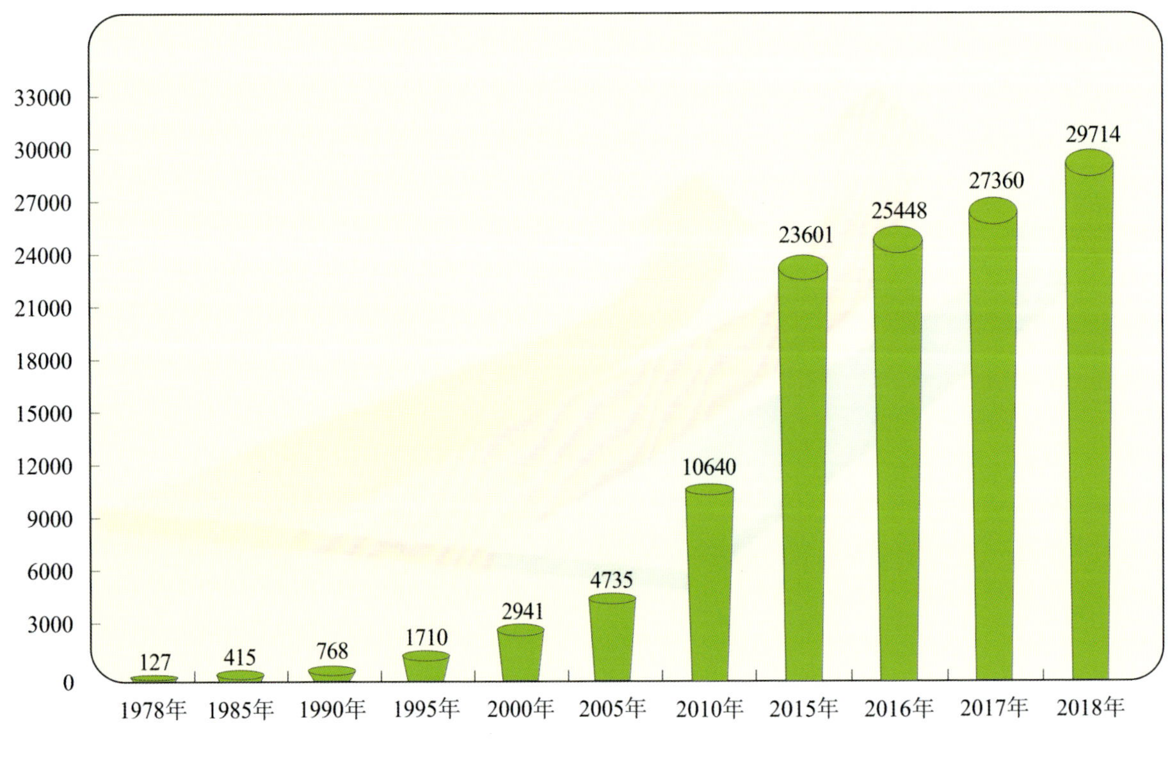

高等学校在校学生数（万人）

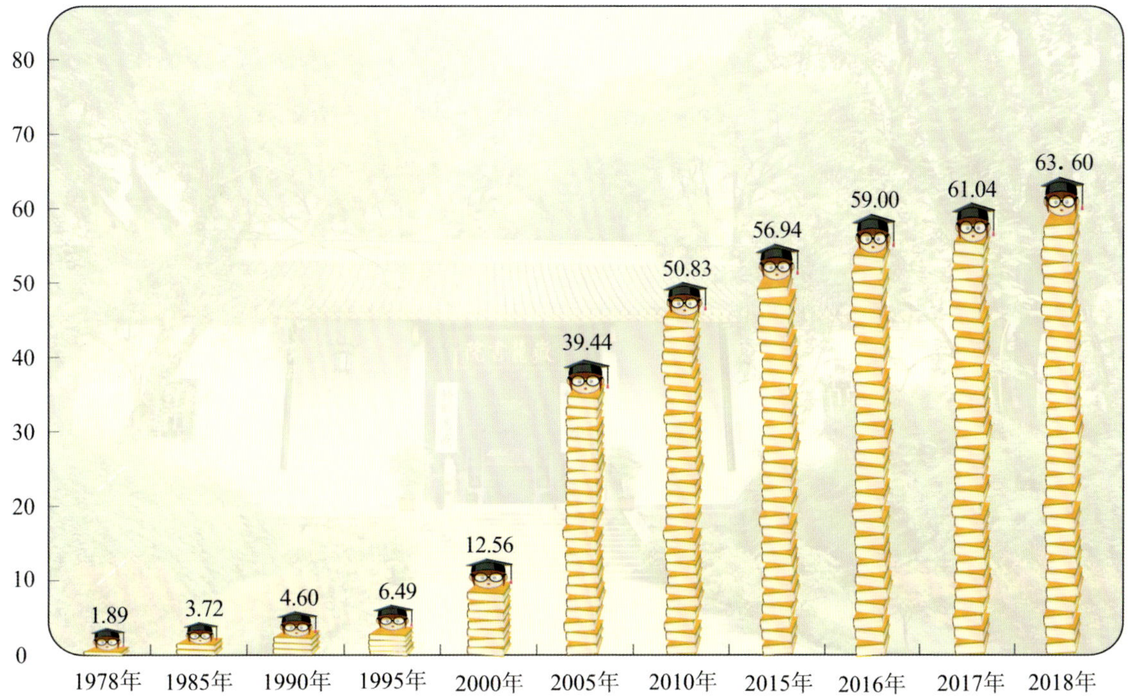

普通中学在校学生数（万人）

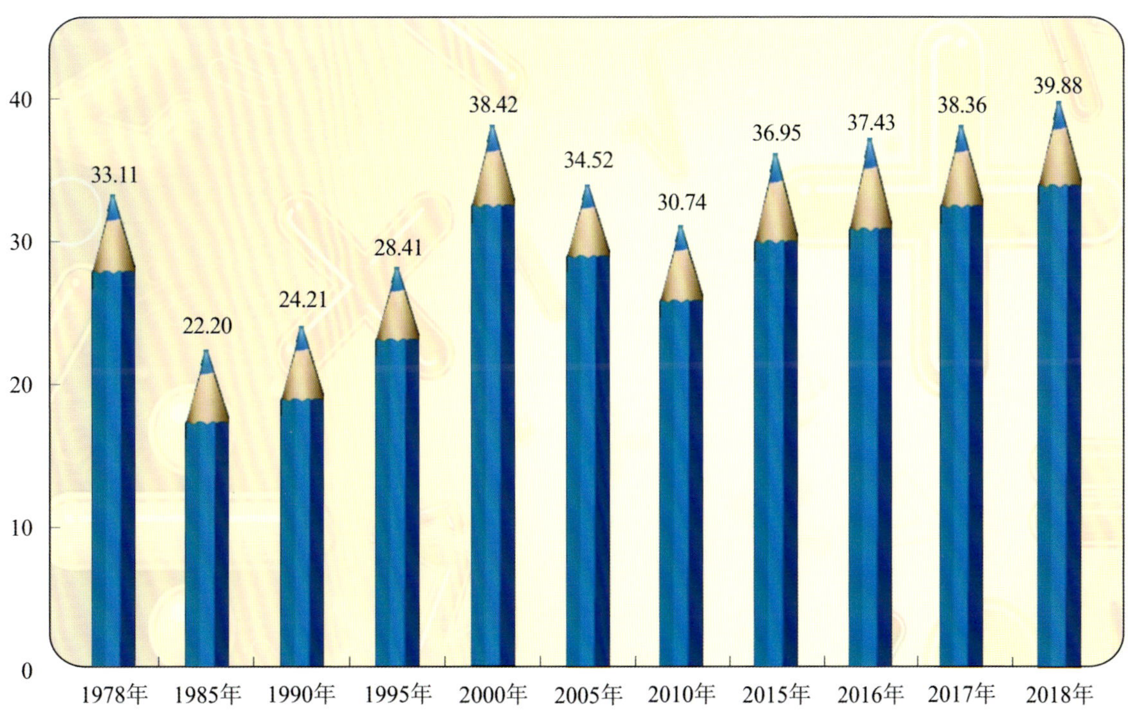

卫生技术人员（万人）

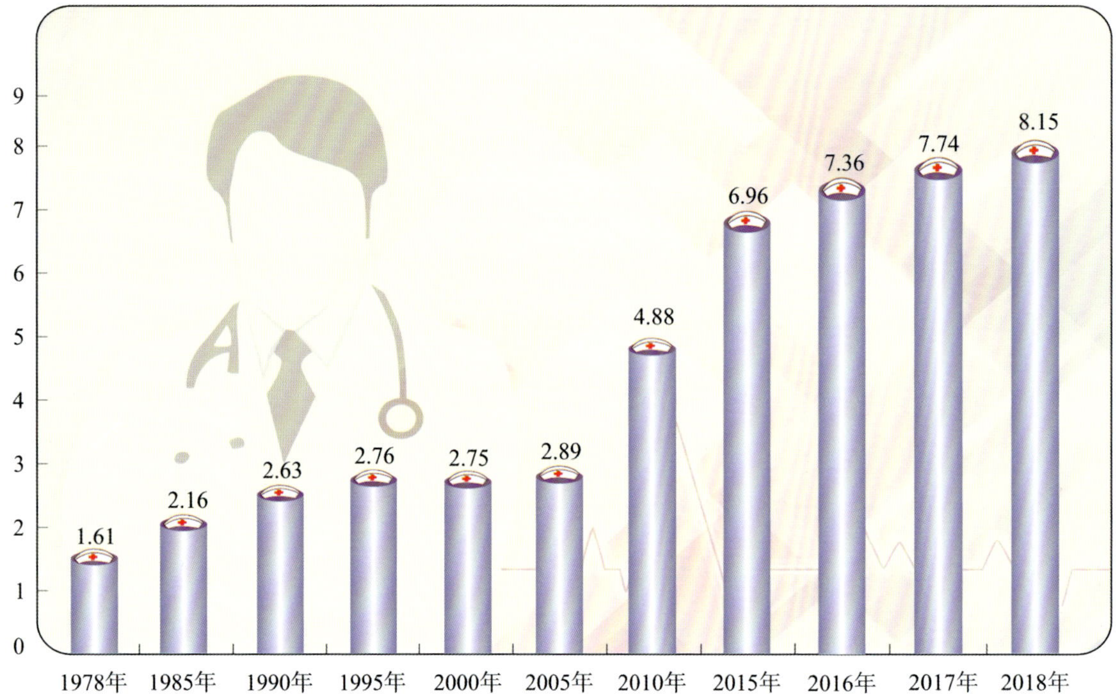

医疗病床数（万张）

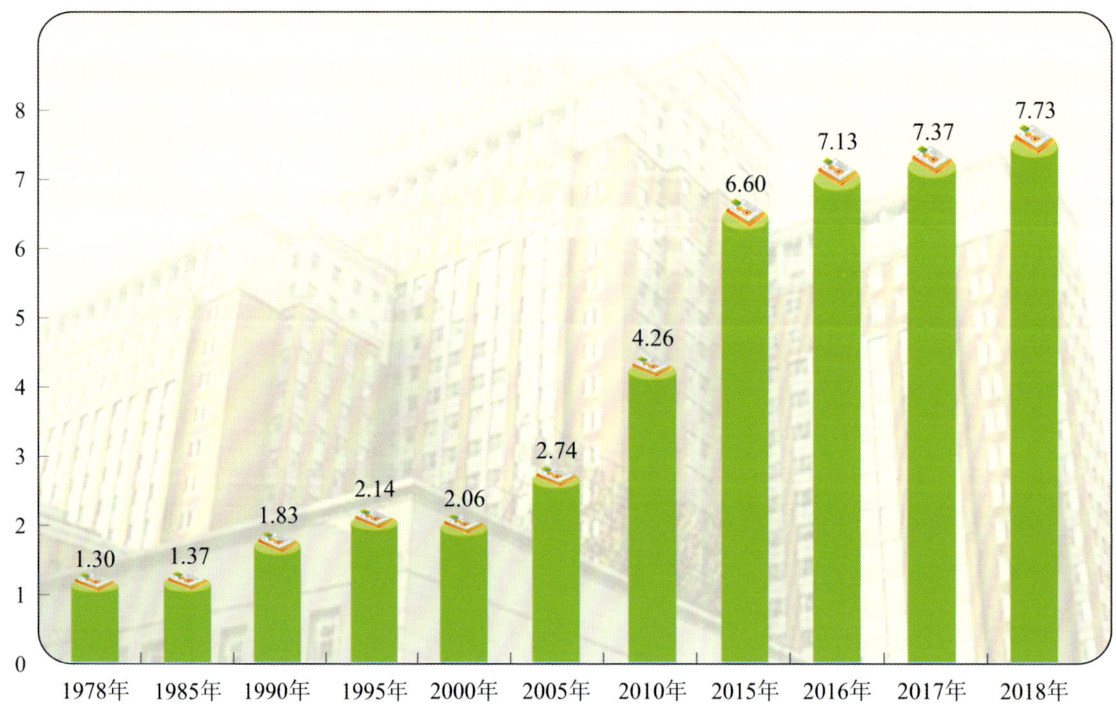

1 综　合

长沙统计年鉴

1-1 自 然 环 境

位置：

长沙位于中国东南部，湖南省东部偏北，湘江下游和长浏盆地西缘。地域范围为东经111°53′～114°15′，北纬27°51′～28°41′。东临江西省宜春地区和萍乡市，南接株洲、湘潭两市，西连娄底、益阳两市，北抵岳阳、益阳两市。

地貌：

长沙地形复杂，湘江两岸形成地势低平的冲积平原，其东西两侧及东南面为地势较高的低山、丘陵。东有属于湘赣边雁阵式山系的大围山，其主峰七星岭，海拔1607.9米，为全市最高处，望城区乔口镇西侧湛湖海拔23.5米，为全市最低处。市区地势为南高北低，南郊的金盆岭、豹子岭，海拔在100米以上。北郊的浏阳河、捞刀河和湘江的汇合处，海拔仅30米，成为市区最低点。

面积：

长沙东西长约230公里，南北宽约88公里。2018年全市土地面积11816.0平方公里，其中市区面积2150.9平方公里，建成区面积444.36平方公里。

河流：

长沙市区属湘江水系。湘江自湘潭昭山流经长沙县西南边境，然后由南向北纵贯市区，经望城区乔口出境。经过市境的长度有74公里，其间流入湘江的支流有15条，其中较大的有浏阳河、捞刀河、靳江、沩水。

气候：

长沙属亚热带季风气候。由于位居盆地内部，距海较远，受冬夏季风转换，地势向北倾斜等因素的影响，气候温和，四季分明。2018年长沙市年平均气温18.5℃，极端最高温度为38.9℃，极端最低温度为零下4.1℃，降雨量1318.3毫米，总日照时数为1622.2小时。

自然资源：

长沙市地下矿藏种类多，以非金属矿具特色。已查明的有铁、锰、钒、铜、铅、锌、硫、磷、海泡石、重晶石、菊花石、煤等50余种，矿点300多处。植被以亚热带常绿阔叶林为主，有自然生长和引进栽培树102科、977种，其中常绿树462种，落叶树515种，乔木457种，灌木414种，竹藤类106种。主要林木有松、杉、栎、樟、楠、椿、茶、油茶、柑橘、毛竹等。1985年市八届人大常委会通过，市人民政府公布香樟为市树，杜鹃花为市花。

1－2 行 政 区 划

年份地区	市辖区数	市辖县（市）数	土地面积（平方公里）	镇 数
1949	5	112		
1965	4	1	3995	
1978	5	2	3995	7
1990	5	4	11818.50	21
2000	5	4	11819.46	75
2001	5	4	11819.46	76
2002	5	4	11819.46	79
2003	5	4	11819.46	81
2004	5	4	11819.46	81
2005	5	4	11819.46	79
2006	5	4	11819.46	80
2007	5	4	11819.46	83
2008	5	4	11819.46	84
2009	5	4	11819.46	86
2010	5	4	11815.96	85
2011	6	3	11815.96	88
2012	6	3	11815.96	82
2013	6	3	11815.96	79
2014	6	3	11815.96	80
2015	6	3	11815.96	67
2016	6	3	11815.96	68
2017	6	3	11815.96	68
2018	6	3	11815.96	69
芙蓉区	1		42.68	
天心区	1		137.40	
岳麓区	1		538.83	2
开福区	1		188.73	
雨花区	1		292.20	1
望城区	1		951.06	5
长沙县		1	1755.62	13
浏阳市		1	4997.35	27
宁乡市		1	2912.09	21

单位:个

街道办事处数	居民委员会数	乡 数	村民委员会数
59	18	11	
25	201	60	1145
39	329	84	1096
35	535	210	2987
50	763	46	3111
52	542	44	2786
54	568	39	2727
54	523	38	2677
54	560	38	1276
55	569	37	1281
55	571	34	1271
53	566	31	1258
53	568	30	1243
57	578	27	1236
59	590	26	1226
62	638	22	1187
82	689	19	1170
94	714	15	1169
94	715	14	1169
94	719	7	1165
94	724	6	765
95	651	6	891
96	683	5	884
13	75		5
14	83		12
17	125		53
16	98		9
12	126		28
11	32		117
5	89		114
4	23	1	300
4	32	4	246

1－3 国民经济主要综合指标

指 标	单 位	1949 年	1965 年	1978 年	1990 年	1995 年	2000 年
一、土地面积	平方公里	112	3995	3995	11818	11819.50	11819.50
# 市区	平方公里	112	177.07	352	367	556.33	556.33
# 建成区	平方公里	6.70	20.93	53.04	101	115	118.82
二、年末户籍总人口	万人	309.24	365.73	458.23	550.05	562.82	583.19
年末常住总人口	万人						613.87
三、地区生产总值	亿元	2.87△	7.02	16.85	102.40	332.75	720.85
第一产业	亿元			5.61	24.38	45.58	74.11
第二产业	亿元			7.44	40.58	140.34	281.50
# 工业	亿元			6.37	34.34	106.57	226.48
第三产业	亿元			3.79	37.44	146.83	365.24
人均地区生产总值	元/人	89△	194	370	1871	5930	11789
四、工业总产值	亿元	0.58	7.97	23.85	117.70	407.95	620.49
五、农林牧渔业总产值	亿元	1.7	2.98	7.38	36.52	86.84	116.79
# 农业	亿元	1.51	2.43			42.66	62.80
六、粮食产量	万吨	74.30	101.01	189.81	264.13	244.80	262.33
七、耕地面积	千公顷	274.27	265.87	255.91	247.93	245.77	242.32
八、固定资产投资	亿元	0.05△	0.54	2.41	18.12	104.95	202.32
# 城镇及以上固定资产投资	亿元						153.34
新增固定资产	亿元	0.05※	0.46	1.32	8.25	49.37	88.34
竣工房屋面积	万平方米	7.02※	34.28	81.41	109.77	314.55	343.54
# 住宅	万平方米	1.19※	13.09	41.17	91.95	168.87	198.51
九、货物运输量	万吨				6165	6419	5910
货物周转量	亿吨公里				26.26	60.13	140.48
旅客运输量	万人					8935	9052
旅客周转量	亿人公里					34.90	34.83
十、邮电业务总量	万元	121	451	704	13870	89069	349844
十一、社会消费品零售总额	亿元	0.92	3.52	7.72	51.39	165.80	349.30
十二、进出口总额	亿美元						16.44
# 出口	亿美元						10.51

2005 年	2010 年	2015 年	2016 年	2017 年	2018 年	2018 年比 2017 年 ± %
11819.50	11816	11816	11816	11816	11816	持平
556.33	958.80	1909.86	2150.90	2150.90	2150.90	持平
167.70	272.39	363.69	374.64	434.82	444.36	2.2
620.92	650.12	680.36	696.00	708.79	728.86	2.8
639.30	704.07	743.18	764.52	791.81	815.47	3.0
1797.85	4598.30	8630.52	9292.33	10210.13	11003.41	8.5
113.98	202.01	341.78	306.36	312.01	318.73	3.3
794.46	2468.80	4336.08	4513.28	4740.32	4660.19	6.8
590.77	2052.45	3602.90	3727.24	3843.54	3667.54	7.2
889.41	1927.49	3952.66	4472.68	5157.80	6024.49	10.7
28351	67212	117076	123265	131207	136920	5.1
1300.62	5487.74	11174.62	12207.73	12411.58		
187.13	323.64	537.13	504.30	514.20	526.92	3.4
92.64	173.59	317.39	312.16	323.94	332.75	3.5
262.28	209.05	236.83	233.07	226.44	215.52	-4.8
246.90	276.79	271.97	270.16	274.16	273.56	-0.2
881.42	3192.57	6363.29	6693.32	7567.77		11.5
791.16	2909.83					
343.72	1471.50	4094.82	3370.70	4286.86		
931.57	1741.56	1432.02	1921.23	1309.89		
612.26	1184.42	964.28	1169.64	804.28		
10991	22947	33932	36767	41739	43792	4.9
100.38	219.25	386.19	387.65	448.79	487.42	8.6
10895	33983	13078	12655	12435	12488	0.4
99.57	194.55	243.69	273.60	279.30	300.37	7.5
802762	846295	2511522	3781152			
748.57	1825.79	3690.59	4117.40	4547.68	4765.04	9.9
26.83	60.89	129.53	109.35	138.86	193.80	39.5
15.95	35.51	86.62	73.04	87.05	124.06	42.5

1－3 续表

指 标	单 位	1949 年	1965 年	1978 年	1990 年	1995 年	2000 年
十三、实际使用外商直接投资金额	亿美元						1.77
十四、全市居民消费价格总指数	上年为 100						
# 城市居民消费价格总指数	上年为 100	109.63◆	97.72	99.63	101.5	117.1	101.7
全市商品零售价格指数	上年为 100						
# 城市商品零售价格指数	上年为 100	105.64★	97.9	99.94	100.2	114	100.7
十五、地方一般公共预算收入	亿元					17.99	34.45
一般公共预算支出	亿元					21.60	41.43
十六、高等学校数	所	2	9	8	21	21	23
高等学校在校学生数	万人	0.27	1.94	1.89	4.60	6.49	12.56
中等职业学校数	所	16	21	23	40	42	40
中等职业学校在校学生数	万人	0.23	0.78	0.98	2.56	5.54	8.41
普通中学在校学生数	万人	1.13	7.54	33.11	24.21	28.41	38.42
小学在校学生数	万人	14.71	59.37	68.01	57.07	62.37	46.65
十七、艺术表演团体	个	9	19	13	12	12	13
十八、图书出版量	万册	1626△	2549	1983	32135	33677	24844
杂志出版量	万份	245△	221	2680	5144	7636	10404
报纸出版量	万份	6786△	17000	30057	40325	55721	62354
十九、卫生机构数	个	34	1035	1195	1346	1100	1036
# 医院、卫生院	个	14	138	248	297	205	263
医疗病床数	张	747	8454	12976	18349	21378	20590
卫生技术人员	人	1253	8779	16068	26307	27553	27460
# 执业医师和执业助理医师	人			7247	12423	12107	12345
二十、城市居民人均可支配收入	元	131△	216	327	1770	4860	7530
农村居民人均可支配收入	元	41	96	127	768	1710	2941
农民人均纯收入	元	48△	103	143	820	1737	3005
二十一、年末金融机构本外币存款余额	亿元					306	826
# 城乡居民储蓄余额	亿元	0.0073※	0.27	1.14	42.42	183	373
年末金融机构本外币贷款余额	亿元					241	632

注：1. 土地面积按当年实际情况整理。

2. ※为 1950 年数，★为 1951 年数，△为 1952 年数，◆为 1953 年数。

3. 工、农业总产值 1990 年以前按不变价格计算；1990 年以后按现行价格计算。

4. 邮电业务总量 1949－1978 年按 1970 年不变价格计算；1990－2001 年按 1990 年不变价格计算；2002 年－2009 年按 2000 年不变价格计算，2010 年以后按 2010 年不变价格计算。

5. 2003 年开始因教育制度改革，现行中等职业学校包括普通中专、职业高中，2002 年以前年份的数据是中等专业学校数据。

6. 人均地区生产总值 2000 年以前按户籍人口计算，2000 年以后按常住人口计算。

7. 2005－2008 年的地区生产总值、社会消费品零售总额、2008 年工业总产值按第二次经济普查数据修正。

8. 根据国家抽样调查情况，全省统一对 2010 年粮食产量数据进行了调整。

2005 年	2010 年	2015 年	2016 年	2017 年	2018 年	2018 年比 2017 年 ± %
9.02	22.38	44.06	48.14	52.50	57.80	10.1
102.3	103.1					
101.9	102.9	101.1	101.9	101.3	102.0	
101.7	103.5					
100.4	103.8	99.6	100.9	101.4	102.5	
108.06	314.28	718.95	743.70	800.35	879.71	9.9
133.05	403.33	925.00	1041.43	1182.60	1300.79	10.0
45	48	51	51	51	51	持平
39.44	50.83	56.94	59.00	61.04	63.60	4.2
104	67	50	51	56	57	1.8
11.27	11.37	9.15	9.30	10.47	11.16	6.6
34.52	30.74	36.95	37.43	38.36	39.88	4.0
33.87	41.35	50.94	53.65	57.42	62.22	8.4
12	12	12	12	12	12	持平
30483	31109	48494	51630	45869	42906	-6.5
10925	12540	13918	13757	11473	8616	-24.9
75309	101861	105635	70934	65592	59510	-9.3
1519	2655	4661	4605	4493	4523	0.7
260	255	284	286	287	331	15.3
27395	42629	66036	71335	73711	77253	4.8
28943	48791	69634	73603	77442	81548	5.3
12088	18258	25599	27271	29265	30793	5.2
12434	23347	39961	43294	46948	50792	8.2
4735	10640	23601	25448	27360	29714	8.6
4908	11206					
2322	6428	14066	15489	17142	18634	8.7
954	2172	4353	4873	5204	5692	9.4
2055	6354	12324	13867	16027	18361	14.6

9. 从 2011 年起，原全社会固定资产投资指标改名为固定资产投资，固定资产投资统计起点由 50 万元提高到 500 万元及以上。
10. 因统计方法制度改革，从 2013 年开始取消农民人均纯收入统计指标，城市居民人均可支配收入调整为城镇统计口径，2012 年以前为城市统计口径，与往年数据不具可比性。
11. 2014 年货物、旅客运输量及周转量统计口径发生变化，与以前年度数据不具可比性。
12. 2014 年邮电业务总量测算方法发生变化，与以前年度数据不具可比性。
13. 因统计制度变化，从 2014 年起居民消费价格指数和商品零售价格数取消全年统计口径数据。
14. 2016 年，将部分研发支出计入 GDP，并对历史数据进行了调整。
15. 图书出版印数 2000 年以前按“书籍”统计，2000 年以后按“图书”统计。
16. 2017 年开始电信业务总量使用 2015 年不变价，而邮政业务总量仍使用 2010 年不变价格，故两者 2017 年不能合计。

1－4　国民经济主要指标平均递增速度

指　　标	1949～1965年	1965～1978年	1949～2018年	1978～2018年	2000～2018年	2010～2018年
一、年末户籍总人口	1.1	1.7	1.3	1.1	1.2	1.4
二、地区生产总值	4.3	5.1	9.3	12.8	13.2	10.9
第一产业				4.9	4.4	3.5
第二产业				14.2	14.7	10.9
# 工业				14.3	15.2	11.5
第三产业				14.3	12.9	11.3
人均地区生产总值				11.3	11.6	8.6
三、工业总产值	18.3	9.9				
四、农林牧渔业总产值	3.2	3.6	4.4	5.0	4.8	3.6
# 农业	2.8	4.4	3.8	4.2	4.9	5.4
五、粮食产量	1.9	5.0	1.6	0.3	－1.1	0.4
六、固定资产投资				22.2	23.1	17.5
新增固定资产	23.4※	3.4	15.3※	20.0	18.7	3.5
竣工房屋面积	19.5※	1.8	7.0※	7.6	8.7	－1.5
# 住宅	25.5※	1.2	7.6※	8.3	9.4	－2.1
七、社会消费品零售总额	9.1	6.8	13.2	17.4	15.6	12.8
八、地方一般公共预算收入					19.7	13.7
一般公共预算支出					21.1	15.8

1－4 续表 单位:%

指 标	1949～1965年	1965～1978年	1949～2018年	1978～2018年	2000～2018年	2010～2018年
九、高等学校数	9.9	－0.9	4.8	4.7	4.5	0.8
高等学校在校学生数	13.2	－0.2	8.2	9.2	9.4	2.8
普通中学在校学生数	12.6	12.1	5.3	0.5	0.2	3.3
小学在校学生数	9.1	1.1	2.1	－0.2	1.6	5.2
十、艺术表演团体	4.8	－2.9	0.4	－0.2	－0.4	0.0
十一、图书出版量	3.5△	－1.9	4.9△	5.0	3.1	4.1
杂志出版量	－1.1△	21.6	5.3△	3.0	－1.0	－4.6
报纸出版量	7.3△	4.5	3.2△	1.7	－0.3	－6.5
十二、卫生机构数	23.8	1.1	7.3	3.4	8.5	6.9
# 医院、卫生院	15.4	4.6	4.7	0.7	1.3	3.3
医疗病床数	16.4	3.4	7.0	4.6	7.6	7.7
卫生技术人员	12.9	4.8	6.2	4.1	6.2	6.6
# 执业医师和执业助理医师				3.7	5.2	6.8
十三、城市居民人均可支配收入	3.9△	4.1				
农民人均纯收入	6.0△	2.6				
城乡居民储蓄余额	27.2※	10.1	21.7※	23.7	16.3	12.8

注:※表示以1950年为基期,△表示以1952年为基期。

1－5 主要指标日均水平

指　　标	单位	1949 年	1965 年	1978 年	1990 年	1995 年
一、地区生产总值	万元	78.53△	192.44	461.52	2805	9116
二、工业总产值	万元	15.87	218.33	627.18	3196	9341
三、地方一般公共预算收入	万元					493
四、农林牧渔业总产值	万元	46.63	81.64	267.56	1001	2479
五、粮食总产量	吨	2036	2767	5200	7236	6707
六、固定资产投资	万元	5.60△	14.89	66.13	496	2875
竣工房屋面积	平方米	192※	939	2230	3007	8618
# 住宅	平方米	33※	359	1128	1265	4622
七、邮电:函件	万件	1.65※	5.28	5.88	17.68	30.52
八、社会消费品零售总额	万元	25	96	252	1408	4543
九、城市生活用水	万吨	0.1	4.33	12.81	34.15	47.23
十、城市公共汽车乘客人数	万人次	1.65	11.29	45.06	72.76	64.77
十一、出生	人		352	193	242	113
死亡	人		94	83	103	101
结婚	对				140	110
离婚	对				14	20
十二、出版报纸	万份	18.59△	46.58	82.35	110.48	150.38
出版杂志	万份	0.67△	0.58	7.34	14.09	20.92
出版图书	万册	4.45△	6.98	5.43	88.04	92.27

注:1. ※为 1950 年数,△为 1952 年数。

2. 1949 年、1965 年工农业总产值按不变价格计算,其他年份按现价计算。

2000 年	2005 年	2010 年	2015 年	2016 年	2017 年	2018 年
19749	49256	125981	236453	254584	279730	301463
17000	35633	150349	306154	334458	340043	
944	2960	8610	19697	20375	21927	24102
3200	5127	8867	14716	13816	14088	14436
7187	7186	5727	6488	6385	6204	5905
5543	24149	87468	174337	183379	207336	
9412	25522	47715	39233	52636	35887	
5439	16774	32449	26419	32045	22035	
23.01	10.74	11.64	4.30	3.40	3.00	3.70
9570	20509	50021	101112	112806	124594	130549
58.21	86.41	72.91	96.27	96.44	101.60	124.11
92.64	214.14	197.87	320.39	308.36	333.51	187.55
170	185	196	268	284	317	269
114	117	100	89	83	355	133
110	125	190	159	159	144	142
17	28	46	60	60	83	74
170.83	206.33	279.07	289.41	194.34	179.70	163.04
28.5	29.93	34.36	38.13	37.69	31.43	23.61
68.07	83.52	85.23	132.86	141.45	125.67	117.55

1－6 主要指标人均水平

指　　标	单位	1949 年	1965 年	1978 年	1990 年	1995 年	2000 年
一、地区生产总值	元	89△	194	370	1871	5930	12368
二、工业总产值	元	19	221	503	2132	6811	10464
三、农林牧渔业总产值	元	55	82	215	667	1548	2004
四、粮食产量	公斤	240	280	417	480	435	450
五、固定资产投资完成额	元	6.34△	15.04	53.02	331	1870	3471
竣工房屋面积	平方米	0.02※	0.09	0.18	0.2	0.56	0.59
六、社会消费品零售总额	元	30	96	201	934	2955	5993
七、职工工资	元	439△	585	601	2135	5319	10137
八、人民生活							
农村居民人均可支配收入	元	48△	103	143	721	1737	3005
城镇居民人均可支配收入	元	131△	216	327	1770	4860	7530
城市居民人均购买主要商品：							
粮食	公斤				134.1	106.8	95.9
油脂类	公斤				7.8	7.7	9.8
鲜菜	公斤				134.9	115.5	115.4
猪肉	公斤				24.2	19.2	17.9
鲜蛋	公斤				5.6	7.8	7.3
煤炭	公斤				159.2	37.4	20.3
液化气	公斤				22.2	29.7	35.4
管道煤气	立方米					1.3	15.3
电	度(千瓦时)					169.2	307.3
九、城市住房建筑面积	平方米						18.6
十、城乡居民储蓄余额	元			25	771	3266	6400
十一、年末医疗病床数	张/千人	0.24	2.34	2.85	3.34	3.8	3.53

注：1. ※为 1950 年数，△为 1952 年数。
2. 1949 年、1965 年工农业总产值按不变价格计算。
3. 1999 年以后职工工资均为在岗职工平均工资。
4. 2003 年以前的除城乡居民调查指标、职工工资、城市住宅居住面积以外的指标按户籍人口计算。
5. 从 2013 年开始，农村居民人均可支配收入开始统计，2012 年及以前为农民纯收入统计口径，城镇居民人均可支配收入 2012 年以前为城市统计口径。

2005年		2010年		2015年		2016年		2017年		2018年	
按户籍人口计算	按常住人口计算	按户籍人口计算	按常住人口计算	按户籍人口计算	按常住人口计算	按户籍人口计算	按常住人口计算	按户籍人口计算	按常住人口计算	按户籍人口计算	按常住人口计算
29202	28351	70909	67212	127692	117077	135028	123265	145361	131208	153075	136920
21126	20510	84625	80193	165333	151589	177392	161938	176703	159498		
3040	2951	4991	4729	7947	7286	7328	6690	7321	6608	7330	6557
426	414	322	306	350	321	339	309	322	291	300	268
14317	13900	49232	46654	94148	86321	97261	88788	107742	97251		
1.51	1.47	2.69	2.55	2.12	1.94	2.79	2.55	1.86	1.68		
12159	11804	28155	26681	54604	50065	59830	54618	64745	58441	63265	56589
21499	21499	38338	38338	67266	67266	77782	77782	85187	85187	93293	93293
4908	4908	11206	11206	23601	23601	25448	25448	27360	27360	29714	29714
12434	12434	23347	23347	39961	39961	43294	43294	46948	46948	50792	50792
95.6	95.6	71.8	71.8	55.7	55.7	59.8	59.8	62.1	62.1	66.4	66.4
13.6	13.6	13.9	13.9	15.5	15.5	17.1	17.1	16.2	16.2	17.5	17.5
121.7	121.7	143	143	93.1	93.1	97.1	97.1	102.3	102.3	132.1	132.1
24.8	24.8	24.8	24.8	23.6	23.6	25.6	25.6	27.3	27.3	36.5	36.5
7.2	7.2	8.3	8.3	7.5	7.5	8.2	8.2	7.7	7.7	8.0	8.0
38.4	38.4	4.3	4.3	13.7	13.7	9.7	9.7	5.4	5.4	4.0	4.0
40	40	19.7	19.7	16.8	16.8	18	18	24.1	24.1	12.1	12.1
35.5	35.5	3.6	3.6	1.1	1.1	0.4	0.4	0.4	0.4	5.2	5.2
626.9	626.9	988.8	988.8	1041.4	1041.4	1234.2	1234.2	1238.6	1238.6	1240.5	1240.5
27.2	27.2	30.9	30.9	45.3	45.3	44.8	44.8	45.5	45.5	42.7	42.7
15503	15050	33495	31741	64399	59046	70806	64638	75615	69028	79186	70829
4.45	4.32	6.57	6.23	9.77	8.96	10.37	9.46	10.71	9.78	10.75	9.61

1－7 长沙市主要经济指标占湖南省的比重(2018年)

	单 位	湖南省	长沙市	长沙市占湖南省的比重(%)
一、地区生产总值	亿元	36425.78	11003.41	30.2
第一产业	亿元	3083.59	318.73	10.3
第二产业	亿元	14453.54	4660.19	32.2
第三产业	亿元	18888.65	6024.49	31.9
人均地区生产总值	元	52949	136920	(比全省高)83971
二、工业增加值	亿元	11916.38	3667.54	30.8
三、粮食产量	万吨	3022.9	215.52	7.1
四、社会消费品零售总额	亿元	15638.26	4765.04	30.5
五、地方一般公共预算收入	亿元	2860.68	879.71	30.8
六、进出口总额	亿元	3079.5	1283.34	41.7
# 出口总额	亿元	2026.7	823.15	40.6
七、实际利用外资金额	亿美元	161.9	57.8	35.7
八、年末金融机构本外币存款余额	亿元	48994.56	18633.60	38.0
# 住户存款	亿元	25381.34	5692.08	22.4
年末金融机构本外币贷款余额	亿元	36460.54	18360.89	50.4
九、城镇居民人均可支配收入	元	36698	50792	(比全省高)14094
城镇居民人均消费性支出	元	25064	36775	(比全省高)11711
农村居民人均可支配收入	元	14093	29714	(比全省高)15621
农村居民人均生活消费支出	元	12721	20959	(比全省高)8238

2 国民经济核算

长沙统计年鉴

2-1 历年总产出

（按当年价格计算） 单位:万元

年份	总产出	第一产业	第二产业	工业	建筑业
1978	445167	94885	261262	228923	32339
1979	512800	100294	298835	263262	35573
1980	566778	99522	330929	290431	40498
1981	597597	102508	343903	301612	42291
1982	653134	115616	364941	313445	51496
1983	716729	133258	386077	328343	57734
1984	848086	140045	467896	388263	79633
1985	1070680	166053	591822	482327	109495
1986	1231664	180977	685235	556770	128465
1987	1544336	212304	861354	700625	160729
1988	2013436	274536	1132867	948752	184115
1989	2292734	307534	1284368	1121732	162636
1990	2498218	365244	1328070	1166550	161520
1991	2942165	368160	1572739	1371512	201227
1992	3807618	409372	2074753	1801621	273132
1993	5028164	480104	2860695	2444544	416151
1994	6595639	725156	3600830	3036926	563904
1995	8240569	868362	4454041	3406708	1047333
1996	10256270	1011363	5687635	4502675	1184960
1997	12039809	1114485	6648486	5344290	1304196
1998	13451981	1137967	7455518	5880203	1575315
1999	14471584	1146479	7981480	6270220	1711260
2000	15978660	1167935	8748929	6902519	1846410
2001	18346572	1239986	9932709	7359676	2573033
2002	20870200	1302245	11076359	7842960	3233399
2003	24604045	1371608	13658734	9648174	4010560
2004	29217117	1720663	16130998	11395605	4735393
2005	39388751	1871313	21397931	15109129	6288803
2006	48161693	1903000	27474114	19588310	7885804
2007	60974271	2171300	36496839	28091372	8405467
2008	75373122	2818996	47177646	37171939	10005707
2009	85876615	2946120	53878897	42642488	11236409
2010	110405737	3236412	74357726	57457785	16899941
2011	136785666	3877163	94213826	73795874	20417952
2012	156137344	4197846	108394151	85490251	22903900
2013	178514938	4546157	123888975	98694685	25194290
2014	201713514	4822930	140099800	108339183	31938725
2015	222614022	5279133	153389323	118803007	34781819
2016	242707442	4774581	166626076	128976089	37864500
2017	275963310	4837516	189023787	145389176	43872286
2018	296417906	4933689	194999219	145422006	49577213

注:2004 年开始行业分类按《国民经济行业分类》GB/T4754－2002 标准执行;2014 年执行新的《三次产业划分规定》,第一产业不含农、林、牧、渔服务业,划入第三产业;第二产业不含开采辅助活动,金属制品、机械和设备修理划入第三产业。本章节数据相应调整。2016 年,将部分研发支出计入 GDP,并对历史数据进行了调整,总产出进行了相应调整。

2－1 续表

单位:万元

年 份	第三产业	运输邮电业	批零餐饮业	金融保险业	房地产业	其它服务业
1978	89020	13371	44740	5811	2472	22626
1979	113671	14681	67286	7748	3508	20448
1980	136327	16532	85098	8281	3826	22590
1981	151186	17016	88469	10396	4803	30502
1982	172577	18756	97993	15478	7162	33188
1983	197394	19496	107028	15768	7284	47818
1984	240145	29057	129045	16099	8864	57080
1985	312805	33065	168113	19685	10424	81518
1986	365452	41562	186341	36243	10994	90312
1987	470678	51710	219776	49340	11618	138234
1988	606033	64103	284396	65060	13068	179406
1989	700832	74676	311346	86466	13728	214616
1990	804904	83888	370881	89610	15809	244716
1991	1001266	104325	499593	92454	19098	285796
1992	1323493	131979	670888	131440	23284	365902
1993	1687365	156154	898097	162164	33950	437000
1994	2269653	198468	1125958	252566	44842	647819
1995	2918166	268451	1479267	304331	62621	803496
1996	3557272	380222	1634927	368767	80094	1093262
1997	4276838	502581	1833517	469979	93396	1377365
1998	4858496	569160	1917848	450031	113360	1808097
1999	5343625	629051	1973462	466289	129017	2145806
2000	6061796	564692	2115542	493440	198579	2689543
2001	7173877	886577	2224348	500138	278584	3284230
2002	8491596	1012094	2436837	505376	357754	4179535
2003	9573703	1110567	2609552	528518	421431	4903635

年 份	第三产业	运输仓储邮政业	批发零售业	住宿餐饮业	金融保险业	房地产业	其它服务业
2004	11365456	908212	2176196	948442	566267	640735	6125604
2005	16119507	1564680	2551144	1511009	1646100	1000624	7845948
2006	18784579	1788637	2930295	1820634	1886243	1321325	9037445
2007	22306132	2196608	3654189	2295949	2371947	1585570	10201869
2008	25376480	2544687	4102151	2413104	2625656	1478295	12212586
2009	29051598	2821984	4816549	2630963	3255809	1961896	13564397
2010	32811599	3180407	5549636	2990783	3703589	2152435	15234749
2011	38694677	3763168	6485229	3449536	4229975	2356685	18410084
2012	43545347	3952640	7651929	3931253	5170389	2478412	20360724
2013	50079806	4350988	8499719	4204586	6280235	2890968	23853310
2014	56790784	4832519	9714132	4796462	7533192	2601038	27313441
2015	63945566	5111552	10203616	5299598	8025299	3072608	32232893
2016	71306785	5601897	11056173	5802107	8156260	3611702	37078646
2017	82102007	6062900	11957942	6218901	9844795	3950743	44066726
2018	96484998	6576260	12756392	6677458	10584314	6132883	53757690

2-2 历年总产出构成

单位:%

年份	总产出	第一产业	第二产业	工业	建筑业	第三产业	运输邮电业	批零餐饮业	金融保险业	房地产业	其它服务业
1978	100	21.3	58.7	51.4	7.3	20.0	3.0	10.1	1.3	0.6	5.0
1979	100	19.6	58.2	51.3	6.9	22.2	2.9	13.1	1.5	0.7	4.0
1980	100	17.6	58.3	51.2	7.1	24.1	2.9	15.0	1.5	0.7	4.0
1981	100	17.2	57.6	50.5	7.1	25.2	2.8	14.8	1.7	0.8	5.1
1982	100	17.7	55.9	48.0	7.9	26.4	2.9	14.9	2.4	1.1	5.1
1983	100	18.6	53.9	45.8	8.1	27.5	2.7	14.9	2.2	1.0	6.7
1984	100	16.5	55.2	45.8	9.4	28.3	3.4	15.2	1.9	1.0	6.8
1985	100	15.5	55.3	45.1	10.2	29.2	3.1	15.7	1.8	1.0	7.6
1986	100	14.7	55.6	45.2	10.4	29.7	3.4	15.1	2.9	0.9	7.4
1987	100	13.7	55.8	45.4	10.4	30.5	3.3	14.2	3.2	0.8	9.0
1988	100	13.6	56.3	47.1	9.2	30.1	3.2	14.1	3.2	0.6	9.0
1989	100	13.4	56.0	48.9	7.1	30.6	3.3	13.6	3.7	0.6	9.4
1990	100	14.6	53.2	46.7	6.5	32.2	3.4	14.8	3.6	0.6	9.8
1991	100	12.5	53.5	46.6	6.9	34.0	3.5	17.0	3.2	0.6	9.7
1992	100	10.7	54.5	47.3	7.2	34.8	3.5	17.6	3.5	0.6	9.6
1993	100	9.5	56.9	48.6	8.3	33.6	3.1	17.9	3.2	0.7	8.7
1994	100	11.0	54.6	46.0	8.6	34.4	3.0	17.1	3.8	0.7	9.8
1995	100	10.5	54.1	41.4	12.7	35.4	3.3	17.9	3.7	0.8	9.7
1996	100	9.8	55.5	43.9	11.6	34.7	3.7	15.9	3.6	0.8	10.7
1997	100	9.3	55.2	44.4	10.8	35.5	4.2	15.2	3.9	0.8	11.4
1998	100	8.5	55.4	43.7	11.7	36.1	4.2	14.3	3.3	0.8	13.5
1999	100	7.9	55.2	43.4	11.8	36.9	4.3	13.7	3.2	0.9	14.8
2000	100	7.3	54.8	43.2	11.6	37.9	3.5	13.2	3.1	1.2	16.8
2001	100	6.8	54.1	40.1	14.0	39.1	4.8	12.1	2.7	1.5	17.9
2002	100	6.2	53.1	37.6	15.5	40.7	4.8	11.7	2.4	1.7	20.0
2003	100	5.6	55.5	39.2	16.3	38.9	4.5	10.6	2.1	1.7	19.9

年份	总产出	第一产业	第二产业	工业	建筑业	第三产业	运输仓储邮政业	批发零售业	住宿餐饮业	金融保险业	房地产业	其它服务业
2004	100	5.9	55.2	39.0	16.2	38.9	3.1	7.4	3.2	1.9	2.2	21.0
2005	100	4.8	54.3	38.4	16.0	40.9	4.0	6.5	3.8	4.2	2.5	19.9
2006	100	4.0	57.0	40.7	16.4	39.0	3.7	6.1	3.8	3.9	2.7	18.8
2007	100	3.6	59.9	46.1	13.8	36.6	3.6	6.0	3.8	3.9	2.6	16.7
2008	100	3.7	62.6	49.3	13.3	33.7	3.4	5.4	3.2	3.5	2.0	16.2
2009	100	3.4	62.7	49.7	13.1	33.8	3.3	5.6	3.1	3.8	2.3	15.8
2010	100	2.9	67.3	52.0	15.3	29.7	2.9	5.0	2.7	3.4	1.9	13.8
2011	100	2.8	68.9	54.0	14.9	28.3	2.8	4.7	2.5	3.1	1.7	13.5
2012	100	2.7	69.4	54.8	14.7	27.9	2.5	4.9	2.5	3.3	1.6	13.0
2013	100	2.5	69.4	55.3	14.1	28.1	2.4	4.8	2.4	3.5	1.6	13.4
2014	100	2.4	69.5	53.7	15.8	28.2	2.4	4.8	2.4	3.7	1.3	13.5
2015	100	2.4	68.9	53.4	15.6	28.7	2.3	4.6	2.4	3.6	1.4	14.5
2016	100	2.0	68.7	53.1	15.6	29.4	2.3	4.6	2.4	3.4	1.5	15.3
2017	100	1.8	68.5	52.7	15.9	29.8	2.2	4.3	2.3	3.6	1.4	16.0
2018	100	1.7	65.8	49.1	16.7	32.6	2.2	4.3	2.3	3.6	2.1	18.1

2－3 历年总产出环比指数

（按可比价格计算，以上年为100）

年 份	总产出	第一产业	第二产业		
				工 业	建筑业
1978					
1979	111.4	105.7	113.3	115.0	102.0
1980	106.8	99.2	109.5	110.3	103.0
1981	105.0	99.3	103.1	103.2	102.4
1982	110.0	112.4	106.1	104.2	121.2
1983	109.2	107.0	107.0	106.4	111.6
1984	114.0	104.4	118.0	114.4	142.2
1985	115.6	108.1	119.0	119.5	116.8
1986	112.8	106.0	114.2	113.1	119.9
1987	117.9	103.0	120.3	121.2	115.5
1988	113.6	104.5	117.8	118.8	112.4
1989	107.0	102.8	106.6	109.7	88.6
1990	105.3	102.3	102.7	103.2	99.1
1991	112.7	103.5	115.4	115.7	113.6
1992	113.5	102.9	112.8	111.8	120.1
1993	114.5	105.5	118.0	116.2	130.5
1994	114.8	106.3	117.8	117.6	119.4
1995	115.9	106.4	121.3	116.1	153.2
1996	115.4	108.4	115.2	116.6	108.6
1997	114.5	107.8	115.5	117.1	107.6
1998	114.0	103.5	115.5	115.0	118.5
1999	110.6	103.1	110.9	111.5	107.8
2000	111.8	104.7	112.8	112.0	116.9
2001	113.8	106.0	112.2	107.9	128.5
2002	113.4	102.4	110.5	107.4	120.5
2003	116.1	105.1	119.9	118.9	122.7
2004	117.2	111.4	120.6	121.1	119.3
2005	116.0	106.5	118.6	117.0	123.2
2006	114.2	99.4	119.3	123.9	108.1
2007	116.9	106.8	117.8	121.0	108.9
2008	117.8	116.7	120.6	124.9	107.5
2009	116.3	106.4	118.4	120.0	112.8
2010	118.1	104.5	122.9	124.4	117.2
2011	115.0	104.0	117.1	118.9	111.1
2012	120.3	104.0	122.4	125.6	110.5
2013	114.2	103.0	115.3	116.9	108.5
2014	113.1	104.5	113.6	113.2	115.3
2015	111.2	103.5	110.2	110.8	107.8
2016	110.0	103.1	109.1	109.4	108.1
2017	109.8	103.0	109.2	109.7	107.5
2018	107.4	102.0	103.2	100.0	113.0

单位:%

第三产业	运输邮电业	批零餐饮业	金融保险业	房地产业	其它服务业
115.6	102.0	117.8	133.3	141.9	109.7
111.1	102.5	116.0	106.9	109.1	107.2
116.9	102.9	114.9	123.4	123.4	125.6
115.9	108.6	107.7	146.3	146.6	119.6
115.9	102.9	116.7	100.1	99.9	130.8
115.9	148.3	116.1	98.5	117.3	111.4
115.9	118.0	114.7	109.0	104.8	121.6
115.9	108.3	112.4	174.7	100.1	110.3
124.6	114.6	122.0	124.2	96.2	137.4
111.6	118.6	114.0	106.6	90.9	109.7
110.1	110.4	107.6	114.8	90.7	113.9
111.8	111.6	112.2	102.1	113.5	114.9
112.7	107.1	120.7	96.5	113.0	108.3
119.6	111.0	126.5	124.7	117.4	109.3
112.3	115.7	112.1	103.1	120.4	114.3
112.5	106.8	111.6	126.6	107.2	112.0
109.6	120.3	111.0	99.9	124.9	105.9
118.1	121.7	107.2	133.8	118.3	132.8
114.6	126.6	106.1	109.1	110.7	126.5
114.1	120.3	104.6	103.6	120.1	127.9
111.8	111.1	108.9	103.5	123.1	116.7
111.6	119.4	104.0	105.7	126.0	117.5
117.6	129.8	109.7	100.6	128.8	123.6
119.2	123.1	108.8	100.8	129.8	127.6
112.9	122.2	107.1	104.6	118.4	115.0

第三产业	运输仓储邮政业	批发零售业	住宿餐饮业	金融保险业	房地产业	其它服务业
113.3	115.9	104.0	104.3	106.5	121.4	117.4
113.4	107.6	113.3	113.6	107.1	108.9	115.3
109.1	108.3	112.4	106.2	112.9	109.0	108.0
116.6	120.1	115.8	121.0	115.9	118.0	115.3
113.7	110.0	114.5	117.2	112.6	94.0	116.3
113.9	109.9	119.6	106.4	125.1	131.3	110.0
111.5	117.8	112.1	112.2	110.0	104.1	111.2
111.4	111.1	112.5	108.9	111.5	103.1	112.7
116.9	111.5	120.5	114.6	123.0	109.1	116.6
112.4	107.9	109.2	104.6	119.1	110.4	114.5
112.4	110.0	112.4	111.0	119.2	90.2	113.9
114.2	108.3	105.5	106.0	126.9	111.7	116.5
112.7	107.4	107.3	106.8	106.6	114.0	117.6
111.9	111.3	107.2	109.0	109.2	95.4	115.9
117.5	108.5	106.7	107.4	107.5	155.2	122.0

2－4 历年总产出定基指数

（按可比价格计算，以1978年为100）

年 份	总产出	第一产业	第二产业		
				工 业	建筑业
1978	100	100	100	100	100
1979	111.4	105.7	113.3	115.0	102.0
1980	119.0	104.9	124.1	126.8	105.1
1981	125.0	104.2	127.9	130.9	107.6
1982	137.5	117.1	135.7	136.4	130.4
1983	150.2	125.3	145.2	145.1	145.5
1984	171.2	130.8	171.3	166.0	206.9
1985	197.9	141.4	203.8	198.4	241.7
1986	223.2	149.9	232.7	224.4	289.8
1987	263.2	154.4	279.9	272.0	334.7
1988	299.0	161.3	329.7	323.1	376.2
1989	319.9	165.8	351.5	354.4	333.3
1990	336.9	169.6	361.0	365.7	330.3
1991	379.7	175.5	416.6	423.1	375.2
1992	431.0	180.6	469.9	473.0	450.6
1993	493.5	190.5	554.5	549.6	588.0
1994	566.5	202.5	653.2	646.3	702.1
1995	656.6	215.5	792.3	750.4	1075.6
1996	757.7	233.6	912.7	875.0	1168.1
1997	867.6	251.8	1054.2	1024.6	1256.9
1998	989.1	260.6	1217.6	1178.3	1489.4
1999	1093.9	268.7	1350.3	1313.8	1605.6
2000	1223.0	281.3	1523.1	1471.5	1876.9
2001	1391.8	298.2	1708.9	1587.7	2411.8
2002	1578.3	305.4	1888.3	1705.2	2906.2
2003	1832.4	321.0	2264.1	2027.5	3565.9
2004	2147.6	357.6	2730.5	2455.3	4254.1
2005	2491.2	380.8	3238.4	2872.7	5241.1
2006	2845.0	378.7	3863.4	3559.3	5665.6
2007	3325.8	404.5	4551.1	4306.8	6169.8
2008	3917.8	471.8	5488.6	5379.2	6632.5
2009	4556.4	502.2	6498.5	6455.0	7481.5
2010	5381.1	524.8	7986.7	8030.0	8768.3
2011	6188.3	545.8	9352.4	9547.7	9741.6
2012	7444.5	567.6	11447.3	11991.9	10764.5
2013	8501.6	584.6	13198.7	14018.5	11679.5
2014	9615.3	610.9	14993.7	15868.9	13466.5
2015	10692.2	632.3	16523.1	17582.7	14516.9
2016	11761.4	651.9	18026.7	19235.5	15692.8
2017	12914.0	671.5	19685.2	21101.3	16869.8
2018	13871.2	684.8	20307.5	21106.1	19063.5

单位:%

第三产业	运输邮电业	批零餐饮业	金融保险业	房地产业	其它服务业
100	100	100	100	100	100
115.6	102.0	117.8	133.3	141.9	109.7
128.4	104.6	136.6	142.5	154.8	117.6
150.1	107.6	157.0	175.8	191.0	147.7
174.0	116.9	169.1	257.2	280.0	176.6
201.7	120.3	197.3	257.5	279.7	231.0
233.8	178.4	229.1	253.6	328.1	257.3
271.0	210.5	262.8	276.4	343.8	312.9
314.1	228.0	295.4	482.9	344.1	345.1
391.4	261.3	360.4	599.8	331.0	474.2
436.8	309.9	410.9	639.4	300.9	520.2
480.9	342.1	442.1	734.0	272.9	592.5
537.6	381.8	496.0	749.4	309.7	680.8
605.9	408.9	598.7	723.2	350.0	737.3
724.7	453.9	757.4	901.8	410.9	805.9
813.8	525.2	849.0	929.8	494.7	921.1
915.5	560.9	947.5	1177.1	530.3	1031.6
1003.4	674.8	1051.7	1175.9	662.3	1092.5
1185.0	821.2	1127.4	1573.4	783.5	1450.8
1358.0	1039.6	1196.2	1716.6	867.3	1835.3
1549.5	1250.6	1251.2	1778.4	1041.6	2347.3
1732.3	1389.4	1362.6	1840.6	1282.2	2739.3
1933.2	1658.9	1417.1	1945.5	1615.6	3218.7
2273.4	2153.3	1554.6	1957.2	2080.9	3978.3
2709.9	2650.7	1691.4	1972.9	2701.0	5076.3
3059.5	3239.2	1811.5	2063.7	3198.0	5837.7

第三产业	运输仓储邮政业	批发零售业	住宿餐饮业	金融保险业	房地产业	其它服务业
3466.4	3638.3	1872.5	1883.1	2197.8	3872.8	6853.5
3930.9	3914.8	2121.6	2139.2	2353.9	4217.5	7902.1
4288.6	4238.7	2384.2	2272.4	2656.8	4596.6	8534.3
5000.5	5090.7	2760.9	2749.6	3079.3	5424.0	9840.0
5685.6	5599.7	3161.2	3222.6	3467.3	5098.5	11443.9
6475.9	6156.4	3779.8	3427.8	4336.4	6695.5	12588.3
7220.6	7252.2	4237.2	3846.0	4770.0	6970.0	13998.2
8043.7	8055.8	4767.5	4189.6	5317.5	7185.3	15776.0
9403.1	8982.2	5744.8	4801.3	6540.5	7839.2	18394.8
10569.1	9691.8	6273.3	5022.2	7789.7	8654.5	21062.0
11879.7	10661.0	7051.2	5574.6	9285.3	7806.4	23989.6
13566.6	11545.9	7439.0	5909.1	11783.0	8719.7	27947.9
15289.6	12400.3	7982.0	6310.9	12560.7	9940.5	32866.7
17109.1	13801.5	8556.7	6878.9	13716.3	9483.2	38092.5
20106.3	14970.1	9128.0	7386.1	14746.6	14721.1	46469.6

2-5 历年地区生产总值

（按当年价格计算）

年份	地区生产总值(GDP)	第一产业	第二产业	工业	建筑业
1978	168453	56092	74436	63735	10701
1979	213830	66329	100585	87584	13001
1980	231716	65819	111424	96623	14801
1981	257289	70974	123181	106641	16540
1982	286247	77973	135101	112880	22221
1983	323103	91952	146343	120864	25479
1984	364037	100688	161664	129822	31842
1985	450774	120844	197301	155838	41463
1986	514749	131395	222520	174528	47992
1987	634135	147543	275363	214193	61170
1988	825712	194304	356294	288687	67607
1989	932540	212031	393832	330194	63638
1990	1023956	243772	405796	343378	62418
1991	1189012	241941	484759	410114	74645
1992	1498739	266151	626843	522893	103950
1993	1935420	301613	830974	687474	143500
1994	2609009	358777	1132512	937517	194995
1995	3327521	455780	1403433	1065652	337781
1996	4157722	583757	1731447	1369267	362180
1997	5037611	687320	2056865	1671931	384934
1998	5709136	707519	2336161	1877559	458602
1999	6280205	713285	2521526	2042102	479424
2000	7208461	741104	2814982	2264823	550159
2001	8185333	783636	3182635	2458448	724187
2002	9302779	791826	3643217	2751136	892081
2003	10860986	832886	4502866	3378634	1124232

年份	地区生产总值(GDP)	第一产业	第二产业	工业	建筑业
2004	13089830	1045950	5491605	4043841	1447764
2005	17978497	1139776	7944584	5907734	2036850
2006	21378191	1163200	9893610	7652717	2240893
2007	26047100	1329500	12234286	9721814	2512472
2008	33341947	1721126	16945418	13927416	3018002
2009	37878437	1793998	19201655	15811180	3390475
2010	45983041	2020081	24688016	20524513	4163503
2011	56836892	2433845	31918789	27026673	4892116
2012	64797773	2723145	36445717	31039946	5405771
2013	72490550	2945508	40152657	34206309	5946348
2014	79346649	3118995	43218888	36555704	6707481
2015	86305197	3417777	43360777	36028986	7378229
2016	92923260	3063635	45132823	37272350	7909461
2017	102101307	3120052	47403232	38435431	9021531
2018	110034116	3187298	46601898	36675430	9977814

注：1. 2004年开始行业分类按《国民经济行业分类》GB/T4754－2002标准执行；2014年执行新的《三次产业划分规定》，第一产业不含农、林、牧、渔服务业，划入第三产业；第二产业不含开采辅助活动，金属制品、机械和设备修理划入第三产业。本章节数据相应调整。

2. 2000年以前人均地区生产总值按户籍人口计算，2000年以后按常住人口计算。

3. 2016年，将部分研发支出计入GDP，并对历史数据进行了调整。

单位:万元

第三产业	运输邮电业	批零餐饮业	金融保险业	房地产业	其它服务业	人均地区生产总值(元/人)
37925	8417	13427	4090	1978	10013	370
46916	9002	19072	5811	2807	10224	464
54473	9939	23967	6211	3061	11295	496
63134	10267	25976	7797	3843	15251	544
73173	11802	27438	11609	5730	16594	596
84808	12058	31188	11826	5827	23909	662
101685	16537	37443	12074	7091	28540	737
132629	19833	48934	16764	8339	38759	900
160834	24937	54039	27907	8795	45156	1012
211229	29992	64834	37992	9294	69117	1227
275114	37180	85372	50596	10035	91931	1526
326677	43006	93404	66579	10983	112705	1718
374388	48991	112377	69000	12647	131373	1871
462312	62071	153974	71596	15994	158677	2155
605745	80035	209877	93536	18534	203763	2703
802833	105875	274691	117513	27024	277730	3485
1117720	126546	366270	178916	35650	410338	4680
1468308	184223	516085	224019	49846	494135	5930
1842518	257171	617100	270892	63915	633440	7356
2293426	337992	749793	306628	74623	824390	8842
2665456	382181	852130	336268	90688	1004189	9939
3045394	417239	952207	362988	103562	1209398	10834
3652375	525950	1086770	389800	159062	1490793	11789
4219062	584865	1215367	400167	223285	1795378	13267
4867736	649131	1390327	403000	286847	2138431	14921
5525234	709677	1565903	430689	337988	2480977	17305

第三产业	运输仓储邮政业	批发零售业	住宿餐饮业	金融保险业	房地产业	其它服务业	人均地区生产总值(元/人)
6552275	560137	1567600	383674	469797	514253	3056814	20821
8894137	719753	1837690	622278	806589	860537	4047290	28351
10321381	822773	2110807	749790	924259	1047555	4666196	33253
12483315	1010440	2554309	875136	1162254	1331727	5549449	40090
14675403	1201981	2940177	1069162	1286506	1267867	6909710	50846
16882784	1332497	3452215	1165687	1593933	1681973	7656479	57271
19274944	1570005	3984640	1324917	1780423	1844637	8770322	67212
22484258	1786425	4651427	1528260	2033472	1922122	10562552	80441
25628911	2016779	5153121	1723354	2311174	2043367	12381116	91025
29392386	2206553	5712022	1880529	2773320	2374176	14445786	100906
33008766	2435576	6223922	2042144	3217757	2221583	16867784	109195
39526643	2524342	6547337	2235337	5133754	2615315	20470558	117076
44726802	2686454	6993073	2421014	5684306	3294375	23647580	123265
51578023	2960787	7536229	2589146	6860565	3544328	28086968	131207
60244920	3211990	8038688	2779730	7377854	5498404	33338254	136920

2－6 历年地区生产总值构成

单位:%

年份	地区生产总值(GDP)	第一产业	第二产业	工业	建筑业	第三产业	运输邮电业	批零餐饮业	金融保险业	房地产业	其它服务业
1978	100	33.3	44.2	37.8	6.4	22.5	5.0	8.0	2.4	1.2	5.9
1979	100	31.0	47.1	41.0	6.1	21.9	4.2	8.9	2.7	1.3	4.8
1980	100	28.4	48.1	41.7	6.4	23.5	4.3	10.3	2.7	1.3	4.9
1981	100	27.6	47.9	41.4	6.5	24.5	4.0	10.1	3.0	1.5	5.9
1982	100	27.2	47.2	39.4	7.8	25.6	4.1	9.6	4.1	2.0	5.8
1983	100	28.5	45.3	37.4	7.9	26.2	3.7	9.7	3.7	1.8	7.3
1984	100	27.7	44.4	35.7	8.7	27.9	4.5	10.3	3.3	1.9	7.9
1985	100	26.8	43.8	34.6	9.2	29.4	4.4	10.9	3.7	1.8	8.6
1986	100	25.5	43.2	33.9	9.3	31.3	4.8	10.5	5.4	1.7	8.9
1987	100	23.3	43.4	33.8	9.6	33.3	4.7	10.2	6.0	1.5	10.9
1988	100	23.5	43.2	35.0	8.2	33.3	4.5	10.3	6.1	1.2	11.2
1989	100	22.8	42.2	35.4	6.8	35.0	4.6	10.0	7.1	1.2	12.1
1990	100	23.8	39.6	33.5	6.1	36.6	4.8	11.0	6.7	1.2	12.9
1991	100	20.3	40.8	34.5	6.3	38.9	5.2	13.0	6.0	1.3	13.4
1992	100	17.8	41.8	34.9	6.9	40.4	5.3	14.1	6.2	1.2	13.6
1993	100	15.6	42.9	35.5	7.4	41.5	5.5	14.2	6.1	1.4	14.3
1994	100	13.8	43.4	35.9	7.5	42.8	4.9	14.0	6.9	1.4	15.6
1995	100	13.7	42.2	32.0	10.2	44.1	5.5	15.5	6.7	1.5	14.9
1996	100	14.0	41.6	32.9	8.7	44.4	6.2	14.9	6.5	1.5	15.3
1997	100	13.6	40.8	33.2	7.6	45.6	6.7	14.9	6.1	1.5	16.4
1998	100	12.4	40.9	32.9	8.0	46.7	6.7	14.9	5.9	1.6	17.6
1999	100	11.4	40.2	32.5	7.7	48.4	6.6	15.2	5.8	1.6	19.2
2000	100	10.3	39.0	31.4	7.6	50.7	7.3	15.1	5.4	2.2	20.7
2001	100	9.6	38.9	30.0	8.8	51.5	7.1	14.8	4.9	2.7	21.9
2002	100	8.5	39.2	29.6	9.6	52.3	7.0	14.9	4.3	3.1	23.0
2003	100	7.7	41.5	31.1	10.4	50.8	6.5	14.4	4.0	3.1	22.8

年份	地区生产总值(GDP)	第一产业	第二产业	工业	建筑业	第三产业	运输仓储邮政业	批发零售业	住宿餐饮业	金融保险业	房地产业	其它服务业
2004	100	8.0	42.0	30.9	11.1	50.0	4.3	12.0	2.9	3.6	3.9	23.3
2005	100	6.3	44.2	32.9	11.3	49.5	4.0	10.2	3.5	4.5	4.8	22.5
2006	100	5.4	46.3	35.8	10.5	48.3	3.8	9.9	3.5	4.3	4.9	21.8
2007	100	5.1	47.0	37.3	9.6	47.9	3.9	9.8	3.4	4.5	5.1	21.3
2008	100	5.2	50.8	41.8	9.1	44.0	3.6	8.8	3.2	3.9	3.8	20.7
2009	100	4.7	50.7	41.7	9.0	44.6	3.5	9.1	3.1	4.2	4.4	20.2
2010	100	4.4	53.7	44.6	9.1	41.9	3.4	8.7	2.9	3.9	4.0	19.1
2011	100	4.3	56.1	47.6	8.5	39.6	3.1	8.2	2.7	3.6	3.4	18.6
2012	100	4.2	56.2	47.9	8.3	39.6	3.1	8.0	2.7	3.6	3.2	19.1
2013	100	4.1	55.4	47.2	8.2	40.5	3.0	7.9	2.6	3.8	3.3	19.9
2014	100	3.9	54.5	46.1	8.5	41.6	3.1	7.8	2.6	4.1	2.8	21.3
2015	100	4.0	50.2	41.7	8.5	45.8	2.9	7.6	2.6	5.9	3.0	23.7
2016	100	3.3	48.6	40.1	8.5	48.1	2.9	7.5	2.6	6.1	3.5	25.4
2017	100	3.1	46.4	37.6	8.8	50.5	2.9	7.4	2.5	6.7	3.5	27.5
2018	100	2.9	42.4	33.3	9.1	54.8	2.9	7.3	2.5	6.7	5.0	30.3

2-7 历年地区生产总值环比指数

（按可比价格计算，以上年为100）　　单位：%

年份	地区生产总值（GDP）	第一产业	第二产业	工业	建筑业	第三产业	运输邮电业	批零餐饮业	金融保险业	房地产业	其它服务业	人均地区生产总值
1978												
1979	115.4	110.0	120.0	120.0	120.0	117.2	123.2	109.4	118.1	141.9	128.9	114.3
1980	114.7	110.1	121.3	120.7	127.4	111.3	121.7	108.1	108.3	109.1	113.8	113.1
1981	111.2	109.5	110.0	110.0	110.0	115.9	121.5	109.8	127.8	123.4	116.9	109.9
1982	112.4	109.5	110.0	107.7	131.7	120.6	114.4	106.3	138.5	146.6	139.7	110.6
1983	114.2	109.5	110.0	109.7	112.3	126.9	109.7	120.5	110.7	112.1	164.9	112.3
1984	112.3	109.8	110.0	105.6	143.1	118.2	119.5	110.9	131.8	117.4	121.2	111.4
1985	112.2	109.2	109.9	109.0	115.0	118.3	112.6	115.7	137.1	104.8	117.6	110.4
1986	109.4	105.5	111.6	109.4	122.8	110.8	112.7	105.0	124.1	103.5	110.5	107.7
1987	110.4	100.5	115.4	115.6	114.9	114.1	113.6	108.7	116.3	102.8	120.5	108.7
1988	113.7	103.3	117.1	118.3	111.2	118.4	107.6	116.9	126.0	106.7	121.7	108.8
1989	104.5	102.0	108.4	112.3	88.7	102.0	100.2	105.2	97.1	94.5	103.5	104.0
1990	104.6	103.8	102.9	103.6	98.5	107.3	112.2	102.3	103.4	104.1	112.6	103.7
1991	108.7	94.1	113.9	113.9	113.9	112.9	113.0	120.0	107.5	112.0	109.6	107.8
1992	117.2	101.7	122.6	120.6	135.9	120.0	117.5	128.7	110.3	113.8	118.3	116.6
1993	118.2	105.6	120.7	120.7	120.6	121.5	120.5	119.2	115.9	126.0	126.4	118.0
1994	113.4	105.0	116.4	117.3	110.9	113.6	101.8	108.4	118.8	107.2	121.3	113.0
1995	114.0	104.9	115.4	110.6	145.5	116.0	127.9	122.4	110.6	124.9	108.4	113.3
1996	114.0	108.0	115.4	117.7	104.7	114.5	119.9	116.0	110.9	118.3	112.3	113.2
1997	115.9	108.2	116.5	119.1	102.8	117.7	124.2	114.9	107.5	110.7	123.2	115.0
1998	113.9	102.5	114.5	113.9	118.3	116.8	121.2	113.6	108.4	120.1	121.0	113.0
1999	111.5	103.4	110.7	111.2	108.2	114.7	111.0	115.6	107.7	123.1	116.9	110.5
2000	112.2	104.0	112.5	112.6	112.0	113.9	117.0	113.3	105.7	126.0	114.6	110.7
2001	113.6	104.9	113.7	109.3	131.6	115.3	110.7	113.9	104.4	128.4	119.4	112.5
2002	114.4	101.8	114.6	112.8	120.8	116.5	113.0	117.6	102.6	129.8	118.5	113.0
2003	115.2	104.8	120.8	120.1	122.9	112.8	108.2	112.6	105.8	118.4	115.0	114.8

年份	地区生产总值（GDP）	第一产业	第二产业	工业	建筑业	第三产业	运输仓储邮政业	批发零售业	住宿餐饮业	金融保险业	房地产业	其它服务业	人均地区生产总值
2004	116.1	107.0	120.8	121.4	119.0	113.6	109.2	114.5	116.9	104.6	122.1	114.0	115.8
2005	114.9	106.7	117.5	116.9	119.4	113.8	107.6	113.3	115.7	107.3	108.9	116.9	113.9
2006	115.3	101.1	118.7	123.0	106.4	114.1	109.0	113.5	122.2	112.1	117.9	113.6	113.8
2007	115.8	106.5	116.1	119.7	104.2	116.5	120.1	115.8	112.3	118.8	116.2	116.5	114.5
2008	115.6	106.8	118.6	121.8	106.3	113.6	112.2	112.8	118.1	110.6	88.0	119.7	114.4
2009	114.8	106.6	116.5	117.7	111.3	114.0	109.9	119.6	106.0	120.7	131.7	109.5	113.7
2010	115.5	104.5	120.6	121.4	116.5	111.5	117.6	111.5	112.6	107.8	103.9	112.5	113.9
2011	114.4	104.0	118.3	120.3	108.1	110.7	112.4	110.4	111.5	107.2	95.9	114.1	110.9
2012	113.2	104.0	114.7	115.9	108.1	112.0	112.5	109.0	108.1	111.6	103.8	115.3	112.1
2013	112.0	103.0	112.6	113.4	108.3	111.9	107.2	108.9	104.3	117.7	110.1	114.3	110.9
2014	110.5	104.4	111.4	111.4	111.1	109.7	108.5	107.2	105.7	113.7	92.1	113.2	109.2
2015	110.0	103.6	108.9	108.9	108.9	112.0	106.1	105.6	105.2	123.8	111.0	114.0	108.4
2016	109.4	103.0	107.2	107.3	106.5	112.4	105.4	105.8	105.5	105.6	113.1	117.7	107.0
2017	109.0	103.0	107.7	108.1	105.9	110.9	109.5	106.3	107.7	108.5	94.2	115.3	105.6
2018	108.5	103.3	106.8	107.2	104.5	110.7	107.3	104.1	105.4	104.0	104.7	115.3	105.1

2－8 历年地区生产总值定基指数

（按可比价格计算，以1978年为100）

年 份	地区生产总值（GDP）	第一产业	第二产业		
				工 业	建筑业
1978	100	100	100	100	100
1979	115.4	110.0	120.0	120.0	120.0
1980	132.4	121.1	145.6	144.8	152.9
1981	147.2	132.6	160.2	159.3	168.2
1982	165.5	145.2	176.2	171.6	221.5
1983	189.0	159.0	193.8	188.2	248.7
1984	212.2	174.6	213.2	198.7	355.9
1985	238.1	190.7	234.3	216.6	409.3
1986	260.5	201.2	261.5	237.0	502.6
1987	287.6	202.2	301.8	274.0	577.5
1988	327.0	208.9	353.4	324.1	642.2
1989	341.7	213.1	383.1	364.0	569.6
1990	357.4	221.2	394.2	377.1	561.1
1991	388.5	208.1	449.0	429.5	639.1
1992	455.3	211.6	550.5	518.0	868.5
1993	538.2	223.4	664.5	625.2	1047.4
1994	610.3	234.6	773.5	733.4	1161.6
1995	695.7	246.1	892.6	811.1	1690.1
1996	793.1	265.8	1030.1	954.7	1769.5
1997	919.2	287.6	1200.1	1137.0	1819.0
1998	1047.0	294.8	1374.1	1295.0	2151.9
1999	1167.4	304.8	1521.1	1440.0	2328.4
2000	1309.8	317.0	1711.2	1621.4	2607.8
2001	1487.9	332.5	1945.6	1772.2	3431.9
2002	1702.2	338.5	2229.7	1999.0	4145.7
2003	1960.9	354.7	2693.5	2400.8	5095.1
2004	2276.6	379.5	3253.7	2914.6	6063.2
2005	2615.8	404.9	3823.1	3407.2	7239.5
2006	3016.0	409.5	4538.0	4190.9	7702.8
2007	3492.5	436.1	5268.6	5016.5	8026.3
2008	4037.3	465.8	6248.6	6110.1	8532.0
2009	4634.8	496.1	7279.6	7191.6	9499.7
2010	5353.2	518.4	8779.2	8730.6	11067.2
2011	6124.1	539.1	10385.8	10502.9	11963.6
2012	6932.5	560.7	11912.5	12172.9	12932.7
2013	7764.4	577.5	13413.5	13804.1	14006.1
2014	8579.7	602.9	14942.6	15377.8	15560.8
2015	9437.7	624.6	16272.5	16746.4	16945.7
2016	10324.8	643.3	17444.1	17968.9	18047.2
2017	11254.0	662.6	18787.3	19424.4	19112.0
2018	12210.6	684.5	20064.8	20823.0	19972.0

单位:%

第三产业	运输邮电业	批零餐饮业	金融保险业	房地产业	其它服务业	人均地区生产总值
100	100	100	100	100	100	100
117.2	123.2	109.4	118.1	141.9	128.9	114.3
130.4	149.9	118.3	127.9	154.8	146.7	129.3
151.1	182.1	129.9	163.5	191.0	171.5	142.1
182.2	208.3	138.1	226.4	280.0	239.6	157.2
231.2	228.5	166.4	250.6	313.9	395.1	176.5
273.3	273.1	184.5	330.3	368.5	478.9	196.6
323.3	307.5	213.5	452.8	386.2	563.2	217.0
358.2	346.6	224.2	561.9	399.7	622.3	233.7
408.7	393.7	243.7	653.5	410.9	749.9	254.0
483.9	423.6	284.9	823.4	438.4	912.6	276.4
493.6	424.4	299.7	799.5	414.3	944.5	287.5
529.6	476.2	306.6	826.7	431.3	1063.5	298.1
597.9	538.1	367.9	888.7	483.1	1165.6	321.4
717.5	632.3	473.5	980.2	549.8	1378.9	374.8
871.8	761.9	564.4	1136.1	692.7	1742.9	442.3
990.4	775.6	611.8	1349.7	742.6	2114.1	499.8
1148.9	992.0	748.8	1492.8	927.5	2291.7	566.3
1315.5	1189.4	868.6	1655.5	1097.2	2573.6	641.1
1548.3	1477.2	998.0	1779.7	1214.6	3170.7	737.3
1808.4	1790.4	1133.7	1929.2	1458.7	3836.5	833.1
2074.2	1987.3	1310.6	2077.7	1795.7	4484.9	920.6
2362.5	2325.1	1484.9	2196.1	2262.6	5139.7	1019.1
2724.0	2573.9	1691.3	2292.7	2905.2	6136.8	1146.5
3173.5	2908.5	1989.0	2352.3	3770.9	7272.1	1295.5
3579.7	3147.0	2239.6	2488.7	4464.7	8362.9	1487.2

第三产业	运输仓储邮政业	批发零售业	住宿餐饮业	金融保险业	房地产业	其它服务业	人均地区生产总值
4066.5	3327.3	2530.0	2629.8	2603.2	5451.4	9533.7	1722.2
4627.7	3580.2	2866.5	3042.7	2793.2	5936.6	11144.9	1962.2
5280.2	3902.4	3253.5	3718.2	3131.2	6999.2	12660.6	2232.2
6151.5	4686.8	3767.5	4175.5	3719.9	8133.1	14749.6	2556.1
6988.1	5258.6	4249.8	4931.2	4114.2	7157.1	17655.3	2924.5
7966.4	5779.2	5083.5	5227.6	4966.3	9427.0	19332.5	3325.7
8882.5	6796.3	5668.1	5886.3	5353.7	9794.7	21749.1	3788.0
9833.0	7639.0	6257.6	6563.2	5739.2	9393.1	24815.7	4200.9
11012.9	8593.9	6820.8	7094.8	6404.9	9750.0	28612.5	4709.2
12323.5	9212.7	7427.9	7399.9	7538.6	10734.8	32704.1	5222.5
13518.8	9995.8	7962.7	7821.7	8571.4	9886.8	37021.1	5703.0
15141.1	10605.5	8408.6	8228.4	10611.4	10974.3	42204.0	6182.1
17018.6	11178.2	8896.3	8681.0	11205.6	12411.9	49674.1	6614.8
18873.6	12240.1	9456.8	9349.4	12158.1	11692.0	57279.2	6985.2
20893.1	13133.6	9844.5	9854.3	12644.4	12241.5	66042.9	7341.4

2－9 历年地区生产总值(支出法)

(按当年价格计算)

单位:万元

年份	地区生产总值(GDP)	最终消费	居民消费	农村居民	城镇居民	政府消费	资本形成总额	固定资本形成总额	存货增加	货物和服务净流出
1978	168453	172284	148449	90300	58149	23835	25139	13202	11937	－28970
1979	213830	195851	169757	99247	70510	26094	36380	23846	12534	－18401
1980	231716	206529	178792	104594	74198	27737	42262	29101	13161	－17075
1981	257289	224473	191815	112488	79327	32658	42860	29041	13819	－10044
1982	286247	242481	205422	129065	76357	37059	54528	40018	14510	－10762
1983	323103	266839	222561	139564	82997	44278	66275	43772	22503	－10011
1984	364037	310906	253169	153520	99649	57737	72934	47180	25754	－19803
1985	450774	363593	306265	186515	119750	57328	114712	65232	49480	－27531
1986	514749	404309	330827	198362	132465	73482	138607	87772	50835	－28167
1987	634135	464652	378087	227320	150767	86565	183887	110839	73048	－14404
1988	825712	574394	472492	276756	195736	101902	260415	185088	75327	－9097
1989	932540	626774	517780	284874	232906	108994	287779	206652	81127	17987
1990	1023956	671614	551512	297910	253602	120102	315923	223335	92588	36419
1991	1189012	750219	599488	316895	282593	150731	375134	278238	96896	63659
1992	1498739	887244	683049	358103	324946	204195	445048	331721	113327	166447
1993	1935420	1116510	863978	451008	412970	252532	555844	415519	140325	263066
1994	2609009	1431179	1109662	549491	560171	321517	808398	534270	274128	369432
1995	3327521	1740592	1325481	658868	666613	415111	1111454	784506	326948	475475
1996	4157722	2110832	1566483	766006	800477	544349	1453339	1072228	381111	593551
1997	5037611	2504380	1880989	895894	985095	623391	1784578	1304841	479737	748653
1998	5709136	2788818	2077880	977425	1100455	710938	2054219	1546063	508156	866099
1999	6280205	3016682	2280621	1016441	1264180	736061	2222696	1709202	513494	1040827
2000	7208461	3778692	2894838	912951	1981887	883854	2234085	1949709	284376	1195684
2001	8185333	4166220	3111904	976855	2135049	1054316	2946647	2537045	409602	1072466
2002	9302779	4590803	3423539	1028848	2394691	1167264	3575646	3282486	293160	1136330
2003	10860986	5082389	3692596	1055639	2636957	1389793	4832086	4316753	515333	946511
2004	13089830	5820921	4133537	1166155	2967382	1687384	6697473	6062709	634764	571436
2005	17978497	7281447	5154218	1398217	3756001	2127229	9216481	8670149	546332	1480569
2006	21378191	8495012	6047745	1468718	4579027	2447267	11111066	10467210	643856	1772113
2007	26047100	9990866	7140064	1606337	5533727	2850802	13940406	13250419	689987	2115828
2008	33341947	11233193	7915467	1839035	6076432	3317726	18812828	17914640	898188	3295926
2009	37878437	12970239	9236442	1995720	7240722	3733797	22130697	21546652	584045	2777501
2010	45983041	14932431	10785757	2358393	8427364	4146674	27536053	27022093	513960	3514557
2011	56836892	17040491	12137968	2248546	9889422	4902523	35737569	35060858	676711	4058832
2012	64797773	19659088	13756755	2614758	11141997	5902333	40507558	39731577	775981	4631127
2013	72490550	26876245	19840271	3724345	16115926	7035974	41659726	40873581	786145	3954579
2014	79346649	30708512	23151292	4160093	18991199	7557220	45343973	44588959	755014	3294164
2015	86305197	35010132	26770288	4908446	21861842	8239844	48751003	48069487	681516	2544062
2016	92923260	39202965	30027695	5606859	24420836	9175270	51141574	50391906	749668	2578721
2017	102101307	44659907	34073416	6401604	27671812	10586491	54864686	54031142	833544	2576714
2018	110034116	48941355	37042139	6990552	30051588	11899216	57706959	56790414	916545	3385802

2-10 历年地区生产总值构成(支出法)

单位:%

年份	地区生产总值(GDP)	最终消费	居民消费	农村居民	城镇居民	政府消费	资本形成总额	固定资本形成总额	存货增加	货物和服务净流出
1978	100	102.3	88.1	53.6	34.5	14.2	14.9	7.8	7.1	
1979	100	91.6	79.4	46.4	33.0	12.2	17.0	11.1	5.9	
1980	100	89.1	77.1	45.1	32.0	12.0	18.3	12.6	5.7	
1981	100	87.2	74.5	43.7	30.8	12.7	16.7	11.3	5.4	
1982	100	84.7	71.8	45.1	26.7	12.9	19.1	14.0	5.1	
1983	100	82.6	68.9	43.2	25.7	13.7	20.5	13.5	7.0	
1984	100	85.4	69.5	42.2	27.3	15.9	20.0	12.9	7.1	
1985	100	80.7	68.0	41.4	26.6	12.7	25.4	14.4	11.0	
1986	100	78.5	64.2	38.5	25.7	14.3	27.0	17.1	9.9	
1987	100	73.3	59.6	35.8	23.8	13.7	29.0	17.5	11.5	
1988	100	69.6	57.2	33.5	23.7	12.4	31.5	22.4	9.1	
1989	100	67.2	55.5	30.5	25.0	11.7	30.9	22.2	8.7	1.9
1990	100	65.6	53.9	29.1	24.8	11.7	30.8	21.8	9.0	3.6
1991	100	63.1	50.4	26.6	23.8	12.7	31.5	23.4	8.1	5.4
1992	100	59.2	45.6	23.9	21.7	13.6	29.7	22.1	7.6	11.1
1993	100	57.7	44.6	23.3	21.3	13.1	28.7	21.4	7.3	13.6
1994	100	54.9	42.6	21.1	21.5	12.3	31.0	20.5	10.5	14.1
1995	100	52.3	39.8	19.8	20.0	12.5	33.4	23.6	9.8	14.3
1996	100	50.8	37.7	18.4	19.3	13.1	35.0	25.8	9.2	14.2
1997	100	49.7	37.3	17.8	19.5	12.4	35.4	25.9	9.5	14.9
1998	100	48.8	36.4	17.1	19.3	12.4	36.0	27.1	8.9	15.2
1999	100	48.0	36.3	16.2	20.1	11.7	35.4	27.2	8.2	16.6
2000	100	52.4	40.5	12.8	27.7	12.4	30.4	26.4	4.0	16.7
2001	100	50.9	38.0	11.9	26.1	12.9	36.0	31.0	5.0	13.1
2002	100	49.3	36.8	11.1	25.7	12.5	38.4	35.3	3.2	12.2
2003	100	46.8	34.0	9.7	24.3	12.8	44.5	39.7	4.7	8.7
2004	100	44.5	31.6	8.9	22.7	12.9	51.2	46.3	4.8	4.4
2005	100	40.5	28.7	7.8	20.9	11.8	51.3	48.2	3.0	8.2
2006	100	39.7	28.3	6.9	21.4	11.4	52.0	49.0	3.0	8.3
2007	100	38.4	27.4	6.2	21.2	10.9	53.5	50.9	2.6	8.1
2008	100	33.7	23.7	5.5	18.2	10.0	56.4	53.7	2.7	9.9
2009	100	34.2	24.4	5.3	19.1	9.9	58.4	56.9	1.5	7.3
2010	100	32.5	23.5	5.1	18.3	9.0	59.9	58.8	1.1	7.6
2011	100	30.0	21.4	4.0	17.4	8.6	62.9	61.7	1.2	7.1
2012	100	30.3	21.2	4.0	17.2	9.1	62.5	61.3	1.2	7.1
2013	100	37.1	27.4	5.1	22.2	9.7	57.5	56.4	1.1	5.5
2014	100	38.7	29.2	5.2	23.9	9.5	57.1	56.2	1.0	4.2
2015	100	40.6	31.0	5.7	25.3	9.5	56.5	55.7	0.8	2.9
2016	100	42.2	32.3	6.0	26.3	9.9	55.0	54.2	0.8	2.8
2017	100	43.7	33.4	6.3	27.1	10.4	53.7	52.9	0.8	2.5
2018	100	44.5	33.7	6.4	27.3	10.8	52.4	51.6	0.8	3.1

3 人口、就业和职工工资

长沙统计年鉴

3-1 历年人口数

单位:人

年份	年末总人口	#市区	年末总人口性别 男	女	总人口中非农业人口
1949	3092437	383480	1627510	1464927	
1950	3145165	413635	1651036	1494129	541516
1951	3196041	457535	1689104	1506937	541220
1952	3258889	516649	1765075	1493814	594811
1953	3303293	553645	1751683	1551610	613308
1954	3387651	611273	1787749	1599902	677017
1955	3424900	616425	1797081	1627819	681060
1956	3495470	672224	1850703	1644767	735358
1957	3503470	673291	1854666	1648804	751649
1958	3483494	663049	1825598	1657896	794300
1959	3492082	722762	1838482	1653600	871173
1960	3424156	761761	1795656	1628500	898527
1961	3377929	726486	1768523	1609406	853456
1962	3389151	721271	1776645	1612506	800737
1963	3495649	748797	1822271	1673378	826516
1964	3569849	764357	1861086	1708763	835599
1965	3657335	767725	1906015	1751320	838458
1966	3738916	770835	1950918	1787998	833097
1967	3810119	786500	1986179	1823940	826945
1968	3905884	763400	2030386	1875498	812115
1969	4001407	749700	2079936	1921471	792368
1970	4056467	742284	2105841	1950626	759390
1971	4130870	759730	2147639	1983231	819740
1972	4203286	779922	2183495	2019791	830731
1973	4290576	799715	2234648	2055928	857908
1974	4366094	824109	2270621	2095473	882576
1975	4433412	827874	2308774	2124638	886884
1976	4481192	827582	2331700	2149492	894068
1977	4521943	823848	2353927	2168016	891943
1978	4582271	948305	2387967	2194304	940265
1979	4643351	992761	2420686	2222665	1003276
1980	4700086	1019438	2449155	2250931	1039452
1981	4766041	1046890	2489027	2277014	1072702
1982	4844868	1072350	2527992	2316876	1105302
1983	4913280	1097558	2562729	2350551	1135401
1984	4969539	1123923	2593427	2376112	1247495
1985	5042168	1157176	2631652	2410516	1292901

3-1 续表

单位:人

年　份	年末总人口	#市　区	年末总人口性别 男	年末总人口性别 女	总人口中非农业人口
1986	5127298	1192667	2680097	2447201	1276052
1987	5212346	1226819	2721147	2491199	1317406
1988	5346897	1263481	2790048	2556849	1373221
1989	5444511	1301171	2838683	2605828	1401767
1990	5500533	1326825	2861410	2639123	1429440
1991	5535603	1349865	2881298	2654305	1449901
1992	5553843	1372749	2888636	2665207	1480589
1993	5554172	1387087	2887752	2666600	1511184
1994	5594385	1422651	2912803	2681582	1556040
1995	5628222	1454461	2919369	2708853	1601864
1996	5675339	1603804	2950934	2724405	1673328
1997	5719062	1634412	2960697	2758365	1709754
1998	5768787	1669081	2987038	2781749	1736934
1999	5824692	1714606	3011434	2813258	1809828
2000	5831894	1754142	3015303	2816591	1864206
2001	5870933	1807670	3030648	2840285	1918942
2002	5954592	1889773	3065775	2888817	1991046
2003	6017624	1962561	3093901	2923723	2058257
2004	6103844	2024646	3137629	2966215	2125741
2005	6209248	2086476	3186039	3023209	2180688
2006	6309958	2146096	3231737	3078221	2256477
2007	6373561	2187488	3258991	3114570	2305611
2008	6417367	2370643	3274848	3142519	2332132
2009	6468350	2391675	3292771	3175579	2347616
2010	6501248	2395348	3300191	3201057	2377815
2011	6566185	2967851	3326741	3239444	2418105
2012	6606166	2979005	3340494	3265672	2455126
2013	6628122	2992513	3346546	3281576	2495548
2014	6714121	3035103	3384823	3329298	2566387
2015	6803579	3184995	3423948	3379631	
2016	6959998	3283293	3494672	3465326	
2017	7087939	3397749	3542794	3545145	
2018	7288583	3557549	3630733	3657850	

注:历年人口数为公安户籍人口。因户籍制度改革,2015 年取消非农业人口统计指标。

3-2 历年城镇化率

	常住人口(万人)	# 城镇人口	城镇化率(%)
2002 年	626.88	294.01	46.90
2003 年	628.34	308.89	49.16
2004 年	629.00	321.99	51.19
2005 年	639.30	344.39	53.87
2006 年	646.50	365.27	56.50
2007 年	652.92	393.06	60.20
2008 年	658.56	403.37	61.25
2009 年	664.22	416.00	62.63
2010 年	704.07	476.58	67.69
2011 年	709.07	485.64	68.49
2012 年	714.66	495.84	69.38
2013 年	722.14	509.86	70.60
2014 年	731.15	528.88	72.34
2015 年	743.18	552.78	74.38
2016 年	764.52	580.97	75.99
2017 年	791.81	614.38	77.59
2018 年	815.47	645.23	79.12

3－3 历年人口自然变动情况

年份	年内出生人数（人）	出生率（‰）	年内死亡人数（人）	死亡率（‰）	年内自然增长人数（人）	自然增长率（‰）
1954	131963	39.45	55897	16.71	76066	22.74
1956	105956	30.62	38032	10.99	67924	19.63
1957	115144	32.90	35906	10.26	79238	22.64
1958	102730	29.41	67454	19.31	35276	10.10
1960	74321	21.49	94529	27.34	－20208	－5.84
1961	43524	12.80	71606	21.05	－28082	－8.26
1962	111205	32.87	39432	11.65	71773	21.21
1963	159097	46.22	32012	9.30	127085	36.92
1965	126297	35.50	34359	9.51	93938	26.00
1971	99124	24.21	31826	7.77	67298	16.44
1973	100011	23.55	31069	7.32	68942	16.23
1974	91174	21.06	34589	7.99	56585	13.07
1975	91494	20.80	33273	7.56	58221	13.23
1976	78301	17.57	32546	7.30	45755	10.27
1977	76402	16.97	33773	7.50	42629	9.47
1978	70593	15.51	30800	6.77	39793	8.74
1979	72294	15.67	31970	6.93	40324	8.74
1980	66900	14.32	31670	6.78	35230	7.54
1981	73936	15.62	30853	6.52	43083	9.10
1982	87006	18.11	31928	6.64	55078	11.46
1983	78950	16.18	33772	6.92	45178	9.26
1984	72092	14.59	33442	6.77	38650	7.82
1985	76747	15.33	33236	6.64	43511	8.69
1986	83611	16.44	32137	6.32	51474	10.12
1987	89952	17.40	33857	6.55	56095	10.85
1988	87708	16.61	35382	6.70	52326	9.91
1989	100791	18.70	36904	6.80	63887	11.80
1990	88309	16.10	37683	6.80	50626	9.30

3－3 续表

年　份	年内出生人　数（人）	出生率（‰）	年内死亡人　数（人）	死亡率（‰）	年内自然增长人数（人）	自然增长率（‰）
1991	59771	10.83	36717	6.65	23054	4.18
1992	42654	7.69	37281	6.72	5373	0.97
1993	33420	6.02	36436	6.56	－3016	－0.54
1994	35592	6.39	35621	6.39	－29	－0.01
1995	41370	7.37	36742	6.55	4628	0.82
1996	47944	8.48	35842	6.34	12102	2.14
1997	49607	8.71	34933	6.13	14674	2.58
1998	52969	9.22	37124	6.46	15845	2.76
1999	55873	9.64	38162	6.58	17711	3.06
2000	62026	10.64	41506	7.12	20520	3.52
2001	53994	9.23	31587	5.40	22407	3.83
2002	53746	9.09	36363	6.15	17383	2.94
2003	49683	8.30	40064	6.69	9619	1.61
2004	56062	9.25	37273	6.15	18789	3.10
2005	67537	10.97	42788	6.95	24749	4.02
2006	62960	10.06	31607	5.05	31353	5.01
2007	64312	10.14	37565	5.92	26747	4.22
2008	71118	11.12	38565	6.03	32553	5.09
2009	69777	10.83	34983	5.43	34794	5.40
2010	71677	11.05	36567	5.64	35110	5.41
2011	75825	11.61	30895	4.73	44930	6.88
2012	82741	12.56	42575	6.46	40166	6.10
2013	83357	12.60	52090	7.87	31267	4.73
2014	101938	15.28	35379	5.30	66559	9.98
2015	97861	14.48	32626	4.83	65235	9.65
2016	103484	15.04	30347	4.41	73137	10.63
2017	115691	16.47	129736	18.47	－14045	－2.00
2018	98260	13.67	48647	6.77	49613	6.90

3－4 历年市区人口自然变动情况

年份	年内出生人数（人）	出生率（‰）	年内死亡人数（人）	死亡率（‰）	年内自然增长人数（人）	自然增长率（‰）
1950	10356	25.98	5256	13.19	5100	12.79
1952	20076	41.22	6552	13.45	13524	27.77
1954	26861	46.12	6981	11.99	19880	34.13
1956	25303	39.27	6426	9.97	18877	29.30
1957	30306	45.05	6250	9.29	24056	35.76
1958	21682	32.45	7231	10.82	14451	21.63
1960	19431	26.18	8555	11.53	10876	14.65
1961	12814	17.22	10876	14.62	1938	2.60
1962	22248	30.73	7382	10.20	14866	20.54
1963	28618	37.88	6091	8.05	22527	29.78
1965	14028	18.31	4704	6.14	9324	12.17
1971	10638	14.16	5139	6.84	5499	7.32
1972	9739	12.65	5196	6.75	4543	5.90
1973	9795	12.40	4939	6.25	4856	6.15
1974	9476	11.67	5443	6.70	4033	4.97
1975	10737	13.00	5297	6.41	5440	6.59
1976	9384	11.34	5503	6.65	3881	4.69
1977	10416	12.61	5907	7.15	4509	5.46
1978	11600	13.09	5981	6.75	5619	6.34
1979	12502	12.88	5755	5.93	6747	6.95
1980	10098	10.04	6005	5.97	4093	4.07
1981	14382	13.92	6639	6.43	7743	7.49
1982	17287	16.31	6673	6.30	10614	10.01
1983	15576	14.36	6879	6.34	8697	8.02
1984	14139	12.73	6783	6.11	7356	6.62
1985	14546	12.75	7258	6.36	7288	6.39
1986	14359	12.23	6677	5.53	7682	6.54
1987	17779	14.70	7244	5.99	10535	8.71
1988	16962	13.62	8019	6.44	8943	7.18
1989	15966	12.50	7818	6.10	8148	6.40
1990	14920	11.40	7822	6.00	7098	5.40

3－4 续表

年 份	年内出生人数（人）	出生率（‰）	年内死亡人数（人）	死亡率（‰）	年内自然增长人数（人）	自然增长率（‰）
1991	10801	8.07	7599	5.68	3202	2.39
1992	9245	6.79	7993	5.87	1252	0.92
1993	8490	6.15	7504	5.44	986	0.71
1994	9760	6.95	7070	5.03	2690	1.91
1995	9799	6.81	7510	5.22	2289	1.59
1996	12508	8.18	7697	5.03	4811	3.15
1997	10400	6.42	7259	4.48	3141	1.94
1998	11631	7.04	8428	5.10	3203	1.94
1999	12775	7.55	10211	6.04	2564	1.52
2000	16533	9.53	10581	6.10	5952	3.43
2001	13735	7.71	5948	3.34	7787	4.37
2002	12286	6.65	7284	3.94	5002	2.71
2003	14334	7.44	5635	2.93	8699	4.52
2004	15768	7.91	7275	3.65	8493	4.26
2005	16037	7.80	7218	3.51	8819	4.29
2006	20156	9.52	11106	5.24	9050	4.28
2007	20815	9.61	9247	4.27	11568	5.34
2008	23565	9.95	10877	4.59	12688	5.36
2009	21218	9.08	8213	3.51	13005	5.57
2010	20485	8.56	7313	3.06	13172	5.50
2011	33652	11.39	10572	3.58	23080	7.81
2012	37146	12.49	15854	5.33	21292	7.16
2013	36757	12.30	15728	5.27	21029	7.04
2014	42139	13.98	13720	4.55	28419	9.43
2015	43335	13.93	13091	4.21	30244	9.72
2016	48740	15.07	11225	3.47	37515	11.60
2017	59031	17.67	63380	18.97	－4349	－1.30
2018	51724	14.87	24976	7.18	26748	7.69

注:2011 年开始市区包括望城区数据。

3－5 历年县(市)人口自然变动情况

年份	年内出生人数（人）	出生率（‰）	年内死亡人数（人）	死亡率（‰）	年内自然增长人数（人）	自然增长率（‰）
1954	105102	38.04	48916	17.70	56186	20.34
1956	80653	15.28	31606	11.22	49047	17.42
1957	84838	30.01	29656	10.50	55182	19.63
1958	81048	28.69	60223	21.32	20825	7.37
1960	54890	20.21	85974	31.66	31084	－11.45
1961	30710	11.56	60730	22.86	－30020	－11.30
1962	88957	33.45	32050	12.05	56907	21.40
1963	130479	48.19	25921	9.57	104558	38.62
1965	114269	40.13	29655	10.41	84614	29.71
1971	88486	26.47	26687	6.34	61799	18.49
1972	91082	26.81	27979	8.24	63103	18.57
1973	90216	26.10	26130	7.56	64086	18.54
1974	81698	23.23	29146	8.29	52552	14.94
1975	80757	22.60	27976	7.83	52781	14.77
1976	68917	18.99	27043	7.45	41874	11.54
1977	65986	17.95	27866	7.58	38120	10.37
1978	58993	16.09	24819	6.77	34174	9.32
1979	59792	16.42	26215	7.20	33577	9.22
1980	56802	15.50	25665	7.00	31137	8.49
1981	59554	16.01	24214	6.54	35340	9.55
1982	69719	18.61	25255	6.74	44464	11.87
1983	63374	16.70	26893	7.09	36481	9.62
1984	57953	15.13	26659	6.96	31294	8.17
1985	62201	16.09	25978	6.72	36223	9.37
1986	69252	17.71	25460	6.51	43792	11.20
1987	72173	18.23	26613	6.72	45560	11.50
1988	70746	17.54	27363	6.78	43383	10.75
1989	84825	20.60	29086	7.00	55739	13.60
1990	73389	17.60	29861	7.20	43528	10.50

3－5 续表

年　份	年内出生人　数（人）	出生率（‰）	年内死亡人　数（人）	死亡率（‰）	年内自然增长人数（人）	自然增长率（‰）
1991	48970	11.72	29118	6.97	19852	4.75
1992	33409	7.99	29288	7.00	4121	0.99
1993	24930	5.97	28932	6.93	－4002	－0.96
1994	25832	6.20	28551	6.85	－2719	－0.65
1995	31571	7.57	29232	7.01	2339	0.56
1996	35436	8.60	28145	6.83	7291	1.77
1997	39207	9.61	27674	6.79	11533	2.83
1998	41338	10.10	28696	7.01	12642	3.09
1999	43098	10.50	27951	6.81	15147	3.69
2000	45493	11.11	30925	7.55	14568	3.56
2001	40259	9.91	25639	6.31	14620	3.60
2002	41460	10.20	29079	7.16	12381	3.04
2003	35349	8.72	34429	8.48	920	0.24
2004	40294	9.91	29998	7.38	10296	2.53
2005	51500	12.56	35570	8.67	15930	3.89
2006	42804	10.33	20501	4.95	22303	5.38
2007	43497	10.42	28318	6.78	15179	3.64
2008	47553	11.81	27688	6.88	19865	4.93
2009	48559	11.83	26770	6.52	21789	5.31
2010	51192	12.51	29254	7.15	21938	5.36
2011	42173	11.78	20323	5.68	21850	6.10
2012	45595	12.62	26721	7.40	18874	5.22
2013	46600	12.83	36362	10.01	10238	2.82
2014	59799	16.35	21659	5.92	38140	10.43
2015	54526	14.94	19535	5.40	34991	9.59
2016	54744	15.01	19122	5.24	35622	9.77
2017	56660	15.38	66356	18.01	－9696	－2.63
2018	46536	12.54	23671	6.38	22865	6.16

注:2011 年开始县(市)不包括望城区数据。

3－6 历年计划生育情况

单位：人

年份	计划内生育率(%)	已婚育龄妇女	已落实节育措施人数	节育率(%)	有一子女育龄妇女人数	已领独生子女证(对)	领证率(%)
1980	72.62	636467	538117	84.55	104240	49446	7.77
1981	73.53	659267	556807	84.46	118706	61433	9.32
1982	69.04	710965	608098	85.53	135451	83853	11.79
1983	70.94	750229	653919	87.16	157472	104442	13.92
1984	68.71	790499	690817	87.39	177205	118010	14.93
1985	70.49	818855	722933	88.29	192701	127607	15.58
1986	70.91	858473	745234	86.81	216053	135519	15.79
1987	72.13	910133	815513	89.60	237870	145567	15.99
1988	72.41	963351	862340	89.51	262167	160844	16.70
1989	63.37	1008878	895987	88.81		162357	16.09
1990	68.90	1051259	948723	90.25		181953	17.31
1991	80.30	1083592	994278	91.76		187256	17.28
1992	97.27	1109091	1025914	92.50		197764	17.83
1993	99.27	1122068	1047645	93.37		212443	18.93
1994	99.37	1138915	1056082	92.73	391508	220772	19.38
1995	96.29	1142678	1051298	92.00	446396	218407	19.11
1996	99.32	1178074	1073664	91.14	476914	237342	20.15
1997	98.03	1199736	1080488	90.06	495804	240706	20.06
1998	98.47	1196938	1075935	89.89	530862	221305	18.49
1999	97.73	1196508	1076656	89.98	560329	208970	17.46
2000	98.00	1213156	1093858	90.17	584109	197693	16.30
2001	97.82	1216453	1097351	90.21	598690	195612	16.08
2002	97.77	1227225	1100768	89.70	593854	180916	14.74
2003	97.84	1242152	1126182	90.66	573853	177604	14.30
2004	97.89	1271326	1140033	89.67	675558	182902	14.39
2005	96.75	1306840	1174861	89.90	728547	351674	26.91
2006	96.81	1317525	1181269	89.66	749256	395674	30.03
2007	96.09	1267952	1140108	89.92	742927	426384	33.63
2008	92.65	1301996	1158319	88.96	772509	453414	34.82
2009	93.24	1341581	1188184	88.57	801539	463698	34.56
2010	95.32	1417574	1256182	88.61	864236	512730	36.17
2011	93.52	1393485	1189349	85.35	785942	387332	27.80
2012	93.14	1393739	1195544	85.78	834893	427938	30.70
2013	92.39	1366756	1154941	84.49	841827	193737	23.01
2014	90.16	1357620	1155528	85.11	842016	184245	21.88
2015	90.70	1341778	1137853	84.80	831097	360023	43.32
2016	97.01	1330232	1020890	76.75	805473	346413	43.01
2017	97.68	1321984	970473	73.41	745589	314896	42.23
2018	97.75	1295285	918150	70.88			

注：1. 领证率＝只有一个15周岁以下孩子已领独生子女证数/已婚育龄妇女人数×100%。

2. 因全面二孩政策的实施，已不再统计独生子女情况。

3-7 历年婚姻登记情况

单位:对

年份	登记结婚	#涉外婚	离婚总数	登记离婚	调解离婚	判决离婚
1980	37635	7		666		
1981	52812	2		706		
1982	48954	10		776		
1983	37903	3	1879	761	981	137
1984	44115	15	2327	885	1203	239
1985	44710	11	2099	763	1174	162
1986	55830	16	2545	952	1414	179
1987	53378	35	3157	1068	1831	258
1988	48000	57	4053	1324	2347	382
1989	56329	65	4753	1377	2739	637
1990	51366	95	4968	1372	2903	693
1991	48159	144	4999	1465	2696	838
1992	43702	246	5395	1765	2772	858
1993	38103	307	5755	2029	2847	878
1994	34463	361	6996	2120	3534	1342
1995	40178	468	7448	2628	3327	1493
1996	39672	551	7970	2831	3520	1619
1997	39910	512	7424	3810	2436	1178
1998	39947	576	6553	3232	2115	1206
1999	37140	596	7420	3365	1835	928
2000	39977	710	6291	3782	1486	1023
2001	39365	749	5875	3376	1465	1034
2002	35950	907	5639	4337	591	711
2003	42297	500	7152	4997	1048	1107
2004	47581	98	10064	6887	1143	2034
2005	45622	88	10048	7983	1012	1053
2006	57061	89	11443	8304	1350	1789
2007	52358	306	11889	9104	1381	1404
2008	62759	316	13885	10537	1740	1608
2009	79816	298	15862	12720	1813	1329
2010	69251	316	16786	13770	1778	1238
2011	78954	258	18310	15507	1877	926
2012	76127	241	20079	16528	2443	1108
2013	66317	231	20853	17429	2177	1247
2014	69709	213	21147	17007	1945	2195
2015	58187	133	22007	18183	2019	1805
2016	55272		25287	20108	2022	3157
2017	52453		30472	24360	2958	3154
2018	51914		26885	24122	1719	1044

3－8 历年在岗职工人数与工资

年份	年末人数(人)	年平均人数(人)	工资总额(万元)	年平均工资(元)
1998	732766	737636	559561	7586
1999	693863	695666	596986	8582
2000	662207	661120	670168	10137
2001	593964	598389	733898	12265
2002	625839	628383	901247	14342
2003	598370	600425	1019924	16987
2004	631679	628634	1190857	18944
2005	684154	677171	1455835	21499
2006	741106	729237	1795041	24615
2007	782838	769253	2151481	27968
2008	816795	810169	2579185	31835
2009	931149	919382	3207591	34889
2010	1037487	1014399	3888976	38338
2011	1162124	1143753	5089361	44497
2012	1177512	1177222	5992566	50904
2013	1221088	1206441	6802064	56381
2014	1239662	1237767	7655378	61848
2015	1232744	1233405	8296622	67266
2016	1143208	1125463	8754046	77782
2017	1161485	1134512	9664535	85187
2018	1113835	1107296	10330331	93293

注：因为统计制度改革，在岗职工指标从 1998 年年报开始使用。

3-9 历年市区在岗职工人数与工资

年份	年末人数(人)	年平均人数(人)	工资总额(万元)	年平均工资(元)
1998	552018	557168	442090	7935
1999	527978	531626	475812	8950
2000	506733	505917	540794	10689
2001	444879	449278	584165	13002
2002	479088	481051	715969	14883
2003	449920	452303	795129	17580
2004	458026	456312	912810	20004
2005	489713	485936	1089144	22413
2006	529329	526011	1351710	25697
2007	543329	536916	1554223	28947
2008	557777	555166	1799291	32410
2009	619898	614190	2241291	36492
2010	668105	657800	2641521	40157
2011	791751	775786	3554995	45824
2012	802520	793221	4183751	52744
2013	820361	809542	4793347	59211
2014	833122	826930	5347681	64669
2015	847560	837806	5986297	71452
2016	810254	800345	6653933	83138
2017	789733	777807	7118639	91522
2018	798478	784900	7860487	100146

3－10 单位从业人员和劳动报酬情况(2018年)

项　　目	单位从业人员年末人数	在岗职工	其他从业人员
总　　计	**1194467**	**1113835**	**80632**
一、按注册类型分组			
1. 国有单位	308315	291077	17238
2. 集体单位	14484	13925	559
3. 其他单位	871668	808833	62835
二、按企业、事业、机关分组			
1. 企业	898824	835536	63288
2. 事业	202908	189951	12957
3. 机关	70232	67048	3184
4. 民间非营利组织	6034	5997	37
5. 其他	16469	15303	1166
三、按国民经济行业分组			
(一)农、林、牧、渔业	1090	1075	15
(二)采矿业	264	264	
(三)制造业	268864	265453	3411
(四)电力、热力、燃气及水生产和供应业	8018	7917	101
(五)建筑业	226245	195041	31204
(六)批发和零售业	72043	69398	2645
(七)交通运输、仓储和邮政业	42423	41931	492
(八)住宿和餐饮业	28155	21980	6175
(九)信息传输、软件和信息技术服务业	22319	22178	141
(十)金融业	71587	60371	11216
(十一)房地产业	50012	48185	1827
(十二)租赁和商务服务业	33370	31706	1664
(十三)科学研究和技术服务业	51353	48232	3121
(十四)水利、环境和公共设施管理业	11316	9502	1814
(十五)居民服务、修理和其他服务业	5410	5349	61
(十六)教育	112492	104510	7982
(十七)卫生和社会工作	76191	73615	2576
(十八)文化、体育和娱乐业	22004	20970	1034
(十九)公共管理、社会保障和社会组织	91311	86158	5153
(二十)国际组织			

单位:人、万元

单位从业人员平均人数	在岗职工	其他从业人员	单位从业人员劳动报酬	在岗职工	其他从业人员
1187129	**1107296**	**79833**	**10683475**	**10330331**	**353144**
306668	289669	16999	3623353	3543443	79910
13991	13447	544	87767	85122	2646
866470	804180	62290	6972355	6701766	270588
893690	830923	62767	7321016	7043420	277596
201330	188526	12804	2399265	2342217	57048
69588	66427	3161	693666	678731	14934
6014	5987	27	31182	31081	100
16507	15433	1074	238347	234882	3465
1075	1060	15	3788	3757	31
255	255		1086	1086	
275457	271975	3482	1946097	1931771	14326
8162	8063	99	68759	68496	263
219075	187961	31114	1433632	1260220	173412
70893	68357	2536	471493	465145	6347
42081	41614	467	367096	365556	1539
28445	21815	6630	121398	106511	14887
22065	21910	155	261037	260277	760
70151	59858	10293	1195305	1168624	26682
49947	48152	1795	395960	388786	7174
32508	30700	1808	188097	182627	5470
50676	47543	3133	572124	552301	19823
11208	9420	1788	89291	80591	8700
5586	5530	56	38620	38394	226
111694	103859	7835	1188347	1160618	27729
75142	72662	2480	1192235	1174855	17380
22080	21062	1018	298533	293271	5262
90629	85500	5129	850580	827446	23133

3－11 年末分行业在岗职工人数

行　业	2003年	2004年	2005年	2006年	2007年	2008年
总　计	**598370**	**631679**	**684154**	**741106**	**782838**	**816795**
# 国有经济单位	396717	378460	331003	367600	363384	367771
城镇集体经济单位	41593	45649	41990	42679	44705	44564
按国民经济行业分组						
(一)农、林、牧、渔业	2913	2804	3003	2576	1784	1502
(二)采矿业	6434	10751	11596	11954	9107	8187
(三)制造业	127853	146675	166184	173092	190189	199707
(四)电力、热力、燃气及水生产和供应业	9702	7436	7569	8169	11929	12184
(五)建筑业	68965	72073	94224	119117	131732	135895
(六)批发和零售业	41023	49481	44314	48692	54058	53847
(七)交通运输、仓储和邮政业	30084	28839	29279	30405	30470	30230
(八)住宿和餐饮业	20896	22459	31506	34215	32743	32255
(九)信息传输、软件和信息技术服务业	12647	9895	9943	10241	9065	9029
(十)金融业	20407	21696	19249	21033	24420	22955
(十一)房地产业	9838	12269	22051	23816	22519	27311
(十二)租赁和商务服务业	13540	15428	15762	15189	12333	13524
(十三)科学研究和技术服务业	24917	24395	23121	25070	25536	28684
(十四)水利、环境和公共设施管理业	6483	7216	7430	9056	9340	10778
(十五)居民服务、修理和其他服务业	1966	2295	2388	2737	4140	4348
(十六)教育	82925	82419	80410	83246	87654	97593
(十七)卫生和社会工作	30868	32060	33868	37479	38950	41398
(十八)文化、体育和娱乐业	19483	15345	15498	18503	18754	17109
(十九)公共管理、社会保障和社会组织	67426	68143	66759	66516	68115	70259
(二十)国际组织						

单位:人

2009 年	2010 年	2011 年	2012 年	2013 年	2014 年	2015 年	2016 年	2017 年	2018 年
931149	**1037487**	**1162124**	**1177512**	**1221088**	**1239662**	**1232744**	**1143208**	**1161485**	**1113835**
361869	382313	381401	387797	339566	315810	305922	305677	284300	291077
44693	46098	39455	36059	27745	23931	20584	19992	15183	13925
109	464	1446	1219	1070	768	974	935	1366	1075
10098	9918	12087	12055	12112	4789	3716	1387	421	264
253295	296984	366112	363083	371804	384988	368837	300104	331971	265453
13825	15849	6518	7822	7262	7482	8012	7985	8089	7917
145429	153193	174571	168026	182446	198622	209827	192915	190540	195041
60818	63755	72676	74866	81543	75977	78176	71857	66958	69398
28582	26773	43777	45294	49567	49570	47074	47014	44333	41931
34429	39177	42418	44399	44326	37241	34402	27474	25793	21980
9507	13299	18867	19455	20262	22019	22118	24423	19722	22178
31290	46108	48197	50538	54716	57461	61284	62500	66142	60371
34433	39674	41037	42671	44934	46982	47251	41951	43888	48185
15718	20618	22370	28453	25791	25925	27948	26193	27284	31706
32705	34998	38592	43548	49470	50284	42916	44514	46080	48232
13193	13224	10692	11537	9277	9135	9193	10232	9907	9502
3863	4987	6007	7248	5314	3937	4290	3817	3877	5349
100022	103590	107471	105352	102571	105185	93848	98001	102594	104510
51228	54962	56478	59349	60686	62561	65684	69726	71121	73615
16704	18710	22600	22094	22142	22812	21521	20981	21836	20970
75901	81204	70208	70503	75795	73924	85673	91199	79563	86158

3-12 年末城镇单位按行业分组的女性从业人员(2018年)

单位:人

行业	合计	国有经济	城镇集体经济	其他经济
总计	**465358**	**151754**	**7020**	**306584**
(一)农、林、牧、渔业	489	33		456
(二)采矿业	47		33	14
(三)制造业	94689	761	1004	92924
(四)电力、热力、燃气及水生产和供应业	2556	168	55	2333
(五)建筑业	30992	422	267	30303
(六)批发和零售业	41713	649	85	40979
(七)交通运输、仓储和邮政业	13654	2658	30	10966
(八)住宿和餐饮业	17736	1163	212	16361
(九)信息传输、软件和信息技术服务业	8628	302		8326
(十)金融业	39632	2132		37500
(十一)房地产业	21406	457	599	20350
(十二)租赁和商务服务业	12172	848	126	11198
(十三)科学研究和技术服务业	14300	5984	3	8313
(十四)水利、环境和公共设施管理业	3602	2615	19	968
(十五)居民服务、修理和其他服务业	1911	301	6	1604
(十六)教育	65329	52946	1445	10938
(十七)卫生和社会工作	54569	43771	3107	7691
(十八)文化、体育和娱乐业	10923	5694	28	5201
(十九)公共管理、社会保障和社会组织	31010	30850	1	159
(二十)国际组织				

3－13 市区从业人员及工资总额(2018年)

单位:人、万元

项目	单位从业人员年末人数	在岗职工	其他从业人员	单位从业人员平均人数	在岗职工	其他从业人员	单位从业人员劳动报酬	在岗职工	其他从业人员
总计	**865132**	**798478**	**66654**	**851289**	**784900**	**66389**	**8147915**	**7860487**	**287428**
一、按企业、事业、机关分组									
1.企业	663026	610257	52769	650581	597912	52669	5643905	5418396	225510
2.事业	139974	130066	9908	138951	129080	9871	1794176	1749212	44964
3.机关	43773	40933	2840	43371	40561	2810	462166	448560	13606
4.民间非营利组织	3610	3579	31	3594	3573	21	20333	20255	78
5.其他	14749	13643	1106	14792	13774	1018	227335	224065	3271
二、按国民经济行业分组									
(一)农、林、牧、渔业	964	952	12	949	937	12	3202	3175	27
(二)采矿业	57	57		57	57		202	202	
(三)制造业	102852	101079	1773	100398	98497	1901	756580	749649	6931
(四)电力、热力、燃气及水生产和供应业	6123	6086	37	6266	6231	35	53042	52878	163
(五)建筑业	198499	174879	23620	192426	168641	23785	1284895	1151109	133786
(六)批发和零售业	64958	62474	2484	63868	61511	2357	410338	404506	5832
(七)交通运输、仓储和邮政业	29385	28966	419	29239	28846	393	268850	267547	1303
(八)住宿和餐饮业	26271	20202	6069	26643	20122	6521	113957	99392	14565
(九)信息传输、软件和信息技术服务业	21550	21455	95	21304	21195	109	255808	255238	570
(十)金融业	68686	57771	10915	67379	57272	10107	1147983	1122323	25660
(十一)房地产业	43488	41702	1786	43668	41908	1760	333883	326894	6990
(十二)租赁和商务服务业	29844	28205	1639	28783	27001	1782	168719	163369	5350
(十三)科学研究和技术服务业	49622	46738	2884	48965	46071	2894	561507	542316	19191
(十四)水利、环境和公共设施管理业	8286	6923	1363	8170	6848	1322	67910	61815	6096
(十五)居民服务、修理和其他服务业	4751	4690	61	4903	4847	56	36238	36012	226
(十六)教育	74490	68222	6268	74043	67861	6182	846928	824633	22294
(十七)卫生和社会工作	55851	54172	1679	55167	53485	1682	977167	964345	12823
(十八)文化、体育和娱乐业	20622	19761	861	20693	19845	848	288807	284289	4518
(十九)公共管理、社会保障和社会组织	58833	54144	4689	58368	53725	4643	571897	550796	21102
(二十)国际组织									

3－14 全社会从业人员(2018年)

单位:万人

项　　目	2018年	2017年
从业人员合计	**480.43**	**474.61**
1.按就业身份分组		
城镇非私营在岗职工	111.38	116.15
个体工商户	114.51	99.6
私营企业从业人员	120.26	109.06
农村从业人员	90.4	97.77
其他从业人员	43.88	52.03
2.按产业分组		
第一产业	90.40	97.77
第二产业	158.78	162.79
第三产业	231.25	214.05

3－15 历年城镇失业情况

年　　份	年末城镇登记失业人数(人)	年末城镇登记失业率(%)
2000	39565	3.50
2001	44035	3.80
2002	50066	4.20
2003	52310	4.20
2004	53805	3.87
2005	49001	3.80
2006	47673	3.62
2007	38129	3.12
2008	43939	3.41
2009	46067	3.47
2010	41335	2.89
2011	54764	2.86
2012	58748	2.88
2013	60751	2.89
2014	59065	2.85
2015	34011	2.60
2016	40223	2.74
2017	38988	2.67
2018	36877	2.46

4 固定资产投资、建筑业

长沙统计年鉴

4－1 2011－2018年固定资产投资分类别增长情况

单位:%

指　　标	2011年	2012年	2013年	2014年	2015年	2016年	2017年	2018年
固定资产投资	26.1	20.3	20.1	18.3	17.1	13.9	13.1	11.5
按经济类型分								
国有投资	2.5	16.0	14.0	8.6	26.1	23.2	1.0	15.2
非国有投资	35.9	21.8	22.1	21.4	14.5	10.9	17.7	8.5
# 民间投资	5.1	2.4	23.5	21.0	14.8	3.1	18.0	12.3
按隶属关系分								
中央项目	27.1	49.3	－26.9	97.2	－10.7	8.9	－10.4	－0.3
地方项目	26.1	19.5	21.7	16.6	18.1	14.1	13.7	10.4
按产业分								
第一产业	－25.2	35.8	18.7	10.7	－10.5	2.9	19.9	59.8
第二产业	28.2	25.5	25.2	20.6	23.4	9.7	6.3	22.0
第三产业	27.1	17.8	17.7	17.4	14.3	16.1	16.1	5.0
按投资方向分								
工业投资	27.3	23.7	26.2	18.9	23.4	10.7	6.7	22.1
工业技改投资	46.2	17.5	25.5	11.1	20.0	－30.5	3.3	3.7
产业投资	30.2	15.3	21.7	17.0	21.7	5.5		25.6
民生投资	－5.3	16.9	25.7	32.4	39.3	67.5	4.4	1.2
生态投资	81.7	11.0	77.6	27.9	13.3	18.1	－6.8	52.5
基础设施	10.0	1.3	30.8	24.6	34.0	15.4	－2.7	12.7
高技术产业投资		117.4	－14.2	－2.7	35.3	36.8	37.6	5.7
房地产开发投资	29.7	16.4	11.8	13.6	－24.0	26.5	18.2	0.7
按结构分								
建筑工程	24.9	10.0	22.5	18.4	26.0	12.8	17.8	5.5
安装工程	15.8	37.8	11.1	31.5	11.2	3.4	23.6	－5.7
设备工器具购置	－3.6	30.3	22.5	19.0	12.0	－7.3	20.4	47.4

4-2 2011-2018年固定资产投资分行业增长情况

单位:%

指标	2011年	2012年	2013年	2014年	2015年	2016年	2017年	2018年
固定资产投资按行业分	26.1	20.3	20.1	18.3	17.1	13.9	13.1	11.5
农、林、牧、渔业	-37.9	35.8	18.7	-6.1	4.2	-8.2	-6.3	56.4
采矿业	-13.8	30.0	-5.8	18.1	2.7	-37.7	-24.7	-20.4
制造业	30.5	27.7	27.7	18.4	26.2	11.7	8.8	17.3
电力、热力、燃气及水的生产和供应业	39.3	-16.9	16.3	28.1	-13.8	5.8	-34.2	187.8
建筑业	-69.5	189.2	-13.0	29.6	24.9	-33.3	-17.0	0.2
批发和零售业	-1.6	4.4	20.4	44.7	11.5	-25.3	62.6	-34.5
交通运输、仓储和邮政业	-3.4	50.1	21.8	21.8	20.0	2.2	12.0	20.1
住宿和餐饮业	-30.1	21.9	14.9	11.8	20.7	-50.0	41.4	22.8
信息传输、软件和信息技术服务业	36.1	-38.7	65.0	31.0	208.5	-14.1	46.4	-37
金融业	11.0	116.5	11.9	19.9	15.4	-25.1	-20.8	85.7
房地产业	24.6	21.3	6.6	10.9	-13.3	35.2	11.7	-6.7
租赁和商务服务业	58.5	-3.3	37.4	-1.9	43.4	17.9	11.4	53.2
科学研究和技术服务业	66.6	-2.8	19.8	47.1	53.7	-8.4	21.1	46.5
水利、环境和公共设施管理业	0.5	-4.0	44.6	27.8	49.1	25.0	-2.7	20.2
居民服务和其他服务业	-14.4	35.3	23.7	-33.4	14.0	-6.4	37.1	118.5
教育	-16.4	28.9	34.7	18.7	14.1	36.4	25.3	35
卫生和社会工作	7.3	3.6	23.0	28.2	8.0	42.0	60.3	24.4
文化、体育和娱乐业	-42.9	67.6	37.3	73.8	10.2	117.4	31.9	3.8
公共管理和社会组织	103.9	129.7	-2.9	-30.4	-9.0	-11.4	72.2	76.7

4－3 主要年份房地产开发及商品房销售主要指标

指标	单位	1998年	1999年	2000年	2001年	2002年	2003年	2004年	2005年	2006年
一、完成投资额	万元	174078	225765	330238	631878	817883	1225551	1755376	2563500	3038612
# 住宅	万元	77797	131260	151091	305549	442655	732833	1167921	2011118	2305640
二、新增固定资产	万元	121802	205616	166677	377131	525566	743987	932398	828971	1048277
三、建筑面积										
施工房屋面积	万 m^2	339.01	336.68	385.32	634.01	833.94	1102.12	1462.41	1913.57	2411.94
竣工房屋面积	万 m^2	98.38	156.27	147.73	214.99	332.12	443.24	591.9	515.16	547.09
四、商品房销售情况										
商品房销售额	万元	67692	137043	178455	305217	418141	666279	1072486	1162249	1961129
商品房销售面积	万 m^2	39.97	79.97	92.72	163.9	232.1	325.82	519.95	536.99	741.69
五、土地开发情况										
本年购置土地面积	万 m^2	35.1	28.91	49.56	262.86	544.43	789.72	807.63	1007.59	1186.1
本年完成开发土地面积	万 m^2	118.08	61.66	176.23	221.25	358.58	562.14	543.46	246.81	707.68
土地开发投资额	万元	26757	39059	85418	92344	130367	216418	224325	196384	477218

2007 年	2008 年	2009 年	2010 年	2011 年	2012 年	2013 年	2014 年	2015 年	2016 年	2017 年	2018 年
4129929	4694654	4974692	6841481	8869232	10320003	11536073	13104995	9966008	12605475	14896906	15007609
3408702	3688740	3929930	5163283	6843026	6988572	7665970	8556727	6391805	6899559	8077656	9066397
1268230	1900755	3686224	4293394	5294334	5602631	5930203	5650417	6899198	6153304	4820787	5479710
3270.34	4225.29	6168.62	6687.29	7670.96	7361.67	8668.15	9647.15	9208.6	9586.41	9715.03	10619.79
699.9	750.57	1314.71	1392.55	1451.77	1402.27	1400.36	1438.85	1349.29	1670.58	1143.86	1441.27
3258716	2733593	5130956	7423283	8824072	9315598	11603801	9289202	11166104	16614055	17367424	19510052
985.09	822.59	1406.58	1680.21	1500.2	1526.93	1840.59	1519.2	1904.89	2593.71	2259.15	2387.35
973.23	965.48	392.92	288.48	331.71	311.15	458.99	279.5	106.68	204.77	205.85	354.13
645.94	581.8	640.51	216.78								
626022	601574	337539	327188								

4－4 房地产开发投资完成情况(2018 年)

单位:万元

指 标	总计							
		中央	地方					
				省	地市县属			
						地区	县	其他
计划总投资	115954354	3447851	112506503	9071063	103435440	9615439	772340	93047661
本年完成投资	15007609	419433	14588176	714751	13873425	1143513	64783	12665129
# 土地购置费	2710837	98600	2612237	107526	2504711	254365		2250346
# 国有经济控股	2469286	396001	2073285	500310	1572975	466677	20764	1085534
按登记注册类型分								
内资	14216695	396001	13820694	574637	13246057	1143513	64783	12037761
国有	5881		5881		5881	5881		
集体								
股份合作								
联营								
# 其他联营								
有限责任公司	7750452	388753	7361699	431712	6929987	883587	20764	6025636
国有独资公司	510759	239270	271489	38305	233184	193701		39483
其他有限责任公司	7239693	149483	7090210	393407	6696803	689886	20764	5986153
股份有限公司	78479		78479		78479	65479		13000
私营	6381883	7248	6374635	142925	6231710	188566	44019	5999125
其他内资								
港澳台投资	614541	23432	591109	59982	531127			531127
港澳台合资经营	152143		152143	59982	92161			92161
港澳台合作经营	95301		95301		95301			95301
港澳台独资	367097	23432	343665		343665			343665
外商投资	155018		155018	80132	74886			74886
中外合资经营企业	123525		123525	80132	43393			43393
外资企业	31493		31493		31493			31493

4－9 续表

单位:万元

指标	总计	中央	地方	省	地市县属	地区	县	其他
按构成分								
建筑工程	9299876	282608	9017268	435559	8581709	765186	53757	7762766
安装工程	1915966	16937	1899029	69749	1829280	108477	11026	1709777
设备工器具购置	245600	800	244800	5234	239566	5988		233578
其他费用	3546167	119088	3427079	204209	3222870	263862		2959008
按工程用途分								
住宅	9066397	303628	8762769	416753	8346016	642312	63219	7640485
办公楼	1003553	10348	993205	75273	917932	95825		822107
商业营业用房	2351492	74188	2277304	67693	2209611	208700	1064	1999847
其他	2586167	31269	2554898	155032	2399866	196676	500	2202690
本年新增固定资产	5479710	152976	5326734	612064	4714670	709494	28869	3976307
本年资金来源合计	28305175	1070748	27234427	1772553	25461874	2339345	374171	22748358
上年末结余资金	7439330	305466	7133864	567311	6566553	643661	27166	5895726
本年资金来源小计	20865845	765282	20100563	1205242	18895321	1695684	347005	16852632
国内贷款	2918682		2918682	31800	2886882	284854	127876	2474152
利用外资								
# 外商直接投资								
自筹资金	4326363	233017	4093346	68070	4025276	448509	129765	3447002
# 企事业单位自有资金								
其他资金来源	874966	42904	832062	6276	825786	50954	2624	772208
# 定金及预付款	8501248	432492	8068756	709472	7359284	656136	84978	6618170
本年各项应付款合计	5378416	155710	5222706	319031	4903675	423247	2113	4478315
# 工程款	2781317	89844	2691473	221079	2470394	249589	2113	2218692

4－5 房地产施工竣工及销售主要指标(2018年)

指标	单位	合计	按用途分						
			商品住宅	#90平方米以下	#140平方米以上住房	#别墅、高档公寓	办公楼	商业营业用房	其他
房屋施工面积	万㎡	10619.79	6823.72	1195.03	1093.02	229.85	646.12	1429.51	1720.45
# 新开工面积	万㎡	2931.94	2021.89	163.89	291.71	58.48	86.93	387.35	435.77
房屋竣工面积	万㎡	1441.27	976.82	164.68	159.20	42.33	55.69	165.33	243.42
竣工房屋价值	万元	5198409	3401408	526576	673467	198544	346277	789718	661006
商品房销售面积	万㎡	2387.35	1973.74	192.59	326.45	70.63	106.87	198.50	108.25
商品房销售额	万元	19510052	15370857	1390942	2958197	627879	1371398	2325907	441890
商品房待售面积	万㎡	677.29	258.10	52.94	56.20	24.81	69.99	202.67	146.53
# 待售1－3年面积(含一年)	万㎡	412.83	147.25	26.33	40.23	18.16	52.92	117.34	95.32
待售3年以上面积(含三年)	万㎡	128.39	46.49	13.46	11.95	4.93	3.91	38.87	39.12

4－6 固定资产投资主要新增生产能力(或效益)(2018年)

指标	单位	数量
新建公路	公里	193
# 高速公路	公里	
一级公路	公里	
二级公路	公里	193
改建公路	公里	718.5
# 高速公路	公里	
一级公路	公里	
二级公路	公里	454.5
新建独立公路桥梁	延长米	6430
新建独立公路桥梁	座	8
新建独立公路隧道	延长米	
新建独立公路隧道	处	
新(扩)建公路客、货运站	个	8
新(扩)建公路客、货运站	平方米	11048
民航机场跑道	条	
民航机场跑道	米	
城市自来水供水能力	万吨/日	
城市污水处理能力	万吨/日	1.2

4－7 主要年份建筑业生产主要指标完成情况

项 目	单位	2007 年	2008 年	2009 年	2010 年	2011 年	2012 年
一、企业个数	个	447	501	481	517	540	555
二、建筑业总产值	万元	9601564	11091958	13394211	17401686	21002701	23299080
1. 建筑工程产值	万元	8172834	9503215	11660263	15073216	18474160	20611794
2. 安装工程产值	万元	601774	599862	606981	712116	814652	952003
3. 其他产值	万元	826956	988881	1126967	1616354	1713889	1735283
三、竣工产值	万元	5528176	6881158	7996605	9003006	11581484	15036364
四、房屋建筑施工面积	万 m^2	9500.7	10910.1	10998.63	15052.19	18325.65	19728.7
# 本年新开工面积	万 m^2	5237.54	4715.3	4736.42	7149.8	7299.01	6540.38
# 实行投标承包面积	万 m^2	8242.84	10179.8	10349.69	14298.23	14931.5	16099.54
五、房屋建筑竣工面积	万 m^2	3045.6	3565.23	3757.24	4267.59	4523.29	5005.64
六、年末自有施工机械设备							
1、净值	万元	446669	568426	608749	610815	706808	533180
2、总台数	台	121980	133226	136815	176855	160030	144560
3、总功率	万千瓦	244.35	278.69	327.69	368.86	422.21	424.8
七、计算劳动生产率平均人数	万人	56.86	64.95	64.42	72.74	75.98	78.62

4－7 续表

项 目	单位	2013 年	2014 年	2015 年	2016 年	2017 年	2018 年
一、企业个数	个	592	564	552	545	584	693
二、建筑业总产值	万元	27637110	31938738	34781817	37864479	43745344	49764570
1. 建筑工程产值	万元	23998080	27104990	30051017	33252557	38609049	43416603
2. 安装工程产值	万元	1235752	1613458	1672813	1779164	1991298	2758962
3. 其他产值	万元	2403279	3220289	3057987	2832758	3144997	3589005
三、竣工产值	万元	17642193	17984470	20216497	21999213	22731199	24123527
四、房屋建筑施工面积	万 m^2	23775.93	26251.72	25848.26	27980.19	30115.10	33042.15
# 本年新开工面积	万 m^2	8813.35	9275.52	7965.95	8885.55	9734.52	10859.75
# 实行投标承包面积	万 m^2	19301.8	23972.89	23665.58	25374.59		
五、房屋建筑竣工面积	万 m^2	6517.54	6697.81	6537.11	7370.01	7443.17	7531.67
六、年末自有施工机械设备							
1、净值	万元	735361	946082	1075868	12357011	1666937	1660987
2、总台数	台	146421	149930	156653	152527	199670	237028
3、总功率	万千瓦	414.55	419.99	500.2	452.49	443.43	469.53
七、计算劳动生产率平均人数	万人	91.27	100.27	110.22	107.01	112.33	119.71

4－8 建筑业企业生产情况(2018 年)

项　　目	企业个数（个）	建筑业总产值（万元）	#装饰装修产　　值	#在外省完成的产值	#装配式建筑工程产值	建筑工程产　　值
总　　计	**693**	**49764570**	**43607**	**2775969**	**20720838**	**43416604**
# 国有控股企业	81	25159281	42693	601249	15777225	23853516
一、按登记注册类型分组						
内资企业	690	49608479	43607	2741762	20625502	43260512
国有企业	10	340324		5500	130767	273694
集体企业	5	145649		23289	42286	87644
联营企业	1	12548	10548		2000	11548
有限责任公司	210	33006656	32145	1295417	17495724	30072351
国有独资公司	21	8116677	1350	238105	3784272	7833501
其他有限责任公司	189	24889980	30795	1057313	13711453	22238850
股份有限公司	22	3014634		109004	532800	2344034
私营企业	442	13088668	915	1308553	2421925	10471240
私营有限责任公司	432	12416669	915	1271561	2180398	9846421
私营股份有限公司	10	671998		36992	241526	624819
港、澳、台商投资企业	2	35058		34206		35058
外商投资企业	1	121034			95335	121034
二、按企业资质等级分组						
总承包	435	46078756	33059	1823918	19288097	41320426
特级	13	19989945		86812	12367766	18978046
一级	125	18311627	32145	1065079	5917271	16056004
二级	154	5644591		507753	858496	4656949
三级及以下	143	2132594	915	164275	144563	1629428
专业承包	258	3685815	10548	952050	1432741	2096178
一级	69	2143088	10548	840318	951317	1268926
二级	89	997385		34892	396283	463946
三级及以下	100	545342		76840	85141	363306

安装工程产值	其他产值	竣工产值（万元）	房屋建筑施工面积（m^2）	#本年新开工面积	房屋建筑竣工面积（m^2）	直接从事生产经营活动的平均人数(人)	工程技术人员(人)
2758962	**3589005**	**24123527**	**330421492**	**108597523**	**75316710**	**1197104**	**133933**
752622	553144	11646638	211731918	59279097	34690627	501102	46957
2758962	3589005	23970494	330421492	108597523	75316710	1191218	133023
	66630	176303	523116	308386		10553	1848
58005		80621	587573	274919	274073	6019	369
	1000					175	125
1272586	1661720	15756135	252922482	77505636	49642015	747483	70421
136609	146567	3153086	59101385	21031092	9593755	148492	15275
1135977	1515153	12603049	193821097	56474544	40048260	598991	55146
192517	478082	1040750	19396612	6974740	5413973	78255	7890
1235855	1381573	6916685	56991709	23533842	19986649	348733	52370
1196596	1373653	6664496	53042898	21921104	19055737	340373	51341
39259	7920	252189	3948811	1612738	930912	8360	1029
		32000				1350	35
		121034				4536	875
1655319	3103010	21990302	328370132	107502764	73616824	1111240	120459
205217	806682	10155145	199043261	54037584	32850398	387212	30720
964661	1290962	8279534	90901999	36548482	28841796	495556	52549
265099	722543	2659144	31277784	13406650	8874579	162785	27221
220343	282823	896479	7147088	3510048	3050051	65687	9969
1103642	485995	2133225	2051360	1094759	1699886	85864	13474
495690	378473	1236936	1335767	702741	943784	43986	5733
452270	81169	503987	432448	246940	502356	27229	4862
155682	26353	392303	283145	145078	253746	14649	2879

4－8 续表 1

项　　目	企业个数（个）	建筑业总产值（万元）	#装饰装修产　　值	#在外省完成的产值	#装配式建筑工程产值	建筑工程产　　值
三、按建筑业行业中类分组						
房屋建筑业	316	35962194	33059	1644347	13476022	32353971
住宅房屋建筑	290	32970204	33059	1620555	12286939	29445151
其他房屋建筑业	26	2991990		23792	1189083	2908820
土木工程建筑业	191	11394048		97663	6175019	9618033
铁路、道路、隧道和桥梁工程建筑	79	7566212		28628	4289765	6667154
水利和水运工程建筑	23	2141756		5450	1347629	2090729
工矿工程建筑	5	126447			119297	50657
架线和管道工程建筑	29	670403		3880	270378	275598
节能环保工程施工	7	23985			347	16790
电力工程施工	7	47891			2500	19803
其他土木工程建筑	41	817355		59705	145104	497302
建筑安装业	85	1147655		67022	490441	574799
电气安装	22	189520			76136	23584
管道和设备安装	10	98855		21649	18676	71208
其他建筑安装业	53	859279		45373	395629	480007
建筑装饰、装修和其他建筑业	101	1260674	10548	966938	579355	869801
建筑装饰和装修业	77	1040306	10548	956576	470516	804097
建筑物拆除和场地准备活动	8	112371			67576	1644
提供施工设备服务	2	21185			7997	4491
其他未列明建筑业	14	86811		10362	33266	59569

		竣工产值（万元）	房屋建筑施工面积（m²）		房屋建筑竣工面积（m²）	直接从事生产经营活动的平均人数(人)	工程技术人员(人)
安装工程产值	其他产值			#本年新开工面积			
1121113	2487110	17933572	319705699	104081843	71232924	906629	93905
1094324	2430729	16902424	285068109	92027406	67175283	809836	87408
26789	56381	1031147	34637590	12054437	4057641	96793	6497
936621	839395	4926156	10020073	4174226	3463351	236034	31163
441065	457994	2534651	5946832	2173125	2267527	146691	16399
16000	35027	1102452	2459842	1017923	316132	48066	6546
16080	59710	32565	8540	8540	1724	3047	387
261434	133371	655556	73589	72747	47470	18701	4495
5524	1671	16727				446	89
28088		27747				785	127
168430	151622	556457	1531270	901891	830498	18298	3120
517202	55654	445087	637040	331434	416543	27030	4533
165677	260	50445				3249	626
27518	130	72582			58580	2224	587
324008	55264	322060	637040	331434	357963	21557	3320
184026	206847	818712	58680	10020	203892	27411	4332
140644	95566	656392	11476		27076	22569	3105
6285	104442	102691				2002	616
16694		3433	27400		24000	753	128
20403	6839	56197	19804	10020	152816	2087	483

4－9 主要年份建筑业财务状况

项 目	单位	2005年	2006年	2007年	2008年
一、年末资产负债					
流动资产合计	万元	2837325	3314982	4270154	5122164
固定资产合计	万元	853474	987386	1242267	1408123
固定资产原价	万元	1014513	1184889	1612399	1785749
# 生产经营用	万元	829613	1002572	1409999	1466618
累计折旧	万元	373969	438718	551166	602533
# 本年折旧	万元	69070	72647	75814	132602
资产合计	万元	3983250	4633015	5996227	7078559
流动负债合计	万元	2233802	2685378	3751735	4250492
长期负债合计	万元	300389	335771	402464	469312
所有者权益合计	万元	1449059	1611867	1842028	2358755
# 实收资本	万元	1058647	1169051	1271429	1478953
二、损益及分配					
工程结算收入	万元	5373740	6954650	8987932	10454726
工程结算成本	万元	4840714	6258321	8086699	9270280
工程结算税金	万元	192859	242343	320945	410904
工程结算利润	万元	328120	428752	531138	721953
管理费用	万元	197115	234888	271463	277710
利润总额	万元	120833	181684	245663	477409
# 应交所得税	万元	35207	49380	63394	63536
应付利润	万元	33505	64611	77834	122978
# 应交增值税	万元				
三、工资福利费					
本年应付工资总额	万元	658688	892361	972833	1412042
本年应付福利费总额	万元	73090	105268	104317	187003
应付职工薪酬	万元				
四、建筑业增加值	万元			2132700	2561400
五、亏损企业个数	个	100	107	82	50

2009 年	2010 年	2011 年	2012 年	2013 年	2014 年	2015 年	2016 年	2017 年	2018 年
6252585	8001811	9709347	11483057	13600316	15879020	18371152	22082517	24984789	29040378
1458198	1337343	1296658	1577538	1547066	1645353	1682273	1615510	1739552	
1962253	1875495	2026409	2152809	2341521	2574911	2670440	2616760	2763772	2999758
1299391	1537300								
694491	775604	891674	1010130	1125930	1222525	1342849	1340516	1403635	1499799
139803	172206	186788	187878	178722	223529	234960	209190	224505	277283
8350689	10402388	12540899	14979997	17815511	20658175	23665787	28570473	33113744	39649127
5210629	6760187	7637066	8783469	10516791	12044082	13413952	16462656	19526859	23056383
556174	507208	753704	951942	1030037	1284100	1550722	2601079	2360007	3676892
2583886	3135023	4024090	4874075	5966979	7072768	8194043	8970403	10591487	12428130
1595580	1917221	2170676	2474991	2963173	3554730	3917093	4352833	5634836	6222832
12713365	16904511	19993351	21974786	26653588	31139757	33379898	36755907	41360815	47236383
11440235	15254694	18001663	19734193	23614205	27828963	29902777	33428524	38168137	43627150
444092	580124	694310	742423	978091	1175188	1126043	821344	546811	451476
770303	1011895								
329378	438016	507585	570283	793192	888405	954001	1050216	1197040	1444057
418620	574081	712628	828360	1129347	1102611	1125163	1181762	1273773	1550371
87801	91193	127590	163997	218115	198906	219279	232523	229813	246324
187868	173645								
							436039	715342	1086525
1183888	1573560								
120383	137333								
		1487379	1700926	4666217	4027362	3855556	3697098	3591991	6995783
3027543	4163506	4892120	5405771	5946348	6707481	7378229	7909461	9021531	9977814
69	82	65	101	69	76	80	84	81	76

4－10 建筑业企业财务状况(2018年)

指 标	资产总计	流动资产合计	应收工程款	#存货	固定资产原价
总 计	**39649127**	**29040378**	**8318997**	**5719822**	**2999758**
# 国有控股企业	27061230	18660010	5004380	3681290	1671616
一、按登记注册类型分组					
内资企业	39449496	28855943	8237851	5705544	2990906
国有企业	220310	140529	49183	3983	34881
集体企业	96519	59020	22976	14461	7837
联营企业	10703	8834	1647	1005	1881
有限责任公司	31072347	21774168	6038791	4210466	2041577
国有独资公司	8560639	5691756	1406282	1824064	453203
其他有限责任公司	22511708	16082413	4632510	2386401	1588374
股份有限公司	1099523	985461	302342	219239	155216
私营企业	6950094	5887932	1822912	1256391	749513
私营有限责任公司	6556676	5557091	1738106	1113140	683787
私营股份有限公司	393418	330841	84806	143251	65726
港、澳、台商投资企业	49972	49862	4244	6240	256
外商投资企业	149659	134574	76902	8038	8595
二、按企业资质等级分组					
总承包	36763016	26567243	7331607	5402331	2674084
特级	21041884	13551735	3474012	2482496	1171409
一级	11269147	9267593	2630725	2117376	971863
二级	3478455	2921887	896791	698754	428987
三级及以下	973531	826028	330078	103705	101826
专业承包	2886111	2473135	987390	317491	325673
一级	1517034	1267569	464896	167399	203952
二级	921868	820367	389894	105710	66326
三级及以下	447209	385199	132601	44382	55395
三、按建筑业行业中类分组					
房屋建筑业	26368676	19700506	5203249	4214135	1557255
住宅房屋建筑	24942553	18603518	4979186	4048580	1453892
其他房屋建筑业	1426123	1096988	224063	165555	103363
土木工程建筑业	11481219	7822922	2528105	1238641	1312850
铁路、道路、隧道和桥梁工程建筑	6624986	4865717	1624962	697948	794306
水利和水运工程建筑	3560568	1838593	437859	418370	368334
工矿工程建筑	90183	79656	31618	4880	9708
架线和管道工程建筑	736076	623311	303830	56055	103861
节能环保工程施工	25831	20886	9634	1675	372
电力工程施工	24562	23210	7345	707	1905
其他土木工程建筑	419014	371549	112858	59005	34365
建筑安装业	915448	758273	293197	143461	51566
电气安装	150210	139063	73715	10722	13075
管道和设备安装	90955	80280	37121	12590	5761
其他建筑安装业	674283	538931	182361	120148	32730
建筑装饰、装修和其他建筑业	883784	758677	294446	123586	78087
建筑装饰和装修业	641470	567215	197726	112267	41603
建筑物拆除和场地准备活动	134735	100654	53419	803	10673
提供施工设备服务	29315	17209	8504	3536	19451
其他未列明建筑业	78265	73600	34797	6980	6361

单位:万元

累计折旧	#本年折旧	在建工程	流动负债合计	应付账款	非流动负债合计	负债合计	所有者权益合计	#实收资本
1499799	**277283**	**436797**	**23056383**	**9825800**	**3676892**	**27220997**	**12428130**	**6222832**
926813	188326	343386	17508518	8066031	3346449	20856526	6204704	3381389
1496310	276679	436797	22911122	9789833	3676892	27075735	12373761	6215441
19623	1014	765	126527	34120	13256	140154	80156	52648
4048	385	581	51940	9340	3961	63785	32734	36683
1056	22		4178	2892	393	4571	6132	6033
1061414	210307	359875	18902878	8535405	3549932	22573259	8499089	4153113
201959	31486	8808	4912979	2174600	1259606	6173772	2386867	1647922
859455	178822	351067	13989899	6360805	2290326	16399486	6112222	2505191
82992	7073	5265	388871	55367	2213	505678	593845	192310
327178	57877	70311	3436728	1152709	107138	3788289	3161805	1774654
291045	52011	70311	3211280	1119109	94988	3550690	3005986	1659856
36133	5866		225448	33600	12150	237598	155820	114798
146	10		45282	10895		45282	4690	1700
3343	594		99979	25071		99979	49679	5691
1353599	253394	413267	21215982	8954228	3645145	25309115	11453901	5652616
602001	154215	325463	12284335	5354842	3224231	15623145	5418739	2737741
491518	63384	24554	6572571	2771577	351567	7138444	4130703	1813173
221654	26737	16987	1979371	686886	57234	2117184	1361270	778624
38427	9058	46264	379705	140924	12112	430342	543189	323078
146200	23889	23530	1840401	871571	31748	1911882	974229	570216
90552	12802	18815	1070995	515935	24749	1097415	419619	246306
32299	5094	3199	548257	274361	6240	591872	329996	175905
23349	5993	1516	221150	81275	759	222594	224615	148005
677118	143702	84749	15225019	6347539	1719472	17415071	8953604	4319873
656055	137780	78003	14523818	6206897	1629056	16597274	8345279	3901692
21063	5923	6746	701201	140642	90416	817797	608326	418182
768568	124715	330922	6771463	3008608	1878521	8657890	2823329	1469133
475599	75431	14555	4262182	2071584	886363	5151085	1473901	858904
213874	32500	312092	1777144	649840	986045	2765807	794761	308437
5326	830		70346	30243	1853	72314	17869	21397
58104	13603	3959	401472	146562	1821	404293	331782	135163
193	38		12638	8589		12638	13194	10402
913	264	26	12807	5028		12807	11755	9189
14559	2049	290	234875	96761	2439	238946	180068	125642
24136	3276	2221	469565	218164	58744	533237	382211	271541
5764	753	940	63382	31716	890	65119	85091	60327
2796	282	30	48233	16670		51813	39142	24711
15576	2240	1251	357950	169778	57854	416305	257978	186502
29976	5590	18905	590336	251489	20156	614799	268986	162285
13650	1815	6882	440343	200988	12588	457062	184408	109585
6215	554	12023	84557	22442	7568	92124	42611	18981
7383	2911		10985	1752		10985	18330	15100
2729	310		54452	26306		54628	23637	18619

4－10 续表 1

指标	国家资本	集体资本	法人资本	个人资本	港澳台资本	营业收入
总计	**1991083**	**75431**	**2328471**	**1827423**	**425**	**47469283**
# 国有控股企业	1983592	47	1384497	12828	425	24527774
一、按登记注册类型分组						
内资企业	1989808	75431	2322779	1827423		47316839
国有企业	52648					345555
集体企业		36683				141562
联营企业	374			5659		12664
有限责任公司	1922220	31047	1747057	452788		31970713
国有独资公司	1147903		500019			8131748
其他有限责任公司	774317	31047	1247038	452788		23838965
股份有限公司	9995	7120	46558	128637		2933373
私营企业	4571	580	529165	1240339		11912971
私营有限责任公司	4571	580	486545	1168161		11370896
私营股份有限公司			42620	72178		542076
港、澳、台商投资企业	1275				425	31410
外商投资企业			5691			121034
二、按企业资质等级分组						
总承包	1902329	59765	2167363	1523159		43910742
特级	1309309		1339802	88630		19770131
一级	504215	42102	540637	726219		16950620
二级	81960	12077	166417	518170		5088366
三级及以下	6845	5586	120507	190140		2101624
专业承包	88754	15666	161108	304264	425	3558541
一级	71623	7617	64008	102633	425	2042282
二级	14111	6048	68938	86807		970029
三级及以下	3020	2000	28162	114824		546230
三、按建筑业行业中类分组						
房屋建筑业	1316355	24813	1737920	1240786		34417243
住宅房屋建筑	1059807	24765	1732023	1085097		31475321
其他房屋建筑业	256548	47	5897	155689		2941922
土木工程建筑业	590724	13048	492685	372676		10786008
铁路、道路、隧道和桥梁工程建筑	311954		375441	171509		6863503
水利和水运工程建筑	224905		14200	69332		2160657
工矿工程建筑	3183		13300	4914		132585
架线和管道工程建筑	37819	12048	36911	48384		762856
节能环保工程施工			9001	1401		26771
电力工程施工			6500	2689		45319
其他土木工程建筑	12863	1000	37332	74447		794316
建筑安装业	57221	37570	39606	137144		1132507
电气安装	20	4000	4016	52291		186908
管道和设备安装	3000	2000	6714	12998		107968
其他建筑安装业	54201	31570	28876	71855		837631
建筑装饰、装修和其他建筑业	26784		58259	76817	425	1133525
建筑装饰和装修业	12411		46689	50061	425	900551
建筑物拆除和场地准备活动	14373		1717	2891		114595
提供施工设备服务			8200	6900		21883
其他未列明建筑业			1653	16966		96495

单位:万元

主营业务收入	营业成本	主营业务成本	营业税金及附加	主营业务税金及附加	其他业务利润	销售费用	管理费用
47236383	**43789316**	**43627150**	**459069**	**451476**	**29690**	**117974**	**1444057**
24338077	22975423	22859126	81376	79726	19643	12335	776642
47083957	43671730	43509564	457782	450189	29690	117622	1438288
345555	322859	322853	3248	3248		1107	11199
141562	130857	130857	2476	2476		1615	5046
12604	12183	12183	158	158	60		249
31756852	29698929	29575010	232168	230025	25535	28172	1004203
7961067	7519221	7428209	38993	38571	14154	6190	325846
23795786	22179708	22146800	193174	191454	11381	21982	678356
2933136	2696206	2684368	32860	31016	115	2264	85378
11894248	10810697	10784293	186873	183267	3980	84464	332213
11355925	10318767	10292364	184036	180431	228	81005	321784
538323	491929	491929	2836	2836	3751	3459	10430
31392	30008	30008	148	148		292	412
121034	87578	87578	1139	1139		61	5357
43694192	40644020	40494862	423288	416573	29371	78688	1280436
19575676	18507912	18409378	63497	62419	17516	8599	594839
16934683	15668759	15644014	226437	222980	10301	29756	465682
5084953	4612028	4588626	92685	91688	1382	27622	145326
2098880	1855321	1852844	40669	39486	173	12711	74590
3542191	3145296	3132287	35781	34903	319	39286	163621
2036645	1829896	1825343	14385	14261	100	24912	86925
962545	847882	841849	8559	7968	170	5339	43476
543001	467518	465095	12838	12674	49	9035	33220
34231218	31946339	31823067	370371	366000	11367	66065	896383
31290792	29246165	29136489	352148	348143	10450	65637	758031
2940427	2700175	2686578	18224	17857	917	428	138352
10749346	9811411	9780928	64541	62488	18204	36363	445740
6841144	6289510	6275717	30368	30210	13223	30765	222733
2155918	1936923	1923928	15951	15231	12	1264	145697
130344	128297	128132	937	780	569	164	5395
759121	662600	662480	5077	5071	3324	1734	45144
26731	20813	20797	58	58		298	2488
45318	39952	39952	845	312		72	2042
790771	733315	729921	11305	10826	1076	2067	22242
1124370	1027913	1020134	12828	12180	4	6294	45379
186708	159317	159306	3769	3147		2485	11570
101602	93696	88197	1623	1610		1134	7072
836060	774901	772632	7435	7424	4	2675	26738
1131448	1003652	1003021	11329	10809	115	9252	56556
900349	807025	806994	8746	8336	70	7789	40343
112784	95960	95359	747	645	45	91	8580
21883	14612	14612	170	170		1070	2511
96432	86056	86056	1666	1657		303	5122

4－10 续表 2

指　　标	财务费用	#利息收入	#利息支出	资产减值损失	公允价值变动收益	投资收益
总　　计	**292254**	**141313**	**321984**	**47900**	**－258**	**168551**
# 国有控股企业	212760	136692	278650	43050	－85	129076
一、按登记注册类型分组						
内资企业	292549	141291	321984	47900	－258	166303
国有企业	1040	36	1	87		57
集体企业	302	191	69			
联营企业	3					
有限责任公司	233497	138169	294668	45028	－258	164668
国有独资公司	59167	56248	107986	35373		8206
其他有限责任公司	174330	81921	186682	9656	－258	156461
股份有限公司	3895	908	1859	150		71
私营企业	53813	1987	25387	2635		1508
私营有限责任公司	49216	1134	20012	1614		878
私营股份有限公司	4597	853	5375	1021		631
港、澳、台商投资企业	61	22				
外商投资企业	－357					2248
二、按企业资质等级分组						
总承包	275614	139688	314762	42826	－258	165441
特级	183668	127228	248192	35328		123670
一级	65370	11215	52885	7634	－379	40252
二级	19898	1127	11059	－169	121	1509
三级及以下	6679	117	2627	33		10
专业承包	16640	1625	7222	5075		3110
一级	14312	893	5709	2797		699
二级	994	564	787	1392		2395
三级及以下	1335	168	727	886		16
三、按建筑业行业中类分组						
房屋建筑业	186813	90369	230406	43061	－295	159579
住宅房屋建筑	175114	70478	202461	40990	－295	155879
其他房屋建筑业	11699	19891	27945	2071		3700
土木工程建筑业	98531	50439	88128	2051	－85	8625
铁路、道路、隧道和桥梁工程建筑	71072	7356	63681	885	－85	2031
水利和水运工程建筑	24164	42459	21683	590		3478
工矿工程建筑	691	31	625	907		63
架线和管道工程建筑	679	344	1103	－427		2653
节能环保工程施工	26	18		3		
电力工程施工	84	－2	15			
其他土木工程建筑	1814	232	1021	94		401
建筑安装业	2328	310	1338	530	121	134
电气安装	685	23	96	141	121	34
管道和设备安装	199	42	21	102		
其他建筑安装业	1444	245	1220	286		100
建筑装饰、装修和其他建筑业	4582	195	2112	2259		213
建筑装饰和装修业	3282	99	979	44		175
建筑物拆除和场地准备活动	1005	77	853	1833		－37
提供施工设备服务	216	9	210	283		55
其他未列明建筑业	79	11	70	99		20

单位:万元

资产处置收益	其他收益	营业利润	营业外收入	营业外支出	利润总额	应交所得税	应付职工薪酬(本年贷方累计发生额)	建筑业企业在境外完成的营业收入	应交增值税
8564	**7788**	**1572661**	**20098**	**36792**	**1550371**	**246324**	**6995783**	**1403609**	**1086525**
8559	4047	622220	10478	17099	615589	88907	3457657	1025646	445349
8564	7788	1542668	19765	35497	1521340	244633	6946145	1308274	1076213
		6132	218	176	6174	1532	55598	1803	11529
		1266		3	1263	460	22340		3295
		71			71	20	1466		510
8564	6946	961410	16223	26207	951417	131057	4727036	1275351	643612
197	3149	211029	2913	6565	207377	34610	980298	143673	150834
8367	3797	750381	13311	19642	744040	96446	3746738	1131678	492778
		114552	631	356	114827	23740	457447	8913	86639
	842	459238	2693	8756	447588	87826	1682259	22207	330629
	828	430790	2559	5903	421859	82582	1636759	22207	310619
	14	28448	133	2853	25729	5244	45501		20010
		489			489	61	14520		2217
		29503	334	1295	28542	1630	35118	95335	8095
8460	7655	1419315	17389	34036	1397600	223260	6515956	1298377	998556
8437	3920	554530	3579	16173	541936	82445	2853974	934577	366151
16	1057	541910	5006	10169	536747	87884	2553054	252005	452370
7	2679	211074	8502	7290	207389	36963	854554	88593	129802
		111801	303	404	111527	15968	254373	23203	50232
104	133	153346	2709	2756	152771	23064	479828	105232	87970
11	38	70750	371	795	70326	11518	250861	7704	46158
93	94	61160	1998	1819	60822	6858	153733	95335	26303
	1	21436	340	142	21624	4688	75234	2193	15509
98	2451	1175549	9333	18797	1161188	171039	5527237	300555	766986
98	2302	1100727	9255	17647	1087438	160172	4939749	298478	702616
	149	74823	78	1150	73750	10867	587488	2077	64370
8463	2974	311820	5906	13504	304050	58807	1169417	1097041	269361
29	2790	181167	3347	3292	181050	33725	695015	332753	159511
8341	26	53163	487	3186	50464	13227	213195	668953	43484
	5	-3741	213	3838	-7365	406	23260		10756
93	100	50939	1658	2589	50007	5365	130603	95335	33628
0	53	3138	38		3176	298	1844		40
		2325	4	11	2318	308	4080		1078
		24830	159	589	24400	5478	101421		20865
1	2324	38618	4604	4131	39082	7115	134227	2193	26049
	2324	11419	3435	3792	11062	2108	18716		3822
		4153	324	6	4461	1010	7220		3687
1		23046	846	333	23560	3996	108290	2193	18540
3	38	46673	255	360	46051	9363	164903	3820	24129
3	22	34036	43	146	33416	7387	142027	3820	18489
	17	6360	136	195	6301	842	12150		3800
		3076	16	1	3091	459	1527		-474
		3201	60	19	3243	674	9199		2314

5 财政、金融、保险

长沙统计年鉴

5－1 主要年份财政收支情况

单位:万元

年份	辖区内一般公共预算收入	一般公共预算收入	上划中央两税	地方一般公共预算收入	国土收入	一般预算支出
1994		231865	91711	134875	5282	152093
1995	518409	287494	98314	179864	9316	216021
1996	675251	374213	119022	245965	9226	273809
1997	787809	375994	119610	250306	6078	280728
1998	910694	422279	119613	294507	8159	329659
1999	991512	454291	130630	316691	6970	362715
2000	1096493	504342	150260	344491	9591	414336
2001	1239745	617997	170220	421620	26157	523252
2002	1369867	754759	204719	460682	35768	625493
2003	1612343	1027631	234356	598930	114311	784168
2004	2051400	1331234	287636	806555	104542	1005542
2005	2524803	1730364	336548	1080572	135778	1330503
2006	2966297	2171904	401804	1328345	183528	1671873
2007	5062048	2663841	486275	1745761	550501	2181733
2008	5989800	3188656	552269	2055700	933144	2605584
2009	6856000	3729724	663675	2462933	1123813	3140820
2010	8482000	5112800	830606	3142836	1346962	4033349
2011	11014000	6889551	1024740	4257827	2395757	5208876
2012	12453330	7965760	1148368	4906482	2651327	6246207
2013	14203395	8838849	1330601	5366331	4114049	7018238
2014	16214467	10030833	1328466	6327992	5499579	8023838
2015	17621465	11134811	1359797	7189468	3721509	9249992
2016	18261529	12310190	2018282	7436954	2762966	10414331
2017	20404954	14032905	2900339	8003456	3254258	11826043
2018	21655730	15449498	3141360	8797072	5560565	13007895

注:原财政总收入名称变更为一般公共预算收入。

5－2 主要年份财政收支增长速度

单位:%

年份	辖区内一般公共预算收入	一般公共预算收入	上划中央两税	地方一般公共预算收入	一般预算支出
1995		24.00	7.20	33.40	42.00
1996	30.30	30.20	21.10	36.80	26.80
1997	16.70	0.50	0.50	1.80	2.50
1998	15.60	12.30		17.70	17.40
1999	8.90	7.60	9.20	7.50	10.00
2000	10.60	11.00	15.00	8.80	14.20
2001	13.10	22.50	13.30	22.40	26.30
2002	10.50	22.10	20.30	22.00	19.50
2003	17.70	36.20	14.50	33.20	25.40
2004	27.20	29.50	22.70	34.70	28.20
2005	23.10	30.00	17.00	34.00	32.30
2006	17.50	25.50	19.40	22.90	25.70
2007		43.30	21.00	31.40	30.50
2008	18.30	19.70	13.60	17.80	19.40
2009	14.50	17.00	20.20	19.80	20.50
2010	23.70	28.10	25.20	31.20	28.40
2011	29.90	34.80	23.40	35.50	29.10
2012	13.10	15.60	12.10	15.20	19.90
2013	14.10	11.00	15.90	9.40	12.40
2014	14.20	13.50	-0.20	17.90	14.30
2015	8.70	11.00	2.40	13.60	15.30
2016	3.60	10.60	48.40	3.40	12.60
2017	11.70	14.00	43.70	11.50	13.60
2018	6.13	10.09	8.31	9.92	9.99

注:因口径变化,2006年、2007年辖区内一般公共预算收入不具可比性。

5-3 财 政 收 入

单位:万元

指 标	2018 年	2017 年	2018 年比 2017 年 ±%
上划中央"两税"	3141360	2900339	8.3
地方一般公共预算收入	8797072	8003456	9.9
增值税	1981875	1796607	10.3
营业税	6734	14345	-53.1
企业所得税	709355	634299	11.8
企业所得税退税			
个人所得税	372346	318731	16.8
资源税	1474	672	119.3
固定资产投资方向调节税			
城市维护建设税	526986	732510	-28.1
房产税	294207	260351	13.0
印花税	119388	105190	13.5
城镇土地使用税	131563	129405	1.7
土地增值税	610597	496155	23.1
车船税	86847	78063	11.3
耕地占用税	101176	176792	-42.8
烟叶税	6117	6317	-3.2
契税	1210746	933543	29.7
国有资本经营收入	206	12752	-98.4
国有资源(资产)有偿使用收入	650198	836692	-22.3
行政性收费	310510	321219	-3.3
罚没收入	140770	116176	21.2
专项收入	1000216	510404	96.0
其他收入	533834	523233	2.0
基金收入	5981591	3597056	66.3

5－4 财 政 支 出

单位:万元

指 标	2018年	2017年	2018年比2017年 ±%
一般公共预算支出	13007895	11826043	10.0
一般公共服务	1620504	1482502	9.3
科学技术	361871	293220	23.4
交通运输	430720	551961	-22.0
农林水事务	874351	814133	7.4
环境保护	531158	477620	11.2
城乡社区事务	3574186	2904206	23.1
文化体育与传媒	162826	169042	-3.7
教育支出	1946010	1772617	9.8
医疗卫生支出	674167	616146	9.4
社会保障和就业	1077428	969703	11.1
公共安全	681139	670767	1.5
外交支出			
其他支出	1073535	1104126	-2.8
基金支出合计	6606264	3284259	101.1

5-5 主要年份金融统计指标

单位:亿元

年 份	各项存款余额	#城乡居民储蓄存款	各项贷款余额	#短期贷款	#中长期贷款
1994	235.31	132.80	180.85	145.33	24.21
1995	306.02	183.27	240.84	176.71	31.56
1996	399.57	218.20	350.59	233.68	57.65
1997	449.56	241.43	379.24	277.16	72.28
1998	594.69	269.43	468.90	279.30	111.78
1999	723.57	346.12	588.87	382.74	159.03
2000	826.18	373.22	631.57	378.29	184.48
2001	986.84	444.10	778.28	447.47	264.61
2002	1232.98	544.99	1207.42	555.09	550.23
2003	1598.70	704.85	1629.42	680.13	859.68
2004	1960.23	800.89	1851.38	775.58	1016.02
2005	2322.32	954.42	2055.35	751.94	1209.74
2006	2756.80	1093.04	2482.50	854.34	1495.71
2007	3267.46	1177.17	2982.40	967.88	1904.50
2008	3869.21	1494.93	3516.27	1083.35	2275.10
2009	5325.84	1881.32	5200.76	1201.37	3751.76
2010	6427.95	2172.08	6353.68	1371.86	4846.59
2011	7364.26	2526.93	7483.83	1708.80	5698.04
2012	8800.66	3004.07	8518.93	1957.10	6393.43
2013	10148.76	3507.51	9633.02	2331.67	7165.55
2014	11266.10	3898.85	10712.82	2529.89	7992.60
2015	14065.66	4352.63	12323.87	2668.64	9137.69
2016	15488.77	4872.74	13866.96	2677.38	10472.19
2017	17141.83	5203.64	16027.07	3060.20	12590.62
2018	18633.60	5692.08	18360.89	3656.00	14175.01

注:从 2015 年开始人民银行不公布城乡居民储蓄存款这一指标,数据由住户存款代替。

5-6 金融机构消费贷款(2018 年)

单位:万元

指 标	年末余额	比年初±额
消费贷款总计	42808376	7026704
短期个人消费贷款	5567088	1599538
住房贷款	19427	-7860
汽车贷款	18770	3715
助学贷款	823	8
其他贷款	5528068	1603675
中长期个人消费贷款	37241288	5427165
住房贷款	34213279	4633022
汽车贷款	203941	66931
助学贷款	259092	25720
其他贷款	2564976	701493

5－7 金融机构存贷款(本外币)(2018年)

单位:亿元

指　　标	年末余额	比年初±额	指　　标	年末余额	比年初±额
各项存款	18633.60	1491.77	各项贷款	18360.89	2325.02
一、境内存款	18616.29	1490.29	一、境内贷款	18262.11	2316.16
1.住户存款	5692.08	487.26	1.短期贷款	3656.00	584.57
2.非金融企业存款	7524.14	326.93	2.中长期贷款	14175.01	1586.52
3.广义政府存款	3569.06	325.82	3.融资租赁	419.13	145.49
4.非银行业金融机构存款	1831.01	350.28	4.票据融资		
二、境外存款	17.31	1.48	5.各项垫款	8.63	－2.42
			二、境外贷款	98.79	8.86

5－8 金融机构存贷款(人民币)(2018年)

单位:亿元

指　　标	年末余额	比年初±额	指　　标	年末余额	比年初±额
各项存款	18606.72	1500.80	各项贷款	18320.66	2330.63
一、境内存款	18589.63	1499.37	一、境内贷款	18222.47	2322.28
1.住户存款	5689.26	487.86	1.短期贷款	3636.46	578.48
2.非金融企业存款	7506.50	333.00	2.中长期贷款	14159.27	1600.79
3.广义政府存款	3567.86	325.93	3.融资租赁	414.97	143.30
4.非银行业金融机构存款	1826.01	352.58	4.票据融资		
二、境外存款	17.09	1.43	5.各项垫款	8.44	－2.29
			二、境外贷款	98.19	8.35

5-9 财产保险公司业务主要指标(2018年)

单位:万元

指标	保费收入	赔款支出
合计	**1404139**	**678916**
1. 企业财产保险	52297	19982
2. 家庭财产保险	9296	2857
3. 机动车辆保险	950256	505974
4. 工程保险	17058	7104
5. 责任保险	84267	28909
6. 信用保险	22924	20711
7. 保证保险	132557	35457
# 机动车辆消费贷款保证保险	12	28
个人贷款抵押房屋保证保险	-2	
8. 船舶保险	1351	550
9. 货物运输保险	4916	2583
10. 特殊风险保险	558	25
11. 农业保险	25579	13707
12. 健康险	56436	25551
13. 意外伤害保险	41857	12976
14. 其他险	4786	2528

5－10 人寿保险公司业务主要指标(2018年)

单位:万元

指标	合计
一、原保险保费收入	2714088
1. 寿险小计	2156542
2. 意外伤害险小计	76709
(1)一年期以内业务	4493
(2)一年期业务	44921
(3)一年期以上业务	27296
3. 健康险小计	480837
二、赔付支出	437246
1. 赔款支出	73455
(1)意外伤害险	12379
一年期以内业务	827
一年期业务	11553
(2)一年期以内及一年期健康险	61075
个人业务	15553
团体业务	45522
2. 死伤医疗给付	75826
(1)寿险	19749
个人业务	18606
团体业务	1142
(2)一年期以上健康险	56077
个人业务	42356
团体业务	13721
3. 满期给付	178217
(1)寿险	178045
个人业务	177077
其中:年金保险	3851
团体业务	968
其中:年金保险	2
(2)一年期以上健康险	172
个人业务	172
团体业务	
4. 年金给付	109748
(1)个人业务	104502
其中:年金保险	96954
(2)团体业务	5246
其中:年金保险	5246
三、退保金	418989
1. 寿险	400450
(1)个人业务	400283
其中:年金保险	124748
(2)团体业务	167
其中:年金保险	136
2. 一年期以上健康险	18539

6 物价指数

长沙统计年鉴

6－1 历 年 物 价 总 指 数

（以上年价格为100）

年 份	商品零售价格指数	居民消费价格指数	服务项目价格指数
1951	105.6		
1952	97.4		
1953	107.6	109.6	105.7
1954	104.8	104.8	100.5
1955	100.9	100.2	100.2
1956	100.2	99.9	94.4
1957	103.9	104.9	96.2
1958	98.5	98.6	99.7
1959	101.0	100.8	99.3
1960	103.0	102.7	100.0
1961	128.8	123.6	100.5
1962	92.2	93.2	103.4
1963	84.9	85.8	95.0
1964	95.4	95.3	94.2
1965	97.9	97.7	95.9
1966	100.1	99.4	92.8
1967	100.9	100.7	98.1
1968	99.7	99.7	100.0
1969	100.5	100.5	100.0
1970	99.3	99.4	100.0
1971	99.8	99.9	100.0
1972	99.9	99.9	99.9
1973	100.3	99.8	94.7
1974	99.8	99.6	97.9
1975	100.1	100.1	100.0
1976	100.0	99.9	97.8
1977	100.1	99.5	94.0
1978	99.9	99.6	96.4
1979	101.3	101.3	101.7
1980	107.7	107.2	101.7
1981	101.6	101.7	102.9
1982	101.8	101.7	101.1
1983	101.4	101.8	106.9
1984	103.5	103.7	106.1
1985	112.7	112.2	107.0

6－1续表

年份	商品零售价格指数	居民消费价格指数	服务项目价格指数
1986	105.3	105.4	106.5
1987	109.8	109.6	107.7
1988	124.9	123.7	111.2
1989	115.4	115.8	120.3
1990	100.2	101.5	113.3
1991	106.5	106.9	110.3
1992	111.8	114.0	128.5
1993	118.4	119.7	127.6
1994	119.0	123.8	133.7
1995	114.0	117.1	119.2
1996	105.4	106.9	111.6
1997	100.8	103.5	112.3
1998	98.5	101.2	112.6
1999	98.4	100.2	112.6
2000	100.7	101.7	111.1
2001	98.2	98.4	103.1
2002	98.6	99.2	102.2
2003	99.2	100.9	101.1
2004	101.3	103.2	102.4
2005	100.4	101.9	102.9
2006	101.1	101.1	101.0
2007	102.3	104.9	101.9
2008	103.9	105.2	101.4
2009	97.7	99.4	100.5
2010	103.8	102.9	101.3
2011	105.4	105.5	103.6
2012	101.5	102.3	102.1
2013	101.2	102.8	104.0
2014	101.7	102.7	102.7
2015	99.6	101.1	100.6
2016	100.9	101.9	101.8
2017	101.4	101.3	102.5
2018	102.5	102.0	101.6

6-2 重要年份定基物价指数

年份	基期	居民消费价格指数	商品零售价格指数
1952	以1950年为100		102.9
1957	以1950年为100	124.0	121.7
	以1952年为100	120.6	118.3
1965	以1950年为100	136.5	136.1
	以1952年为100	132.7	132.3
	以1957年为100	110.1	111.8
1970	以1950年为100	138.6	138.9
	以1952年为100	134.7	135.0
	以1957年为100	111.8	114.1
	以1965年为100	101.5	102.1
1978	以1950年为100	136.0	138.8
	以1952年为100	132.2	134.9
	以1957年为100	109.6	114.0
	以1965年为100	99.6	102.0
	以1970年为100	98.1	99.9
1980	以1950年为100	147.7	151.4
	以1952年为100	143.6	147.2
	以1957年为100	119.1	124.4
	以1965年为100	108.2	111.3
	以1970年为100	106.6	109.0
	以1978年为100	108.7	109.1
1990	以1950年为100	308.8	309.1
	以1952年为100	291.9	300.5
	以1957年为100	249.0	254.0
	以1965年为100	227.7	230.5
	以1970年为100	224.1	225.9
	以1978年为100	223.7	223.0
	以1980年为100	205.9	204.4
2000	以1950年为100	733.5	613.4
	以1952年为100	713.2	596.3
	以1957年为100	591.5	504.1
	以1965年为100	537.3	450.9
	以1970年为100	529.3	441.6
	以1978年为100	539.6	442.1
	以1980年为100	496.6	405.2
	以1990年为100	241.3	198.3
	以1995年为100	114.1	103.7

6－2 续表 1

年　份	基　期	居民消费价格指数	商品零售价格指数
2005	以 1950 年为 100	759.8	605.3
	以 1952 年为 100	738.7	582.6
	以 1957 年为 100	612.7	492.4
	以 1965 年为 100	556.5	440.4
	以 1970 年为 100	548.3	431.4
	以 1978 年为 100	558.9	431.9
	以 1980 年为 100	514.3	395.8
	以 1990 年为 100	249.9	193.7
	以 1995 年为 100	118.2	101.3
	以 2000 年为 100	105.3	100.5
2010	以 1950 年为 100	866.9	659.6
	以 1952 年为 100	843.0	634.8
	以 1957 年为 100	699.2	536.6
	以 1965 年为 100	635.1	479.6
	以 1970 年为 100	625.5	470.1
	以 1978 年为 100	637.8	470.6
	以 1980 年为 100	586.9	431.3
	以 1990 年为 100	285.1	211.1
	以 1995 年为 100	134.8	110.4
	以 2000 年为 100	123.0	109.6
	以 2005 年为 100	116.9	111.5
2013	以 1950 年为 100	961.8	714.1
	以 1952 年为 100	935.3	687.2
	以 1957 年为 100	775.8	581.0
	以 1965 年为 100	704.6	519.3
	以 1970 年为 100	694.0	508.9
	以 1978 年为 100	707.7	509.4
	以 1980 年为 100	651.1	466.9
	以 1990 年为 100	316.3	228.5
	以 2000 年为 100	136.4	118.6
	以 2005 年为 100	127.8	120.7
	以 2010 年为 100	112.6	109.3
2014	以 1950 年为 100	987.8	726.2
	以 1952 年为 100	960.6	698.9
	以 1957 年为 100	796.7	590.9
	以 1965 年为 100	723.6	528.1
	以 1970 年为 100	712.7	517.6
	以 1978 年为 100	726.8	518.1
	以 1980 年为 100	668.7	474.8
	以 1990 年为 100	324.8	232.4
	以 2000 年为 100	140.1	120.6
	以 2005 年为 100	131.3	122.8
	以 2010 年为 100	114.4	109.7

6－2 续表 2

年　　份	基　　期	居民消费价格指数	商品零售价格指数
2015	以 1950 年为 100	998.7	723.3
	以 1952 年为 100	971.2	696.1
	以 1957 年为 100	805.5	588.5
	以 1965 年为 100	731.6	526.0
	以 1970 年为 100	720.5	515.5
	以 1978 年为 100	734.8	516.0
	以 1980 年为 100	676.1	472.9
	以 1990 年为 100	328.4	231.5
	以 2000 年为 100	141.6	120.1
	以 2005 年为 100	132.7	122.3
	以 2010 年为 100	115.7	109.9
2016	以 1950 年为 100	1017.7	729.8
	以 1952 年为 100	989.7	702.4
	以 1957 年为 100	820.8	593.8
	以 1965 年为 100	745.5	530.7
	以 1970 年为 100	734.2	520.1
	以 1978 年为 100	748.8	520.6
	以 1980 年为 100	688.9	477.2
	以 1990 年为 100	334.6	233.6
	以 2000 年为 100	139.2	123.1
	以 2005 年为 100	135.2	123.4
	以 2010 年为 100	117.9	110.9
	以 2015 年为 100	102.7	101.7
2017	以 1950 年为 100	1030.9	740.0
	以 1952 年为 100	1002.6	712.2
	以 1957 年为 100	831.5	602.1
	以 1965 年为 100	755.2	538.1
	以 1970 年为 100	743.7	527.4
	以 1978 年为 100	758.5	527.9
	以 1980 年为 100	697.9	483.9
	以 1990 年为 100	338.9	236.9
	以 2000 年为 100	140.4	124.9
	以 2005 年为 100	137.0	125.1
	以 2010 年为 100	119.4	112.5
	以 2015 年为 100	103.5	103.2
2018	以 1950 年为 100	1051.5	758.5
	以 1952 年为 100	1022.7	730.0
	以 1957 年为 100	848.1	617.2
	以 1965 年为 100	770.3	551.6
	以 1970 年为 100	758.6	540.6
	以 1978 年为 100	773.7	541.1
	以 1980 年为 100	711.9	496.0
	以 1990 年为 100	345.7	242.8
	以 2000 年为 100	143.6	127.5
	以 2005 年为 100	139.7	128.2
	以 2010 年为 100	121.8	115.3
	以 2015 年为 100	105.9	105.4

6－3 商品零售价格指数(2018年)

(以上年价格为100)

项　　目	以上年价格为100	项　　目	以上年价格为100
商品零售价格总指数	**102.5**	15.在外餐饮	100.8
一、食品	102.6	二、饮料、烟酒	100.8
1.粮食	100.9	三、服装、鞋帽	102.3
2.薯类	114.4	四、纺织品	100.5
3.豆类	101.1	五、家用电器及音像器材	100.2
4.食用油	101.3	六、文化办公用品	100.7
5.菜	111.5	七、日用品	102.3
6.畜肉类	96.2	八、体育娱乐用品	100.3
7.禽肉类	102.9	九、交通、通信用品	100.1
8.水产品	102.6	十、家具	101.1
9.蛋类	108.6	十一、化妆品	101.2
10.奶类	102.1	十二、金银珠宝	96.5
11.干鲜瓜果类	105.8	十三、中西药品及医疗保健用品	103.9
12.糖果糕点类	102.3	十四、书报杂志及电子出版物	99.9
13.调味品	107.3	十五、燃料	110.6
14.其他食品类	100.9	十六、建筑材料及五金电料	102.2

6－4　居民消费价格指数(2018年)

(以上年价格为100)

项　　目	以上年价格为100	项　　目	以上年价格为100
居民消费价格总指数	**102.0**	5. 鞋类	101.0
一、食品烟酒	102.2	三、居住	102.0
1. 食品	102.9	1. 租赁房房租	102.1
(1)粮食	100.8	2. 住房保养维修及管理	101.3
(2)薯类	114.4	3. 水电燃料	101.7
(3)豆类	101.1	4. 自有住房	102.5
(4)食用油	101.3	四、生活用品及服务	101.3
(5)菜	111.5	1. 家具及室内装饰品	100.9
(6)畜肉类	95.9	2. 家用器具	100.4
(7)禽肉类	103.2	3. 家用纺织品	100.1
(8)水产品	102.5	4. 家庭日用杂品	103.3
(9)蛋类	108.7	5. 个人护理用品	101.0
(10)奶类	102.2	6. 家庭服务	101.4
(11)干鲜瓜果类	105.9	五、交通和通信	102.2
(12)糖果糕点类	102.2	1. 交通	103.5
(13)调味品	106.9	2. 通信	100.1
(14)其他食品类	100.8	六、教育文化和娱乐	101.4
2. 茶及饮料	100.5	1. 教育	102.3
3. 烟酒	101.0	2. 文化娱乐	100.3
4. 在外餐饮	100.8	七、医疗保健	101.6
二、衣着	102.5	1. 药品及医疗器具	103.9
1. 服装	102.8	2. 医疗服务	100.0
2. 服装材料	101.9	八、其他用品和服务	100.9
3. 其他衣着及配件	100.0	1. 其他用品类	97.9
4. 衣着加工服务费	107.5	2. 其他服务类	104.0

6－5 居民消费价格定基指数(2018 年)

(以 2015 年价格为 100)

项　目	以 2015 年价格为 100	项　目	以 2015 年价格为 100
居民消费价格总指数	**105.9**	5. 鞋类	101.8
一、食品烟酒	107.4	三、居住	109.9
1. 食品	108.0	1. 租赁房房租	111.5
(1)粮食	103.2	2. 住房保养维修及管理	105.3
(2)薯类	114.9	3. 水电燃料	104.7
(3)豆类	101.8	4. 自有住房	115.1
(4)食用油	102.5	四、生活用品及服务	102.4
(5)菜	111.4	1. 家具及室内装饰品	101.5
(6)畜肉类	106.1	2. 家用器具	100.7
(7)禽肉类	104.7	3. 家用纺织品	100.5
(8)水产品	110.6	4. 家庭日用杂品	106.3
(9)蛋类	112.9	5. 个人护理用品	102.3
(10)奶类	103.4	6. 家庭服务	101.8
(11)干鲜瓜果类	115.1	五、交通和通信	98.9
(12)糖果糕点类	104.2	1. 交通	101.6
(13)调味品	112.0	2. 通信	94.6
(14)其他食品类	102.2	六、教育文化和娱乐	104.8
2. 茶及饮料	102.1	1. 教育	104.1
3. 烟酒	106.1	2. 文化娱乐	105.6
4. 在外餐饮	106.6	七、医疗保健	107.3
二、衣着	107.3	1. 药品及医疗器具	113.3
1. 服装	108.8	2. 医疗服务	103.2
2. 服装材料	105.1	八、其他用品和服务	105.3
3. 其他衣着及配件	100.4	1. 其他用品类	106.0
4. 衣着加工服务费	124.6	2. 其他服务类	104.8

6－6 商品零售价格定基指数(2018年)

(以2015年价格为100)

项　　目	以2015年价格为100	项　　目	以2015年价格为100
商品零售价格总指数	**105.4**	15. 在外餐饮	106.7
一、食品	107.8	二、饮料、烟酒	105.0
1. 粮食	103.5	三、服装、鞋帽	106.8
2. 薯类	114.9	四、纺织品	101.5
3. 豆类	101.9	五、家用电器及音像器材	100.8
4. 食用油	102.5	六、文化办公用品	101.6
5. 菜	111.3	七、日用品	105.1
6. 畜肉类	106.8	八、体育娱乐用品	100.5
7. 禽肉类	104.5	九、交通、通信用品	98.3
8. 水产品	110.9	十、家具	102.0
9. 蛋类	112.6	十一、化妆品	101.9
10. 奶类	103.2	十二、金银珠宝	109.1
11. 干鲜瓜果类	114.7	十三、中西药品及医疗保健用品	113.7
12. 糖果糕点类	104.2	十四、书报杂志及电子出版物	99.5
13. 调味品	112.7	十五、燃料	112.3
14. 其他食品类	102.5	十六、建筑材料及五金电料	105.9

6－7 居民消费价格指数（分月）（2018年）

（以上年同月为100）

项目	一月	二月	三月	四月	五月	六月	七月	八月	九月	十月	十一月	十二月
居民消费价格总指数	**100.9**	**102.3**	**101.6**	**101.2**	**101.3**	**101.2**	**101.4**	**102.2**	**102.8**	**103.4**	**103.1**	**102.3**
一、食品烟酒	100.6	103.9	102.5	101.1	101.0	100.4	100.1	101.7	103.3	104.4	104.0	103.4
1.食品	100.7	105.8	103.7	101.6	101.4	100.4	100.0	102.4	104.5	105.6	105.0	103.7
（1）粮食	101.0	101.0	101.0	101.0	101.0	101.0	100.7	100.7	100.7	100.7	100.7	100.6
（2）薯类	99.8	105.8	115.3	110.0	114.0	118.8	112.4	123.5	121.1	118.3	117.1	116.7
（3）豆类	100.4	100.4	100.4	100.4	100.9	101.2	101.5	101.5	101.3	101.3	101.7	101.8
（4）食用油	100.1	100.2	100.4	100.8	101.3	103.2	101.8	101.9	101.9	101.8	100.8	101.0
（5）菜	102.4	126.4	119.7	112.0	115.6	116.0	104.8	107.3	114.7	114.0	106.2	102.6
（6）畜肉类	95.6	97.1	93.5	91.8	92.2	91.0	91.7	96.7	98.1	100.0	101.5	102.1
（7）禽肉类	99.9	103.1	103.4	103.5	103.4	102.7	103.3	104.3	103.8	103.3	103.7	103.5
（8）水产品	104.2	106.6	105.6	101.3	102.0	101.6	99.7	100.1	101.7	102.0	103.5	102.2
（9）蛋类	104.7	108.6	111.3	109.7	110.9	107.8	104.0	112.8	107.9	109.4	109.9	108.0
（10）奶类	101.4	101.4	101.4	101.4	101.4	101.8	102.6	103.1	103.0	103.0	103.0	103.0
（11）干鲜瓜果类	105.4	109.1	107.9	105.6	99.6	94.6	101.0	103.6	108.0	113.4	115.0	110.0
（12）糖果糕点类	100.0	100.0	100.2	100.6	100.6	100.9	104.2	104.1	104.0	104.0	104.1	104.1
（13）调味品	99.7	99.7	100.1	103.7	108.5	109.8	110.4	109.9	109.8	109.8	110.6	110.6
（14）其他食品类	99.7	99.7	100.0	100.1	100.5	100.5	100.5	101.2	101.9	102.0	102.0	101.8
2.茶及饮料	100.3	100.3	100.2	100.2	100.0	100.0	100.0	100.5	101.2	101.3	101.3	101.3
3.烟酒	100.7	100.5	100.5	100.5	100.4	100.4	101.2	101.0	101.0	101.0	101.0	103.6
4.在外餐饮	100.0	100.0	100.0	100.1	100.1	100.1	100.1	100.1	101.0	102.6	102.6	102.6
二、衣着	101.1	101.5	102.1	102.5	102.8	102.8	102.7	102.9	103.0	102.8	102.8	102.9
三、居住	102.0	101.2	101.3	101.4	101.4	101.2	102.0	103.1	103.7	103.5	102.9	100.8
四、生活用品及服务	100.4	101.6	101.0	100.9	100.9	101.0	101.5	101.9	101.8	101.8	101.5	101.3
五、交通和通信	101.2	102.6	101.0	101.8	102.1	102.6	103.3	103.4	103.0	103.6	102.3	99.9
六、教育文化和娱乐	99.7	101.5	100.6	100.1	100.7	100.0	100.3	100.8	101.6	102.7	103.8	104.7
七、医疗保健	100.8	100.9	101.0	101.3	101.2	101.8	101.8	101.9	101.8	101.8	102.1	102.8
八、其他用品和服务	100.1	100.3	100.9	100.5	100.6	100.8	101.3	100.9	100.7	101.4	101.9	101.9

6-8 商品零售价格指数(分月)(2018年)

(以上年同月为100)

项目	一月	二月	三月	四月	五月	六月	七月	八月	九月	十月	十一月	十二月
商品零售价格总指数	**101.2**	**102.0**	**101.6**	**101.7**	**102.0**	**102.2**	**102.6**	**103.0**	**103.7**	**104.0**	**103.2**	**102.1**
一、食品	100.6	104.8	103.2	101.5	101.4	100.7	100.1	101.9	103.8	104.9	104.4	103.4
1. 粮食	101.0	101.0	101.0	101.0	101.1	101.2	100.8	100.8	100.8	100.8	100.8	100.8
2. 薯类	99.8	105.8	115.3	110.0	114.0	118.8	112.4	123.5	121.1	118.3	117.1	116.7
3. 豆类	100.4	100.4	100.4	100.4	100.9	101.2	101.5	101.5	101.3	101.3	101.8	101.9
4. 食用油	100.1	100.2	100.4	100.8	101.3	103.2	101.8	101.9	101.9	101.8	100.8	101.0
5. 菜	102.4	126.3	119.6	112.0	115.5	115.9	104.8	107.3	114.6	114.0	106.2	102.6
6. 畜肉类	95.8	97.4	94.1	92.5	92.8	91.7	92.3	96.9	98.2	100.0	101.4	102.1
7. 禽肉类	99.9	103.0	103.2	103.3	103.1	102.4	102.9	104.0	103.5	103.1	103.5	103.3
8. 水产品	104.1	106.8	105.7	101.4	102.0	101.5	99.7	100.1	101.8	102.2	103.7	102.4
9. 蛋类	104.8	108.8	111.5	109.8	111.0	107.8	103.8	112.6	107.6	109.1	109.6	107.6
10. 奶类	101.2	101.2	101.2	101.2	101.2	101.6	102.5	103.1	102.9	102.9	102.9	102.9
11. 干鲜瓜果类	105.3	108.9	107.7	105.5	99.6	94.7	101.0	103.5	107.8	113.0	114.5	109.7
12. 糖果糕点类	100.0	100.0	100.2	100.6	100.6	100.9	104.2	104.1	104.1	104.1	104.1	104.1
13. 调味品	99.7	99.7	100.1	103.9	109.0	110.3	111.1	110.6	110.6	110.6	111.3	111.3
14. 其他食品类	99.6	99.6	99.9	100.1	100.5	100.5	100.5	101.3	102.2	102.4	102.4	102.1
15. 在外餐饮	100.0	100.0	100.0	100.0	100.1	100.1	100.1	100.1	101.0	102.8	102.8	102.8
二、饮料、烟酒	100.6	100.4	100.4	100.4	100.3	100.3	100.8	100.7	100.9	100.9	100.9	102.7
三、服装、鞋帽	101.1	101.0	101.9	102.4	102.6	102.7	102.6	102.8	102.9	102.7	102.7	102.8
四、纺织品	100.0	100.0	100.0	100.7	100.7	100.7	100.7	100.7	100.7	100.7	100.7	100.7
五、家用电器及音像器材	100.2	100.1	100.1	100.0	100.0	100.0	100.0	100.5	100.4	100.5	100.5	100.5
六、文化办公用品	100.7	100.9	100.8	100.6	100.6	100.8	100.7	100.7	100.7	100.7	100.7	100.5
七、日用品	101.8	102.0	101.9	101.7	101.6	102.1	102.9	103.1	102.9	102.9	102.4	102.0
八、体育娱乐用品	100.4	100.4	100.4	100.1	100.1	100.1	100.1	100.4	100.4	100.4	100.4	100.4
九、交通、通信用品	100.3	100.0	99.9	99.9	99.9	99.9	99.9	100.2	100.2	100.2	100.1	100.0
十、家具	101.3	101.3	101.3	101.3	101.4	101.3	101.3	101.3	101.3	101.0	100.2	100.2
十一、化妆品	100.8	100.6	100.7	101.0	100.9	100.9	101.0	102.3	101.7	101.5	101.3	101.3
十二、金银饰品	99.6	95.9	95.9	94.7	94.7	96.2	96.5	94.6	94.6	97.0	99.1	99.0
十三、中西药品及医疗保健用品	101.9	102.1	102.2	103.2	102.9	104.5	104.4	104.6	104.4	104.4	105.3	107.2
十四、书报杂志及电子出版物	100.1	100.0	100.0	100.0	100.0	100.0	100.0	99.7	99.7	99.7	99.7	99.7
十五、燃料	104.9	105.0	103.9	106.9	109.8	112.5	117.1	116.3	119.0	119.4	111.7	101.6
十六、建筑材料及五金电料	102.0	102.1	102.1	102.5	102.4	102.4	102.4	102.4	102.1	102.0	101.9	102.0

6－9　原材料、燃料、动力购进价格指数(2018年)

（以上年价格为100）

项　　目	2018年	项　　目	2018年
总指数	**103.5**		
1.燃料、动力类	106.6	6.建筑材料类及非金属矿类	106.5
2.黑色金属材料类	105.3	7.其他工业原材料及半成品类	100.5
3.有色金属材料和电线类	103.6	8.农副食品类	101.3
4.化工原料类	103.1	9.纺织原料类	103.3
5.木材及纸浆类	102.8		

6－10　工业生产者出厂价格指数(2018年)

（以上年价格为100）

项　　目	2018年	项　　目	2018年
总指数	**103.2**		
煤炭开采和洗选业	104.0	医药制造业	100.6
黑色金属矿采选业	101.5	橡胶和塑料制品业	101.6
有色金属矿采选业	106.3	非金属矿物制品业	111.6
非金属矿采选业	112.2	黑色金属冶炼和压延加工业	110.4
农副食品加工业	101.0	有色金属冶炼和压延加工业	101.8
食品制造业	100.1	金属制品业	102.8
酒、饮料及精制茶制造业	102.7	通用设备制造业	101.2
烟草制品业	100.0	专用设备制造业	99.9
纺织业	101.6	汽车制造业	102.3
纺织服装、服饰业	100.6	铁路、船舶、航空航天和其他运输设备制造业	100.2
皮革、毛皮、羽毛及其制品和制鞋业	100.1	电气机械和器材制造业	102.5
木材加工和木、竹、藤、棕、草制品业	101.2	计算机、通信和其他电子设备制造业	95.3
造纸和纸制品业	112.9	电力、热力生产和供应业	99.4
石油、煤炭及其他燃料加工业	114.0	燃气生产和供应业	98.6
化学原料和化学制品制造业	103.7	水的生产和供应业	100.4

注：本表项目有更新，指数为全年平均值

6-11 房地产价格指数(2018年)

项　　目	以上年同月为100	以2015年为100
一、新建住宅价格指数		
二、新建商品住宅价格指数	111.1	140.0
1.90m^2 及以下	112.4	138.4
2.90-144m^2	110.8	140.2
3.144m^2 以上	110.5	140.8
三、二手住宅价格指数	108.0	136.1
1.90m^2 及以下	107.3	134.9
2.90-144m^2	108.1	135.1
3.144m^2 以上	108.7	138.7

注:该表数据为2018年12月数据。

7 人民生活

长沙统计年鉴

7－1 历年城市居民调查户基本情况

年 份	调查户数（户）	平均每户家庭人口（人）	平均每一就业者负担人数（人）	月人均家庭总收入（元）	#可支配收入（元）	月人均消费性支出（元）	人均住房使用面积（m^2）
1980	100	3.70	1.68	44.26	43.47	39.41	7.67
1981	100	3.75	1.61	45.74	44.94	42.32	8.31
1982	100	3.75	1.60	47.05	46.25	41.68	8.93
1983	100	3.72	1.65	50.01	48.39	44.59	9.33
1984	100	3.70	1.67	55.92	55.01	47.63	10.10
1985	150	3.49	1.77	70.65	69.54	65.16	11.18
1986	150	3.44	1.82	81.99	80.87	74.59	11.85
1987	150	3.39	1.80	92.87	91.80	82.69	11.95
1988	200	3.46	1.76	118.89	117.80	114.72	11.51
1989	200	3.38	1.76	138.69	136.59	119.71	11.69
1990	200	3.30	1.71	148.74	147.51	124.64	12.07
1991	200	3.28	1.73	165.49	164.21	139.95	12.90
1992	200	3.20	1.76	208.10	206.80	162.79	13.53
1993	200	3.13	1.70	271.81	270.52	216.23	13.33
1994	200	3.39	1.60	341.58	339.08	291.85	13.22
1995	200	3.36	1.69	408.98	405.02	344.25	13.11
1996	200	3.31	1.65	470.22	440.74	391.40	13.93
1997	200	3.13	1.62	522.52	490.01	455.75	15.89
1998	200	3.07	1.57	558.43	522.84	465.38	16.66
1999	200	3.07	1.66	610.72	573.56	530.36	17.22
2000	200	3.07	1.64	670.92	627.48	587.55	18.23
2001	400	3.04	1.69	732.98	683.95	617.51	17.88
2002	400	2.99	1.85	802.87	751.72	654.52	17.82
2003	400	3.06	1.92	888.15	827.71	694.20	18.17
2004	400	3.05	1.85	993.93	918.38	752.63	18.80
2005	400	2.85	2.09	1114.26	1036.16	804.99	21.26
2006	400	2.81	2.06	1167.56	1160.34	889.98	21.40
2007	400	2.82	1.97	1472.43	1346.10	1023.99	21.64
2008	400	2.97	2.17	1611.48	1523.52	1080.00	21.23
2009	500	2.99	1.97	1859.38	1738.65	1287.28	29.33
2010	500	2.93	1.84	2062.92	1945.55	1380.25	30.88
2011	550	2.95	1.90	2364.69	2255.76	1505.76	33.10
2012	550	2.91	1.86	2698.07	2586.96	1636.59	33.08
2013	532	2.99	1.95	3007.87	2805.18	1862.18	41.42
2014	528	2.98	1.83	3614.48	3068.87	2231.55	46.74
2015	536	3.03	1.83	3565.11	3330.09	2479.42	45.34
2016	560	3.04	1.84	3974.11	3607.84	2652.13	44.77
2017	562	3.03	1.87	4791.65	3912.36	2887.06	45.48
2018	570	3.21	1.91	5239.42	4232.66	3064.62	42.72

注：1. 从2002年起，由于报表制度的变动，人均可支配收入应剔除出售财物收入、从1996年开始工资中扣除的各项社会保障支出，以及从1997年起的自有房房租折算收入。因此，本年鉴按新制度重新整理的（1980—2002年）各年的可支配收入额与原来相应年度出版的年鉴数据不一致，均以本年鉴数据为准。

2. 2012年以前数据为城市居民统计范围，从2013年起，因统计方法制度改革，统计范围调整为城镇居民统计范围，与往年数据不具有可比性。同时原人均住房使用面积指标调整为人均现住房建筑面积。

7-2 历年城市居民调查户消费性支出情况

单位:元

年份	全年人平消费性支出	食品支出	衣着支出	用品支出	燃料支出	非商品支出
1980	472.92	251.76	66.84	105.00	7.44	41.88
1981	507.90	286.69	66.61	106.92	7.68	40.00
1982	500.11	297.21	63.35	91.25	8.85	39.45
1983	535.13	316.86	73.00	96.07	8.77	40.43
1984	571.59	333.77	75.30	106.06	9.25	47.21
1985	781.95	424.80	112.76	173.87	11.29	59.23
1986	895.08	489.45	124.47	197.63	11.96	71.57
1987	992.32	561.30	129.40	204.93	11.41	85.28
1988	1376.64	672.13	173.07	402.32	12.25	116.87
1989	1436.52	788.83	184.73	307.20	17.79	137.97
1990	1495.68	823.29	202.33	287.72	22.06	160.28
1991	1679.40	879.93	227.33	357.18	24.01	190.95

年份	全年人平消费性支出	食品支出	衣着支出	家庭设备用品及服务支出	医疗保健支出	交通与通讯支出	教育、文化娱乐、服务支出	居住支出	杂项商品与服务支出
1992	1953.48	1003.40	279.11	192.23	41.82	54.19	209.56	96.17	77.00
1993	2594.76	1231.77	385.36	350.65	63.85	92.51	216.72	1540.00	99.90
1994	3502.20	1631.27	480.54	349.40	79.85	244.79	414.00	191.03	111.32
1995	4131.00	2031.19	513.42	372.25	123.91	257.41	439.72	262.95	130.15
1996	4696.80	2232.78	544.73	421.61	177.78	259.58	554.83	326.48	179.01
1997	5469.01	2408.21	645.88	394.89	186.45	432.40	856.45	356.62	188.11
1998	5584.51	2373.27	623.44	328.60	203.83	381.40	878.38	569.29	226.30
1999	6364.34	2454.35	765.00	575.22	228.58	482.08	943.56	661.06	254.49
2000	7050.55	2454.14	682.88	777.38	265.72	581.84	1057.01	964.47	267.11
2001	7410.13	2511.51	714.80	623.10	393.60	727.55	1289.36	852.51	297.70
2002	7854.24	2535.96	777.00	565.80	489.96	795.24	1402.80	1035.84	251.64
2003	8330.40	2629.44	778.08	558.24	607.92	1115.40	1574.88	792.00	274.44
2004	9031.60	3017.27	850.22	484.81	662.11	1195.27	1606.43	924.38	291.11
2005	9659.85	3229.71	969.53	613.96	788.21	1209.39	1685.70	851.56	311.78
2006	10679.74	3481.27	1055.52	669.78	867.24	1398.33	1794.97	1089.36	323.27
2007	12287.83	4286.48	1249.64	732.62	973.67	1925.14	1739.61	1074.84	305.83
2008	12960.00	4779.86	1297.81	932.80	1166.20	1614.84	1450.07	1388.04	330.38
2009	15447.36	4987.99	1487.31	1388.59	1096.78	2604.82	1870.60	1673.08	338.19
2010	16562.95	5654.76	1500.48	1261.87	981.47	2780.31	2101.30	1813.19	469.57
2011	18069.10	6498.30	1953.41	1162.05	943.05	2915.54	2410.48	1700.71	485.55
2012	19639.08	7128.28	2253.87	1297.49	882.00	2950.06	2669.97	1815.96	641.46
2013	22346.17	6589.32	1804.08	1388.03	1255.07	2990.38	2498.87	5415.40	405.02
2014	26778.55	7082.14	1915.39	1471.12	1610.42	4595.56	3807.73	5749.04	547.16
2015	29753.00	7739.98	2250.71	1853.36	1535.47	4218.87	5178.85	6462.21	513.55
2016	31825.56	7940.60	2164.87	2541.50	1983.73	4498.99	5739.09	6379.29	577.50
2017	34644.74	8549.50	2173.20	2809.96	2265.91	4813.34	6378.19	6946.71	707.93
2018	36775.43	9522.60	2399.13	2835.61	2569.19	4706.00	6876.48	7039.92	826.49

注:1. 从2002年起由于报表制度的变动,人均消费性支出不包括在外就学子女费用和1997年开始的自有房房租折算支出,以及各类社会保障支出。旅游消费也从杂项商品与服务支出中按相关指标相应地调整到娱乐文教、食品、交通与通讯支出项目中。因此,本年鉴按新制度重新整理的(1988-2002年)各年的消费支出与分类支出额与原来相应年度出版的年鉴数据不一致,均以本年鉴数据为准。

2. 2012年以前数据为城市居民统计范围,从2013年起,由于统计方法制度改革,统计范围调整为城镇居民统计范围,与往年数据不具有可比性。

7-3 历年城市居民家庭全年人平主要食品、衣着及日用品消费量

指标	单位	1980年	1981年	1982年	1983年	1984年	1985年	1986年	1987年	1988年	1989年	1990年	1991年	1992年
粮食	公斤	146.8	143.1	144.0	144.3	142.4	139.5	138.8	135.1	137.1	137.2	134.1	119.2	114.1
油脂类	公斤	5.4	4.7	5.2	5.7	5.9	5.4	5.4	7.3	8.1	5.3	7.8	7.5	9.0
鲜菜	公斤	168.0	151.9	160.0	161.8	162.0	182.4	153.6	156.5	149.6	137.3	134.9	138.7	127.2
猪肉	公斤	22.6	27.2	26.3	28.0	26.7	29.0	28.6	29.8	28.4	24.0	24.2	23.6	20.1
家禽	公斤	1.0	1.0	1.2	1.6	1.6	2.3	2.8	1.7	2.3	2.6	2.2	3.3	3.5
鲜蛋	公斤	4.3	4.6	4.9	4.3	5.8	6.1	6.0	4.9	5.3	6.0	5.6	6.5	7.2
鱼	公斤	9.0	7.5	6.7	8.3	8.2	9.3	11.6	10.4	9.5	9.4	9.1	8.4	8.0
酒	公斤	3.2	3.0	3.1	4.0	4.1	5.4	6.4	5.8	5.3	4.1	3.9	3.7	3.2
糕点	公斤	4.3	4.5	4.6	4.6	4.4	4.4	4.3	4.0	3.8	3.5	3.6	3.6	3.2
鲜瓜果	公斤										32.3	31.8	36.9	35.2
碳酸饮料	公斤													0.8
茶叶	公斤										0.1	0.3	0.3	0.3
鲜乳品	公斤										0.8	0.6	1.5	1.9
奶粉	公斤													0.5
鞋类	双/人										2.5	2.8	3.1	3.0
男式服装	件/人													2.4
女式服装	件/人													2.9
煤炭	公斤/人	194.0	193.5	211.5	210.0	212.5	235.0	194.1	182.7	173.6	172.7	159.2	261.9	110.6
液化石油气	公斤/人	4.2	4.9	5.9	6.7	8.4	10.9	12.3	15.3	17.1	19.3	22.2	22.2	24.7
管道煤气	立方米/人													
管道天然气	立方米/人													
水	吨/人													28.6
电	度/人													115.1

7－3 续表 1

指　标	单位	1993 年	1994 年	1995 年	1996 年	1997 年	1998 年	1999 年	2000 年	2001 年	2002 年	2003 年	2004 年	2005 年
粮食	公斤	108.4	107.7	106.8	105.5	101.8	101.4	93.7	95.9	96.6	93.0	93.7	92.5	95.6
# 大米	公斤													
# 面粉	公斤													
油脂类	公斤	7.6	7.8	7.7	8.1	10.3	10.0	9.1	9.8	9.9	10.8	11.0	15.1	13.6
食用植物油	公斤													
鲜菜	公斤	126.3	116.3	115.5	130.2	112.5	113.4	110.1	115.4	120.7	129.1	132.5	126.0	121.7
猪肉	公斤	19.7	18.1	19.2	19.2	18.5	18.8	17.0	17.9	17.1	21.2	21.0	23.4	24.8
家禽	公斤	4.1	5.8	6.0	7.3	9.0	9.5	10.2	10.6	11.3	9.9	7.7	6.7	7.6
鲜蛋	公斤	7.5	7.4	7.8	7.2	7.6	7.2	6.7	7.3	7.0	6.4	7.1	6.6	7.2
鱼	公斤	8.1	7.6	8.1	8.1	8.1	7.9	8.7	9.1	9.0	8.6	9.4	9.0	9.9
酒	公斤	3.7	4.8	5.3	4.3	3.8	4.4	4.3	4.8	4.4	4.1	3.9	4.4	5.6
糕点	公斤	3.4	4.1	3.7	3.9	4.1	3.8	3.9	3.9	3.5	3.5	3.6	3.0	3.9
鲜瓜果	公斤	29.6	32.7	36.0	34.8	42.7	50.3	51.6	55.5	59.3	57.6	59.9	56.9	51.0
碳酸饮料	公斤	0.8	0.7	0.7	0.7	0.7	0.7	1.0	1.4	1.1	1.8	1.4	1.2	0.9
茶叶	公斤	0.3	0.3	0.2	0.2	0.2	0.2	0.2	0.2	0.3	0.3	0.3	0.2	0.4
鲜乳品	公斤	0.9	0.3	0.1	0.3	1.0	1.7	2.0	3.4	4.5	7.8	12.4	13.5	10.5
奶粉	公斤	0.5	0.5	0.5	0.5	0.7	0.8	1.0	1.0	1.2	1.2	1.0	0.9	1.4
鞋类	双/人	3.0	2.9	3.0	3.0	3.0	2.9	3.1	2.9	2.9	3.1	3.0	2.6	3.1
服装	件/人	5.4	5.5	5.5	6.0	7.2	6.5	7.9	7.1	7.6	7.8	6.8	6.9	6.5
煤炭	公斤/人	67.1	69.6	37.4	31.3	31.0	25.6	20.6	20.3	32.9	34.0	42.1	33.5	38.4
液化石油汽	公斤/人	25.4	26.1	29.7	36.5	34.9	33.6	34.4	35.4	39.5	40.3	38.8	36.4	40.0
管道煤气	立方米/人		0.3	1.3	4.0	6.5	13.5	14.2	15.3	23.6	22.8	17.5	24.1	35.5
管道天然气	立方米/人													
水	吨/人	24.2	29.1	26.8	36.5	41.6	42.5	41.3	43.5	54.1	49.8	49.1	58.2	54.7
电	度/人	124.9	149.7	169.2	173.0	172.8	239.3	266.4	307.3	372.2	419.0	571.7	495.3	626.9

7－3 续表 2

指 标	单位	2006 年	2007 年	2008 年	2009 年	2010 年	2011 年	2012 年	2013 年	2014 年	2015 年	2016 年	2017 年	2018 年
粮食	公斤	91.5	80.6	85.9	82.8	71.8	70.6	71.7	77.8	64.3	55.7	59.8	62.1	66.4
# 大米	公斤	47.3	50.1	58.0	58.0	49.7	46.8	45.6	59.0	45.4	40.0	38.3	39.0	33.0
# 面粉	公斤	2.1	2.6	2.9	2.2	2.6	2.8	3.1	2.3	1.9	1.3	1.5	1.4	2.44
油脂类	公斤	12.7	15.9	15.5	13.8	13.9	12.8	14.0	18.5	16.8	15.5	17.1	16.2	17.5
# 食用植物油	公斤	11.5	14.0	13.6	12.6	12.6	11.4	12.3	14.4	13.4	12.1	13.3	12.2	13.8
鲜菜	公斤	124.2	129.0	134.6	146.7	143.0	141.5	128.3	118.4	99.9	93.1	97.1	102.3	132.1
猪肉	公斤	26.1	24.5	23.9	24.6	24.8	25.3	23.5	27.6	25.0	23.6	25.6	27.3	36.5
家禽	公斤	7.8	8.0	8.5	9.3	11.7	10.2	9.8	9.7	9.6	9.3	10.7	9.5	9.3
鲜蛋	公斤	7.3	7.7	8.1	8.9	8.3	7.9	8.1	9.3	8.7	7.5	8.2	7.7	8.0
鱼	公斤	9.3	10.9	10.8	11.5	12.0	12.0	11.6	15.6	14.4	12.3	13.9	12.9	16.3
酒	公斤	6.3	6.1	5.6	5.1	5.2	4.1	3.6	6.6	6.2	4.6	5.3	6.1	7.0
糕点	公斤	3.6	3.8	2.7	3.0	3.1	3.0	3.6	4.5	4.1	4.1	4.3	3.9	5.2
鲜瓜果	公斤	60.3	62.3	54.0	83.6	57.1	53.0	55.5	59.2	52.6	54.3	52.3	53.3	60.6
碳酸饮料	公斤	1.0	0.8	1.1	1.1	1.1	0.8	0.7						
茶叶	公斤	0.4	0.5	0.6	0.6	0.5	0.5	0.5	0.7	0.7	0.5	0.5	0.6	0.4
鲜乳品	公斤	9.7	8.3	5.8	6.2	8.7	6.3	5.4	8.8	12.3	8.0	6.1	6.0	8.8
奶粉	公斤	1.3	0.8	1.5	1.6	0.9	0.7	1	0.6	0.5	0.7	0.9	0.9	1.3
鞋类	双/人	3.2	3.1	2.7	3.8	3.0	3.2	3.2	3.2	4.1	3.6	3.5	3.5	3.1
服装	件/人	6.4	6.9	6.5	7.1	6.5	7.2	7.9						
煤炭	公斤/人	18.1	11.0	23.5	15.4	4.3	2.9	2.0	17.2	16.5	13.7	9.7	5.4	4.0
罐装液化石油汽	公斤/人	28.5	26.5	23.0	25.0	19.7	14.4	16.5	19.4	16.4	16.8	18.0	24.1	12.1
管道煤气	立方米/人	32.4	33.3			3.6	6.9	5.1	1.3	1.2	1.1	0.4	0.4	5.2
管道天然气	立方米/人				39.1	65.2	68.4	73.7	114.2	57.6	57.2	86.6	72.3	73.9
水	吨/人	59.7	54.9	59.4	70.5	76.3	86.9	83.1	88.6	82.4	85.0	90.7	95.8	96.1
电	度/人	717.9	711.4	828.4	849.2	988.8	1004.9	987.4	1038.4	964.4	1041.4	1234.2	1238.6	1240.5

注:2012 年以前数据为城市居民统计范围,从 2013 年起,因统计方法制度改革,统计范围调整为城镇居民统计范围,与往年数据不具有可比性。

7－4 历年年末城市居民家庭平均每百户耐用消费品拥有量

指　标	单位	1980年	1981年	1982年	1983年	1984年	1985年	1986年	1987年	1988年	1989年	1990年	1991年	1992年
摩托车	辆				2	2	2	2	1	1	1	1		
助力车	辆													
家用汽车	辆													
洗衣机	台		1	7	18	32	56	65	73	83	86	90	89	
电冰箱	台				1	1	5	9	17	45	61	68	80	
彩色电视机	台				2	5	13	21	29	61	64	68	78	
家用电脑	台													
组合音响	套										2	2	5	
摄像机	架													
照相机	架	3	2	3	1	2	11	15	17	23	25	27	31	
钢琴	架													
中高档乐器	件						5	6	13	8	9	9	7	
微波炉	台													
空调器	台										1		1	
淋浴热水器	台													
消毒碗柜	台													
健身器材	套													
固定电话	部													
移动电话	部													

注：以上固定电话数据中，1992年至1998年包含公费电话，其中括号中的数为剔除公费电话后的纯私费电话数。

7－4 续表 1

指 标	单位	1993 年	1994 年	1995 年	1996 年	1997 年	1998 年	1999 年	2000 年	2001 年	2002 年	2003 年	2004 年	2005 年
摩托车	辆	1	2	3	7	10	14	16	12	16	14	18	18	19
助力车	辆										2	3	9	8
家用汽车	辆									0.5	0.8	0.8	1	4
洗衣机	台	97	97	103	105	98	101	102	102	102	101	102	102	101
电冰箱	台	86	87	87	88	91	97	100	93	96	96	97	94	94
彩色电视机	台	91	90	93	95	103	113	123	130	132	132	134	142	135
家用电脑	台					6	9	14	22	27	32	38	36	49
组合音响	套	9	11	13	15	17	28	36	37	40	41	41	45	41
摄像机	架					1	1	1			2	2	1	6
照相机	架	30	39	42	35	38	44	51	46	49	55	55	59	59
钢琴	架	0.5	0.5	0.5	1	2	2	2		2	4	4	5	3
中高档乐器	件	13	11	10	11	11	13	17	14	13	12	9	8	12
微波炉	台					3	8	23	40	46	58	60	71	64
空调器	台	10	13	18	26	38	45	63	71	79	95	106	114	124
淋浴热水器	台	22	36	44	45	52	63	72	74	81	82	82	88	90
消毒碗柜	台										18	21	24	26
健身器材	套					4	6	11	11	9	4	4	5	9
固定电话	部	7(1)	22(13)	29(18)	45(33)	64(58)	72(71)	83(82)	85	93	99	98	98	93
移动电话	部					2	3	10	26	49	84	109	141	149

7－4 续表 2

指　标	单位	2006 年	2007 年	2008 年	2009 年	2010 年	2011 年	2012 年	2013 年	2014 年	2015 年	2016 年	2017 年	2018 年
摩托车	辆	19	13.5	9.0	7.2	3.2	2.9	2.2	33.5	36.0	32.6	31.7	32.4	25.6
助力车	辆	8	7.8	13.3	16.8	24.5	23.6	23.4	16.0	17.6	19.5	21.9	27.2	20.5
家用汽车	辆	6	8.8	10.3	14.6	23.6	29.7	36.5	37.7	45.4	49.0	51.8	55.1	69.2
洗衣机	台	101	101	100	97.8	100.8	102.7	101.4	97.1	98.9	98.7	99.3	100.4	106.5
电冰箱	台	97	99.5	97.8	97.3	100.4	102.6	103.0	97.2	98.5	101.3	102.0	103.0	106.6
彩色电视机	台	136	132.8	122.0	121.7	125.5	127.8	125.1	116.6	117.1	120.7	119.5	124.8	117.9
计算机	台	57	62.3	60.5	65.7	79.0	88.1	96.4	78.4	83.8	91.5	92.4	91.4	91.5
组合音响	套	40	40.5	30.8	32.6	38.5	39.3	39.9	17.8	18.7	17.2	15.0		
摄像机	架	8	10.8	6.3	8.4	12.9	14.3	13.5	10.5	10.8	8.4	9.6		
照相机	架	59	54.3	42.5	45.4	50.8	59.1	61.8	43.7	46.8	43.3	38.2	35.6	29.7
钢琴	架	2	1.8	3.8	4.2	5.6	5.0	3.7						
中高档乐器	件	12	9.8	3.3	4.2	4.8	3.2	4.8	4.2	4.6	5.8	7.0	9.3	10.7
微波炉	台	65	70.3	65.5	67.2	70.1	73.2	75.0	57.6	60.5	63.2	64.2	66.2	56.5
空调器	台	132	136.3	133.0	140.5	161.8	188.4	192.9	174.3	180.2	209.4	223.8	226.1	239.1
淋浴热水器	台	91	89.8	95.5	96.1	101.6	100.2	100.8	90.1	94.1	95.2	102.3	104.6	103.5
消毒碗柜	台	27	27.0	26.8	29.9	34.2	34.9	35.3	21.8	21.4	29.5	26.1		
健身器材	套	9	5.8	7.3	5.2	6.1	6.3	6.3	4.4	4.0	3.5	7.9	9.2	10.0
固定电话	部	93	93.5	87.8	87.9	89.7	82.7	77.2	50.3	59.8	48.5	43.5	40.2	19.0
移动电话	部	159	167.0	166.5	177.5	202.5	215.5	224.4	221.4	229.9	234.3	245.0	251.4	262.3

注：1. 以上固定电话数据中，1992 年至 1998 年包含公费电话，其中括号中的数为剔除公费电话后的纯私费电话数。
2. 2012 年以前数据为城市居民统计范围，从 2013 年起，因统计方法制度改革，统计范围调整为城镇居民统计范围，与往年数据不具有可比性。自 2013 年起，不再调查钢琴拥有量。

7－5 城镇居民调查户基本情况(2018年)

指　　标	合　计	按人平可支配收入比例分组				
		低收入户	中低收入户	中等收入户	中高收入户	高收入户
一、调查户数	570	114	114	114	114	114
二、家庭人口数	1828	428	395	366	334	306
平均每户(人/户)	3.21	3.75	3.46	3.21	2.93	2.68
三、常住劳动力人数	1270	282	272	251	238	227
(一)就业人口数	956	224	205	180	171	176
平均每户(人/户)	1.68	1.96	1.80	1.58	1.50	1.54
1. 雇主人数	19	3	1	5	1	9
2. 公职人员人数	40	11	6	2	9	12
3. 事业单位人员人数	98	8	25	21	19	25
4. 国有企业雇员人数	55	5	10	11	7	22
5. 其他雇员人数	555	125	128	112	105	85
6. 农业自营人数	59	37	12	2	6	2
7. 非农自营人数	130	35	23	27	24	21
(二)未就业者人数	314	58	67	71	67	51
四、行政事业单位离退休人数	48	2	9	6	14	17
其他单位离退休人数	143	9	27	37	45	25
五、平均每一就业者负担人数	1.91	1.91	1.93	2.03	1.95	1.74
六、人平可支配收入(元)	50792	16531.01	32988.25	43387.36	57429.05	121443.58

7－6 年末城镇居民调查户主要消费品拥有量(2018年)

指 标	单位	合计	按人平可支配收入比例分组				
			低收入户	中低收入户	中等收入户	中高收入户	高收入户
家用汽车	辆	412	74	77	78	77	106
摩托车	辆	120	52	20	16	16	16
助力车	辆	133	44	31	31	8	19
洗衣机	台	611	123	119	121	123	125
电冰箱(柜)	台	608	128	117	117	123	123
微波炉	台	329	41	63	77	73	75
彩色电视机	台	675	135	127	128	145	140
空调	台	1385	243	252	290	295	305
热水器	台	602	115	116	123	123	125
计算机	台	527	77	103	125	107	115
照相机	台	178	13	30	33	50	52
中高档乐器	架	65	1	13	17	22	12
健身器材	台	62	2	12	12	21	15
洗碗机	台	17	3	3	1	5	5
排油烟机	台	518	89	101	109	108	111
吸尘器	台	113	12	19	25	30	27
固定电话	部	109	12	26	23	26	22
移动电话	部	1516	322	329	302	287	276

注:因报表采集指标变动,不再统计组合音响、摄像机、消毒碗柜耐用消费品拥有量,增加洗碗机、排油烟机、吸尘器耐用消费品拥有量统计指标。

7－7 城镇居民家庭人平收支情况(2018年)

单位:元

指 标	合 计	按人平可支配收入比例分组				
		低 收入户	中 低 收入户	中 等 收入户	中 高 收入户	高 收入户
一、家庭人均总收入	62873.03	31972.95	41425.69	51854.54	64987.63	142522.86
二、非收入所得	2691.66	1775.64	1437.03	3907.40	4652.81	1996.14
1. 出售资产所得	1038.42	307.22	119.97	2146.22	2587.02	236.13
2. 非经常性转移所得	1619.96	1462.67	1316.92	1745.22	1932.01	1734.09
3. 其他非收入所得	33.28	5.75	0.15	15.96	133.78	25.91
三、借贷性所得	542.08	837.20	776.35	277.58	212.03	508.14
1. 提取储蓄存款	393.18	509.96	737.64	173.62	89.62	384.60
2. 借入款	66.01	160.84	4.64		55.65	101.55
3. 收回借出款	78.64	166.39	33.03	103.96	50.98	15.21
4. 收回储蓄性保险本金						
5. 住房贷款	1.16					6.79
6. 汽车贷款	0.22		1.05			
7. 教育贷款						
8. 其他贷款	2.86				15.79	
9. 其他借贷所得						
四、总支出	59815.97	42454.78	41487.57	49255.89	68236.04	109853.69
# 借贷性支出	3075.70	1446.61	2534.58	2555.61	3998.98	5607.13
1. 存入储蓄款	139.68	266.14	14.82	4.16	116.81	306.11
2. 借出款	38.45	60.56	38.31	33.07		55.53
3. 归还借款	214.69	119.31	74.59	50.08	338.35	581.85
4. 购买有价证券	0.03			0.13		
5. 其他投资支出	54.72	1.69	30.67	53.66		216.43
6. 归还住房贷款	2192.76	978.50	1934.40	1950.68	3077.60	3519.06
7. 归还汽车贷款	393.10		340.19	443.12	432.62	895.26
8. 归还教育贷款						
9. 归还其他贷款	36.22	6.56	94.45	14.13	33.60	32.89
10. 其他借贷支出	6.08	13.84	7.16	6.56		

7－8 城镇居民家庭人平收入情况(2018年)

单位:元

指标	合计	按人平可支配收入比例分组				
		低收入户	中低收入户	中等收入户	中高收入户	高收入户
家庭总收入	**62873.03**	**31972.95**	**41425.69**	**51854.54**	**64987.63**	**142522.86**
# 可支配收入	50791.89	16531.01	32988.25	43387.36	57429.05	121443.58
一、工资性收入	27664.22	15762.98	21099.05	24596.50	28665.88	54647.40
1.工资	27052.35	15463.81	20794.26	24134.98	27306.55	53842.14
2.实物福利	125.49	56.65	80.00	88.45	199.98	240.73
3.其他	486.38	242.52	224.79	373.06	1159.35	564.53
二、经营净收入	7092.8	-4937.62	4301.79	4755.36	7861.00	28938.22
三、财产净收入	6902.3	3450.63	2752.89	8361.48	7192.28	14765.85
1.利息净收入	841.2	1092.10	-6.80	223.33	361.64	2790.62
2.红利收入	678.2	28.65	10.29	106.40	781.26	2960.92
3.储蓄性保险净收益	6.5	2.54		1.49	16.54	15.32
4.转让承包土地经营权租金净收入	14.4	26.95	33.22		5.92	
5.出租房屋财产性收入	2860.0	724.03	891.12	5505.37	2688.60	5351.90
6.出租机械、专利、版权等资产的收入	13.4	40.58		11.89	7.90	0.78
7.其他财产净收入	27.3	8.10	10.70	14.40	25.70	42.80
8.房屋虚拟租金	2461.2	1527.70	1814.36	2498.59	3304.72	3603.51
四、转移净收入	9132.49	2255.03	4834.52	5674.03	13709.88	23092.11
(一)转移性收入	11804.78	3713.85	6429.32	9652.56	16420.96	27188.09
1.养老金或离退休金	9124.12	1326.17	5644.20	8000.12	13915.70	20349.90
2.社会救济和补助	95.73	12.63	17.61	87.55	134.49	275.11
3.政策性生活补贴	324.97	64.59	100.24	101.81	381.86	1162.70
4.报销医疗费	573.01	709.22	73.28	139.41	374.80	1729.82
5.家庭外出从业人员寄回带回收入	274.25	195.41	322.38	461.78	274.04	101.72
6.赡养收入	608.44	573.22	148.05	585.04	859.06	991.91
7.其他经常转移收入	622.74	696.58	33.11	130.16	241.78	2240.10
8.从政府和组织得到的实物产品和服务折价	10.56	11.01	10.81	11.30	13.14	6.05
9.现金政策性惠农补贴	170.96	125.01	79.65	135.41	226.10	330.79
(二)转移性支出	2672.29	1458.82	1594.81	3978.54	2711.08	4095.98

7-9 城镇居民家庭人平支出情况(2018年)

单位:元

指　　标	合　计	按人平可支配收入比例分组				
		低 收入户	中　低 收入户	中　等 收入户	中　高 收入户	高 收入户
家庭人均总支出	**59815.98**	**42454.78**	**41487.57**	**49255.89**	**68236.04**	**109853.69**
一、消费支出	36775.43	22122.16	26596.38	34803.59	45623.79	62406.52
二、生产经营费用支出	8480.77	12903.25	6154.20	4009.13	4306.85	15025.43
(一)第一产业经营费用支出	791.00	319.17	2346.62	248.87	667.12	265.56
(二)第二产业经营费用支出	1503.94	1324.85	1867.86	230.86	26.28	4359.83
(三)第三产业经营费用支出	6185.83	11259.23	1939.72	3529.40	3613.44	10400.04
三、财产性支出	265.42	62.57	195.85	211.25	64.18	906.46
(一)生活贷款利息支出	160.26	62.35	195.85	209.53	63.10	294.86
1.住房贷款利息支出	123.26	61.50	155.62	124.04	51.01	243.07
2.其他生活贷款利息支出	37.00	0.84	40.23	85.49	12.09	51.79
(二)其他财产性支出	105.16	0.22		1.72	1.08	611.60
1.非储蓄性财产保险支出	0.03					0.18
2.其他财产性支出	105.13	0.22		1.72	1.08	611.43
四、转移性支出	2672.29	1458.82	1594.81	3978.54	2711.08	4095.98
(一)个人所得税	274.06	39.23	150.50	162.96	348.02	800.98
(二)社会保障支出	1528.23	1117.50	1185.31	1485.16	1588.47	2503.41
1.个人缴纳的养老保险	1105.82	783.49	848.43	1101.53	1119.71	1857.21
2.个人缴纳的医疗保险	332.21	237.73	293.10	314.96	357.18	503.82
3.个人缴纳的失业保险	35.62	18.40	22.60	36.46	45.46	63.94
4.其他社会保障支出	54.58	77.88	21.17	32.20	66.12	78.43
(三)外来从业人员寄给家人的支出	0.69		0.66	1.77	1.08	
(四)赡养支出	380.07	204.91	204.36	335.77	555.03	704.74
(五)其他转移性支出	489.23	97.18	53.98	1992.88	218.47	86.86
五、部分商业保险支出	366.97	184.75	416.63	192.90	432.97	688.60
六、购置资产及非经常性转移支出	8179.40	4276.62	3995.13	3504.87	11098.19	21123.57
七、借贷性支出	3075.70	1446.61	2534.58	2555.61	3998.98	5607.13

7－10 城镇居民家庭人平消费支出情况(2018年)

单位:元

指标	合计	按人平可支配收入比例分组				
		低收入户	中低收入户	中等收入户	中高收入户	高收入户
全年人平消费支出	**36775.43**	**22122.16**	**26596.38**	**34803.59**	**45623.79**	**62406.52**
一、食品烟酒	9522.60	5544.57	7345.35	9136.21	11159.85	16387.01
二、衣着	2399.13	1620.63	1707.28	2224.88	3192.42	3687.86
三、居住	7039.92	5110.40	6143.88	6902.33	7804.93	10142.33
四、生活用品及服务	2835.61	1345.25	1549.01	2395.16	5626.54	4031.00
五、交通通信	4706.00	3008.76	2952.19	4976.18	5231.89	8334.56
# 通信	1256.32	665.28	916.01	1372.23	1557.21	2032.23
六、教育文化娱乐	6876.48	3734.49	4992.14	6496.10	8003.35	12768.31
# 教育	3085.61	2639.39	2253.52	2689.01	3495.37	4763.60
文化娱乐	3790.87	1095.10	2738.62	3807.09	4507.98	8004.71
七、医疗保健	2569.19	1499.28	1540.10	2136.67	3522.75	4809.83
八、其他用品和服务	826.49	258.78	366.42	536.05	1082.06	2245.61

7－11 城镇居民家庭人平主要食品及水电燃料购买消费量(2018年)

指　标	单位	合 计	按人平可支配收入比例分组				
			低收入户	中 低收入户	中 等收入户	中 高收入户	高收入户
大米	公斤	33.14	22.02	41.63	31.66	34.07	38.49
面粉	公斤	2.44	0.73	3.12	0.83	6.28	1.72
食用植物油	公斤	13.79	6.90	8.42	8.37	12.09	9.41
猪肉	公斤	36.48	24.63	27.49	24.51	29.64	27.74
牛肉	公斤	4.33	2.12	2.82	2.80	4.19	4.33
羊肉	公斤	0.92	0.63	0.78	0.87	1.29	1.12
鸡	公斤	6.15	3.98	5.51	4.87	6.35	6.12
鸭	公斤	1.76	1.17	1.54	1.42	2.39	2.59
鲜蛋	公斤	8.00	5.16	8.60	7.55	9.78	9.78
鱼	公斤	16.33	8.08	11.70	10.14	11.97	11.62
鲜菜	公斤	132.12	55.41	86.11	84.59	98.74	91.39
白酒	公斤	2.50	1.66	1.20	1.84	2.56	2.58
果酒	公斤	0.15	0.07	0.08	0.13	0.22	0.30
啤酒	公斤	4.35	1.87	2.41	1.86	6.06	5.04
茶叶	公斤	0.40	0.26	0.34	0.34	0.56	0.46
鲜瓜果	公斤	60.59	40.21	60.74	61.50	68.68	78.62
糕点	公斤	5.18	3.93	4.95	4.70	5.79	7.07
鲜乳品	公斤	8.84	4.95	6.65	12.35	10.34	11.21
奶粉	公斤	1.29	0.57	1.14	1.29	2.49	1.20
酸奶	公斤	4.37	2.10	2.69	3.87	7.33	7.01
水	吨	96.10	42.78	65.08	61.03	77.57	101.59
电	度	1240.49	828.71	774.58	948.77	1071.45	1101.22
煤炭	公斤	4.04	13.29	3.50	0.13	0.60	0.36
罐装液化石油汽	公斤	12.11	20.84	13.85	5.28	6.46	12.05
管道天然气	立方米	73.89	35.06	64.31	85.60	104.24	92.90

7－12　城镇居民家庭人平主要食品支出额(2018年)

单位:元

指　　标	合　计	按人平可支配收入比例分组				
		低收入户	中　低收入户	中　等收入户	中　高收入户	高收入户
谷物	451.25	233.97	386.78	362.55	489.71	891.88
油脂类	292.02	186.11	185.46	176.10	213.01	204.82
猪肉	780.55	508.06	593.43	543.69	652.24	607.81
牛肉	252.37	113.45	165.59	149.97	222.19	224.62
羊肉	53.42	38.21	45.78	50.67	72.58	66.62
家禽	266.04	155.06	226.28	232.84	313.88	294.11
蛋类	105.34	74.13	106.53	102.36	121.45	132.92
鱼	295.92	134.99	206.90	187.59	236.77	223.08
鲜菜	867.37	358.72	538.74	546.06	641.77	582.47
白酒	401.16	366.70	70.47	356.89	314.39	488.87
果酒	9.83	3.17	6.63	6.86	15.13	20.76
啤酒	50.53	13.55	15.77	13.23	39.40	40.39
瓶装饮用水	15.04	7.90	15.40	15.92	18.85	19.27
茶叶	50.80	18.26	30.14	35.34	90.75	96.76
干鲜瓜果类	695.47	431.74	623.03	706.26	834.83	985.46
糕点类	122.84	73.09	100.48	129.77	154.93	176.45
鲜乳品	99.09	62.88	80.58	119.95	107.68	138.02
奶粉	226.52	96.85	208.64	261.78	367.20	235.21
酸奶	50.52	23.76	35.89	44.21	73.49	88.39
在外饮食	2327.73	1098.05	2129.46	3007.36	3845.92	8108.80

7－13 城镇居民家庭人平主要设备用品及水电燃料消费额(2018年)

单位:元

指 标	合 计	按人平可支配收入比例分组				
		低收入户	中 低收入户	中 等收入户	中 高收入户	高收入户
摩托车	76.41	298.41			8.60	30.18
电动自行车	15.75		37.05	19.57	9.90	12.44
洗衣机	42.81	22.78	23.32	44.84	108.80	22.06
电冰箱	71.93	48.69	77.86	49.58	76.80	117.41
彩色电视机	64.97	55.50	58.27	40.14	77.48	102.17
计算机	127.51	32.35	140.90	79.11	168.71	253.97
组合音响	4.31		0.18		0.88	24.08
摄像机	3.77			2.07	0.95	18.62
照相机	10.60		5.46	24.39	0.42	26.10
微波炉	1.75	0.97		5.59	2.21	
空调器	179.50	133.54	77.15	114.53	420.51	190.47
热水器	36.49	17.43	27.28	47.90	34.54	62.68
固定电话机	2.77		5.08		2.28	7.46
移动电话	494.28	219.11	216.25	544.19	687.83	952.62
水	234.06	97.79	164.04	153.57	200.01	228.54
电	859.89	536.9	499.34	616.8	698.17	712.19
煤炭	4.16	13.63	3.00	0.23	0.96	0.66
液化石油气	68.16	97.83	79.21	35.08	41.07	81.43
管道煤气	15.34	7.54	8.04	19.91	29.15	15.04
管道天然气	179.83	90.29	144.51	209.30	242.49	245.05

7－14 年末城镇居民家庭居住情况(2018年)

指 标	单 位	合 计	比重(%)
一、按人均可支配收入分组现住房建筑面积			
城镇低收入户	平方米	45.77	20
城镇中低收入户	平方米	34.14	20
城镇中等收入户	平方米	35.91	20
城镇中高收入户	平方米	48.89	20
城镇高收入户	平方米	50.71	20
二、现住房房屋来源			
1.租赁公房	户	4	0.7
2.租赁私房	户	42	7.37
3.自建住房	户	108	18.95
4.购买商品房	户	326	57.19
5.购买房改住房	户	40	7.02
6.购买保障性住房	户	23	4.04
7.拆迁安置房	户	21	3.68
8.继承或获赠住房	户	2	0.35
9.免费借用房	户	1	0.18
10.雇主提供免费住房	户	1	0.18
11.其他来源	户	2	0.35
三、居住空间样式			
1.单栋楼房	户	121	21.23
2.单栋平房	户	9	1.58
3.四居室及以上单元房	户	45	7.89
4.三居室单元房	户	224	39.3
5.二居室单元房	户	152	26.67
6.一居室单元房	户	14	2.46
7.筒子楼或连片平房	户	4	0.7
8.其他	户	1	0.18
四、住户主要饮用水来源情况			
1.经过净化处理的自来水	户	494	86.67
2.受保护的井水和泉水	户	59	10.35
3.不受保护的井水和泉水	户	3	0.53
4.江河湖泊水	户	2	0.35
5.收集雨水	户		
6.桶装水	户	12	2.11
7.其他水源	户		

7－14 续表

指　　标	单　位	合　计	比重(%)
五、住宅有管道供水情况			
1. 管道供水入户	户	526	92.28
2. 管道供水至公共取水点	户	1	0.18
3. 没有管道设施	户	43	7.54
六、住户厕所类型			
1. 水冲式卫生厕所	户	560	98.25
2. 水冲式非卫生厕所	户	4	0.7
3. 卫生旱厕	户		
4. 普通旱厕	户	3	0.53
5. 无厕所	户	3	0.53
七、住户洗澡设施情况			
1. 统一供热水	户	17	2.98
2. 家庭自装热水器	户	541	94.91
3. 其他	户	8	1.4
4. 无洗澡设施	户	4	0.7
八、住户主要取暖设备状况			
1. 由市政或小区集中供暖	户	11	1.93
2. 自行供暖	户	478	83.86
3. 无取暖设备	户	81	14.21
九、主要炊用能源状况			
1. 柴草	户		
2. 煤炭	户	1	0.18
3. 罐装液化石油气	户	114	20
4. 管道液化石油气	户	12	2.11
5. 管道煤气	户	27	4.74
6. 管道天然气	户	386	67.72
7. 电	户	24	4.21
8. 燃料用油	户		
9. 沼气	户	6	1.05
10. 其他	户		
11. 无炊用行为	户		
十、信息化调查(每百户)			
1. 接入互联网的移动电话	部	230	
2. 接入有线电视网络的电视机	台	89.8	
3. 接入互联网的计算机	台	81.6	

7－15 城乡(镇)居民分区、县(市)家庭人平收入情况(2018年)

指　　标	合　计	芙蓉区	天心区	岳麓区
家庭人均总收入	56772.90	66752.01	71489.10	59683.22
# 可支配收入	44647.39	54354.24	54476.28	54089.77
一、工资性收入	24884.80	25012.45	27888.66	32787.28
1.工资	24326.35	24687.77	27246.61	32229.53
2.实物福利	116.73	10.84	49.36	50.89
3.其他	441.72	313.84	592.69	506.87
二、经营净收入	7534.62	6999.48	8279.17	7620.48
三、财产净收入	5002.71	13319.03	7092.38	4898.60
1.利息净收入	547.65	209.48	－81.57	189.75
2.红利收入	510.97	483.11	2687.49	27.45
3.储蓄性保险净收益	4.78		10.27	
4.转让承包土地经营权租金净收入	32.38			
5.出租房屋财产性收入	2136.30	8995.20	2519.20	840.00
6.出租机械、专利、版权等资产的收入	11.56			
7.其他财产净收入	15.30	10.90	24.60	30.40
8.房屋虚拟租金	1743.73	3620.29	1932.41	3810.99
四、转移净收入	7225.27	9023.28	11216.07	8783.41
(一)转移性收入	9353.53	14133.98	13777.23	11958.21
1.养老金或离退休金	6691.84	13364.01	12871.22	10474.98
2.社会救济和补助	105.92	21.44	40.46	58.32
3.政策性生活补贴	247.13	12.30	89.56	6.71
4.报销医疗费	556.24	525.15	103.75	24.20
5.家庭外出从业人员寄回带回收入	481.37			134.80
6.赡养收入	587.40	92.90	419.45	598.37
7.其他经常转移收入	470.96	114.23	249.51	656.86
8.从政府和组织得到的实物产品和服务折价	14.54	3.96	3.27	2.93
9.现金政策性惠农补贴	198.13			1.05
(二)转移性支出	2128.26	5110.69	2561.16	3174.80

注:7－15表至7－17表芙蓉区、天心区、岳麓区、开福区和雨花区无农村调查点,均为城镇数据。

单位:元

开福区	雨花区	望城区	长沙县	浏阳市	宁乡市
56703.19	59131.82	43298.31	45373.45	59554.87	58543.52
53620.92	54522.33	40254.53	40225.55	39607.56	34886.96
22116.81	28259.31	23900.49	27229.06	22993.06	20662.68
21327.67	27674.21	23193.14	27020.96	22414.64	19946.13
581.52	92.46	459.07	124.19	31.71	28.73
207.62	492.64	248.28	83.91	546.70	687.83
1385.02	8134.70	11224.27	5416.25	10458.09	6326.53
7665.29	4812.78	2632.64	5448.33	2016.99	3178.02
2062.37	25.59	28.87	1657.07	-25.42	1161.53
424.93	67.23	3.99	38.51	716.68	134.29
	28.33			0.88	2.83
		147.91	67.05	47.69	12.18
2560.00	845.90	1371.30	2917.00	459.30	1157.90
	24.04		7.83	2.65	49.01
19.90	20.70	8.70	5.60	22.40	20.70
2597.18	3800.99	1071.83	755.31	792.78	639.56
22453.80	13315.54	2497.14	2131.91	4139.42	4719.73
24908.46	16911.46	4035.55	3831.43	4955.19	5902.05
13798.43	15090.71	3185.08	1771.15	2571.38	1023.42
708.61	43.09	59.12	41.95	140.91	71.02
3058.86	153.36	52.60	90.22	37.73	103.37
2167.37	450.93	214.71	356.55	301.08	1327.42
362.79		96.65	728.73	1446.55	457.95
809.95	1150.77	243.94	288.32	308.05	1223.46
2195.12	21.96	28.59	71.48	29.43	1675.94
9.29	0.65	4.88	34.05	36.53	3.32
1798.03		149.99	448.99	83.53	16.16
2454.66	3595.92	1538.41	1699.52	815.77	1182.32

7－16 城乡(镇)居民分区、县(市)家庭人平支出情况(2018年)

指　　标	合　计	芙蓉区	天心区	岳麓区
家庭人均总支出	54549.21	60696.06	64074.12	60018.73
一、消费支出	32164.79	41369.68	42206.41	43095.34
二、生产经营费用支出	8636.99	6624.33	12373.82	979.33
(一)第一产业经营费用支出	867.92			265.17
(二)第二产业经营费用支出	2742.18		7953.14	138.62
(三)第三产业经营费用支出	5026.89	6624.33	4420.68	575.54
三、财产性支出	524.64	235.44	370.65	1437.68
(一)生活贷款利息支出	170.79	235.44	367.34	232.35
(二)其他财产性支出	353.86		3.30	1205.33
四、转移性支出	2128.26	5110.69	2561.16	3174.80
(一)个人所得税	207.60	265.25	224.07	737.93
(二)社会保障支出	1218.21	1530.04	2038.19	1930.67
(三)外来从业人员寄给家人的支出	3.26			2.37
(四)赡养支出	340.33	325.03	224.39	391.16
(五)其他转移性支出	358.87	2990.37	74.51	112.67
五、部分商业保险支出	316.02	296.62	134.91	481.07
(一)意外伤害保险	24.25	4.14	12.35	143.24
(二)商业医疗保险(含大病保险)	140.72	262.56	24.11	150.47
(三)其他非储蓄性商业保险	35.73	13.83	57.72	30.78
(四)其他储蓄性商业保险	115.33	16.10	40.73	156.57
六、购置资产及非经常性转移支出	8035.42	4058.44	3555.50	7002.94
(一)购置资产支出	3929.22	150.04	417.40	2484.79
(二)非经常性转移支出	4106.19	3908.40	3138.10	4518.15
七、借贷性支出	2743.08	3000.86	2871.68	3847.56

单位:元

开福区	雨花区	望城区	长沙县	浏阳市	宁乡市
42686.99	64159.25	39830.55	44837.89	50016.17	66788.54
32347.84	44948.09	27077.50	27568.70	23689.85	24993.61
560.49	793.59	1145.32	1625.95	16751.70	20772.38
19.17		621.00	952.94	3035.26	623.05
		242.44	135.62	9408.29	474.68
541.32	793.59	281.87	537.40	4308.15	19674.64
62.26	42.64	89.18	1423.38	31.96	1118.55
61.63	42.64	40.42	424.48	31.72	164.95
0.63		48.76	998.91	0.24	953.60
2454.66	3595.92	1538.41	1699.52	815.77	1182.32
98.45	507.83	206.24	202.46	13.49	65.65
1799.52	1893.24	1103.51	1020.72	702.39	583.47
			21.85		0.68
488.93	929.13	117.60	343.03	61.32	428.13
67.76	265.72	111.06	111.47	38.57	104.40
259.44	441.08	679.72	454.24	197.98	211.86
17.06	2.93	20.34	37.73	15.52	20.35
147.89	286.87	456.64	144.62	19.95	46.99
63.54	55.73	49.45	39.63	14.44	34.31
30.95	95.54	153.29	232.26	148.07	110.21
4332.37	9909.11	6916.43	9832.11	7311.52	14489.78
404.97	6754.17	1805.20	5572.58	2122.93	11019.17
3927.40	3154.94	5111.23	4259.53	5188.59	3470.61
2669.93	4428.82	2384.00	2233.98	1217.39	4020.05

7－17　城乡（镇）居民分区、县（市）家庭人平消费支出情况(2018年)

单位:元

指　　标	合　计	芙蓉区	天心区	岳麓区	开福区	雨花区
全年人均消费支出	32164.8	41369.7	42206.4	43095.3	32347.8	44948.1
一、食品烟酒	8304.6	10829.7	10203.0	10821.2	10285.0	11354.2
二、衣着	2042.4	3404.0	2183.8	2540.1	2106.0	2734.0
三、居住	6232.9	7787.6	6799.9	8064.2	6027.9	8502.9
四、生活用品及服务	2399.9	2984.2	2765.9	3101.6	2096.9	5776.4
五、交通通信	4441.1	4441.8	8369.4	5685.7	2316.9	4086.6
六、教育文化娱乐	5910.6	7617.8	7848.8	7796.9	5848.1	8488.4
七、医疗保健	2172.9	2870.6	3130.9	4300.9	3334.7	3158.2
八、其他用品和服务	660.4	1434.0	904.8	784.8	332.2	847.4

7－17 续表

指　　标	望城区	长沙县	浏阳市	宁乡市
全年人均消费支出	27077.5	27568.7	23689.8	24993.6
一、食品烟酒	7028.5	7431.8	5956.4	6307.0
二、衣着	1692.2	1906.8	1492.9	1487.4
三、居住	5051.9	4980.3	5271.2	5628.4
四、生活用品及服务	1645.1	1919.6	1210.5	1660.1
五、交通通信	4851.5	4374.7	3402.8	3590.2
六、教育文化娱乐	4977.3	5129.2	4292.6	4606.6
七、医疗保健	1315.6	1537.4	1457.7	1185.0
八、其他用品和服务	515.5	288.9	605.8	528.9

7-18 2000—2018年农村居民家庭调查户基本情况

项　目	单位	2000年	2005年	2006年	2007年	2008年	2009年	2010年	2011年	2012年
一、调查户数	户	560	1000	1000	1000	1000	1000	1000	980	690
常住人口	人	2249	3901	3887	3896	3833	3832	3836	3796	2648
年末人均住房面积	平方米	44.13	49.42	53.42	57.07	58.63	59.93	59.53	62.04	62.57
二、全年人均总收入	元	4558.39	7395.06	8215.63	9234.55	11097.88	12923.08	14920.03	18057.28	20648.09
(一)工资性收入	元	1107.30	2082.14	2657.13	3207.31	3707.79	4481.72	5354.01	6784.44	8751.13
(二)家庭经营收入	元	2935.69	4456.38	4659.24	5005.67	6090.95	6896.30	7623.05	8840.48	9243.61
1.农业收入	元	1017.52	1239.05	1342.94	1439.64	1830.53	1994.15	2409.98	2800.08	3144.00
2.林业收入	元	36.58	61.08	76.85	84.14	104.98	105.01	134.21	291.04	265.95
3.牧业收入	元	1198.03	1958.27	1792.85	1888.64	2110.96	2262.87	2239.78	2809.87	2015.99
4.渔业收入	元	58.40	74.09	80.74	65.91	81.98	103.27	106.29	70.71	64.02
5.二、三产业收入	元	625.16	1123.89	1365.86	1527.34	1962.49	2430.99	2732.80	2868.79	3754.00
(三)转移性收入	元	471.08	576.88	616.14	701.38	891.75	1013.04	1346.19	1653.53	1762.10
(四)财产性收入	元	44.32	279.67	283.08	320.19	407.39	532.03	596.78	778.83	891.25
三、全年人均纯收入	元	3005.00	4908.00	5653.00	6613.36	8002.60	9431.90	11205.87	13400.42	15763.10
人均可支配收入	元	2941.00	4735.00	5438.00	6339.41	7631.67	8986.35	10639.78	12717.27	15056.55
四、全年人均总支出	元	4162.65	6773.50	7282.19	8276.29	9637.71	10635.68	11749.13	13628.59	15579.10
(一)家庭经营费用支出	元	1061.21	1934.15	1981.70	2038.91	2384.49	2692.48	2774.01	3160.06	3415.44
1.种植业生产支出	元	225.53	336.98	353.94	366.87	397.07	471.17	524.36	638.03	691.33
2.林业生产支出	元	1.97	8.26	10.96	18.72	15.48	27.22	32.46	62.55	193.75
3.牧业生产支出	元	693.31	1203.10	1127.24	1075.98	1207.58	1263.44	1189.78	1426.63	1269.95
4.渔业生产支出	元	15.02	21.98	22.69	29.72	30.26	30.95	28.34	19.49	20.44
5.二、三产业支出	元	140.40	363.48	466.88	547.62	734.10	899.70	999.08	1013.37	1240.00
(二)购置生产用固定资产支出	元	71.83	141.00	142.32	174.31	201.11	156.08	204.65	218.36	274.25
(三)税费支出	元	76.13	15.83	14.20	9.35	20.62	14.20	31.56	4.34	4.84
(四)生活消费支出	元	2584.16	4166.23	4573.97	5413.68	6211.73	6826.35	7532.56	8579.29	10154.71
(五)其他	元	369.48	514.08	570.00	640.04	819.76	946.57	1206.36	1666.54	1729.86

7－18 续表

指　　标	单　位	2013年	2014年	2015年	2016年	2017年	2018年
一、调查户数	户	308	305	304	310	310	310
常住人口	人	1091	1114	1138	1188	1191	1124
年末人均住房建筑面积	平方米	61.97	51.79	56.47	60	59.12	59.4
二、总收入(未扣除生产费用)	元	23611.93	30122.45	31114.24	32363.62	33912.37	41947.4
(一)工资性收入	元	10311.07	10103.47	13355.44	15617.47	16708.74	18129.8
(二)经营性收入	元	10445.96	16225.54	14635.79	13765.49	13990.73	18879.6
1.农业	元	1810.14	2086.12	1762.5	1821.81	1663.66	1026.9
2.林业	元	846.74	944.18	615.51	225.56	218.92	236.0
3.牧业	元	4020.2	8354.31	6943.8	2169.74	2769.48	861.4
4.渔业	元	126.81	108.82	168.88	140.83	118.33	89.8
5.农林牧渔服务业	元	77.32	189.76	39.01	28.76	47.99	1.5
6.二、三产业经营收入	元	3564.74	4732.11	5145.09	9407.55	9220.34	16665.5
(三)财产性收入	元	557.73	632.1	331.1	345.25	484.2	1540.6
(四)转移性收入	元	2297.17	3161.34	2791.92	2635.41	2728.69	3397.4
(五)非收入所得	元	1420.53	3271.03	3287.44	5827.71	3372.1	2377.9
(六)借贷性所得	元	2782.6	2135.37	2003.91	1800.98	1506.76	3493.8
三、可支配收入	元	19712.57	21723.25	23601.02	25448.25	27359.94	29714.1
四、全年人均总支出	元	22658.36	28381.6	30699.74	33057	33487.82	41749.1
(一)消费支出	元	11585.76	13147.44	15953.98	17574	19188.96	20959.3
(二)生产经营费用支出	元	3422.63	7722.55	6724.49	6046.57	5588.34	9016.7
1.农业	元	705.81	992.31	799.85	581.41	721.77	450.6
2.林业	元	50.38	85	143.38	17.82	52.62	176.4
3.牧业	元	2062.18	5476.13	4590.55	1260.37	1524.79	415.7
4.渔业	元	32.02	14.85	52.03	31.89	33	12.1
5.农林牧渔服务业	元	36.29	37.86	6.96	14.66	13.85	16.1
6.二、三产业经营支出	元	535.95	1154.26	1138.68	4140.42	3256.15	7961.8
(三)财产性支出	元	18.78	45.7	20.47	82.4	128.1	1154.7
(四)转移性支出	元	344.05	242.43	340.23	332.35	377.33	806.1
(五)部分商业保险支出	元	31.08	52.07	66.88	77.69	124.65	192.2
(六)购置资产及非经常性转移支出	元	3989.66	4555.96	6252.53	7472.88	6654.91	7685.5
(七)借贷性支出	元	3266.4	2615.46	1341.15	1471.12	1425.52	1934.7

注：自2013年起，因统计方法制度改革，2013年统计数据与以往年度数据不具有可比性。

7－19 农村居民家庭人均收入(2018 年)

单位:元

项目	全市	# 望城区	长沙县	宁乡市	浏阳市
全年人均总收入(未扣除生产费用)	41947.4	35067.2	38880.7	32810.9	59999.0
一、工资性收入	18129.8	21145.7	23654.8	17485.4	14121.2
1.工资	17701.2	20675.0	23484.4	16616.5	14026.0
2.实物福利	95.4	391.4	111.9	22.3	52.2
3.其他	333.2	79.3	58.5	846.7	43.1
二、经营性收入	18879.6	11303.9	8523.0	8807.7	41723.1
1.第一产业经营收入	2214.1	2433.9	3111.7	1419.2	2969.4
(1)农业收入	1026.9	1205.2	922.6	188.9	2092.2
(2)林业收入	236.0	60.8	162.8	85.4	568.1
(3)牧业收入	861.4	1012.6	1998.8	952.5	259.9
(4)渔业收入	89.8	155.3	27.5	192.3	49.2
2.第二产业收入	12054.9	2816.2	2820.3	80.7	34869.4
(1)采矿业	609.9		2820.3	37.4	12.2
(2)制造业	10595.4	29.2		5.1	34857.2
(3)电力、热力、燃气及水生产和供应业	7.9			30.3	
(4)建筑业	841.7	2787.0		7.9	
3.第三产业收入	4610.6	6053.9	2591.0	7307.9	3884.3
(1)批发和零售业	2519.1	3856.9	1308.0	4872.4	835.8
(2)交通运输、仓储和邮政业	200.7	255.3		457.9	165.0
(3)住宿和餐饮业	1000.8	150.3	1018.2		2546.5
(4)房地产业	174.9			668.4	
(5)租赁和商务服务业	76.2	397.2		108.3	
(6)居民服务、修理和其他服务业	374.0	757.4	263.7	482.4	337.1
(7)其他	263.4	634.9		714.4	
(8)农林牧渔服务业	1.5	2.0	1.1	4.1	
三、财产性收入	1540.6	607.7	3544.6	2138.2	59.1
四、转移性收入	3397.4	2009.9	3158.3	4379.5	4095.5
五、非收入所得	2377.9	1862.9	3642.9	1317.7	2620.8
六、借贷性所得	3493.8	3366.6	800.5	7439.3	2828.7

注:7－19 表至 7－26 表芙蓉区、天心区、岳麓区、开福区和雨花区无农村调查点。

7－20 农村居民家庭人均支出(2018年)

单位:元

项目	全市	#望城区	长沙县	宁乡市	浏阳市
全年人均总支出	41749.1	32558.0	39384.9	38403.2	52867.1
一、消费支出	20959.3	21102.1	20929.0	21390.0	18653.3
(一)食品烟酒	5344.4	5807.6	5185.8	5537.8	4671.5
(二)衣着	1175.5	1073.5	1375.5	1074.8	1000.9
(三)居住	4271.4	4570.9	4311.8	4112.9	3656.0
(四)生活用品及服务	1340.9	1217.4	2002.5	1278.1	974.0
(五)交通通信	3797.4	3274.3	3197.1	4106.2	3783.8
(六)教育文化娱乐	3563.0	3624.8	3910.6	3901.0	2817.6
(七)医疗保健	1209.8	1249.0	768.3	1137.9	1480.1
(八)其他用品和服务	256.8	284.5	177.4	241.3	269.4
二、生产经营费用支出	9016.7	1905.3	2323.1	2184.6	24485.7
(一)第一产业经营费用支出	1054.9	1168.3	2177.7	873.7	755.1
1.农业	450.6	478.3	868.0	160.3	544.2
2.林业	176.4	1.8	53.6	490.3	119.1
3.牧业	415.7	664.8	1244.2	213.8	77.7
4.渔业	12.1	23.3	11.9	9.2	14.1
(二)第二产业经营费用支出	5751.5	451.7	5.9		18064.4
1.采矿业					
2.制造业	5488.6	1.3			18064.4
3.电力、热力、燃气及水生产和供应业	0.1		0.5		
4.建筑业	262.8	450.5	5.3		
(三)第三产业经营费用支出	2210.3	285.3	139.6	1310.9	5666.1
1.批发和零售业	1900.2	81.0		1253.4	4870.9
2.交通运输、仓储和邮政业	16.0	18.4		0.2	45.2
3.住宿和餐饮业	221.2		0.2	0.5	727.4
4.房地产业	1.0			3.9	
5.租赁和商务服务业	18.6	114.2		18.7	
6.居民服务、修理和其他服务业	32.9	69.2	85.7	0.1	22.7
7.其他	4.3	1.0	6.5	10.7	
8.农林牧渔服务业	16.1	1.6	47.2	23.4	
三、财产性支出	1154.7	1.4	3094.2	1955.2	24.7
四、转移性支出	806.1	587.4	1137.3	1234.4	477.1
五、部分商业保险支出	192.2	212.6	442.9	158.4	109.2
六、购置资产及非经常性转移支出	7685.5	8017.2	9781.8	6860.5	8152.2
七、借贷性支出	1934.7	732.0	1676.4	4620.2	964.9

7－21 农村居民家庭人平可支配收入(2018年)

单位:元

项目	全市	#望城区	长沙县	宁乡市	浏阳市
可支配收入	29714.1	32232.4	31785.8	26985.0	31790.9
一、工资性收入	18129.8	21145.7	23654.8	17485.4	14121.2
(一)工资	17701.2	20675.0	23484.4	16616.5	14026.0
1.按月发放的工资	11629.6	11005.1	19715.3	11469.9	7548.8
2.补发工资	283.2	12.2	186.8	506.6	364.7
3.不按月发放的奖金、津贴、过节费等	5788.4	9657.8	3582.2	4640.0	6112.5
(二)实物福利	95.4	391.4	111.9	22.3	52.2
1.从单位或雇主得到的实物产品折价	32.5	24.3	79.6	18.5	15.5
2.从单位或雇主得到的服务折价	62.9	367.1	32.3	3.7	36.7
3.单位或雇主实物福利报销所得					
(三)其他	333.2	79.3	58.5	846.7	43.1
1.住房公积金	7.6	21.0		19.4	
2.辞退金	3.9				
3.自由职业劳动所得(如稿费、翻译费)	13.3		13.5	40.3	
4.安家费					
5.股票期权					
6.其他劳动所得	308.3	58.3	45.0	786.9	43.1
二、经营净收入	8608.3	9057.9	5664.7	6171.4	14017.6
(一)第一产业经营净收入	1010.3	1151.4	748.9	313.3	2094.3
1.农业	455.8	639.6	－40.7	－200.5	1448.0
2.林业	53.4	59.0	109.2	－405.8	429.5
3.牧业	424.6	320.9	667.5	738.7	182.3
4.渔业	76.5	131.9	12.9	181.0	34.5
(二)第二产业经营净收入	5430.2	2282.2	2814.5	80.7	13963.8
1.采矿业	609.9		2820.3	37.4	12.2
2.制造业	4243.5	28.0		5.1	13951.6
3.电力、热力、燃气及水生产和供应业	7.8		－0.5	30.3	
4.建筑业	568.9	2254.2	－5.3	7.9	
(三)第三产业经营净收入	2167.8	5624.2	2101.3	5777.4	－2040.5
1.批发和零售业	467.1	3705.6	973.3	3619.1	－4256.7
2.交通运输、仓储和邮政业	158.7	227.1		389.0	97.3
3.住宿和餐饮业	772.6	146.9	1010.9	－5.7	1806.5
4.房地产业	173.9			664.4	
5.租赁和商务服务业	28.8	258.7		－8.8	
6.居民服务、修理和其他服务业	323.6	662.1	170.9	435.0	312.4
7.其他	257.9	623.4	－6.5	703.7	
8.农林牧渔服务业	－14.8	0.5	－47.4	－19.3	

7－21 续表

单位:元

项　　目	全　市	#望城区	长沙县	宁乡市	浏阳市
三、财产净收入	385.9	606.3	450.5	183.0	34.4
(一)利息净收入	－165.8	29.4	－754.4	－68.3	－22.8
(二)红利收入	104.5		16.8	253.7	
1. 集体分配的红利					
2. 其他红利收入	104.5		16.8	253.7	
(三)储蓄性保险净收益	0.6				1.9
(四)转让承包土地经营权租金净收入	76.0	318.7	88.4		52.1
(五)出租房屋净收入	375.1	266.9	1082.1	－19.9	30.4
(六)出租机械、专利、版权等资产的收入	7.0		16.5	9.8	3.4
(七)其他财产净收入	－11.4	－8.8	1.1	7.7	－30.7
(八)房屋虚拟租金					
四、转移净收入	2590.0	1422.6	2015.8	3145.2	3617.6
(一)转移性收入	3396.1	2009.9	3153.1	4379.5	4094.7
1. 养老金或离退休金	780.5	903.8	429.2	1092.6	954.5
2. 社会救济和补助	130.7	117.1	46.7	133.4	210.5
3. 政策性生活补贴	58.0	46.5	115.7	30.5	67.1
4. 报销医疗费	515.5	264.9	142.5	1296.8	378.3
5. 家庭外出从业人员寄回带回收入	984.8	208.3	711.3	546.3	2197.1
6. 赡养收入	536.3	204.8	628.6	960.0	121.0
7. 其他经常转移收入	102.1	17.3	16.2	296.0	63.3
8. 从政府和组织得到的实物产品和服务折价	24.2	7.9	41.9	1.0	41.0
9. 现金政策性惠农补贴	264.2	239.5	1021.1	22.9	61.9
(二)转移性支出	806.1	587.4	1137.3	1234.4	477.1

7－22 农村居民家庭人平消费支出(2018年)

单位:元

项　　目	全　市	# 望城区	长沙县	宁乡市	浏阳市
消费支出	20959.3	21102.1	20929.0	21390.0	18653.3
一、食品烟酒	5344.4	5807.6	5185.8	5537.8	4671.5
二、衣着	1175.5	1073.5	1375.5	1074.8	1000.9
三、居住	4271.4	4570.9	4311.8	4112.9	3656.0
四、生活用品及服务	1340.9	1217.4	2002.5	1278.1	974.0
五、交通通信	3797.4	3274.3	3197.1	4106.2	3783.8
# 通信	902.5	742.8	787.1	656.8	580.5
六、教育文化娱乐	3563.0	3624.8	3910.6	3901.0	2817.6
# 教育	2142.7	1885.8	2240.3	3465.2	1183.0
# 文化娱乐	1420.3	1739.0	1670.3	435.8	1634.7
七、医疗保健	1209.8	1249.0	768.3	1137.9	1480.1
八、其他用品和服务	256.8	284.5	177.4	241.3	269.4

7－23　农村居民家庭人平粮食收支情况(2018年)

单位:公斤

项　　　目	全　市	#望城区	长沙县	浏阳市	宁乡市
一、主要农产品产量					
1. 谷物	238.34	407.00	343.89	196.85	125.33
# 小麦					
稻谷	238.30	407.00	343.89	196.55	125.33
玉米	0.09			0.29	
其他					
2. 薯类	1.98	3.22	0.02	5.24	
3. 豆类	0.17	0.05		0.46	0.08
二、购买粮食					
(一)购买生产资料用粮食					
1. 种子用粮食	2.58	4.24	1.92	2.21	3.48
2. 饲料用粮食	118.84	157.29	382.20	12.94	66.82
(二)购买生活用粮食					
1. 谷物	89.63	57.20	53.53	67.14	174.34
# 大米	22.69	15.75	18.56	13.29	35.04
稻谷	46.17	23.72	2.91	37.74	119.15
玉米	3.83	4.25	5.67	1.54	5.89
2. 薯类	2.47	1.50	2.45	1.16	4.02
3. 豆类	4.55	3.62	6.64	3.31	3.27
三、出售粮食					
1. 谷物	81.59	121.40	199.79	26.91	61.57
2. 薯类	0.08	0.03	0.05	0.06	0.14
3. 豆类	0.02			0.01	0.05

7-24 农村居民家庭人平主要实物消费量(2018年)

单位:公斤

项目	全市	#望城区	长沙县	浏阳市	宁乡市
一、粮食消费量	180.02	204.55	163.58	180.02	221.25
1.谷物消费量	173.37	199.86	156.09	171.92	216.97
2.薯类消费量	1.91	1.02	0.51	4.40	0.99
3.豆类消费量	4.75	3.67	6.98	3.70	3.29
二、油脂类消费量	15.74	18.10	13.90	15.32	16.16
1.植物油	8.37	6.52	4.99	12.37	7.22
2.动物油	7.36	11.58	8.91	2.95	8.94
三、烟叶消费量	54.49	63.40	52.15	39.46	70.93
四、蔬菜及菜制品消费量	111.06	146.88	82.36	138.99	107.30
五、干鲜瓜果类	45.84	37.63	48.72	36.43	61.42
1.鲜瓜果	41.19	34.90	41.48	32.99	56.73
2.瓜果制品	0.96	0.45	1.44	0.66	1.19
3.坚果	3.68	2.28	5.79	2.78	3.50
六、消费茶叶	0.51	0.61	1.02	0.39	0.19
七、肉类	30.47	29.51	32.60	23.21	36.38
1.猪肉	26.94	27.05	28.72	20.21	32.68
2.牛肉	1.62	1.17	1.66	0.75	2.55
3.羊肉	0.60	0.38	0.33	1.16	0.22
4.其他肉类及制品	1.31	0.91	1.89	1.09	0.93
八、禽类	8.56	11.37	10.33	9.80	6.22
九、蛋类及蛋制品	8.15	11.32	8.65	7.36	6.66
十、奶和奶制品	5.81	5.28	7.80	2.59	6.85
十一、水产品	12.82	16.74	10.42	6.89	19.01
十二、糖果糕点	7.33	5.46	8.53	5.98	8.69
十三、酒	6.01	7.39	9.07	2.66	6.98

7－25 农村居民家庭每百户耐用消费品拥有量(2018年)

项目	单位	全市	#望城区	长沙县	浏阳市	宁乡市
1.家用汽车	辆	57.08	54.87	64.44	46.15	61.56
2.摩托车	辆	83.09	44.70	79.57	107.79	99.94
3.助力车	台	32.92	96.32	22.71	18.20	29.01
4.洗衣机	台	103.67	107.57	107.59	101.57	109.24
5.电冰箱(柜)	台	106.16	109.03	110.99	98.44	117.22
6.微波炉	台	20.65	14.09	27.29	10.97	34.86
7.彩色电视机	台	125.50	138.10	104.77	121.82	154.06
#接入有线电视	台	76.12	61.15	87.16	28.67	135.02
8.空调	台	172.06	173.55	174.11	162.51	190.92
9.热水器	台	89.93	83.60	89.73	91.08	98.21
#太阳能热水器	台	10.01	6.85	16.10	8.50	13.15
10.洗碗机	台					
11.排油烟机	台	67.16	83.99	61.30	64.94	75.09
12.固定电话	线	7.83	15.69	4.84	7.39	11.96
13.移动电话	部	290.32	335.60	273.91	303.09	312.19
#接入互联网	部	210.77	310.18	179.39	224.82	231.36
14.计算机	台	47.01	50.16	47.75	28.66	75.80
#接入互联网	台	36.79	44.30	34.99	14.63	67.55
15.照相机	台	3.12	2.95	7.07	4.22	
16.中高档乐器	架	3.63	1.07	2.32	6.09	4.79
17.健身器材	台	3.10	2.91	1.96	3.12	5.83
18.吸尘器	台	1.78	1.88	3.10		2.38

注:因调查方案的调整,耐用消费品拥有量统计指标有调整。

7－26 农村居民抽样调查人口与就业期末情况(2018 年)

单位:人

项目	全市	#望城区	长沙县	浏阳市	宁乡市
一、家庭常住人口	1124	287	238	255	254
二、家庭常住人口年龄状况					
1.5 岁及以下	103	28	22	20	24
2.6－15 岁	146	32	35	45	21
3.16－19 岁	35	6	8	7	13
4.20－24 岁	38	11	9	3	11
5.25－29 岁	66	23	16	6	17
6.30－34 岁	90	25	16	15	24
7.35－40 岁	86	21	24	20	5
8.41－50 岁	193	43	44	34	56
9.51－60 岁	199	51	40	53	44
10.61－65 岁	62	20	15	17	7
11.66 岁及以上	106	22	19	32	25
三、由本户供养的在校学生	179	39	39	53	35
四、农村住户劳动力素质状况					
(一)整半劳动力数	774	207	169	157	174
(二)就业劳动力文化程度					
1. 未上过学	5		2		1
2. 小学	151	36	23	56	24
3. 初中	393	111	82	81	93
4. 高中	153	42	45	15	32
5. 大学专科	52	13	14	5	15
6. 大学本科	20	5	3		9
7. 研究生					
五、农村住户劳动力就业状况					
(一)劳动力就业行业情况	621	168	117	134	151
1. 一产业就业劳动力	173	49	21	37	55
2. 非农产业就业劳动力	448	119	96	97	96
(1)二产业就业劳动力	202	56	36	68	31
(2)三产业就业劳动力	246	63	60	29	65

8 城市建设、环境保护

长沙统计年鉴

8－1 2009－2018年城市公共交通情况

年份	全年客运总量/万人次	公共汽车营运情况				出租汽车营运情况		轨道交通营运情况		
		客运量/万人次	年末营运车辆数/辆	年末营运线网长度/公里	年末营运线路条数/条	客运量/万人次	年末营运车辆数/辆	客运量/万人次	年末营运车数/辆	年末营运线路长度/公里
2009年	104478	67305	3553	1018	129	37173	6280			
2010年	101303	72222	3557	1048	129	29081	6280			
2011年	106159	75433	3651	3195	135	30726	6420			
2012年	105599	75844	3775	3263	140	29755	6420			
2013年	104103	73943	4157	3484	141	30160	6915			
2014年	115109	75221	5142	3512	150	35308	7816	4580	96	21.9
2015年	116944	74324	6102	3559	180	34213	7816	8407	162	26.6
2016年	112719	68162	7187	4519	187	28524	7816	16033	345	68.8
2017年	121732	69118	8361	5570	226	29267	7820	23347	345	68.8
2018年	120860	68457	8806	6603	266	27373	7840	25030	345	68.8

注:1. 从2011年开始,表中数据含望城区。

2. 从2011年开始,公交车年末营运线网长度统计口径变更,与以前年度数据不可比,按同口径计算,2010年为3173公里;从2014年开始全年客运总量中含有轨道交通客运量。

8－2 2000－2018年城市房屋发展状况及住房水平

年份	城市房屋建筑面积(万 m²)	#住宅(万 m²)	人均住房建筑面积(m²/人)	年末危险房屋(万 m²)
2000年	5283.28	2839.76	18.6	24.23
2001年	5635.30	3097.40	19.6	35.41
2002年	6132.40	3447.20	21.5	35.41
2003年	6624.90	3771.81	23.2	33.29
2004年	7352.00	4268.30	25.3	31.73
2005年	8223.00	4776.00	27.2	27.73
2006年	9021.62	5280.36	28.3	26.15
2007年	9939.52	5883.72	28.9	22.24
2008年	10891.33	6561.62	28.3	21.70
2009年	10578.92	9219.11	29.5	2.96
2010年	14940.70	10581.09	30.9	2.54
2011年	16619.67	11813.00	32.2	3.19
2012年	18583.00	13267.00	31.8	4.66
2013年	17249.29	11858.72	41.4	8.64
2014年	19177.00	13239.00	48.3	120.00
2015年	21407.00	14836.00	45.3	120.04
2016年	22904.80	15844.30	44.8	81.91
2017年	25630.41	18617.19	45.5	42.00
2018年	29950.63	20658.21	42.7	33.46

注:1. 人均住房建筑面积统计指标2012年以前为城市统计口径,2013年开始调整为城镇统计口径。

2. 从2014年起年末危险住宅指标改为年末危险房屋,统计口径由危房改造面积调整为危房存量面积。

8－3 2000－2018年城市自来水、供气、用电供应情况

年份	自来水					供气情况			
						液化气			
	年末水厂个数(个)	年末供水管道长度(公里)	年末供水总量(万吨)	#生活用水(万吨)	年末水厂生产能力(万吨/日)	供气总量(吨)	#生活用(吨)	用气人口(万人)	储气能力(吨)
2000年	6	1087	37399	21246	132	65700	63796	106.5	3700
2001年	6	1120	39872	22262	157	70200	68806	137.8	3700
2002年	6	1188	36748	24199	165	72306	70870	140.3	3800
2003年	6	1292	38845	29369	165	75668	74911	142.2	3800
2004年	6	1338	39819	30105	165	91500	90584	149.1	3800
2005年	6	1450	41969	31540	165	92600	91600	151.1	3800
2006年	6	1529	43328	32441	165	85000	80300	138	3800
2007年	6	1659	32840	24630	167	84000	79500	119.9	4000
2008年	6	1801	44866	24870	167	82000	78000	146.5	4000
2009年	6	1925	45144	26597	167	85000	80000	125	4000
2010年	6	2012	46431	26611	180	83000	77000	115	4000
2011年	7	2323	51224	29243	221	93000	84300	101.5	4000
2012年	7	3050	41997	29950	265	76663	63385	267.3	4000
2013年	7	3300	52739	31263	270	86492	72573	275	4000
2014年	8	3490	55589	33880	225	101838	87210	210	6400
2015年	8	3457	57652	34507	215	60876	49667	64	3770
2016年	8	3647	60558	35201	215	61620	48766	64	3770
2017年	9	3817	50167	37083	235	52120	38417	60	3770
2018年	8	5721	67721	45300	235	58742	45405	50	3770

注：液化气用气人口统计受加气站增减和用气人口流动性等因素影响，变动较大。

供气情况				供电(万度)					
天然气				全市用电总量	#工业用电	城乡居民生活用电	其中:市区用电总量	#工业用电	居民生活用电
供气总量(万 m^3)	#生活用(万 m^3)	用气人口(万人)	储气能力(万 m^3)						
				480160	221763	136507	313975	131522	105952
				529409	281711	143681	343137	156001	119738
				591319	310605	235649	375933	175375	163622
				696000	354800	360300	439000	201500	154200
				722087	375058	276637	430300	194500	215800
3418	2238	25	10	923856	384129	282458	501464	193501	205719
11947	3390	68	10	1039585	345094	423066	602611	200408	277750
19254	4647	90.1	10	1153430	368754	456961	637260	167545	247098
26607	6192	90.9	10	1265685	498417	426619	683642	198858	273759
32948	10618	164.7	100	1414653	456798	564587	817921	185517	343932
39300	12500	192	100	1603152	573315	513122	943789	223612	344333
50363	19450	246.1	100	1838972	675729	587635	1156205	308003	417589
64298	24911	264.7	100	2040474	757802	666846	1268341	332841	464827
70321	26019	311.9	100	2245429	898159	718282	1373249	383172	489662
85657	30780	337.2	1200	2274871	923598	691650	1382042	387454	465045
72731	23057	260	1280	2464961	993670	754227	1501794	423836	506081
76757	27625	290	1280	2848657	1142014	915832	1759889	527313	610681
80157	26703	320	1280	3129032	1296129	980630	1862295	558290	644786
86826	35097	319	1280	3636932	1488684	1126535	2138396	619967	737304

8－4　2000－2018年城市环境卫生基本情况

年　份	道路清扫保洁面积（万 m^2）	生活垃圾无害处理量（万吨）	环卫专用车辆（辆）					公共厕所（座）	#本年新建（座）	垃圾站（个）	#本年新建（个）
			垃圾运输车	真空吸粪车	洒水车	清扫车	专用集装式垃圾中转车				
2000年	540		156	9	27			462	10	504	11
2001年	566	67.7	148	7	29			461	2	504	4
2002年	912	68	160	8	31			431	7	494	5
2003年	1200	65.7	173	1	35			388	13	458	15
2004年	1741	77	219	8	65			422	35	487	32
2005年	1912	77	182	8	77			455	33	576	42
2006年	2689	77.5	199	9	85			516	61	637	61
2007年	3033	85.6	180	9	104			545	29	545	25
2008年	2523	101.5	187	10	99	43	25	490	24	570	287
2009年	2638	107.3	200	6	99	45	27	542	52	615	51
2010年	2954	117.3	368	10	104	52	40	551	9	635	20
2011年	3543	143.2	201	4	133	82	40	543		661	
2012年	3608	169.4	204	4	170	73	48	567		673	
2013年	5238	160	264	2	296	124	60	566		676	
2014年	5140	206.6	368	5	307	148	63	519		620	
2015年	5810	201	339	6	492	181	80	536		641	
2016年	6846	215	395	8	493	195	72	549		672	
2017年	6920	228	341	9	595	232	82	557		650	
2018年	7162	251	627	13	549	271	80	539		668	23

8－5 2000－2018 年市政设施基本情况

年份	城市道路		年末实有永久性桥梁(座)	年末实有下水道长度(公里)	路灯盏数(盏)
	年末实有道路长度(公里)	年末实有道路面积(万 m^2)			
2000 年	998	928	71	636	16259
2001 年	1098	1099	71	648	17309
2002 年	1150	1575	73	648	26411
2003 年	1188	1980	73	770	37215
2004 年	1323	2385	76	800	43215
2005 年	1415	2795	77	895	53468
2006 年	1466	3002	77	1046	64938
2007 年	1552	3131	87	1046	69731
2008 年	1608	3320	92	1186	77135
2009 年	1660	3489	93	1230	76200
2010 年	1781	3618	97	1842	79542
2011 年	2173	4258	168	2601	82423
2012 年	2342	3958	172	2169	87389
2013 年	2966	4307	174	2169	91393
2014 年	1698	4382	179	2698	102602
2015 年	1698	4596	186	2172	84848
2016 年	1798	4706	196	2270	86349
2017 年			219	2637	89943
2018 年	1985	4808		2742	94157

注:路灯盏数 2015 年以前为城市拥有路灯统计口径,2015 年统计口径开始调整为移交使用路灯盏数。

8－6　2000－2018年城市园林、绿化情况

年　份	城市园林绿化覆盖面积(公顷)	城市园林绿地面积(公里)	公共绿地面积(公里)	公园处数(处)	公园面积(公里)
2000年	5508	5152	889	10	575
2001年	5846	5541	1006	11	576
2002年	6094	5712	1085	12	717
2003年	6720	5712	1229	14	904
2004年	6949	5907	1240	14	904
2005年	7368	6244	1381	18	1143
2006年	7876	6706	1590	19	1210
2007年	8541	5656	1892	21	1302
2008年	8818	7693	2142	21	1302
2009年	9304	8134	2348	22	1323
2010年	9857	8598	2522	22	1323
2011年	10235	9188	2794	22	1323
2012年	10729	9293	2804	23	1573
2013年	11206	9611	2913	24	1581
2014年	11813	10163	3256	26	1779
2015年	12278	10586	3538	27	1809
2016年	12928	11177	3779	30	2002
2017年	14877	12584	4031	32	2235
2018年	15157	12848	4261	36	2286

说明：绿地面积、绿化覆盖面积均不含湿地面积。

8-7 2000-2018年城市环境污染和治理情况

年份	工业废水排放总量（万吨）	工业废水排放达标量（万吨）	工业废气排放总量（万标 m³）	工业粉尘排放量（万吨）	工业粉尘去除量（万吨）	工业固体废物产生量（万吨）	#综合利用（万吨）	工业锅炉数（台）	#达标数（台）	工业炉窑数（台）	#达标数（台）
2000年	5532.9	4212.6	2624324	7.81	11.19	137.53	101.79	407	359	465	232
2001年	4992.2	3956.9	3252834	4.81	9.32	133.95	120.83	392	321	477	149
2002年	4310.7	3556.8	2762532	7.11	13.37	111.83	105.64	351	285	430	150
2003年	4006.7	3510	2501271	7.22	13.34	112.72	99.67	318	245	371	309
2004年	4047	3552	2679022	9.39	11.03	107.7	94	324	257	262	124
2005年	4065	3562	3078324	10.06	11.83	109.7	98.4	307	243	222	117
2006年	4073	3482	2891585	10.35	10.58	111.69	102.94	273	267	226	118
2007年	4377	3704	2933547	10.29	19.15	107.3	101.96	229	222	251	194
2008年	4162	3665	5278500	13.48	20.08	183.6	164.6	187	167	213	163
2009年	3726	3354	5315831	13.35	19.19	154.6	140.1	267	254	232	178
2010年	4336	3955	6269499	10.52	12.62	148.8	148.4	284	256	219	151
2011年	4051		10219789	1.59	198.59	177.6	174.8	269		108	
2012年	3777		5470000	1.2	131.69	103.5	94.7	259		116	
2013年	4049		6233559	1.9	114.1	100.5	86.9	280		108	
2014年	4397		6486474	1.73	138.9	107	91.5	288		117	
2015年	5102		4803775	1.16	102.2	107.6	92.7	272		124	
2016年	4287		4834697	0.69	40.8	141.3	132.8	264		94	
2017年	4066		6360805	0.76	150.8	113.1	93.3	223		118	
2018年	3475		8775533	0.55	132	148.7	122	239		147	

注:2011年起工业粉尘排放量(去除量)指标改为工业烟粉尘排放量(去除量)。

9 农　业

长沙统计年鉴

9－1 历年农、林、牧、渔业总产值

（按现行价格计算）

单位：万元

年份	合计	农业	林业	牧业	渔业	服务业
1978	97658					
1980	99524					
1983	133455					
1984	139627					
1985	165803					
1986	180977					
1987	212304					
1988	274536					
1989	307534					
1990	365244					
1991	368160					
1992	409372					
1993	480104	237282	16083	205582	21157	
1994	725156	351689	17108	328777	27582	
1995	868362	426578	28951	375241	37592	
1996	1011363	509820	40193	416774	44576	
1997	1114485	561705	41906	460042	50832	
1998	1137969	596651	43425	446164	51729	
1999	1146402	635440	41800	413206	55956	
2000	1167935	628013	43598	442543	53781	
2001	1239985	672704	47407	464641	55233	
2002	1302245	700436	57148	486981	57680	
2003	1371608	694002	70917	527412	61035	18242
2004	1720668	825189	73635	734973	68050	18821
2005	1871313	926445	76257	771539	75967	21105
2006	1903000	994600	80300	712700	74700	40600
2007	2171300	1146600	94000	780900	103500	46100
2008	2818996	1367085	112079	1165305	122893	51634
2009	2946120	1465841	123699	1171296	127520	57764
2010	3236412	1735890	144988	1156629	137340	61565
2011	3877163	2082639	179791	1405473	142489	66770
2012	4197846	2303064	195535	1484271	145535	69441
2013	4546157	2518547	217452	1572730	161432	75996
2014	4905925	2849093	238930	1552892	182015	82995
2015	5371294	3173856	273543	1637130	194604	92161
2016	5042983	3121606	291856	1202878	158241	268402
2017	5141997	3239403	318304	1110648	169161	304481
2018	5269212	3327540	348683	1083731	173735	335523

注：1. 2003年开始农林牧渔服务业从规模以下工业中划归农业统计，同时种植业中的农民家庭兼营商品性工业产值划入规模以下工业中。

2. 2006年、2007年、2008年数据根据第二次全国农业普查结果予以调整。

3. 2016、2017年数据根据第三次全国农业普查结果予以调整。

9－1 续表 1 （按不变价格计算） 单位：万元

年份	合计	农业	林业	牧业	渔业	服务业
	（按 1952 年不变价格计算）					
1949	17020	15081	390	1356	193	
1952	21728	18337	734	2084	573	
1957	27743	22819	504	4001	419	
	（按 1957 年不变价格计算）					
1957	27743	22819	504	4001	419	
1962	24328	21436	527	2084	281	
1965	29799	24251	663	4499	386	
1970	38426	31441	639	6115	231	
1971	43127	35736	1137	5982	272	
	（按 1970 年不变价格计算）					
1971	43127	35736	1137	5982	272	
1972	62622	50111	1576	10618	317	
1973	66813	54094	1730	10637	352	
1974	67157	54138	1777	10849	393	
1975	67676	54516	1675	11096	389	
1976	70920	57176	1536	11753	455	
1977	73598	59758	1771	11603	466	
1978	73800	58941	1911	12475	473	
1979	78000	61738	1726	13968	568	
1980	77400	59996	1789	14927	688	
	（按 1980 年不变价格计算）					
1980	98260	73690	3079	20109	1382	
1981	102770	76279	3380	21494	1617	
1982	115532	85345	3406	24870	1911	
1983	125664	93427	3253	26879	2105	
1984	129025	92077	3588	30767	2593	
1985	139379	93056	3819	39692	2812	
1986	147691	97645	3586	43193	3267	
1987	152161	100216	4491	43812	3642	
1988	159036	100182	4570	50212	4072	
1989	163414	102263	5623	51134	4394	
1990	167152	104672	4217	53793	4470	

9－1 续表 2　　（按不变价格计算）　　单位:万元

年 份	合 计	农 业	林 业	牧 业	渔 业	服务业
	（按 1990 年不变价格计算）					
1990	393694	222433	12668	143383	15210	
1991	407495	231266	13740	145338	17151	
1992	419479	222100	14341	163178	19860	
1993	442505	219393	15467	184955	22690	
1994	470439	227779	16548	201545	24567	
1995	500336	236182	23768	212214	28172	
1996	542354	267499	31460	213555	29840	
1997	584737	290795	35970	223452	34520	
1998	605182	293536	36341	238917	36388	
1999	623902	321588	34528	229693	38093	
2000	653582	336044	37905	238238	41395	
2001	692224	357291	37281	252324	45328	
2002	723725	375476	41428	259782	47039	
2003	746034	339273	57973	276659	53887	
2004	800454	361818	56654	305791	57070	
	（按可比价格计算）					
2005	1841526	882440	76519	791928	70443	20196
2006	1860893	950749	80731	713768	75825	39819
2007	1987611	1051292	87366	728379	77090	43483
2008	2318577	1179040	94567	887459	107671	49840
2009	3004722	1432889	110758	1276600	128220	56255
2010	3078386	1600565	130924	1152458	133944	60495
2011	3365918	1864808	159174	1136426	138659	66851
2012	4032356	2180591	192860	1443670	144529	70705
2013	4324845	2386699	204710	1503566	155792	74078
2014	4752645	2691186	231027	1574997	173981	81455
2015	5080925	3036773	257485	1504251	190846	91571
2016						
2017	5209402	3257593	319582	1172806	165520	293901
2018	5318095	3354143	339668	1124710	170536	329039

注:1. 根据湖南省统计局制定的 2004 年农林牧渔业综合统计报表制度规定,从 2004 年开始取消不变价计算农林牧渔业产值,改用可比价计算产值,用农产品价格指数缩减法计算农业发展速度。
2. 2006 年、2007 年、2008 年数据根据第二次农业普查结果予以调整。
3. 2016 年数据因第三次农业普查数据修正暂无核定数据。

9－2 历年粮食总产量

单位：吨

年份	合计	稻谷	小麦	折粮薯类	杂粮	大豆
1949	742990	694100	2835	30400	10980	4675
1950	836155	774735	3165	37490	11290	9475
1951	924745	858455	3965	47375	10720	4230
1952	941680	879335	4900	36270	14185	6990
1953	959055	892065	6345	39730	13800	7115
1954	855385	784730	7735	44225	13730	4965
1955	1026360	925905	12220	69045	14845	4345
1956	982635	919265	9565	42550	9210	2045
1957	1002970	911700	4480	69455	13155	4180
1958	1054150	947910	8155	82070	10645	5370
1959	962480	861870	8325	70490	14745	7050
1960	657725	622300	7280	21100	6420	625
1961	607360	543910	7650	45385	9605	810
1962	833095	729930	11180	74505	15465	2015
1963	920345	853725	5960	40875	18485	1300
1964	936420	872145	5265	39790	17200	2020
1965	1010075	929350	7675	55745	13895	3410
1966	1145640	1098985	6355	29465	7265	3570
1967	1198540	1127455	9465	48510	9910	3200
1968	1252535	1189595	6660	46560	7195	2525
1969	1166505	1100210	6735	51155	6510	1895
1970	1308655	1249270	9515	40930	6040	2900
1971	1536300	1468475	8905	47170	7480	4270
1972	1453085	1370820	8100	61575	8200	4390
1973	1562770	1487460	7040	60010	5400	2860
1974	1550020	1493725	6245	43145	4035	2870
1975	1546080	1478850	8410	50855	5220	2745
1976	1543550	1471275	14965	49300	4835	3175
1977	1537670	1465765	11240	53105	4710	2850
1978	1898070	1829940	15135	44545	3300	5150
1979	1960495	1892480	13060	44880	5000	5075
1980	2028640	1970115	7885	42590	3565	4485

9-2 续表

单位:吨

年 份	合 计	稻 谷	小 麦	折粮薯类	杂 粮	大 豆
1981	1931885	1878290	8575	35120	5525	4375
1982	2334880	2269795	8630	44360	4735	7360
1983	2558240	2487825	7335	51200	4860	7020
1984	2443660	2373670	6565	48105	7915	7405
1985	2449215	2386240	5210	45600	5215	6950
1986	2518856	2458199	5550	37918	9536	7653
1987	2554153	2469708	5487	45653	24970	8335
1988	2535020	2453928	6436	42982	23901	7773
1989	2588563	2499928	7733	47108	24606	9188
1990	2641261	2542642	6094	50715	31949	9861
1991	2693046	2586304	7760	53322	33903	11757
1992	2548991	2440907	8370	53100	33969	12645
1993	2450080	2349086	7318	50828	26659	16189
1994	2534843	2412841	5801	62742	37218	16241
1995	2448028	2325133	4928	77917	24793	15257
1996	2737179	2597117	6905	77701	40598	14858
1997	2928132	2757668	9551	85889	58636	16388
1998	2618000	2443065	10211	90492	57497	16735
1999	2750152	2503557	9372	100343	121111	15769
2000	2623327	2405899	5324	98682	98444	14978
2001	2503041	2299943	6859	97099	86043	13097
2002	2119788	1908942	5245	116868	72908	15825
2003	2163732	1939536	3091	121342	82360	17403
2004	2520412	2300549	3498	125934	74045	16386
2005	2622817	2386731	3598	131021	82366	19101
2006	2424098	2344684	607	37223	32502	9082
2007	2230293	2018315	1030	124066	73827	13055
2008	2174385	2107480	372	35998	24062	6473
2009	2155996	2052794	1698	53948	38192	9364
2010	2090484	1967873	2285	63203	46338	10785
2011	2160047	2012963	3108	69802	59573	14601
2012	2248647	2086972	2599	75314	69346	14416
2013	2303074	2158998	3239	57159	68805	14873
2014	2345703	2204677	1218	55116	68643	16049
2015	2368295	2235192	1070	49305	67944	14784
2016	2330692	2200024	448	45627	69006	15587
2017	2264435	2126581	568	47341	74460	15485
2018	2155160	1990866	627	50673	92482	20512

注:1. 2006 年数据根据第二次全国农业普查结果予以调整。

2. 2007-2017 年数据根据第三次全国农业普查结果予以调整。

9－3 历年耕地面积

单位:千公顷

年份	合计	水田	旱地	每一农业人口占有耕地(亩)
1949	274.27	253.77	20.50	
1950	278.19	255.97	22.22	1.60
1951	282.98	258.87	24.11	1.60
1952	287.05	264.09	22.96	1.62
1953	291.23	265.75	25.48	1.62
1954	292.94	265.89	27.05	1.62
1955	297.80	266.27	31.53	1.63
1956	298.36	265.45	32.91	1.62
1957	295.05	260.49	34.56	1.61
1958	276.36	247.11	29.25	1.54
1959	271.76	241.87	29.89	1.56
1960	266.09	234.82	31.27	1.58
1961	261.71	235.12	26.59	1.55
1962	263.38	234.45	28.93	1.53
1963	261.97	235.25	26.72	1.47
1964	264.50	235.60	28.90	1.45
1965	265.87	235.99	29.88	1.41
1966	264.43	234.05	30.38	1.36
1967	263.07	231.56	31.51	1.32
1968	257.48	231.51	25.97	1.26
1969	260.65	231.72	28.93	1.22
1970	261.79	231.55	30.24	1.19
1971	261.47	231.93	29.54	1.18
1972	260.93	231.17	29.76	1.16
1973	260.49	230.51	29.98	1.14
1974	260.03	229.66	30.37	1.14
1975	258.92	228.44	30.48	1.09
1976	257.33	227.44	29.89	1.08
1977	257.11	227.22	29.89	1.06
1978	255.91	226.27	29.64	1.05
1979	255.49	225.86	29.63	1.05
1980	254.80	225.85	28.95	1.04

9－3 续表 单位:千公顷

年 份	合 计	水 田	旱 地	每一农业人口占有耕地(亩)
1981	254.31	225.74	28.57	1.03
1982	253.96	225.77	28.19	1.02
1983	253.30	225.11	28.19	1.01
1984	251.97	224.80	27.17	1.02
1985	250.05	223.64	26.41	1.00
1986	249.58	223.65	25.93	0.97
1987	249.04	223.33	25.71	0.96
1988	248.44	222.91	25.53	0.94
1989	248.20	222.69	25.51	0.92
1990	247.93	222.47	25.46	0.91
1991	248.07	222.58	25.49	0.91
1992	247.89	220.03	27.86	0.90
1993	246.89	219.37	27.52	0.90
1994	246.00	218.36	27.64	0.90
1995	245.77	218.18	27.59	0.89
1996	244.68	217.20	27.48	0.89
1997	244.07	216.70	27.37	0.88
1998	242.99	215.73	27.26	0.88
1999	242.14	215.26	26.88	0.87
2000	242.32	215.26	27.06	0.87
2001	242.53	215.48	27.05	0.87
2002	239.99	214.73	25.26	0.87
2003	237.10	215.20	21.90	0.86
2004	246.79	224.31	22.48	0.89
2005	246.90	220.43	26.47	0.88
2006	243.66	202.19	38.02	
2007	262.20	226.24	35.96	1.01
2008	274.03			
2009	278.07	245.62	32.45	1.05
2010	276.79	244.41	32.38	1.05
2011	275.65	243.33	32.32	1.04
2012	274.89	241.62	33.27	1.04
2013	274.15	241.42	32.73	1.04
2014	273.36	241.00	32.36	
2015	271.97	236.01	35.64	
2016	270.16	234.17	35.65	
2017	274.16	240.99	32.80	
2018	273.56	240.19	33.00	

注:从 2017 年开始,农业用地有关数据均来自国土部门。

9－4 历年牲猪、水产品生产情况

年　份	全年出栏肉猪(万头)	年末牲猪存栏(万头)	每一农业人口出栏肉猪(头)	水产品产量(吨)	#鱼　类(吨)	#虾贝类(吨)
1950	31.14	36.44	0.12	4945	4945	
1951	34.83	39.44	0.13	4865	4865	
1952	39.97	46.42	0.15	5335	5335	
1953	43.40	48.64	0.16	5840	5840	
1954	48.56	39.24	0.18	7320	7320	
1955	45.69	41.77	0.17	6300	6300	
1956	46.70	81.19	0.17	7105	7105	
1957	72.89	123.12	0.26	7195	7175	20
1958	73.25	102.37	0.27	6635	6580	55
1959	49.19	88.98	0.19	7055	6730	325
1960	37.64	66.15	0.15	6270	5780	490
1961	15.44	37.05	0.06	4180	4125	55
1962	14.09	55.42	0.05	3875	3575	300
1963	31.27	82.81	0.12	3815	3490	325
1964	73.35	79.57	0.27	5050	4355	700
1965	68.20	76.22	0.24	7620	6170	1450
1966	55.80	101.08	0.19	8130	6805	1325
1967	80.36	104.46	0.27	3950	3925	25
1968	92.58	104.17	0.30	4220	4190	30
1969	92.69	96.31	0.29	5950	5585	365
1970	80.19	129.80	0.24	5370	5365	5
1971	97.24	150.42	0.29	5845	5835	10
1972	147.12	162.80	0.44	5350	5205	145
1973	151.93	166.88	0.44	5535	5445	90
1974	155.31	166.56	0.45	6380	6375	5
1975	132.83	165.53	0.37	6490	6480	10
1976	149.60	182.02	0.42	7415	7340	75
1977	146.23	171.03	0.40	7555	7425	130
1978	147.47	170.29	0.40	7755	7575	180
1979	154.09	199.79	0.42	9995	9510	485
1980	184.47	185.29	0.50	11865	11185	680
1981	162.53	185.15	0.44	13195	12045	1150
1982	171.95	209.23	0.46	15520	14175	1345
1983	186.52	238.51	0.49	17025	16100	925
1984	230.25	245.42	0.62	21310	21140	170
1985	273.91	265.86	0.74	23265	22785	480

9－4 续表

年 份	全年出栏肉猪(万头)	年末牲猪存栏(万头)	每一农业人口出栏肉猪(头)	水产品产量(吨)	#鱼 类(吨)	#虾贝类(吨)
1986	306.75	283.68	0.81	27050	26572	478
1987	331.33	294.08	0.87	29983	29464	519
1988	370.10	307.93	0.93	33426	32983	443
1989	378.68	313.48	0.94	36079	35585	494
1990	399.12	328.75	0.98	36669	36184	485
1991	415.00	336.04	1.02	41276	40726	550
1992	480.11	358.38	1.17	47762	47198	564
1993	537.38	396.32	1.31	53917	53234	683
1994	560.84	385.31	1.37	56256	55128	1128
1995	592.63	369.33	1.43	61664	60719	679
1996	601.34	346.91	1.50	67887	66601	710
1997	608.33	355.90	1.53	75529	73663	851
1998	622.75	345.52	1.54	77425	75451	954
1999	596.75	322.08	1.52	82195	80965	771
2000	621.28	350.78	1.58	85191	83744	1015
2001	655.78	364.91	1.67	89965	88334	1208
2002	658.26	367.07	1.69	92874	90875	1502
2003	683.13	391.77	1.77	94235	91553	2104
2004	756.66	415.30	1.96	100128	97790	1805
2005	801.54	432.77	2.08	104201	101355	2249
2006	786.94	417.29		105074	102726	1764
2007	832.20	424.90	2.13	95302	93000	1537
2008	835.90	446.26	2.13	96395	94296	1442
2009	846.00	450.70	2.14	101443	99056	1738
2010	824.65	438.00	2.08	106571	104328	1819
2011	804.68	427.60	2.02	107154	104889	1563
2012	833.20	436.20	2.01	84550	82537	1735
2013	547.44	371.74	1.38	88450	86299	1847
2014	552.03	368.81	1.42	90740	88587	1841
2015	517.10	343.28	1.33	94000	91715	1990
2016	490.31	324.91	1.32	93622	90496	2644
2017	436.94	309.36		93435	90772	2363
2018	438.53	274.94		92595	89552	2754

注:1. 2013－2017 年畜牧指标数据根据第三次农业普查结果予以调整。
2. 2012－2017 年水产指标数据根据第三次农业普查结果予以调整。

9－5 农村基层组织情况与农业生产条件(2018年)

指标	单位	全市	芙蓉区	天心区
一、农村基层组织情况				
1. 乡镇个数	个	74		
# 镇个数	个	69		
2. 村(居)民委员会个数	个	1004	6	20
# 村委员会个数	个	800	5	13
二、乡村人口与从业人员				
1. 乡村户数	万户	123.15	0.70	1.29
2. 乡村人口数	万人	411.35	2.89	4.67
3. 乡村劳动力资源数	万人	271.99	1.37	2.98
4. 乡村从业人员数	万人	241.62	1.09	2.84
按性别分				
(1)男	万人	136.56	0.64	1.70
(2)女	万人	105.06	0.45	1.14
按国民经济行业分				
(1)农业从业人员	万人	90.40		0.58
(2)工业从业人员	万人	58.91	0.17	0.59
(3)建筑业从业人员	万人	29.30	0.16	0.50
(4)交运运输、仓储及邮政从业人员	万人	11.37	0.13	0.18
(5)信息传输、计算机服务和软件从业人员	万人	5.13	0.08	0.16
(6)批零零售业从业人员	万人	18.13	0.18	0.27
(7)住宿和餐饮业从业人员	万人	10.57	0.18	0.15
(8)其他从业人员	万人	17.81	0.19	0.41
三、农村基础设施				
1. 通自来水村个数	个	627	5	13
2. 通汽车村个数	个	800	5	13
3. 通公共交通村个数	个	499	5	13
4. 通电话村个数	个	800	5	13
5. 通宽带村个数	个	800	5	13
6. 通有线电视村个数	个	800	5	13
7. 垃圾集中处理村个数	个	748	5	13
8. 污水集中处理村个数	个	348	5	13

岳麓区	开福区	雨花区	望城区	长沙县	浏阳市	宁乡市
2		1	5	13	28	25
2		1	5	13	27	21
61	32	15	120	158	314	278
51	9	13	97	114	283	215
6.08	2.96	1.73	16.07	19.58	36.57	38.17
18.62	8.85	6.13	52.33	69.14	128.54	120.18
11.13	4.63	5.42	32.87	41.81	81.41	90.37
10.37	2.81	5.16	30.26	37.22	76.76	75.11
5.56	1.65	3.12	16.25	21.99	42.77	42.88
4.81	1.16	2.04	14.01	15.23	33.99	32.23
4.65	0.84	3.57	11.09	16.46	26.12	27.09
1.04	0.46	0.25	3.83	9.02	26.46	17.09
1.53	0.55	0.23	6.22	3.90	5.63	10.58
0.54	0.18	0.26	1.06	1.60	2.90	4.52
0.34	0.16	0.13	0.40	0.70	1.36	1.80
0.65	0.17	0.19	1.80	2.34	6.06	6.47
0.66	0.20	0.21	1.20	1.89	3.20	2.88
0.96	0.25	0.32	4.66	1.31	5.03	4.68
31	9	13	85	95	230	146
51	9	13	97	114	283	215
48	9	13	97	108	105	101
51	9	13	97	114	283	215
51	9	13	97	114	283	215
51	9	13	97	114	283	215
51	9	13	84	114	244	215
39	9	4	43	74	89	72

9－5 续表

指标	单位	全市	芙蓉区	天心区
四、农业主要能源及物资消耗				
（一）农村用电量情况				
农村用电量（不包括县办工业和城镇生活用电）	万千瓦小时	200027	4010	9422
（二）农用化肥施用量				
1. 按实物量计算	吨	559782	23	3360
（1）氮　肥	吨	199743		1483
（2）磷　肥	吨	119052		711
（3）钾　肥	吨	67728		438
（4）复合肥	吨	173260	23	729
2. 按折纯量计算	吨	178853	10	1024
（1）氮　肥	吨	51733		384
（2）磷　肥	吨	16667		100
（3）钾　肥	吨	33525		217
（4）复合肥	吨	76927	10	324
（三）农用塑料薄膜使用量	吨	7104		44
# 地膜使用量	吨	5410		8
地膜覆盖面积	公顷	64796	2	103
（四）农用柴油使用量	吨	58831		177
（五）农药使用量（实物量）	吨	7672		38
五、耕地面积	千公顷	273.56	0.14	1.91
1. 水田	千公顷	240.19	0.03	1.66
2. 水浇地	千公顷	0.37	0.11	0.09
3. 旱地	千公顷	33.00		0.16

岳麓区	开福区	雨花区	望城区	长沙县	浏阳市	宁乡市
9791	13544	9127	10343	65324	50486	27980
16440	4797	1489	69490	96945	155644	211594
7559	2274	584	38940	35200	35428	78275
4125	839	291	16132	20295	28876	47783
1524	573	197	6895	8800	18175	31126
3232	1111	417	7523	32650	73165	54410
4725	1483	475	19097	30811	54700	66528
1958	589	151	10085	9117	9176	20273
578	117	41	2258	2841	4043	6690
754	284	98	3413	4356	8997	15407
1435	493	185	3340	14497	32485	24158
454	58	70	1003	755	2037	2682
247	58	70	960	565	1484	2017
2798	800	751	10605	8300	16675	24762
376	415	23	2171	8900	33937	12832
220	67	14	1000	1496	1948	2889
10.35	2.74	3.82	31.13	50.89	76.75	95.83
9.45	2.66	3.61	28.78	46.68	67.88	79.44
0.02	0.01	0.06				0.07
0.88	0.07	0.15	2.35	4.21	8.87	16.33

9－6 主要农产品生产情况(2018年)

指标	单位	全市	芙蓉区	天心区
农作物总播种面积	**千公顷**	**577.36**	**0.03**	**2.67**
一、粮食作物播种面积	千公顷	325.40		1.14
单　产	公斤/亩	442		473
总产量	吨	2155160		8125
(一)谷物播种面积	千公顷	305.65		1.11
单　产	公斤/亩	452		478
总产量	吨	2073828		7963
1.稻谷播种面积	千公顷	293.01		1.09
单　产	公斤/亩	453		484
总产量	吨	1990866		7914
(1)早稻播种面积	千公顷	104.73		0.22
单　产	公斤/亩	385		335
总产量	吨	605214		1126
(2)中稻与一季晚稻播种面积	千公顷	81.31		0.87
单　产	公斤/亩	521		522
总产量	吨	635826		6788
(3)晚稻播种面积	千公顷	106.97		
单　产	公斤/亩	467		
总产量	吨	749826		

岳麓区	开福区	雨花区	望城区	长沙县	浏阳市	宁乡市
16.85	**3.24**	**0.89**	**93.06**	**122.85**	**169.88**	**167.89**
8.84	2.17	0.23	51.51	77.67	78.74	105.09
505	422	503	439	428	463	431
66954	13735	1760	339569	498940	547414	678663
8.59	2.12	0.23	47.62	69.96	73.82	102.20
512	426	503	454	443	478	435
65905	13544	1760	324184	464457	529017	666998
8.43	2.12	0.23	47.12	66.12	70.68	97.22
513	426	503	454	445	481	433
64897	13544	1760	320869	441046	509778	631058
1.08	0.04		19.05	28.85	18.37	37.11
436	340		400	412	397	350
7071	204		114320	178272	109393	194828
6.24	2.05	0.23	9.22	8.43	32.99	21.29
527	428	503	543	521	528	509
49343	13156	1760	75054	65895	261281	162549
1.10	0.03		18.85	28.85	19.32	38.82
512	418		465	455	480	470
8483	184		131495	196879	139104	273681

9－6 续表 1

指　　标	单 位	全 市	芙蓉区	天心区
2. 小麦播种面积	千公顷	0.19		
单　产	公斤/亩	220		
总产量	吨	627		
3. 玉米播种面积	千公顷	10.74		0.02
单　产	公斤/亩	466		186
总产量	吨	75147		49
4. 高粱播种面积	千公顷	0.98		
单　产	公斤/亩	327		
总产量	吨	4818		
5. 其他谷物播种面积	千公顷	0.73		
单　产	公斤/亩	218		
总产量	吨	2370		
(1)其它春夏收杂粮播种面积	千公顷	0.07		
单　产	公斤/亩	305		
总产量	吨	326		
①大麦播种面积	千公顷	0.03		
单　产	公斤/亩	458		
总产量	吨	206		
②其他春夏收杂粮播种面积	千公顷	0.04		
单　产	公斤/亩	194		
总产量	吨	120		
(2)其它秋收杂粮播种面积	千公顷	0.65		
单　产	公斤/亩	208		
总产量	吨	2044		
①荞麦播种面积	千公顷	0.07		
单　产	公斤/亩	184		
总产量	吨	186		
②其他秋收杂粮播种面积	千公顷	0.59		
单　产	公斤/亩	211		
总产量	吨	1858		
(二)豆类播种面积	千公顷	9.15		0.01
单　产	公斤/亩	223		211
总产量	吨	30659		46
1. 大豆播种面积	千公顷	5.25		0.01
单　产	公斤/亩	261		200
总产量	吨	20512		41
2. 绿豆播种面积	千公顷	0.54		
单　产	公斤/亩	196		500
总产量	吨	1587		1
3. 红小豆播种面积	千公顷	0.11		
单　产	公斤	132		
总产量	吨	225		
4. 其他杂豆播种面积	千公顷	3.25		
单　产	公斤	171		364
总产量	吨	8335		4

岳麓区	开福区	雨花区	望城区	长沙县	浏阳市	宁乡市
					0.03	0.16
					231	218
					104	523
0.06			0.46	3.27	2.44	4.50
737			460	426	465	495
617			3176	20874	17018	33413
				0.53	0.15	0.30
				295	218	437
				2360	491	1967
0.10			0.04	0.04	0.52	0.02
250			232	300	208	123
391			139	177	1626	37
			0.01		0.06	
			473		283	
			71		255	
			0.01		0.02	
			473		450	
			71		135	
					0.04	
					200	
					120	
0.10			0.03	0.04	0.46	0.02
250			151	300	199	123
391			68	177	1371	37
				0.02	0.03	0.02
				262	180	123
				68	81	37
0.10			0.03	0.02	0.43	
250			151	330	200	
391			68	109	1290	
0.07	0.02		1.27	3.73	2.69	1.37
214	197		163	251	206	239
218	59		3100	14019	8308	4909
0.02	0.01		0.46	1.81	1.89	1.05
212	260		189	298	240	266
59	39		1304	8076	6804	4189
0.01			0.03	0.19	0.11	0.20
206			222	258	165	152
45			91	722	272	456
				0.03	0.06	0.02
250				128	130	140
2				64	117	42
0.03	0.01		0.78	1.70	0.63	0.10
217	133		146	202	118	148
112	20		1705	5157	1115	222

9－6 续表 2

指　　标	单　位	全　市	芙蓉区	天心区
(三)薯类播种面积	千公顷	10.60		0.02
单　产	公斤/亩	319		385
总产量	吨	50673		116
1.甘薯播种面积	千公顷	6.33		0.01
单　产	公斤/亩	324		405
总产量	吨	30799		49
2.马铃薯播种面积	千公顷	4.27		0.01
单　产	公斤/亩	310		372
总产量	吨	19874		67
二、油料播种面积	千公顷	55.07		0.05
单　产	公斤/亩	118		116
总产量	吨	97406		79
1.花生果播种面积	千公顷	3.75		
单　产	公斤/亩	210		500
总产量	吨	11804		2
2.油菜籽播种面积	千公顷	50.57		0.05
单　产	公斤/亩	111		114
总产量	吨	84102		77
3.芝麻播种面积	千公顷	0.54		
单　产	公斤/亩	101		
总产量	吨	827		
三、棉花播种面积	千公顷	0.22		
单　产	公斤/亩	110		
总产量	吨	367		
四、生麻播种面积	千公顷	0.01		
单　产	公斤/亩	122		
总产量	吨	11		
# 生苎麻播种面积	千公顷	0.01		
单　产	公斤/亩	122		
总产量	吨	11		
五、甘蔗播种面积	千公顷	0.14		
单　产	公斤/亩	1600		
总产量	吨	3360		

岳麓区	开福区	雨花区	望城区	长沙县	浏阳市	宁乡市
0.19	0.03		2.63	3.98	2.23	1.52
295	293		311	343	302	296
831	132		12285	20464	10089	6756
0.07	0.02		1.86	2.21	1.44	0.72
296	307		318	349	308	300
302	92		8877	11586	6653	3240
0.12	0.01		0.77	1.77	0.79	0.80
294	267		295	335	290	293
529	40		3408	8878	3436	3516
1.11	0.02	0.03	5.40	9.35	30.91	8.21
171	110	71	144	121	112	112
2848	33	30	11629	17037	51991	13759
0.07			0.65	0.57	1.07	1.40
228			221	192	205	215
224			2141	1632	3290	4515
1.03	0.02	0.03	4.52	8.53	29.69	6.70
168	110	71	130	116	109	91
2611	33	30	8815	14848	48543	9145
0.01			0.13	0.15	0.15	0.11
87			147	126	70	60
13			280	277	158	99
					0.12	0.10
					130	85
					239	128
					0.01	
					122	
					11	
					0.01	
					122	
					11	
					0.09	0.05
					1500	1780
					2025	1335

9－6 续表 3

指 标	单 位	全 市	芙蓉区	天心区
六、烟叶播种面积	千公顷	5.50		
单 产	公斤/亩	139		
总产量	吨	11449		
1. 烤烟播种面积	千公顷	5.29		
单 产	公斤/亩	137		
总产量	吨	10860		
2. 晒(土)烟播种面积	千公顷	0.21		
单 产	公斤/亩	187		
总产量	吨	589		
七、药材播种面积	千公顷	2.53		
单 产	公斤/亩	554		
总产量	吨	21040		
八、蔬菜播种面积(含菜用瓜)	千公顷	146.29	0.02	1.40
单 产	公斤/亩	2327	1475	1920
总产量	吨	5105535	413	40422
九、瓜果类播种面积	千公顷	7.68	0.01	0.07
单 产	公斤/亩	1972	1313	3164
总产量	吨	227228	172	3341
1. 西瓜播种面积	千公顷	5.52		0.05
单 产	公斤/亩	2123		3647
总产量	吨	175667		2666
2. 甜瓜播种面积	千公顷	1.76		0.01
单 产	公斤/亩	1710		2119
总产量	吨	45173		214
3. 草莓播种面积	千公顷	0.37	0.01	0.01
单 产	公斤/亩	1026	1313	1810
总产量	吨	5633	172	380
十、其它农作物播种面积	千公顷	34.52		0.01
# 青饲料播种面积	千公顷	7.76		

岳麓区	开福区	雨花区	望城区	长沙县	浏阳市	宁乡市
				0.01	2.89	2.60
				128	138	139
				19	6000	5430
					2.89	2.40
					138	135
					6000	4860
				0.01		0.20
				128		190
				19		570
			0.08	0.10	1.73	0.62
			92	490	606	480
			112	750	15714	4464
5.70	1.01	0.62	28.53	26.53	39.79	42.69
2382	2027	1341	2381	2520	2147	2366
203504	30608	12523	1019005	1002834	1281158	1515068
0.14	0.02		1.04	0.99	4.19	1.23
2744	2159	3147	2154	2124	1909	1758
5557	624	107	33536	31500	119959	32432
0.07	0.01		0.89	0.70	2.67	1.13
3354	3350	3147	2236	2300	2100	1830
3391	479	107	29770	24150	84086	31018
0.04			0.12	0.21	1.34	0.04
2610			1779	1900	1643	1740
1608			3114	6080	33113	1044
0.02	0.01		0.03	0.04	0.18	0.06
1244	993		1291	1200	1042	411
434	145		652	720	2760	370
1.07	0.02		6.50	8.21	11.42	7.30
0.13	0.02		2.46	1.55	2.64	0.96

9－7 茶叶、水果生产情况(2018年)

指标	单位	全市	芙蓉区	天心区
一、茶叶产量	吨	36677		
绿茶	吨	24471		
青茶	吨	87		
红茶	吨	7801		
其它茶	吨	4318		
二、水果产量	吨	398393	172	3416
1. 园林水果	吨	171165		75
柑	吨	31455		
桔	吨	63562		28
橙	吨	2942		
柚	吨	9397		11
桃	吨	14482		8
猕猴桃	吨	653		
李子	吨	8533		5
梨	吨	9684		
葡萄	吨	16605		18
红枣(干枣折成鲜枣)	吨	505		2
鲜柿子(柿饼折成鲜柿)	吨	4542		3
枇杷	吨	741		
其他园林水果	吨	8064		
2. 瓜果类水果(西瓜、甜瓜、草莓)	吨	227228	172	3341
三、食用坚果	吨	7768		5
# 板栗	吨	7767		5
三、年末茶园面积	千公顷	13.41		
# 当年采摘	千公顷	12.23		
四、年末果园面积	千公顷	15.24		0.02
# 柑桔园面积	千公顷	4.74		
桃园面积	千公顷	2.03		
猕猴桃园面积	千公顷	0.19		
梨园面积	千公顷	2.25		
葡萄园面积	千公顷	1.57		0.02

岳麓区	开福区	雨花区	望城区	长沙县	浏阳市	宁乡市
67			580	29900	1645	4485
67			580	19190	1181	3453
					60	27
				7220	3	578
				3490	401	427
18825	644	107	42905	70925	199876	61523
13268	20		9369	39425	79917	29091
1869			699	1090	23570	4227
3295	20		6053	9974	27158	17034
58			446	910	1220	308
175			108	4080	4802	221
1104			595	4500	6872	1403
8			75	300	70	200
99				3450	2507	2472
345			393	1491	4814	2641
2560			959	9800	2706	562
3			40	300	150	10
3			1	320	4215	
2				310	425	4
3747				2900	1408	9
5557	624	107	33536	31500	119959	32432
15			60	4780	2879	29
14			60	4780	2879	29
0.11			0.68	5.94	3.32	3.36
0.05			0.65	5.85	2.68	3.00
0.45			0.90	4.97	4.92	3.97
0.14			0.61	0.58	0.99	2.41
0.04			0.09	0.45	1.21	0.23
0.01			0.01	0.07	0.06	0.04
0.04			0.04	0.43	1.38	0.35
0.11			0.15	0.53	0.51	0.23

9－8 畜牧业生产情况(2018年)

指　　标	单　位	全　市	芙蓉区	天心区
一、当年出栏猪头数	万头	438.53		0.50
1.出栏肉猪	万头	438.53		0.50
2.出口中仔猪	万头			
二、当年出售和自宰的肉用牛	万头	6.08		0.01
三、当年出售和自宰的肉用羊	万只	61.03		0.08
四、当年出售和自宰的肉用驴	匹	30		
五、当年出售和自宰的家禽(鸡鸭鹅)	万羽	4011.59		5.80
# 活鸡	万羽	3327.45		3.33
六、当年出售和自宰的肉用兔	万只	8.49		
七、当年出售和自宰的鹌鹑	羽	62550		
八、当年出售和自宰的肉鸽	羽	81874		
九、当年出售和自宰的狗	只	125612		20
十、当年肉类总产量	吨	412375		403
1.猪肉产量	吨	335471		298
①肉猪肉产量	吨	335471		298
②出口中仔猪肉产量	吨			
2.牛肉产量	吨	7592		6
3.羊肉产量	吨	9252		12
4.驴肉产量	吨	3		
5.禽肉产量	吨	58744		87
# 鸡肉产量	吨	46917		50
6.兔肉产量	吨	94		
7.其他肉产量	吨	1216		
十一、当年牛奶产量	吨	5382		
十二、当年蜂蜜产量	吨	950		

岳麓区	开福区	雨花区	望城区	长沙县	浏阳市	宁乡市
3.77	3.89	0.51	53.34	95.62	140.88	140.02
3.77	3.89	0.51	53.34	95.62	140.88	140.02
0.03	0.01		0.38	0.67	1.78	3.20
0.61	0.01	0.02	0.19	1.92	51.60	6.60
					30	
33.67	7.00	4.56	176.21	198.32	725.53	2860.50
27.53	4.20	3.78	105.47	157.61	461.93	2563.60
			0.18	0.02	6.50	1.79
			6644	2109	52172	1625
			7200	10277	49290	15107
642			16970	10196	69670	28114
3356	2645	489	45155	75844	133990	150493
2696	2526	408	41835	71810	112440	103459
2696	2526	408	41835	71810	112440	103459
42	13		471	834	2225	4001
108	2	4	33	313	7742	1038
					3	
505	105	78	2643	2776	10783	41767
411	63	78	1698	2311	6929	35378
			2		65	27
5			168	110	732	201
			1750	632		3000
		5	3	55	845	42

9－8 续表

指标	单位	全市	芙蓉区	天心区
十三、当年蜂蜡产量	公斤	27513		
十四、当年禽蛋产量	吨	43305		284
1. 鸡鸭鹅禽蛋产量	吨	42769		284
# 鸡蛋产量	吨	34278		252
2. 其他禽蛋产量	吨	349		
十五、大牲畜存栏总头数	头	99360		56
1. 牛存栏	头	99278		56
(1)肉牛	头	76981		56
# 能繁母牛	头	14974		5
当年生仔牛	头	9218		
(2)役用牛	头	20460		
# 能繁母牛	头	2718		
当年生仔牛	头	1203		
(3)奶牛	头	1676		
# 能繁母牛	头	1065		
当年生仔牛	头	518		
2. 马存栏	匹	32		
# 能繁母马	匹	9		
当年生仔马	匹	3		
3. 驴存栏	头	50		
# 能繁母驴	头	10		
当年生仔驴	头	7		
4. 骡存栏	头			
# 当年生仔骡	头			
十六、生猪存栏	万头	274.94		0.33
# 能繁母猪	万头	27.27		0.02
十七、山羊存栏	万只	40.33		0.05
# 能繁母羊	万只	18.28		
十八、养蜂箱数	箱	52318		
十九、兔存栏	万只	5.99		
二十、家禽存笼	万羽	2201.31		7.01
# 活鸡	万羽	1850.18		4.50
# 肉鸡	万羽	796.23		0.70
蛋鸡	万羽	903.67		1.20

岳麓区	开福区	雨花区	望城区	长沙县	浏阳市	宁乡市
			418	1448	24287	1360
1422	106	214	13249	7395	9405	11230
1422	106	214	12940	7375	9198	11230
996	62	214	8632	5743	8278	10102
			309	20	20	
494	196		6220	8485	34409	49500
494	196		6220	8485	34327	49500
296	104		4230	5980	20815	45500
143			2184	1485		11157
122			1747	867		6482
198	92		1533	2225	13512	2900
68	17		901	639		1093
34			389	296		484
			296	280		1100
			210	158		697
			87	83		348
					32	
					9	
					3	
					50	
					10	
					7	
2.19	2.27	0.32	35.67	65.91	74.15	94.10
0.16	0.28	0.03	3.50	6.05	6.78	10.45
0.68	0.01	0.01	0.95	1.62	31.51	5.50
0.47			0.60	0.29	14.80	2.12
		1000	1995	2891	42240	4192
			0.09		3.60	2.30
49.36	10.74	6.21	242.77	240.32	643.58	1001.32
35.39	7.54	5.90	170.19	185.21	506.15	935.30
12.02	2.21	1.80	52.43	96.20	223.67	407.20
23.37	5.33	4.10	118.10	67.36	254.71	429.50

9－9 渔业生产情况(2018年)

指标	单位	全市	芙蓉区	天心区
一、水产品总产量	吨	92595	57	1271
(一)淡水产品捕捞产量	吨	2447		13
1. 鱼类(含鳝鱼、泥鳅)	吨	2064		13
2. 虾蟹类	吨	313		1
3. 贝类	吨	63		
4. 其他类	吨	8		
(1)龟	公斤	1265		
(2)鳖	公斤	1617		
(3)其他	吨	5		
(二)淡水产品养殖产量	吨	90148	57	1258
1. 鱼类(含鳝鱼、泥鳅)	吨	87489	57	1257
2. 虾蟹类	吨	2198		1
3. 贝类	吨	181		
4. 其他类	吨	280		
(1)珍珠	公斤	1799		
(2)龟	公斤	12113		
(3)鳖	公斤	64407		
(4)牛蛙	吨	89		
二、淡水养殖面积合计	公顷	18780	20	135
(一)池塘养殖	公顷	12270	20	133
# 精养池塘	公顷	6438	20	21
(二)湖泊养殖	公顷	1396		
# 粗养	公顷	87		
(三)河沟养殖	公顷	336		
(四)水库养殖	公顷	4606		
# 粗养	公顷	2406		
(五)其他养殖	公顷	172		3
附:1. 稻田养殖面积	公顷	1140		2
其中:养鱼面积	公顷	771		2
成鱼产量	吨	1074		2
3. 养殖水面中鱼种池面积	公顷	227		

岳麓区	开福区	雨花区	望城区	长沙县	浏阳市	宁乡市
5458	772	903	23662	13624	19468	27380
150			791	58	572	864
146			416	58	571	859
3			310			
			63			
1			2		1	4
			1184			81
415			1080			122
					1	4
5308	772	903	22871	13567	18896	26517
5043	772	903	21227	13224	18530	26477
264			1604	329	1	
			19		161	
2			21	14	204	39
			1659			140
			5663			6450
1984			12510	8000	27930	13983
			1	6	63	19
723	88	194	6114	2975	3849	4682
614	88	154	4323	2091	1600	3247
124	56	7	3308	546	700	1656
			1172			224
			46			41
			317	20		
52		41	200	864	2249	1200
49			66	864	1070	357
57			102			11
124			21	79	348	566
32			14		289	434
122			247		301	402
4			54		100	68

9－10 农林牧渔业总产值(2018年)

指标	全市	芙蓉区	天心区	岳麓区
	按现行价格计算			
农林牧渔业总产值	**5269212**	**680**	**23508**	**155032**
一、农业产值	3327540	545	18720	121338
1. 谷物及其他作物	829779		2434	22626
# 粮食	708924		2380	20316
(1)谷物	668845		2307	19876
# 小麦	141			
稻谷	602692		2292	19075
玉米	27059		16	194
(2)折粮薯类	17742		43	256
(3)油料	82855		54	2310
# 花生	11322		2	179
油菜籽	68307		50	2037
(4)豆类	22336		30	183
# 大豆	13777		26	42
(5)棉花	841			
(6)生麻	6			
(7)糖料	1260			
(8)烟草	35038			
(9)其他农作物	855			
# 饲料作物	295			
2. 蔬菜园艺作物	2095661	167	15139	90548
(1)蔬菜	1529369	166	11963	66342
(2)食用菌(干鲜混合)	47641	1	171	
(3)花卉	21454		780	4926
(4) 盆景园艺	497198		2225	19280
3. 水果、坚果、饮料和香料作物	357530	378	1147	8164
# 水果(含果用瓜)	128657	378	1143	7684
# 梨	4119			138
柑桔	27841		9	1198
# 茶及其他饮料	220007			469
4. 中药材	44570			

单位:万元

开福区	雨花区	望城区	长沙县	浏阳市	宁乡市
按现行价格计算					
22051	**82421**	**704978**	**1044933**	**1587945**	**1647665**
12999	75407	461834	731858	911746	993094
3855	549	122035	173506	239318	265457
3855	528	111464	158538	177581	234261
3788	528	103555	142949	167404	228437
				26	115
3788	528	95721	128252	152527	200509
		1509	5573	6569	13198
23		5199	5870	4190	2162
	21	10245	14923	43324	11978
		1890	1681	2198	5373
	21	7493	12294	40194	6219
45		2711	9720	5986	3662
26		913	5774	4273	2723
				565	276
				6	
				742	518
			44	17100	17893
		325			530
		145			150
8883	74826	316919	368134	557821	663225
8883	3061	299399	283894	374466	481194
	25	953	32945	6004	7541
		368	6710	4000	4670
	71740	16198	44585	173350	169820
261	31	22523	186880	83934	54212
261	31	14790	22098	64726	17548
		295	775	1950	961
5		1591	2402	17798	4839
		7656	159047	16328	36506
		358	3338	30674	10200

9－10 续表

指　　标	全　市	芙蓉区	天心区	岳麓区
	按现行价格计算			
二、林业产值	348683			6022
（一）林木的培育和种植	92553			1354
1. 育种育苗	14169			
2. 造林	27865			
3. 抚育和管理	23421			54
4. 零星植树	27098			1300
（二）竹木采运	43840			1224
（三）林产品	212290			3444
三、牧业产值	1083731		1602	10845
（一）牲畜饲养	90037		106	693
1. 牛的饲养	26480		36	137
2. 羊的饲养	60266		70	556
3. 牛奶	3277			
（二）猪的饲养	740287		728	6484
# 肉猪	740287		728	6484
（三）家禽饲养	245509		768	3639
1. 肉禽	164870		215	1249
2. 禽蛋	80638		553	2390
（四）其他畜牧业	7898			29
# 兔	295			
四、渔业产值	173735	79	1806	8747
1. 鱼类	160394	79	1803	8209
2. 虾蟹类	8121		3	494
3. 贝类	181			
4. 其他	5039			44
五、农林牧渔服务业	335523	57	1380	8080

单位:万元

开福区	雨花区	望城区	长沙县	浏阳市	宁乡市
按现行价格计算					
606	133	13836	41865	218680	67541
300	30	4743	33090	29174	23862
		225	12882	117	945
		921	8102	11848	6994
		587	5547	8809	8424
300	30	3010	6559	8400	7499
306		3332	1490	14703	22785
	103	5761	7285	174803	20894
6522	1468	127352	187052	315470	433419
45	17	2495	4820	58666	23195
39		1235	2744	7825	14465
7	17	170	1690	50826	6930
		1090	387		1800
6006	888	92278	160833	209131	263938
6006	888	92278	160833	209131	263938
470	549	31765	20501	43718	144100
285	181	7254	7787	26037	121864
186	368	24511	12714	17681	22235
	14	814	899	3955	2187
		6	1	211	77
1096	1463	48335	24238	38649	49323
1096	1463	40689	23375	34802	48878
		6888	734	2	
		49		132	
		709	129	3713	445
828	3950	53620	59920	103400	104288

10 工　业

长沙统计年鉴

10－1 历年工业总产值

单位:万元

年份	合计	#大中型企业	#国有工业	#集体工业	#乡办工业	轻工业	重工业
1949	5791		433			4896	895
1950	9002		1630	39		7921	1081
1951	14892		4057	129		12945	1947
1952	20409		10400	201		17076	3333
1953	28847		14602	378		24199	4648
1954	30875		17846	714		24523	6352
1955	35450		19311	2234		28742	6708
1956	45732		36351	7660		35686	10046
1957	49355		39277	9360		39189	10166
按1957年不变价格计算							
1957	46096		36541	8845		36868	9228
1958	80433		58213	22109	4659	59711	20722
1959	105816		75554	30262	4455	68870	36946
1960	120489		86411	34078	3508	68554	51935
1961	63898		46444	17333	1051	46572	17326
1962	53339		38507	14580	467	40256	13083
1963	54016		40829	12992	178	38672	15344
1964	64857		49533	15219	290	45358	19499
1965	79691		58891	20797	1277	51868	27823
1966	96285		68584	27701	3073	62743	33542
1967	87318		59683	27635	3151	57524	29794
1968	78585		51981	26604	3382	54247	24338
1969	97375		68078	29297	2194	60575	36800
1970	140654		104311	36343	2948	78545	62109
1971	150535		111997	38538	3577	81623	68912
按1970年不变价格计算							
1971	132575		96260	36315	3577	72794	59781
1972	154173	48387	113309	40864	3627	86545	67628
1973	163927	50018	118714	45213	4691	93632	70295
1974	128974	34209	89526	39448	5633	82062	46912
1975	163374	51074	113325	50049	7181	94128	69246
1976	147984	37453	97010	50974	9479	88653	59331
1977	190006	50228	125967	64039	11791	106133	83873
1978	238489	55004	153188	85301	14509	132376	106113
1979	274260	63033	178564	95696	17671	155407	118853
1980	302624	69477	192773	108551	19593	180677	121947
1981	312240	67577	193803	117076	20046	199146	113094

10－1 续表

单位:万元

年　份	合　计	# 大中型企业	# 国有工业	#集体工业	# 乡办工业	轻工业	重工业
			按 1980 年不变价格计算				
1981	305989	65529	190040	114625	20357	197536	108453
1982	318933	68386	192110	124599	22348	204500	114433
1983	339270	80644	203733	135294	24694	213291	125979
1984	387985	108532	228587	158835	30208	239867	148118
1985	463521	139538	255540	207209	42044	279040	184481
1986	524318	179662	294463	218422	46225	301104	223214
1987	635046	227241	348228	271609	65890	364015	271031
1988	763387	275958	406300	329184	90309	418990	344397
1989	837404	307890	418981	369449	68336	465656	371748
1990	864295	332217	428900	388730	79207	481316	382979
			按 1990 年不变价格计算				
1990	1201241	519530	685839	461738	124188	680329	520912
1991	1389702	572449	751752	561615	167332	780430	609272
1992	1655135	646830	877163	716342	219372	856131	799004
1993	1923267	828288	907141	900189	345084	988828	934439
1994	2261762	917685	950930	664639	352342	1215599	1046163
1995(原规定)	2625906	888684	1072289	635231	388926	1458138	1167768
1995(新规定)	2465662	884923	1047582	887074	410523	1347777	1117885
1996	2874962	916152	1112524	1103270	492329	1465786	1409176
1997	3366581	1029812	1169371	1147896	518527	1655539	1711042
1998	3871568	1157742	1244845	1082559	490985	1812982	2058586
1999	4316798	1322056	1338019	990848		1990907	2325891
2000	4836651	1486342	1530512	914127		2235016	2601635
2001	5349642	1975827	1208526	1011082		2404381	2945261
2002	6079083	2522050	1318284			2412608	3666475
2003	7147780	2435058	1703105			2516350	4631430
			按当年价格计算				
2003	8034980	4075032	2273348			3438771	4596209
2004	10060596	4848325	2679230			4488562	5572034
2005	13006235	6193647	3151357			5802766	7203469
2006	16509547	7667315	3998824			5978281	10531266
2007	21546411	9933579	5289693			7461083	14085328
2008	35074824	17520328	10109994			14391159	20683665
2009	41618121	20436243	11793145			16262144	25355977
2010	54877395	28190353	15158744			21443162	33434233
2011	71273582	38750233	19293574			27958192	43315390
2012	82630847	42333662	21852534			32276868	50353979
2013	89380523	49570685	22108786			31876211	57504312
2014	104445106	59472793	22111685			32681853	62765763
2015	111746223	67380196	22134390			37262597	74483626
2016	122077301	74148116	21927534			41378142	80699159
2017	124115779	76349482	26580545				

10－2 历年工业总产值指数

（以1949年为100）

年份	工业总产值	#国有工业	轻工业	重工业
1949	100	100	100	100
1950	155.4	376.4	161.8	120.8
1951	257.2	937.0	264.4	217.5
1952	352.4	2401.8	348.8	372.4
1953	498.1	3372.3	496.3	519.3
1954	533.2	4121.5	500.9	709.7
1955	612.2	4459.8	587.1	749.5
1956	789.1	8395.2	728.9	1122.5
1957	852.3	9070.9	800.4	1135.9
1958	1487.1	14451.0	1296.4	2550.5
1959	1956.4	18755.9	1495.3	4547.5
1960	2227.7	21451.0	1488.4	6392.4
1961	1181.4	11529.6	1011.2	2132.5
1962	986.2	9559.1	874.0	1610.3
1963	998.7	10135.6	839.6	1888.6
1964	1199.1	12296.3	984.8	2400.0
1965	1473.4	14619.4	1126.1	3424.6
1966	1780.2	17025.6	1362.3	4128.5
1967	1614.4	14815.9	1248.9	3667.2
1968	1453.0	12903.9	1177.8	2995.6
1969	1800.4	16900.0	1315.2	4529.5
1970	2600.6	25894.7	1705.3	7544.6
1971	2783.3	27802.8	1772.2	8481.9
1972	3236.5	32726.1	2106.9	9595.6
1973	3441.3	34287.3	2279.4	9974.1
1974	2707.5	25857.0	1997.8	6656.3
1975	3429.7	32730.7	2291.5	9825.1
1976	3106.6	28018.7	2158.2	8418.3
1977	3988.8	36382.0	2583.7	11900.6
1978	5006.7	44180.5	3280.2	15302.0
1979	5757.7	51499.1	3860.0	17181.1
1980	6353.2	55597.1	4477.1	17585.4
1981	6555.0	55894.1	4934.7	16308.7
1982	6832.3	56502.9	5108.7	17208.0
1983	7268.0	59921.5	5328.3	18944.2
1984	8311.6	67231.5	5992.2	22273.4
1985	9929.8	75158.8	6970.8	27741.5

10－2 续表 1 （以 1949 年为 100）

年　份	工业总产值	# 国有工业	轻工业	重工业
1986	11232.2	86606.8	7522.0	33566.0
1987	13604.2	102420.0	9093.6	40756.5
1988	16353.6	119500.0	10466.6	51789.0
1989	17939.4	123387.3	11764.7	56626.4
1990	18514.8	126305.5	12159.6	58332.8
1991	21419.6	138444.2	13948.7	68227.5
1992	25510.7	161540.1	15301.7	89446.2
1993	29643.5	167061.0	17673.5	104562.7
1994	34860.7	175125.0	21720.7	117057.9
1995	40473.3	181107.4	26043.1	130636.7
1996	47191.9	192334.7	28334.9	164732.8
1997	55261.7	202162.5	31990.1	199985.6
1998	63550.9	215210.6	35029.2	240582.7
1999	70859.3	237359.0	38462.1	271858.5
2000	79362.4	271506.4	43191.8	303937.8
2001	87774.8	214490.1	46474.4	344057.6
2002	99712.2	234008.7	46613.8	428351.1
2003	120950.9	302339.2	48618.2	541007.4
2004	151430.5	367946.9	63461.3	655863.3
2005	192771.0	484954.0	80215.1	847375.4
2006	251951.7	614921.7	101632.5	1129551.4
2007	328819.1	813425.8	126840.5	1510749.0
2008	433712.4	1002954.0	160326.4	2870788.7
2009	514643.1	1169945.8	181168.8	3519299.9
2010	618774.0	1515874.4	214431.6	4343423.3
2011	803787.4	1929708.1	279618.8	5629076.6
2012	931589.6	2186359.3	322680.1	6540987.0
2013	1007686.2	2202992.9	318674.6	7469816.0
2014	1177526.0	2203281.8	326728.8	8153279.0
2015	1259839.6	2201714.9	372523.7	9675430.6
2016	1376313.3	2181138.9	413667.9	10482829.0
2017	1399295.3	2643975.4		

10－2 续表2

(以上年为100)

年 份	工业总产值	#国有工业	轻工业	重工业
1950	155.4	376.4	161.8	120.8
1951	165.4	248.9	163.4	180.1
1952	137.0	256.3	131.9	171.2
1953	141.3	140.4	141.7	139.5
1954	107.0	122.2	101.3	136.7
1955	114.8	108.2	117.2	105.6
1956	129.0	188.2	124.2	149.8
1957	107.9	108.0	109.8	101.2
1958	174.5	159.3	162.0	224.5
1959	131.6	129.8	115.3	178.3
1960	113.9	114.4	99.5	140.6
1961	53.0	53.7	67.9	33.4
1962	83.5	82.9	86.4	75.5
1963	101.3	106.0	96.1	117.3
1964	120.1	121.3	117.3	127.1
1965	122.9	118.9	114.4	142.7
1966	120.8	116.5	121.0	120.6
1967	90.7	87.0	91.7	88.8
1968	90.0	87.1	94.3	81.7
1969	123.9	131.0	111.7	151.2
1970	144.4	153.2	129.7	168.8
1971	107.0	107.4	103.9	110.0
1972	116.3	117.7	118.9	113.1
1973	106.3	104.8	108.2	103.9
1974	78.7	75.4	87.6	66.7
1975	126.7	126.6	114.7	147.6
1976	90.6	85.6	94.2	85.7
1977	128.4	129.8	119.7	141.4
1978	125.5	121.6	124.7	126.5
1979	115.0	116.6	117.4	112.0
1980	110.3	108.0	110.2	102.6
1981	103.2	100.5	110.2	92.1
1982	104.2	101.1	103.5	105.5
1983	106.4	106.1	104.3	110.1
1984	114.4	112.2	112.5	117.6
1985	119.5	111.8	116.3	124.6
1986	113.1	115.2	107.9	121.0
1987	121.1	118.3	120.9	121.4
1988	120.2	116.7	115.1	127.1
1989	109.7	103.1	111.1	107.9
1990	103.2	102.4	103.4	103.0

10－2 续表3

（以上年为100）

年　份	工业总产值	#国有工业	轻工业	重工业
1991	115.7	109.6	114.7	117.0
1992	119.1	116.7	109.7	131.1
1993	116.2	103.4	115.5	116.9
1994	117.6	104.8	122.9	112.0
1995	116.1	112.8	119.9	111.6
1996	116.6	106.2	108.8	126.1
1997	117.1	105.1	112.9	121.4
1998	115.0	111.0	109.5	120.3
1999	111.5	110.3	109.8	113.0
2000	112.0	112.8	112.3	111.8
2001	110.6	79.0	107.6	113.2
2002	113.6	109.1	100.3	124.5
2003	121.3	129.2	104.3	126.3
2004	125.2	121.7	130.5	121.2
2005	127.3	131.8	126.4	129.2
2006	130.7	126.8	126.7	133.3
2007	130.5	132.3	124.8	133.7
2008	131.9	123.3	126.4	137.4
2009	118.7	116.7	113.0	122.6
2010	131.9	128.5	131.9	131.9
2011	129.9	127.3	130.4	129.6
2012	115.9	113.3	115.4	116.2
2013	108.2	100.8	98.8	114.2
2014	116.9	100.0	102.5	109.1
2015	107.0	99.9	114.0	118.7
2016	109.2	99.1	111.0	108.3
2017	101.7	121.2		

10－3 规模以上工业主要产品产量

产品	单位	2018年	2017年	2018年为2017年的%
饲料	万吨	258.14	252.45	102.3
精制食用植物油	万吨	11.43	10.15	112.6
酱油	万吨	23.39	22.77	102.8
大米	万吨	77.50	112.14	69.1
乳制品	万吨	11.51	10.34	111.3
软饮料	万吨	226.43	160.22	141.3
精制茶	万吨	2.34	2.92	80.0
卷烟	亿支	1635.56	1678.04	97.5
服装	万件	1772.94	3284.88	54.0
涂料	万吨	16.53	14.12	117.1
化学药品原药	万吨	4.12	3.92	105.0
化学试剂	万吨	9.51	6.79	140.0
焰火制品	亿元	424.69	402.15	105.6
家具	万件	100.61	99.06	101.6
水泥	万吨	623.40	1021.21	61.0
商品混凝土	万立方米	1302.06	1327.18	98.1
铝材	万吨	47.03	68.81	68.3
起重机	万吨	85.44	51.78	165.0
挖掘、铲土运输机械	万台	6.43	4.00	160.6
压实机械	台	3490.00	2896.00	120.5
混凝土机械	万台	3.64	3.04	119.6
环境污染防治专用设备	万台	0.18	2.13	8.5
汽车	万辆	25.90	30.40	85.2
印制电路板	万平方米	68.10	140.71	48.4
电力电缆	亿米	14.81	13.34	111.0
自来水生产量	亿立方米	9.10	8.33	109.3
发电量	万千瓦小时	720215.68	678512.41	6.1

10-4 1998-2017年规模以上工业企业主要经济指标

指　标	1998年	1999年	2000年	2001年	2002年	2003年	2004年	2005年	2006年
企业单位数(个)	602	672	657	744	895	1096	1464	1691	1920
#亏损企业	273	241	223	230	258	226	263	217	165
工业总产值(当年价格)	2656096	3098178	3301641	3700281	4441769	5643301	7699353	9733713	12717585
工业销售产值(当年价格)	2560872	3007318	3229826	3636080	4391451	5578889	7594852	9551244	12673496
工业增加值(当年价格)	990023	1071758	1178774	1325474	1603271	2031020	2718925	3523338	4411148
流动资产合计	1889708	2097902	2456692	2742156	3077790	3772809	4574168	5102554	6357110
存货	713805	726300	849283	917658	1073247	1291700	1607995	1838326	2267629
#产成品	238900	259808	313282	314616	387805	443290	478979	507981	718122
固定资产合计	1905649	2113116	2364939	2416425	2673026	2775924	3283857	3955661	4259095
固定资产原价合计	2337912	2590306	2909204	3153749	3496219	3817462	4300092	5051470	5542976
固定资产净值平均余额	1582335	1756358	1888985	2076331	2298696	2411178	2748064	3167717	3820512
资产总计	4277157	4722014	5406433	5891896	6629858	7582870	9251983	10675036	12728342
流动负债合计	1954242	2101611	2306733	2551023	2729096	3220482	3871544	4505124	4881277
负债合计	2666746	2859586	3148273	3328496	3637202	4148846	5014353	5802134	6722111
主营业务收入	2531715	2916883	3212467	3538980	4296915	5679012	7490187	9351579	12350206
主营业务成本	1714194	1963016	2171292	2399290	2944484	3842496	5428851	6753573	8770195
主营业务税金及附加	322040	348163	370445	356460	356106	402640	580931	648061	714015
营业利润	363206	455412	506053	579018	759425	1115558	558645	688131	1172544
利润总额	99866	176898	211786	240180	332138	470195	569891	640280	950519
亏损企业亏损额	94747	79032	55843	60056	66425	60483	80676	62222	48274
应交增值税	173616	192623	207553	237311	248126	285078	347826	482333	572429

注:1. 从1998年起工业企业主要经济指标为规模以上工业企业(即年主营业务收入500万元以上独立核算工业企业)主要经济指标。
2. 2008年数据按第二次经济普查数据修正。
3. 从2011年起,规模以上工业企业统计标准由年主营业务收入500万元以上变更为2000万元及以上。

单位:万元

2007年	2008年	2009年	2010年	2011年	2012年	2013年	2014年	2015年	2016年	2017年
2047	2575	2527	2617	2219	2282	2407	2593	2708	2793	2886
133	139	172	83	107	133	133	162	215	162	221
17326728	28153645	33728555	45716906	59756609	70583246	82891332	95447615	105459223	115582830	117562858
17105805	27807656	33256951	45390816	59014457	69289554	81506860	91924403	101995173	116536722	111368232
5845815	11296207	12360165	15722264	21092400	23098396	26532834	30420534	32282141	32530272	35332603
7761100	12471386	14094846	21065939	24386980	31078962	34637238	41059381	44827621	48302600	53668587
2564681	4130906	4820399	5985926	6907187	8391415	9349379	11166999	12561060	13521522	14516957
1010958	1154176	1377478	1833303	1894490	2589496	2360520	3473773	3851748	4090793	4372825
5181152	9879593	12853030	13662049	14022082	16886035		23249698	24152862	25806732	25404048
6435469	12819906	14421067	15780005	18563250	21314194		31458658	34316223	38403910	42442237
4112795	7985703	10379476	11360425	13364154						
15679718	27347526	30867064	40568029	47623577	58250722	62596081	74286273	80761003	89110901	99104880
5891835	8910948	9765456	13402078	17902397	21572983		25564713	28907233	31729208	36023466
8464062	14926586	16705263	21315603	25903355	32693115	33628362	40306440	42917138	48558797	50384464
17518483	27181162	32754428	45087877	58597585	68645424	77588408	90240638	99478355	108795018	111472203
12115525	19484114	23391354	33142414	42733271	51359043	59274178	69004779	76844816	85833548	87343048
899198	2452071	2617761	3388886	4043661	4748995	5385138	5950556	6377474	6304222	6422320
1756969	3356097	4234120	5160913	5882254	5977448	5615275	6321657	6432841	5896892	7193825
1704861	2924227	3341951	4962418	5632994	6084527	5896607	6549215	6754329	6355174	7515701
161573	124990	101164	28593	157392	197853	190173	258971	476813	527415	147362
792824	1657657	1504850	2296193	2558087	2697660	3029488	3719432	3944615	3685395	3693179

10－5 规模以上工业企业主要经济指标(2018 年)

指　　标	企业单位数（个）	#亏损企业（个）	流动资产合计	#应收账款
总　　计	**2934**	**356**	**56959741**	**17693708**
按登记注册类型分组				
内资企业	2791	323	40194923	11010174
国有企业	7	3	6522301	161643
集体企业	13		19125	10280
股份合作企业	2		2365	1781
联营企业	1		732	654
集体联营企业	1		732	654
有限责任公司	385	81	9809423	3650881
国有独资公司	23	8	1666266	347409
其他有限责任公司	362	73	8143157	3303472
股份有限公司	81	18	4299533	1153993
私营企业	2301	221	19539302	6029133
私营独资企业	140	3	194434	95408
私营合伙企业	102	1	113940	49840
私营有限责任公司	1930	199	16248402	5031216
私营股份有限公司	129	18	2982526	852669
其他企业	1		2143	1810
港、澳、台商投资企业	67	17	5283019	2268168
合资经营企业(港或澳、台资)	31	7	1399974	514595
合作经营企业(港或澳、台资)	1		6153	351
港、澳、台商独资经营企业	30	10	730717	257483
港、澳、台商投资股份有限公司	4		3144582	1494992
其他港、澳、台商投资企业	1		1594	747
外商投资企业	76	16	11481799	4415366
中外合资经营企业	36	4	2362765	418563
中外合作经营企业	2	1	3994	2337
外资企业	35	11	1179608	590880
外商投资股份有限公司	3		7935432	3403586

单位:万元

存货	#产成品	固定资产原价	累计折旧	固定资产净值	资产总计	流动负债合计	应付账款	负债合计	所有者权益合计
13688969	**4163398**	**38596463**	**14881591**	**23711098**	**102208817**	**41090622**	**14093313**	**55158207**	**47050628**
11730685	3240558	30452715	11755220	18693722	74325026	29186767	8760875	38465068	35859976
4495419	171794	12281092	5795803	6485289	14850175	3253819	1269794	5909268	8940908
5421	2566	25490	10022	15468	37812	15825	2358	19101	18711
88	7	1109	119	990	4309	1000	425	2341	1968
79	51	1832	619	1213	2187	497		932	1255
79	51	1832	619	1213	2187	497		932	1255
1805553	636829	6576856	2093891	4482965	18019171	8794047	2998034	11421439	6597730
289674	153804	896486	286409	610077	2841379	1602425	562145	2049504	791875
1515879	483025	5680370	1807482	3872888	15177792	7191622	2435889	9371935	5805855
972525	493450	1385145	416392	968752	8325492	2955355	731132	3620113	4705379
4451333	1935610	10179627	3437665	6738189	33081781	14164577	3758485	17490227	15591576
54926	38435	202967	58862	144104	389358	165471	63380	180979	208379
31733	20681	156720	45257	110681	304163	112203	34579	135528	168635
3805899	1667508	8699453	2995869	5700595	26841416	12061607	3051997	15142373	11699064
558775	208986	1120487	337677	782810	5546845	1825296	608528	2031347	3515498
266	251	1564	709	856	4097	1647	647	1647	2450
659451	336016	3772089	1245277	2526812	11026725	3833408	1943112	6669359	4357366
209849	96045	1907601	589875	1317726	3029484	2041183	1128483	2201894	827590
198	23	3701	743	2959	10412	3630	2406	3630	6782
134773	58918	428801	170494	258306	1108676	486482	205623	542363	566313
314529	181031	1431723	483997	947727	6857714	1299204	605841	3912862	2944852
102		263	169	94	20440	2908	759	8609	11831
1298833	586824	4371659	1881094	2490565	16857066	8070447	3389326	10023781	6833285
605076	230660	2871834	1222481	1649352	4645161	2164575	664501	3023002	1622158
798	572	1545	271	1274	13894	5305		6267	7628
216987	89035	979544	415989	563555	1916919	859744	457057	904334	1012586
475972	266558	518736	242353	276383	10281092	5040823	2267768	6090178	4190914

10－5 续表 1

指　　标	企业单位数（个）	#亏损企业（个）	流动资产合计	#应收账款
按经济组织类型分组				
独资企业	225	27	8646184	1115694
国有企业	7	3	6522301	161643
集体企业	13		19125	10280
私营独资企业	140	3	194434	95408
港澳台商独资经营企业	30	10	730717	257483
外资企业	35	11	1179608	590880
合作合伙企业	110	2	130920	57520
股份合作企业	2		2365	1781
集体联营企业	1		732	654
私营合伙企业	102	1	113940	49840
合作经营企业（港或澳、台资）	2		7746	1098
中外合作经营企业	2	1	3994	2337
其他企业（内资）	1		2143	1810
股份有限公司	217	36	18362073	6905240
股份有限公司（内资）	81	18	4299533	1153993
私营股份有限公司	129	18	2982526	852669
港澳台商投资股份有限公司	4		3144582	1494992
外商投资股份有限公司	3		7935432	3403586
有限责任公司	2382	291	29820564	9615255
国有独资公司	23	8	1666266	347409
私营有限责任公司	1930	199	16248402	5031216
合资经营企业（港或澳、台资）	31	7	1399974	514595
中外合资经营企业	36	4	2362765	418563
其他有限责任公司	362	73	8143157	3303472
在总计中：国有控股企业	132	41	13941169	2302763
在总计中：大型企业	46	3	36602891	11372152
中型企业	277	33	8566374	2510153
小型企业	2364	264	10235681	3417616
微型企业	247	56	1554795	393787
在总计中：园区工业	1421	231	45277701	15585507
在总计中：亏损企业	51	356	4775592	1202160

单位:万元

存货	#产成品	固定资产原价	累计折旧	固定资产净值	资产总计	流动负债合计	应付账款	负债合计	所有者权益合计
4907525	360748	13917894	6451171	7466723	18302940	4781342	1998212	7556045	10746896
4495419	171794	12281092	5795803	6485289	14850175	3253819	1269794	5909268	8940908
5421	2566	25490	10022	15468	37812	15825	2358	19101	18711
54926	38435	202967	58862	144104	389358	165471	63380	180979	208379
134773	58918	428801	170494	258306	1108676	486482	205623	542363	566313
216987	89035	979544	415989	563555	1916919	859744	457057	904334	1012586
33265	21584	166735	47886	118067	359502	127190	38816	158954	200548
88	7	1109	119	990	4309	1000	425	2341	1968
79	51	1832	619	1213	2187	497		932	1255
31733	20681	156720	45257	110681	304163	112203	34579	135528	168635
300	23	3964	912	3053	30851	6538	3165	12239	18612
798	572	1545	271	1274	13894	5305		6267	7628
266	251	1564	709	856	4097	1647	647	1647	2450
2321802	1150025	4456090	1480418	2975672	31011144	11120679	4213270	15654501	15356642
972525	493450	1385145	416392	968752	8325492	2955355	731132	3620113	4705379
558775	208986	1120487	337677	782810	5546845	1825296	608528	2031347	3515498
314529	181031	1431723	483997	947727	6857714	1299204	605841	3912862	2944852
475972	266558	518736	242353	276383	10281092	5040823	2267768	6090178	4190914
6426377	2631041	20055744	6902116	13150637	52535231	25061411	7843014	31788708	20746542
289674	153804	896486	286409	610077	2841379	1602425	562145	2049504	791875
3805899	1667508	8699453	2995869	5700595	26841416	12061607	3051997	15142373	11699064
209849	96045	1907601	589875	1317726	3029484	2041183	1128483	2201894	827590
605076	230660	2871834	1222481	1649352	4645161	2164575	664501	3023002	1622158
1515879	483025	5680370	1807482	3872888	15177792	7191622	2435889	9371935	5805855
5893946	585740	18690945	8159164	10531780	28877620	9709856	3310283	15095285	13782333
9513967	2382010	20941426	8051769	12889657	63351474	24832324	9145104	34758241	28593233
1710573	748502	4782115	1646972	3135141	14644431	6258697	1882581	7257673	7386757
2292638	978522	7399659	2398843	4997824	19236436	7993083	2539550	9720794	9515661
171791	54363	5473263	2784006	2688476	4976476	2006518	526078	3421499	1554977
8210333	3523234	21388055	7621081	13766766	75984650	33446640	11552384	42783417	33201224
1001561	385193	7575165	3211589	4363574	11969527	6354999	1668586	8725930	3243596

10－5 续表 2

指　　标	企业单位数（个）	#亏损企业（个）	流动资产合计	#应收账款
按行业大类分组				
采矿业	24	4	56480	24899
黑色金属矿采选业	2	1	6244	182
有色金属矿采选业	3	2	7765	4426
非金属矿采选业	19	1	42471	20291
制造业	2861	345	55629123	17441455
农副食品加工业	198	27	1570850	277034
食品制造业	98	14	824690	105225
酒、饮料和精制茶制造业	52	7	295875	90350
烟草制品业	2		6251994	153552
纺织业	23	6	613020	190534
纺织服装、服饰业	23	6	90498	11308
皮革、毛皮、羽毛及其制品和制鞋业	6	1	12151	4418
木材加工和木、竹、藤、棕、草制品业	39	1	53594	12887
家具制造业	36	5	80121	17528
造纸和纸制品业	76	4	193204	76899
印刷和记录媒介复制业	87	12	319378	106424
文教、工美、体育和娱乐用品制造业	23	7	51328	7594
石油、煤炭及其他燃料加工业	11	1	36208	10465
化学原料和化学制品制造业	516	15	1956575	554736
医药制造业	93	6	1127514	202031
橡胶和塑料制品业	93	13	427208	112713
非金属矿物制品业	259	28	1732551	761514
黑色金属冶炼和压延加工业	8	1	58527	17436
有色金属冶炼和压延加工业	51	7	1131766	215171
金属制品业	168	18	798517	233682
通用设备制造业	265	39	1895111	494084
专用设备制造业	206	28	20681401	7677281
汽车制造业	158	30	5123156	1868727
铁路、船舶、航空航天和其他运输设备制造业	17	5	194915	73720
电气机械和器材制造业	152	31	2671273	964420
计算机、通信和其他电子设备制造业	114	22	5935156	2536622
仪器仪表制造业	62	6	1327203	588614
其他制造业	14	3	86611	35554
废弃资源综合利用业	11	2	88731	40933
电力、热力、燃气及水生产和供应业	49	7	1274138	227354
电力、热力生产和供应业	18	2	562401	83900
燃气生产和供应业	13		247312	31616
水的生产和供应业	18	5	464426	111838

单位:万元

存货	#产成品	固定资产原价	累计折旧	固定资产净值	资产总计	流动负债合计	应付账款	负债合计	所有者权益合计
12514	10594	58609	17237	41370	111649	57309	9400	75393	36256
890	95	11995	7843	4152	10705	3496	184	3742	6963
1207	259	10248	5171	5077	15969	12898	2159	14063	1906
10417	10240	36366	4224	32141	84975	40915	7057	57589	27387
13576753	4147601	25325108	9512068	15809267	90931716	37319175	13369306	46994087	43937647
569786	363344	893468	233556	659912	3302656	1056935	232383	1462614	1840041
176359	72303	749627	244704	504922	1584293	580161	140673	639289	945004
60390	39600	334863	143037	191827	613775	214121	68176	252064	361711
4469047	170050	2011254	1333443	677811	8040262	1059314	773682	1059314	6980948
130913	81928	336173	90600	245573	1004128	547726	233575	600973	403154
45276	29811	65297	24473	40824	148838	59175	7725	63253	85585
2975	2151	21879	3604	18275	37966	5826	1087	6931	31034
11967	7925	43386	9696	33690	104813	31966	7228	41560	63253
13924	5485	89041	21111	67930	177768	45465	10113	81697	96071
47979	19478	185131	51200	133931	409848	174846	58627	209581	200267
78277	20237	456605	242676	213929	616979	253114	76533	278142	338838
26323	15967	37539	11968	25571	92716	41867	6323	46900	45816
6542	2902	25304	11184	14120	72318	26304	2953	34756	37563
428146	256274	1345522	442437	902825	3796557	1309685	404733	1608981	2187605
248236	126577	789994	233880	556113	2867663	536048	119049	609004	2258658
105022	57446	531417	198813	332604	894535	349305	95135	393977	500558
217587	101475	923196	309424	613771	3118325	1428874	515237	1614608	1503716
7980	2603	28168	7323	20845	104168	19374	2387	27393	76776
279643	57333	800249	201189	599059	2054126	776156	141982	1002521	1051605
199761	88312	456882	141112	315772	1434370	594081	143900	659304	775065
524426	203993	840049	325996	510547	2848572	1349913	460388	1595366	1253205
3259422	1247340	5127515	2060499	3067015	29784554	14220636	4422730	17655012	12129542
1114426	430517	4303202	1663622	2639580	9281577	5535476	2198866	6668371	2613204
38519	8243	57113	14020	43093	325638	140947	85853	179728	145910
616390	321042	1105745	302122	803623	4320309	2025108	800671	2431555	1888753
674764	364343	3356897	1061137	2295759	11707045	4122808	2077801	6890649	4816396
172941	38133	230300	69518	160781	1833848	659796	235765	687633	1146214
35949	6312	37952	10684	27268	136150	66797	11869	68821	67330
13785	6480	141340	49042	92298	217919	87350	33865	124093	93826
99702	5203	13212746	5352285	7860460	11165453	3714138	714607	8088728	3076725
67263	901	11294778	4844982	6449797	7923304	2571565	533586	5540048	2383256
21662	3946	360212	78810	281401	606246	381051	30142	437936	168311
10777	357	1557757	428494	1129262	2635903	761522	150878	2110744	525158

10－5 续表 3

指　　标	#实收资本	国家资本	集体资本	法人资本
总　　计	**15116647**	**3299267**	**281604**	**5747495**
按登记注册类型分组				
内资企业	11179868	2787849	247284	4649707
国有企业	1902598	1594798		1200
集体企业	10843		4385	4239
股份合作企业	1638			988
联营企业	300			
集体联营企业	300			
有限责任公司	3808427	1045471	49057	2407371
国有独资公司	607245	533925		11320
其他有限责任公司	3201182	511546	49057	2396051
股份有限公司	1427234	130540	118421	292390
私营企业	4026378	17040	75421	1943519
私营独资企业	66108		38	20307
私营合伙企业	60231		1592	18965
私营有限责任公司	2829293	15195	50933	1395932
私营股份有限公司	1070746	1845	22859	508316
其他企业	2450			
港、澳、台商投资企业	1581521	31294	6285	716714
合资经营企业(港或澳、台资)	776296	21908	6285	595681
合作经营企业(港或澳、台资)	1500			
港、澳、台商独资经营企业	307453	9386		4898
港、澳、台商投资股份有限公司	488272			108135
其他港、澳、台商投资企业	8000			8000
外商投资企业	2355258	480123	28036	381074
中外合资经营企业	1066668	354792	28036	155011
中外合作经营企业	1295			600
外资企业	493608			3079
外商投资股份有限公司	793687	125332		222384

单位:万元

个人资本	港澳台资本	外商资本	主营业务收入	主营业务成本	主营业务税金及附加	其他业务利润	销售费用	管理费用	财务费用
3586500	**683888**	**1517831**	**85292226**	**63100461**	**6507271**	**171968**	**3776689**	**4980356**	**956363**
3158039	13246	323681	65605395	47129481	6052890	113908	3107654	3807519	789907
1000		305600	11183350	4246714	5317686	16930	125729	390382	199290
2220			110354	98124	1241		3097	4498	321
650			54128	45131	872		1128	1658	3
300			11327	8943	554		236	245	202
300			11327	8943	554		236	245	202
297764	8765		12834911	10572344	117665	40334	591630	766592	190223
62000			1330089	1211972	9585	10247	74899	85072	32944
235764	8765		11504823	9360372	108080	30087	516731	681519	157279
883620	871	1392	2962437	2037250	23563	19242	332900	278889	108623
1970036	3610	16689	38434720	30111767	588477	37403	2052064	2364605	290946
45764			1534503	1273009	72747		34417	41846	6696
39674			1405888	1170502	73450	15	30022	32210	6909
1346911	3610	16649	32319664	25435220	409300	33869	1649131	1997788	252431
537686		40	3174665	2233037	32981	3519	338494	292760	24911
2450			14167	9209	2830		870	651	300
83572	669388	74268	8123583	6832857	38026	27269	298698	569584	95703
13536	136487	2400	2068104	1727966	10296	7565	67094	180650	47931
		1500	5808	4060	17	23	406	205	3
	222800	70368	1022349	818918	8457	2008	93295	51408	-255
70036	310101		5020813	4278805	19151	17673	137904	335238	47782
			6510	3107	105			2082	242
344889	1254	1119882	11563249	9138124	416356	30791	370338	603253	70754
43869	1254	483707	6927932	5532565	389785	10446	57441	312630	9030
695			11624	9725	188		588	645	30
		490529	2206224	1751866	11566	20345	125043	145369	-1794
300325		145647	2417469	1843968	14818		187266	144610	63488

10－5 续表4

指　　标	#实收资本	国家资本	集体资本	法人资本
按经济组织类型分组				
独资企业	2780611	1604184	4423	33723
国有企业	1902598	1594798		1200
集体企业	10843		4385	4239
私营独资企业	66108		38	20307
港澳台商独资经营企业	307453	9386		4898
外资企业	493608			3079
合作合伙企业	75414		1592	28552
股份合作企业	1638			988
集体联营企业	300			
私营合伙企业	60231		1592	18965
合作经营企业(港或澳、台资)	9500			8000
中外合作经营企业	1295			600
其他企业(内资)	2450			
股份有限公司	3779939	257717	141280	1131225
股份有限公司(内资)	1427234	130540	118421	292390
私营股份有限公司	1070746	1845	22859	508316
港澳台商投资股份有限公司	488272			108135
外商投资股份有限公司	793687	125332		222384
有限责任公司	8480684	1437366	134310	4553995
国有独资公司	607245	533925		11320
私营有限责任公司	2829293	15195	50933	1395932
合资经营企业(港或澳、台资)	776296	21908	6285	595681
中外合资经营企业	1066668	354792	28036	155011
其他有限责任公司	3201182	511546	49057	2396051
在总计中:国有控股企业	4903575	3045018	11298	1029545
在总计中:大型企业	6830059	1842037		2259754
中型企业	2900713	568849	109133	1149555
小型企业	4601983	339585	166066	2177397
微型企业	783892	548795	6406	160789
在总计中:园区工业	10879901	1557665	205869	4565481
在总计中:亏损企业	2774463	1028954	89361	1067160

单位:万元

个人资本	港澳台资本	外商资本	主营业务收入	主营业务成本	主营业务税金及附加	其他业务利润	销售费用	管理费用	财务费用
48983	222800	866497	16056780	8188630	5411697	39283	381581	633501	204258
1000		305600	11183350	4246714	5317686	16930	125729	390382	199290
2220			110354	98124	1241		3097	4498	321
45764			1534503	1273009	72747		34417	41846	6696
	222800	70368	1022349	818918	8457	2008	93295	51408	-255
		490529	2206224	1751866	11566	20345	125043	145369	-1794
43770		1500	1509452	1250676	78016	39	33249	37698	7687
650			54128	45131	872		1128	1658	3
300			11327	8943	554		236	245	202
39674			1405888	1170502	73450	15	30022	32210	6909
		1500	12317	7167	122	23	406	2287	245
695			11624	9725	188		588	645	30
2450			14167	9209	2830		870	651	300
1791667	310973	147078	13575383	10393059	90513	40433	996564	1051497	244803
883620	871	1392	2962437	2037250	23563	19242	332900	278889	108623
537686		40	3174665	2233037	32981	3519	338494	292760	24911
70036	310101		5020813	4278805	19151	17673	137904	335238	47782
300325		145647	2417469	1843968	14818		187266	144610	63488
1702080	150115	502756	54150611	43268096	927046	92214	2365296	3257660	499615
62000			1330089	1211972	9585	10247	74899	85072	32944
1346911	3610	16649	32319664	25435220	409300	33869	1649131	1997788	252431
13536	136487	2400	2068104	1727966	10296	7565	67094	180650	47931
43869	1254	483707	6927932	5532565	389785	10446	57441	312630	9030
235764	8765		11504823	9360372	108080	30087	516731	681519	157279
191014	2817	623884	20891235	12030107	5628826	61680	383129	1008430	349708
1109700	505613	1112955	37472507	24549770	5637592	101051	1684856	2348020	551167
763157	83522	226497	14609818	11045541	209735	27995	978709	987114	140408
1650266	90227	178380	27305730	22511390	433591	35079	1090149	1478118	231631
63377	4525		5904172	4993760	226353	7843	22976	167103	33158
2713230	669286	1168369	56803080	44444042	734119	128767	3126054	3893112	553918
448412	67028	73549	5169537	4824878	39492	26906	213284	340716	219807

10－5 续表5

指　　标	#实收资本	国家资本	集体资本	法人资本
按行业大类分组				
采矿业	15151			3920
黑色金属矿采选业	1020			520
有色金属矿采选业	1408			1000
非金属矿采选业	12723			2400
制造业	13021197	2003178	261604	5336255
农副食品加工业	528040	22391	5514	264584
食品制造业	436554	2500	1532	132952
酒、饮料和精制茶制造业	133697	29796	6106	28047
烟草制品业	446000	430000		16000
纺织业	139087	718	2100	13391
纺织服装、服饰业	38266	3170	500	2741
皮革、毛皮、羽毛及其制品和制鞋业	11628	490	490	8278
木材加工和木、竹、藤、棕、草制品业	16691			3740
家具制造业	40958			22048
造纸和纸制品业	83887	2538	415	37336
印刷和记录媒介复制业	130097	8964	2518	71506
文教、工美、体育和娱乐用品制造业	21711			2029
石油、煤炭及其他燃料加工业	17561			6450
化学原料和化学制品制造业	729861	71249	90952	290920
医药制造业	688945	13424	4823	238492
橡胶和塑料制品业	332809	655	655	81350
非金属矿物制品业	671220	95093	9174	407729
黑色金属冶炼和压延加工业	57706			53071
有色金属冶炼和压延加工业	563680	182698	36136	290526
金属制品业	338343	16818	39131	141821
通用设备制造业	562689	71637	7369	226391
专用设备制造业	2163892	192342	22657	1081956
汽车制造业	1724946	526666	2595	458672
铁路、船舶、航空航天和其他运输设备制造业	108296	53840		34872
电气机械和器材制造业	885824	97761	15790	439720
计算机、通信和其他电子设备制造业	1665483	167905	7173	820246
仪器仪表制造业	409695	12401	5876	118800
其他制造业	29017		50	21228
废弃资源综合利用业	44615	121	49	21359
电力、热力、燃气及水生产和供应业	2080300	1296089	20000	407319
电力、热力生产和供应业	1636413	1256429	20000	37720
燃气生产和供应业	37807	11760		18200
水的生产和供应业	406080	27900		351400

单位:万元

			主营业务收入	主营业务成本	主营业务税金及附加	其他业务利润	销售费用	管理费用	财务费用
个人资本	港澳台资本	外商资本							
11231			345239	299249	7091		19673	11333	1766
500			13932	11694	273		140	1728	101
408			23269	16121	763		1148	4738	133
10323			308038	271434	6055		18385	4867	1532
3536877	674888	1208332	81109395	59507218	6465677	161337	3723343	4876524	679239
215003	3953	16596	3525083	2902341	23700	2209	173411	154240	60806
202701	33007	63862	1757119	1373517	14177	9221	149475	95012	7931
21133	12575	36040	979629	776159	9821	985	92864	38137	3472
			8562327	1875767	5295887	8119	125761	371922	23000
122838		40	849190	615550	10196	255	108053	49291	4427
29036		2818	222388	174243	2117	330	15795	19945	1290
1390	490	490	99918	80456	1270		5368	6761	392
12951			430629	359083	4345	74	28679	13385	1939
18910			294780	242544	2585	58	13385	13457	1874
40957	2642		1353152	1170163	28325	-189	51749	41474	7846
36585	6000	4524	1208692	967152	15911	6714	38301	67256	8374
15118	4564		259857	222405	3761		10642	12703	1926
11111			81371	63782	755	21	2568	4157	557
254724	1700	20255	7813279	6326079	330234	5466	229183	335825	50176
426583	3004	2619	2344131	1498909	22556	217	488469	182664	5490
50937	200	199012	1350471	1113386	10779	1345	53372	65408	6729
158074	1150		3501300	2761968	37060	921	159585	190892	37595
4635			75737	65753	976		2440	6761	1229
35713	1500	17108	2155393	1842811	15931	893	30535	124325	31781
127353	13177	43	1999594	1553091	13963	1163	90570	134677	12810
246138	3219	7936	3046721	2418931	22621	8454	148218	209665	28399
698253	15126	153557	13195582	9446787	107945	8398	1038659	1101280	217876
141346	24769	570899	12008685	10168616	418949	48244	216004	509005	43388
12548		7037	281005	211350	2764		11618	47937	1381
231606	38139	62808	4125416	3329495	23890	10767	181900	289823	24237
277047	365201	27912	8355526	7111367	31734	46665	182919	659546	92427
121263	136625	14730	889647	586886	9524	509	65310	94707	-1807
7739			195536	148838	1975	59	6077	24801	1852
15188	7850	48	147238	99790	1928	441	2435	11467	1844
38392	9000	309500	3837592	3293995	34503	10632	33674	92499	275359
16665		305600	2955462	2637628	25265	9427	722	32429	199591
3947		3900	505437	402743	1844	866	18972	22311	2925
17780	9000		376694	253625	7394	339	13981	37759	72844

10－5 续表 6

指　　标	营业利润	投资收益	营业外收　入	营业外支　出	利润总额
总　　计	**7194661**	**835032**	**314869**	**275984**	**7233537**
按登记注册类型分组					
内资企业	5310246	410527	266855	202099	5374994
国有企业	942829	26335	36524	32574	946780
集体企业	3248		260	93	3415
股份合作企业	5336				5336
联营企业	1148				1148
集体联营企业	1148				1148
有限责任公司	1017241	37311	58418	32588	1043071
国有独资公司	－49001	879	8280	5759	－46480
其他有限责任公司	1066242	36432	50138	26829	1089551
股份有限公司	276599	193934	23187	28878	270907
私营企业	3063538	152947	148467	107967	3104031
私营独资企业	105479		87	1270	104296
私营合伙企业	92820	13	357	607	92569
私营有限责任公司	2553426	111946	132085	97050	2588452
私营股份有限公司	311813	40989	15938	9039	318713
其他企业	307				307
港、澳、台商投资企业	416250	99903	14825	63200	367875
合资经营企业(港或澳、台资)	58652	1087	7133	2430	63355
合作经营企业(港或澳、台资)	1141		6		1147
港、澳、台商独资经营企业	60828	2292	3265	1916	62177
港、澳、台商投资股份有限公司	293787	96524	4418	58853	239352
其他港、澳、台商投资企业	1842		3		1845
外商投资企业	1468164	324602	33189	10686	1490668
中外合资经营企业	815003	25873	9091	4078	820015
中外合作经营企业	449				449
外资企业	200419	705	11696	3831	208286
外商投资股份有限公司	452293	298025	12402	2777	461919

单位:万元

所得税费用	亏损企业亏损额	本年应付职工薪酬	本年应交增值税	平均用工人数(人)	总资产贡献率(%)	资产负债率(%)	流动资产周转率(次/年)	成本费用利润率(%)	产销率(%)
887635	**612995**	**5626606**	**3253947**	**629958**	**17.60**	**53.97**	**1.50**	**9.93**	**97.06**
734100	578759	4194465	2762372	473746	20.12	51.75	1.63	9.80	96.90
274193	5182	659301	1244495	28375	51.73	39.79	1.71	19.08	100.63
321		11692	2707	2092	20.31	50.52	5.77	3.22	98.20
		1494	1135	316	170.49	54.34	22.89	11.14	100.00
		203	92	39	83.09	42.61	15.47	11.93	98.72
		203	92	39	83.09	42.61	15.47	11.93	98.72
124443	208775	905459	283175	98932	9.09	63.38	1.31	8.61	95.64
5861	77675	106161	26384	11125	0.81	72.13	0.80	-3.31	95.08
118583	131100	799298	256791	87807	10.64	61.75	1.41	10.17	95.68
34295	268246	310526	99484	29472	5.86	43.48	0.69	9.82	92.62
300850	96556	2304739	1131224	314368	15.50	52.87	1.97	8.91	96.74
2190	17	112208	53174	18676	59.96	46.48	7.89	7.69	97.64
4653	3	89788	51342	14930	72.67	44.56	12.34	7.47	98.16
251341	61221	1822317	917847	247424	15.57	56.41	1.99	8.82	96.77
42666	35315	280426	108861	33338	8.86	36.62	1.06	11.03	95.26
		1053	60	152	80.56	40.20	6.61	2.78	100.00
58514	11504	883487	132999	109940	5.51	60.48	1.54	4.72	99.75
10984	6783	394249	45700	52742	4.74	72.68	1.48	3.13	100.32
312		266	82	48	11.96	34.87	0.94	24.54	100.00
13856	4721	85933	28345	10310	9.16	48.92	1.40	6.45	97.30
32891		401027	58053	46710	5.22	57.06	1.60	4.99	99.95
471		2011	820	130	14.75	42.12	4.08	33.97	100.00
95021	22733	548655	358576	46272	14.41	59.46	1.01	14.64	95.95
57354	3546	252173	237834	17716	31.52	65.08	2.93	13.87	97.86
		1605	210	273	6.30	45.10	2.91	4.08	96.20
31528	19178	156044	50977	19130	14.42	47.18	1.87	10.31	94.83
6140		138833	69555	9153	6.70	59.24	0.30	20.63	94.47

10－5 续表 7

指　　标	营业利润	投资收益	营业外收　入	营业外支　出	利润总额
按经济组织类型分组					
独资企业	1312804	29331	51832	39684	1324953
国有企业	942829	26335	36524	32574	946780
集体企业	3248		260	93	3415
私营独资企业	105479		87	1270	104296
港澳台商独资经营企业	60828	2292	3265	1916	62177
外资企业	200419	705	11696	3831	208286
合作合伙企业	103043	13	366	608	102801
股份合作企业	5336				5336
集体联营企业	1148				1148
私营合伙企业	92820	13	357	607	92569
合作经营企业(港或澳、台资)	2983				2992
中外合作经营企业	449				449
其他企业(内资)	307				307
股份有限公司	1334492	629471	55945	99547	1290890
股份有限公司(内资)	276599	193934	23187	28878	270907
私营股份有限公司	311813	40989	15938	9039	318713
港澳台商投资股份有限公司	293787	96524	4418	58853	239352
外商投资股份有限公司	452293	298025	12402	2777	461919
有限责任公司	4444322	176218	206726	136146	4514893
国有独资公司	－49001	879	8280	5759	－46480
私营有限责任公司	2553426	111946	132085	97050	2588452
合资经营企业(港或澳、台资)	58652	1087	7133	2430	63355
中外合资经营企业	815003	25873	9091	4078	820015
其他有限责任公司	1066242	36432	50138	26829	1089551
在总计中:国有控股企业	1839125	129510	61632	55315	1845443
在总计中:大型企业	3789102	738334	113380	184670	3717813
中型企业	1249560	69411	63029	42099	1270489
小型企业	1579087	26909	108912	41993	1645998
微型企业	576911	378	29548	7223	599238
在总计中:园区工业	5187795	797180	239066	226584	5200269
在总计中:亏损企业	－607327	2957	46162	51829	－612995

单位:万元

所得税费用	亏损企业亏损额	本年应付职工薪酬	本年应交增值税	平均用工人数（人）	总资产贡献率（%）	资产负债率（%）	流动资产周转率（次/年）	成本费用利润率（%）	产销率（%）
322087	29097	1025177	1379698	78583	45.36	41.28	1.86	14.08	99.29
274193	5182	659301	1244495	28375	51.73	39.79	1.71	19.08	100.63
321		11692	2707	2092	20.31	50.52	5.77	3.22	98.20
2190	17	112208	53174	18676	59.96	46.48	7.89	7.69	97.64
13856	4721	85933	28345	10310	9.16	48.92	1.40	6.45	97.30
31528	19178	156044	50977	19130	14.42	47.18	1.87	10.31	94.83
5436	11	96419	53741	15888	66.38	44.22	11.53	7.73	98.25
		1494	1135	316	170.49	54.34	22.89	11.14	100.00
		203	92	39	83.09	42.61	15.47	11.93	98.72
4653	3	89788	51342	14930	72.67	44.56	12.34	7.47	98.16
783		2277	901	178	13.81	39.67	1.59	29.61	100.00
	9	1605	210	273	6.30	45.10	2.91	4.08	96.20
		1053	60	152	80.56	40.20	6.61	2.78	100.00
115991	303561	1130812	335953	118673	6.53	50.48	0.74	10.18	96.07
34295	268246	310526	99484	29472	5.86	43.48	0.69	9.82	92.62
42666	35315	280426	108861	33338	8.86	36.62	1.06	11.03	95.26
32891		401027	58053	46710	5.22	57.06	1.60	4.99	99.95
6140		138833	69555	9153	6.70	59.24	0.30	20.63	94.47
444122	280325	3374198	1484555	416814	14.14	60.51	1.82	9.14	96.67
5861	77675	106161	26384	11125	0.81	72.13	0.80	-3.31	95.08
251341	61221	1822317	917847	247424	15.57	56.41	1.99	8.82	96.77
10984	6783	394249	45700	52742	4.74	72.68	1.48	3.13	100.32
57354	3546	252173	237834	17716	31.52	65.08	2.93	13.87	97.86
118583	131100	799298	256791	87807	10.64	61.75	1.41	10.17	95.68
373999	194742	1314386	1566475	82010	32.43	52.27	1.50	13.40	96.51
482732	86344	2587000	1829153	227463	18.64	54.87	1.02	12.76	97.00
218341	351865	1161372	459062	139263	14.30	49.56	1.71	9.66	96.29
183709	159996	1575750	729761	236023	15.56	50.53	2.67	6.50	97.45
2854	14790	302485	235971	27209	22.09	68.75	3.80	11.49	98.13
529003	552080	3805577	1480212	424899	10.62	56.31	1.25	10.00	96.40
-14574	612995	613636	130878	69584	-2.03	72.90	1.08	-10.95	95.89

10－5 续表 8

指　　标	营业利润	投资收益	营业外收　入	营业外支　出	利润总额
按行业大类分组					
采矿业	6128		78	75	6132
黑色金属矿采选业	－3		45		42
有色金属矿采选业	366		16	36	346
非金属矿采选业	5766		17	39	5744
制造业	7024113	810230	276594	265449	7035249
农副食品加工业	313953	3233	11886	5684	320157
食品制造业	124416	196	10655	1260	133812
酒、饮料和精制茶制造业	63170	965	4022	1583	65608
烟草制品业	900313	23076	8584	23546	885351
纺织业	61825	280	582	181	62225
纺织服装、服饰业	8686	－620	1597	55	10228
皮革、毛皮、羽毛及其制品和制鞋业	5671		89	8	5751
木材加工和木、竹、藤、棕、草制品业	22872		1345	378	23839
家具制造业	22784	1536	1371	504	23651
造纸和纸制品业	54234	188	3364	669	56928
印刷和记录媒介复制业	119232	807	1976	1568	119639
文教、工美、体育和娱乐用品制造业	8266	4	122	19	8369
石油、煤炭及其他燃料加工业	9566			29	9537
化学原料和化学制品制造业	582807	22350	17812	6248	594371
医药制造业	247453	99805	11642	1812	257283
橡胶和塑料制品业	102127	338	9444	3335	108236
非金属矿物制品业	288732	25587	12075	10006	290802
黑色金属冶炼和压延加工业	－12485	299	50	6436	－18871
有色金属冶炼和压延加工业	149015	17346	6227	4199	151043
金属制品业	193114	－1710	3642	1181	195576
通用设备制造业	210111	7033	17540	5861	221784
专用设备制造业	1404362	415651	72790	107812	1369341
汽车制造业	1149064	1039	35889	12549	1172403
铁路、船舶、航空航天和其他运输设备制造业	6020	409	983	156	6846
电气机械和器材制造业	286893	6584	13340	6757	293476
计算机、通信和其他电子设备制造业	506636	179695	16572	62761	460445
仪器仪表制造业	151944	3408	7186	326	158803
其他制造业	14287	2729	799	164	14923
废弃资源综合利用业	29044		5012	362	33694
电力、热力、燃气及水生产和供应业	164419	24802	38198	10460	192156
电力、热力生产和供应业	82132	15234	31202	8065	105269
燃气生产和供应业	66268	7634	806	520	66554
水的生产和供应业	16020	1934	6190	1876	20334

单位:万元

所得税费　用	亏损企业亏损额	本年应付职工薪酬	本年应交增值税	平均用工人数（人）	总资产贡献率（%）	资　产负债率（%）	流动资产周转率（次/年）	成本费用利润率（%）	产销率（%）
214	1360	15276	6025	2275	18.71	67.53	6.11	1.85	96.55
49	306	2455	1395	462	16.16	34.96	2.23	0.31	99.34
148	1030	3339	1087	600	14.56	88.06	3.00	1.56	99.66
17	24	9482	3543	1213	19.81	67.77	7.25	1.94	96.14
837636	578334	5233635	3100677	599992	19.06	51.68	1.46	10.23	97.07
22358	7599	192122	37365	25439	12.56	44.29	2.24	9.73	95.92
21956	9675	115514	49669	17962	13.15	40.35	2.13	8.23	97.78
11998	2842	65862	26503	8363	17.25	41.07	3.31	7.20	97.91
255774		380750	1141741	9574	91.08	13.18	1.37	36.94	100.77
14353	2785	46347	26452	6992	10.30	59.85	1.39	8.01	96.72
712	471	23179	6780	4635	13.74	42.50	2.46	4.84	96.93
1071	72	11489	2243	2192	25.77	18.26	8.22	6.19	97.82
2384	180	22029	10355	3805	37.91	39.65	8.04	5.91	98.30
837	1514	25475	9746	4025	20.88	45.96	3.68	8.72	97.07
2638	1817	63360	26088	9692	28.40	51.14	7.00	4.48	98.60
10055	905	82137	30540	10885	28.05	45.08	3.78	11.07	97.99
1265	2225	19173	4928	3208	20.13	50.58	5.06	3.38	96.77
1739	6	5007	2459	859	18.12	48.06	2.25	13.42	98.47
48688	4024	559399	285517	87064	32.96	42.38	3.99	8.56	98.10
16348	2945	154035	122122	17283	14.36	21.24	2.08	11.83	97.76
18721	2014	69359	34757	9873	17.63	44.04	3.16	8.74	97.57
40053	17140	161059	104973	23004	14.96	51.78	2.02	9.23	96.59
292	23441	2966	1711	469	-13.74	26.30	1.29	-24.77	89.71
18829	16592	74956	47379	8978	12.07	48.81	1.90	7.44	105.03
30259	10186	124125	46013	18100	18.56	45.96	2.50	10.92	97.83
42087	46683	244800	107365	32232	13.14	56.01	1.61	7.91	96.69
58395	258483	884216	444208	71566	7.63	59.28	0.64	11.60	92.63
74874	76879	570360	298778	61448	20.92	71.85	2.34	10.72	98.00
-228	4946	36282	5663	3176	5.17	55.19	1.44	2.51	98.13
48843	55771	207929	80682	27668	9.83	56.28	1.54	7.67	96.18
67134	24295	962384	89328	118699	5.55	58.86	1.41	5.72	97.24
18531	3278	100890	41942	9654	11.54	37.50	0.67	21.31	91.54
1315	1348	14701	8514	1712	19.95	50.55	2.26	8.22	96.05
6354	219	13730	6858	1435	20.29	56.94	1.66	29.16	99.01
49785	33302	377695	147245	27691	5.69	72.44	3.01	5.20	96.68
25083	7889	299328	115964	20911	5.59	69.92	5.26	3.67	99.92
13833		26166	6989	2478	12.95	72.24	2.04	14.89	99.90
10869	25413	52201	24293	4302	4.34	80.08	0.81	5.38	73.74

10－6 规模以上国有及国有控股工业企业主要经济指标(2018年)

指标	企业单位数（个）	#亏损企业（个）	流动资产合计	#应收账款
总计	**132**	**41**	**13941169**	**2302763**
按登记注册类型分组				
内资企业	124	40	12732622	2005538
国有企业	7	3	6522301	161643
有限责任公司	108	35	5362961	1579950
国有独资公司	23	8	1666266	347409
其他有限责任公司	85	27	3696695	1232542
股份有限公司	9	2	847361	263945
港、澳、台商投资企业	4		129375	58952
合资经营企业（港或澳、台资）	3		123223	58601
合作经营企业（港或澳、台资）	1		6153	351
外商投资企业	4	1	1079172	238274
中外合资经营企业	4	1	1079172	238274
按经济组织类型分组				
独资企业	7	3	6522301	161643
国有企业	7	3	6522301	161643
合作合伙企业	1		6153	351
合作经营企业（港或澳、台资）	1		6153	351
股份有限公司	9	2	847361	263945
股份有限公司（内资）	9	2	847361	263945
有限责任公司	115	36	6565355	1876824
国有独资公司	23	8	1666266	347409
合资经营企业（港或澳、台资）	3		123223	58601
中外合资经营企业	4	1	1079172	238274
其他有限责任公司	85	27	3696695	1232542
在总计中：国有控股企业	132	41	13941169	2302763
在总计中：大型企业	11	3	10061411	1186467
中型企业	26	6	1915627	655827
小型企业	85	27	1073383	336462
微型企业	10	5	890749	124006
在总计中：园区工业	89	28	6654922	1913010
在总计中：亏损企业	11	41	2165180	394738

单位:万元

存货	#产成品	固定资产原价	累计折旧	固定资产净值	资产总计	流动负债合计	应付账款	负债合计	所有者权益合计
5893946	**585740**	**18690945**	**8159164**	**10531780**	**28877620**	**9709856**	**3310283**	**15095285**	**13782333**
5665532	530047	16701261	7241535	9459725	26317069	8727648	3066402	13383050	12934018
4495419	171794	12281092	5795803	6485289	14850175	3253819	1269794	5909268	8940908
1032103	323246	4175650	1379516	2796133	10266574	4829108	1560830	6774812	3491761
289674	153804	896486	286409	610077	2841379	1602425	562145	2049504	791875
742429	169442	3279164	1093107	2186057	7425196	3226682	998685	4725308	2699886
138010	35007	244519	66216	178302	1200319	644722	235778	698970	501349
15661	1345	22449	10301	12147	153763	78846	46744	78846	74917
15463	1323	18747	9559	9189	143352	75216	44338	75216	68136
198	23	3701	743	2959	10412	3630	2406	3630	6782
212753	54347	1967236	907328	1059908	2406787	903362	197138	1633390	773398
212753	54347	1967236	907328	1059908	2406787	903362	197138	1633390	773398
4495419	171794	12281092	5795803	6485289	14850175	3253819	1269794	5909268	8940908
4495419	171794	12281092	5795803	6485289	14850175	3253819	1269794	5909268	8940908
198	23	3701	743	2959	10412	3630	2406	3630	6782
198	23	3701	743	2959	10412	3630	2406	3630	6782
138010	35007	244519	66216	178302	1200319	644722	235778	698970	501349
138010	35007	244519	66216	178302	1200319	644722	235778	698970	501349
1260319	378916	6161633	2296402	3865230	12816714	5807686	1802306	8483418	4333294
289674	153804	896486	286409	610077	2841379	1602425	562145	2049504	791875
15463	1323	18747	9559	9189	143352	75216	44338	75216	68136
212753	54347	1967236	907328	1059908	2406787	903362	197138	1633390	773398
742429	169442	3279164	1093107	2186057	7425196	3226682	998685	4725308	2699886
5893946	585740	18690945	8159164	10531780	28877620	9709856	3310283	15095285	13782333
5183502	382034	10902468	4494954	6407513	19372631	5332258	1891760	8824148	10548483
392208	120317	1114317	468104	646214	3107824	1640045	679359	1948125	1159699
242940	72199	1380734	463575	917159	2533105	1128525	345271	1548755	984349
75296	11190	5293425	2732531	2560894	3864059	1609029	393894	2774258	1089801
1307217	381597	4499781	1823538	2676243	10963088	5423872	1837201	6841162	4121925
437239	170193	6192771	2710654	3482117	7233088	3616313	1098591	5503681	1729406

10－6 续表 1

指　　标	企业单位数（个）	#亏损企业（个）	流动资产合计	#应收账款
按行业大类分组				
采矿业	1		23310	13633
非金属矿采选业	1		23310	13633
制造业	115	36	13251018	2151211
农副食品加工业	9	3	66609	6750
食品制造业	3	3	6350	999
酒、饮料和精制茶制造业	2		21213	5716
烟草制品业	2		6251994	153552
纺织业	2	2	10920	2159
纺织服装、服饰业	2		12395	676
造纸和纸制品业	1		14122	4384
印刷和记录媒介复制业	2		61924	25965
化学原料和化学制品制造业	4		232410	32592
医药制造业	5	1	38552	4011
非金属矿物制品业	18	4	385920	186652
有色金属冶炼和压延加工业	6	3	337298	84395
金属制品业	3		54292	7749
通用设备制造业	8	3	245086	84924
专用设备制造业	12	3	1881075	680509
汽车制造业	11	2	2089788	449571
铁路、船舶、航空航天和其他运输设备制造业	4	2	146786	50733
电气机械和器材制造业	4	3	450859	170586
计算机、通信和其他电子设备制造业	13	5	878437	190964
仪器仪表制造业	3	1	63611	8042
废弃资源综合利用业	1	1	1377	283
电力、热力、燃气及水生产和供应业	16	5	666842	137920
电力、热力生产和供应业	6	1	383118	55246
燃气生产和供应业	2		7761	553
水的生产和供应业	8	4	275963	82121

单位:万元

存货	#产成品	固定资产原价	累计折旧	固定资产净值	资产总计	流动负债合计	应付账款	负债合计	所有者权益合计
8514	8514	23841	1597	22244	46869	21118		37369	9500
8514	8514	23841	1597	22244	46869	21118		37369	9500
5833131	576208	6021515	2936108	3085407	19384054	6653021	2702895	8002894	11381158
25726	4167	59026	13692	45335	135986	84049	24319	92295	43692
1931	220	15427	3769	11658	34456	22159	1731	22879	11577
5399	3844	13585	1351	12234	55311	16308	985	19988	35323
4469047	170050	2011254	1333443	677811	8040262	1059314	773682	1059314	6980948
3007	1396	14283	4215	10069	25402	11327	1828	22439	2963
2110	879	4456	2502	1954	14801	4918	2110	5018	9782
4263		2988	1530	1458	15899	8728	3340	8728	7171
20036	1786	90281	60514	29767	97750	39282	9665	39312	58437
49493	35385	180475	87051	93424	492668	258745	32574	288479	204189
10866	536	35620	13742	21878	76167	26983	6247	28041	48126
44490	30907	251553	109681	141872	632807	379396	165416	401905	230902
48496	12118	190559	39833	150726	561895	224042	58915	264405	297490
19032	9275	23376	12286	11090	76087	32166	2771	32166	43921
116582	48431	96938	43833	53104	321929	263598	148796	302096	19834
388025	40593	505410	127064	378347	2595804	1260356	447636	1474528	1121276
374187	123853	2128672	959503	1169169	3873447	2002920	594896	2859664	1013782
28053	3904	31671	5865	25806	241907	106935	72195	139448	102460
104971	34297	254876	70074	184801	666455	396025	177586	457467	208988
86635	52939	105567	44799	60768	1335989	414364	158773	442924	893065
30497	1342	4321	1095	3226	86716	39684	19341	40078	46638
287	287	1178	268	911	2318	1720	90	1720	597
52301	1018	12645588	5221459	7424129	9446697	3035718	607389	7055023	2391674
45252	668	11153897	4805729	6348168	7504224	2397692	514275	5346176	2158048
251	76	13007	6084	6923	16770	4886	2797	4886	11884
6799	274	1478684	409646	1069038	1925703	633141	90317	1703961	221742

10－6 续表 2

指　　标	#实收资本	国家资本	集体资本	法人资本
总　　计	**4903575**	**3045018**	**11298**	**1029545**
按登记注册类型分组				
内资企业	4227518	2702675	11298	1016932
国有企业	1902598	1594798		1200
有限责任公司	2125777	1026021	9297	1010858
国有独资公司	607245	533925		11320
其他有限责任公司	1518532	492096	9297	999538
股份有限公司	199143	81856	2001	4874
港、澳、台商投资企业	19468	2538		12613
合资经营企业(港或澳、台资)	17968	2538		12613
合作经营企业(港或澳、台资)	1500			
外商投资企业	656589	339805		
中外合资经营企业	656589	339805		
按经济组织类型分组				
独资企业	1902598	1594798		1200
国有企业	1902598	1594798		1200
合作合伙企业	1500			
合作经营企业(港或澳、台资)	1500			
股份有限公司	199143	81856	2001	4874
股份有限公司(内资)	199143	81856	2001	4874
有限责任公司	2800334	1368364	9297	1023471
国有独资公司	607245	533925		11320
合资经营企业(港或澳、台资)	17968	2538		12613
中外合资经营企业	656589	339805		
其他有限责任公司	1518532	492096	9297	999538
在总计中:国有控股企业	4903575	3045018	11298	1029545
在总计中:大型企业	3091478	1702211		631409
中型企业	758433	543486	782	176421
小型企业	499269	251526	9916	216432
微型企业	554395	547795	600	5283
在总计中:园区工业	2491677	1327774	7793	653906
在总计中:亏损企业	1492272	970889	2783	442555

单位:万元

			主营业务收入	主营业务成本	主营业务税金及附加	其他业务利润	销售费用	管理费用	财务费用
个人资本	港澳台资本	外商资本							
191014	**2817**	**623884**	**20891235**	**12030107**	**5628826**	**61680**	**383129**	**1008430**	**349708**
191014		305600	16486229	8566508	5361347	59435	379626	808990	343320
1000		305600	11183350	4246714	5317686	16930	125729	390382	199290
79601			4676953	3805936	39624	26247	215991	367587	136076
62000			1330089	1211972	9585	10247	74899	85072	32944
17601			3346865	2593964	30039	16000	141092	282515	103132
110412			625926	513858	4037	16259	37907	51022	7954
	2817	1500	149703	117312	1001	23	11952	6669	-486
	2817		143895	113253	984		11547	6464	-489
		1500	5808	4060	17	23	406	205	3
		316785	4255303	3346287	266478	2221	-8449	192771	6874
		316785	4255303	3346287	266478	2221	-8449	192771	6874
1000		305600	11183350	4246714	5317686	16930	125729	390382	199290
1000		305600	11183350	4246714	5317686	16930	125729	390382	199290
		1500	5808	4060	17	23	406	205	3
		1500	5808	4060	17	23	406	205	3
110412			625926	513858	4037	16259	37907	51022	7954
110412			625926	513858	4037	16259	37907	51022	7954
79601	2817	316785	9076151	7265475	307086	28468	219089	566822	142461
62000			1330089	1211972	9585	10247	74899	85072	32944
	2817		143895	113253	984		11547	6464	-489
		316785	4255303	3346287	266478	2221	-8449	192771	6874
17601			3346865	2593964	30039	16000	141092	282515	103132
191014	2817	623884	20891235	12030107	5628826	61680	383129	1008430	349708
152259		605600	12499391	5005262	5383263	41705	246959	638812	252099
20784	175	16785	1721003	1465610	11527	10257	68642	151919	34877
17254	2642	1500	1477733	1177726	11903	2827	67305	94405	33871
717			5193108	4381509	222133	6891	222	123295	28862
188418	2817	310971	8901825	7149229	301942	38376	212638	561911	69634
70231		5814	3290070	3182006	23426	19239	85070	116363	130981

10－6 续表 3

指　　标	#实收资本	国家资本	集体资本	法人资本
按行业大类分组				
采矿业				
非金属矿采选业				
制造业	3063491	1759689	11298	781890
农副食品加工业	19755	10731	2400	5283
食品制造业	19700			19700
酒、饮料和精制茶制造业	19500	13500	4815	
烟草制品业	446000	430000		16000
纺织业	609	609		
纺织服装、服饰业	3170	3170		
造纸和纸制品业	5180	2538		
印刷和记录媒介复制业	21574	5000		16574
化学原料和化学制品制造业	78067	67067		11000
医药制造业	28422	13394		13955
非金属矿物制品业	135972	93592	600	39636
有色金属冶炼和压延加工业	207383	182698		22594
金属制品业	33773	3832		27600
通用设备制造业	37756	31748	3288	138
专用设备制造业	493812	66481		395254
汽车制造业	914895	513441	195	28113
铁路、船舶、航空航天和其他运输设备制造业	87354	53840		27700
电气机械和器材制造业	123911	88761		32811
计算机、通信和其他电子设备制造业	371504	167207		124532
仪器仪表制造业	13155	12081		1000
废弃资源综合利用业	2000			
电力、热力、燃气及水生产和供应业	1840084	1285329		247655
电力、热力生产和供应业	1562029	1253429		3000
燃气生产和供应业	5500	4000		
水的生产和供应业	272555	27900		244655

单位:万元

			主营业务收入	主营业务成本	主营业务税金及附加	其他业务利润	销售费用	管理费用	财务费用
个人资本	港澳台资本	外商资本							
			151123	130264	2699		16114	154	694
			151123	130264	2699		16114	154	694
191014	2817	316785	17614075	9135592	5595974	53483	352910	965765	88085
1342			127732	118651	94	129	5273	3463	823
			9249	10128	110	20	1687	1461	512
1185			29523	19235	176		4960	2918	252
			8562327	1875767	5295887	8119	125761	371922	23000
			11240	11461	137	54	230	1452	130
			21695	16854	106	102	699	4615	-98
	2642		16417	13974	41		670	1180	-94
			99536	87388	661	5174	2487	11588	456
			343551	278510	1336	3240	7646	27413	2691
1073			52828	30832	512		12927	4455	48
2144			492939	362193	3936	12	15431	29158	10413
2091			278250	246412	1965	893	3131	19161	10424
2341			32415	26356	113		1467	2146	562
2581			109010	94889	663	1370	8310	18368	5017
32078			1149348	819310	10090	910	40187	122615	12178
62000	175	310971	5330520	4363179	274484	11269	72585	228567	17880
		5814	136553	94127	1348		8261	29902	67
2339			350186	321597	935	127	4353	26126	5276
79766			413050	313650	3280	22042	36152	54263	-1952
74			45456	29198	99	24	581	4648	345
2000			2251	1883			112	347	156
		307100	3126037	2764252	30154	8197	14105	42511	260930
		305600	2882193	2586758	24747	7844	207	18955	196789
		1500	12827	9086	41	23	1798	756	18
			231017	168408	5365	329	12100	22800	64123

10－6 续表 4

指　　标	营业利润	投资收益	营业外收　入	营业外支　出	利润总额
总　　计	**1839125**	**129510**	**61632**	**55315**	**1845443**
按登记注册类型分组					
内资企业	1242353	129510	54241	53907	1242688
国有企业	942829	26335	36524	32574	946780
有限责任公司	189828	21149	16861	20720	185970
国有独资公司	－49001	879	8280	5759	－46480
其他有限责任公司	238829	20270	8582	14961	232450
股份有限公司	109696	82027	856	613	109939
港、澳、台商投资企业	14373		244	87	14530
合资经营企业(港或澳、台资)	13232		238	87	13383
合作经营企业(港或澳、台资)	1141		6		1147
外商投资企业	582399		7147	1321	588225
中外合资经营企业	582399		7147	1321	588225
按经济组织类型分组					
独资企业	942829	26335	36524	32574	946780
国有企业	942829	26335	36524	32574	946780
合作合伙企业	1141		6		1147
合作经营企业(港或澳、台资)	1141		6		1147
股份有限公司	109696	82027	856	613	109939
股份有限公司(内资)	109696	82027	856	613	109939
有限责任公司	785459	21149	24246	22128	787578
国有独资公司	－49001	879	8280	5759	－46480
合资经营企业(港或澳、台资)	13232		238	87	13383
中外合资经营企业	582399		7147	1321	588225
其他有限责任公司	238829	20270	8582	14961	232450
在总计中:国有控股企业	1839125	129510	61632	55315	1845443
在总计中:大型企业	1198720	122145	23594	35959	1186355
中型企业	21599	5579	3449	6763	18284
小型企业	69605	1176	10220	6411	73414
微型企业	549201	611	24369	6181	567389
在总计中:园区工业	886708	95100	21923	19727	888903
在总计中:亏损企业	－205123	1883	24522	14140	－194742

单位:万元

所得税费用	亏损企业亏损额	本年应付职工薪酬	本年应交增值税	平均用工人数（人）	总资产贡献率（%）	资产负债率（%）	流动资产周转率（次/年）	成本费用利润率（%）	产销率（%）
373999	**194742**	**1314386**	**1566475**	**82010**	**32.43**	**52.27**	**1.50**	**13.40**	**96.51**
348040	192749	1174151	1395390	73242	31.60	50.85	1.29	12.31	96.89
274193	5182	659301	1244495	28375	51.73	39.79	1.71	19.08	100.63
54338	177485	444488	138037	39019	4.85	65.99	0.87	4.11	90.47
5861	77675	106161	26384	11125	0.81	72.13	0.80	-3.31	95.08
48478	99810	338327	111653	27894	6.39	63.64	0.91	7.45	89.33
19510	10083	70363	12858	5848	11.28	58.23	0.74	18.00	83.11
2848		8926	5446	919	13.65	51.28	1.16	10.73	98.43
2536		8660	5364	871	13.77	52.47	1.17	10.23	98.37
312		266	82	48	11.96	34.87	0.94	24.54	100.00
23112	1993	131309	165638	7849	42.74	67.87	3.94	16.63	90.11
23112	1993	131309	165638	7849	42.74	67.87	3.94	16.63	90.11
274193	5182	659301	1244495	28375	51.73	39.79	1.71	19.08	100.63
274193	5182	659301	1244495	28375	51.73	39.79	1.71	19.08	100.63
312		266	82	48	11.96	34.87	0.94	24.54	100.00
312		266	82	48	11.96	34.87	0.94	24.54	100.00
19510	10083	70363	12858	5848	11.28	58.23	0.74	18.00	83.11
19510	10083	70363	12858	5848	11.28	58.23	0.74	18.00	83.11
79985	179477	584456	309040	47739	12.06	66.19	1.38	9.61	90.60
5861	77675	106161	26384	11125	0.81	72.13	0.80	-3.31	95.08
2536		8660	5364	871	13.77	52.47	1.17	10.23	98.37
23112	1993	131309	165638	7849	42.74	67.87	3.94	16.63	90.11
48478	99810	338327	111653	27894	6.39	63.64	0.91	7.45	89.33
373999	194742	1314386	1566475	82010	32.43	52.27	1.50	13.40	96.51
347338	86344	746019	1262225	35320	41.56	45.55	1.24	19.31	95.81
9290	67496	179623	46984	16970	3.69	62.68	0.90	1.06	97.24
16970	34844	110771	34157	10266	5.98	61.14	1.38	5.35	96.95
402	6057	277973	223108	19454	27.10	71.80	5.83	12.51	99.74
95054	156259	569249	293120	45181	14.25	62.40	1.34	11.12	90.61
-97	194742	355883	84929	29596	0.49	76.09	1.52	-5.54	95.33

10－6 续表 5

指　　标	营业利润	投资收益	营业外收　入	营业外支　出	利润总额
按行业大类分组					
采矿业	1199				1199
非金属矿采选业	1199				1199
制造业	1795919	125000	30762	45674	1781007
农副食品加工业	3836	73	184	272	3749
食品制造业	－4052	22	26	12	－4037
酒、饮料和精制茶制造业	2603	238	50	35	2618
烟草制品业	900313	23076	8584	23546	885351
纺织业	－2003	113	95	8	－1916
纺织服装、服饰业	－315	70	590	8	267
造纸和纸制品业	882		22		904
印刷和记录媒介复制业	2727	421	57	149	2635
化学原料和化学制品制造业	25576	495	2332	3231	24677
医药制造业	4272		235	36	4471
非金属矿物制品业	42742		1353	3445	40650
有色金属冶炼和压延加工业	3821	5218	1441	74	5189
金属制品业	1926		14	3	1936
通用设备制造业	－30884	－354	255	3101	－33730
专用设备制造业	188456	7732	4134	7190	185400
汽车制造业	547138	77	9381	1783	554736
铁路、船舶、航空航天和其他运输设备制造业	2439	11	72	63	2447
电气机械和器材制造业	－26806	59	107	2169	－28867
计算机、通信和其他电子设备制造业	122188	87615	1675	550	123313
仪器仪表制造业	11307	136	127		11434
废弃资源综合利用业	－247		28		－219
电力、热力、燃气及水生产和供应业	42007	4510	30870	9641	63237
电力、热力生产和供应业	62345	3533	28843	8054	83134
燃气生产和供应业	1152		41	41	1152
水的生产和供应业	－21490	976	1987	1546	－21049

单位:万元

所得税费用	亏损企业亏损额	本年应付职工薪酬	本年应交增值税	平均用工人数（人）	总资产贡献率（%）	资产负债率（%）	流动资产周转率（次/年）	成本费用利润率（%）	产销率（%）
		1080	1804	200	13.64	79.73	6.48	0.81	100.00
		1080	1804	200	13.64	79.73	6.48	0.81	100.00
347803	164624	980722	1434141	58859	45.84	41.29	1.33	16.89	96.59
59	971	3430	-248	633	2.69	67.87	1.92	2.92	97.46
	4037	7568	731	476	-8.72	66.40	1.46	-29.28	78.97
70		3304	47	416	5.65	36.14	1.39	9.57	74.82
255774		380750	1141741	9574	91.08	13.18	1.37	36.94	100.77
	1916	2179	25	419	-6.33	88.34	1.03	-14.44	98.68
14		1712	770	149	7.72	33.90	1.75	1.21	100.00
142		879	309	112	7.88	54.90	1.16	5.75	92.32
		18909	1549	1005	5.51	40.22	1.61	2.59	100.00
4533		30737	6974	2841	7.37	58.55	1.48	7.80	89.58
599	271	4270	2861	626	10.82	36.81	1.37	9.26	98.42
10318	11815	21786	20535	2816	11.89	63.51	1.28	9.74	99.86
891	13194	13111	6425	1233	4.18	47.06	0.82	1.86	91.95
152		4345	388	436	4.04	42.28	0.60	6.34	93.29
-439	35641	23757	6929	2097	-6.60	93.84	0.44	-26.65	106.33
27862	913	143210	43779	10568	9.84	56.80	0.61	18.65	84.71
27396	56910	192023	182396	13783	26.61	73.83	2.55	11.85	93.17
-317	4571	29197	3202	1948	3.03	57.65	0.93	1.85	98.19
-1379	29703	18501	2803	2881	-2.93	68.64	0.78	-8.08	94.19
20507	4329	76663	13342	6304	10.61	33.15	0.47	30.67	77.61
1621	134	4066	-418	490	13.37	46.22	0.71	32.88	90.00
	219	327		52	-9.42	74.22	1.63	-8.75	93.50
26196	30118	332584	130529	22951	5.01	74.68	4.69	2.05	95.83
23662	4966	291211	114043	19788	5.55	71.24	7.52	2.97	99.96
312		1294	261	164	8.67	29.13	1.65	9.88	100.00
2222	25152	40079	16225	2999	2.88	88.49	0.84	-7.87	58.39

10－7 规模以上大中型工业企业主要经济指标(2018年)

指　　标	企业单位数（个）	#亏损企业（个）	流动资产合计	#应收账款
总　　计	**323**	**36**	**45169265**	**13882305**
按登记注册类型分组				
内资企业	277	30	30258534	7649284
国有企业	2		6372750	151089
集体企业	2		6446	4037
有限责任公司	58	11	7256261	2783270
国有独资公司	8	4	1558823	302978
其他有限责任公司	50	7	5697438	2480292
股份有限公司	25	2	3474000	907926
私营企业	190	17	13149076	3802961
私营独资企业	6		13339	5659
私营合伙企业	6		4336	1294
私营有限责任公司	148	14	10851094	3161255
私营股份有限公司	30	3	2280307	634753
港、澳、台商投资企业	18	2	4886210	2170758
合资经营企业(港或澳、台资)	7	1	1202525	464776
港、澳、台商独资经营企业	7	1	539103	210990
港、澳、台商投资股份有限公司	4		3144582	1494992
外商投资企业	28	4	10024521	4062264
中外合资经营企业	10	2	1317527	228990
外资企业	16	2	800890	443317
外商投资股份有限公司	2		7906104	3389957
按经济组织类型分组				
独资企业	33	3	7732528	815092
国有企业	2		6372750	151089
集体企业	2		6446	4037
私营独资企业	6		13339	5659
港澳台商独资经营企业	7	1	539103	210990
外资企业	16	2	800890	443317
合作合伙企业	6		4336	1294
私营合伙企业	6		4336	1294
股份有限公司	61	5	16804993	6427628
股份有限公司(内资)	25	2	3474000	907926
私营股份有限公司	30	3	2280307	634753
港澳台商投资股份有限公司	4		3144582	1494992
外商投资股份有限公司	2		7906104	3389957
有限责任公司	223	28	20627408	6638291
国有独资公司	8	4	1558823	302978
私营有限责任公司	148	14	10851094	3161255
合资经营企业(港或澳、台资)	7	1	1202525	464776
中外合资经营企业	10	2	1317527	228990
其他有限责任公司	50	7	5697438	2480292

单位:万元

存货	#产成品	固定资产原价	累计折旧	固定资产净值	资产总计	流动负债合计	应付账款	负债合计	所有者权益合计
11224540	**3130513**	**25723541**	**9698741**	**16024798**	**77995905**	**31091021**	**11027686**	**42015915**	**35979990**
9529627	2291536	19411727	7440052	11971672	53261171	20441118	5939034	27279263	25981908
4491843	170050	8115103	3635796	4479307	12371973	2089727	884589	4184408	8187564
2366	1058	16223	6098	10125	18318	7168	217	9717	8601
1230855	440325	4532732	1364704	3168027	12922376	6696039	2242089	8541072	4381303
265679	150665	390207	139808	250399	2299792	1461311	536949	1658250	641542
965176	289660	4142525	1224896	2917628	10622584	5234729	1705139	6882822	3739762
812601	449038	981717	297782	683935	6827085	2331280	575712	2891099	3935986
2991962	1231065	5765952	2135673	3630278	21121420	9316903	2236428	11652967	9468453
5157	3789	9128	2389	6739	20333	13087	5249	13277	7056
1757	610	27597	2922	24676	27682	11420	1180	11656	16026
2556299	1074331	4954148	1886737	3067410	16870427	7906656	1759829	10145860	6724567
428749	152335	775078	243625	531454	4202978	1385740	470170	1482173	2720805
560256	288218	3444037	1126605	2317432	10269483	3472983	1867077	6233646	4035837
160235	79716	1721408	533827	1187581	2608863	1840851	1103490	1954494	654370
85492	27471	290905	108781	182124	802906	332928	157745	366290	436615
314529	181031	1431723	483997	947727	6857714	1299204	605841	3912862	2944852
1134657	550759	2867778	1132085	1735693	14465251	7176920	3221575	8503005	5962246
476607	207912	1528024	549141	978884	2781186	1504035	591601	1747243	1033942
185828	77433	836247	345568	490678	1446609	642331	366708	676158	770451
472222	265415	503507	237376	266131	10237456	5030554	2263266	6079604	4157853
4770685	279802	9267606	4098632	5168974	14660138	3085242	1414509	5249851	9410287
4491843	170050	8115103	3635796	4479307	12371973	2089727	884589	4184408	8187564
2366	1058	16223	6098	10125	18318	7168	217	9717	8601
5157	3789	9128	2389	6739	20333	13087	5249	13277	7056
85492	27471	290905	108781	182124	802906	332928	157745	366290	436615
185828	77433	836247	345568	490678	1446609	642331	366708	676158	770451
1757	610	27597	2922	24676	27682	11420	1180	11656	16026
1757	610	27597	2922	24676	27682	11420	1180	11656	16026
2028102	1047817	3692026	1262779	2429247	28125233	10046778	3914988	14365738	13759495
812601	449038	981717	297782	683935	6827085	2331280	575712	2891099	3935986
428749	152335	775078	243625	531454	4202978	1385740	470170	1482173	2720805
314529	181031	1431723	483997	947727	6857714	1299204	605841	3912862	2944852
472222	265415	503507	237376	266131	10237456	5030554	2263266	6079604	4157853
4423995	1802284	12736312	4334409	8401901	35182851	17947581	5697009	22388669	12794182
265679	150665	390207	139808	250399	2299792	1461311	536949	1658250	641542
2556299	1074331	4954148	1886737	3067410	16870427	7906656	1759829	10145860	6724567
160235	79716	1721408	533827	1187581	2608863	1840851	1103490	1954494	654370
476607	207912	1528024	549141	978884	2781186	1504035	591601	1747243	1033942
965176	289660	4142525	1224896	2917628	10622584	5234729	1705139	6882822	3739762

10－7 续表 1

指　　标	企业单位数（个）	#亏损企业（个）	流动资产合计	#应收账款
在总计中:国有控股企业	37	9	11977038	1842295
在总计中:大型企业	46	3	36602891	11372152
中型企业	277	33	8566374	2510153
在总计中:园区工业	228	25	37357411	13213733
在总计中:亏损企业	25	36	2454571	585758
按行业大类分组				
采矿业	2	2	8275	1619
黑色金属矿采选业	1	1	5138	
有色金属矿采选业	1	1	3137	1619
制造业	314	33	44437485	13759293
农副食品加工业	15	1	983771	162313
食品制造业	14	1	556964	37655
酒、饮料和精制茶制造业	6		117272	43731
烟草制品业	2		6251994	153552
纺织业	4		558073	176259
纺织服装、服饰业	3		51735	5275
皮革、毛皮、羽毛及其制品和制鞋业	2		6946	1911
木材加工和木、竹、藤、棕、草制品业	1		5422	912
家具制造业	2	1	6671	1420
造纸和纸制品业	2		9504	2966
印刷和记录媒介复制业	10	1	128172	43798
文教、工美、体育和娱乐用品制造业	2		6201	1102
化学原料和化学制品制造业	63		976796	182965
医药制造业	16	1	792363	105335
橡胶和塑料制品业	5		122813	21114
非金属矿物制品业	12	2	680649	253874
有色金属冶炼和压延加工业	6		804037	145241
金属制品业	12	2	237213	67330
通用设备制造业	18	5	869470	183750
专用设备制造业	23	2	19785282	7394455
汽车制造业	35	4	3547246	1399650
铁路、船舶、航空航天和其他运输设备制造业	3	1	128028	49385
电气机械和器材制造业	22	6	1731301	603398
计算机、通信和其他电子设备制造业	26	5	5093655	2231958
仪器仪表制造业	8	1	944645	468152
其他制造业	1		30195	21328
废弃资源综合利用业	1		11066	465
电力、热力、燃气及水生产和供应业	7	1	723506	121392
电力、热力生产和供应业	3		265863	32519
燃气生产和供应业	2		195718	17283
水的生产和供应业	2	1	261925	71591

单位:万元

存货	#产成品	固定资产原价	累计折旧	固定资产净值	资产总计	流动负债合计	应付账款	负债合计	所有者权益合计
5575710	502351	12016785	4963058	7053727	22480455	6972303	2571118	10772273	11708182
9513967	2382010	20941426	8051769	12889657	63351474	24832324	9145104	34758241	28593233
1710573	748502	4782115	1646972	3135141	14644431	6258697	1882581	7257673	7386757
6522962	2851263	15791768	5538188	10253578	62000743	27465077	9809394	35196018	26804724
533058	215670	2121643	631331	1490312	5256284	3131948	826861	4465888	790396
358	259	15392	11028	4364	13949	6969		7992	5957
		10679	7420	3260	8707	3041		3041	5666
358	259	4713	3608	1105	5243	3928		4951	291
11162055	3130210	17542984	6750098	10792884	70828450	28964114	10803741	36659658	34168791
385405	292115	385131	100314	284816	2121637	602448	117234	955858	1165779
121708	57573	462047	143179	318867	1028641	385395	78831	408944	619697
22861	13736	153721	65496	88225	234887	112458	44698	128705	106183
4469047	170050	2011254	1333443	677811	8040262	1059314	773682	1059314	6980948
114498	70359	273636	77828	195808	885992	486060	219634	525001	360991
34430	26686	27808	14202	13606	71439	30130	198	30330	41109
1733	1561	5149	1797	3353	16666	3500	358	3508	13158
763	500	6511	321	6190	11611	1413	403	2524	9087
1874	688	7312	2900	4412	11567	6822	2027	8666	2901
3719	948	2440	617	1823	13382	9051	2105	9624	3759
33158	5680	235646	145953	89693	225769	88795	28760	95515	130254
1848	1122	6122	1311	4811	11529	3875	827	6239	5290
208691	127379	531780	187259	344521	1746616	618249	180846	711330	1035286
164448	96853	511536	145724	365812	2169289	259966	57898	297983	1871305
40865	17063	270209	87671	182538	369800	95868	30968	105636	264164
59592	27745	170551	53666	116885	1132583	577869	199839	633078	499505
192034	30250	483460	120769	362691	1385410	412000	107711	559444	825966
66107	22415	116004	40722	75282	363273	205781	56765	215070	148202
227722	99474	250329	104801	145528	1128552	602908	228203	723030	405522
3006916	1152853	4664298	1903188	2761110	28372066	13549314	4215927	16853366	11518700
874825	342720	2728883	943110	1785773	6623043	4341345	1786623	4798628	1824414
20424	1097	14853	5076	9777	196749	88456	61979	117837	78912
459458	239496	787604	189589	598015	2824027	1432496	569994	1646619	1177407
565608	314213	3193135	1001433	2191702	10449969	3556657	1852185	6303517	4146452
81179	17567	157865	48538	109327	1285140	395612	176703	404787	880353
2997	66	9706	2501	7205	42445	24150	6843	25497	16949
146		75995	28689	47306	66107	14182	2500	29609	36498
62127	44	8165165	2937616	5227549	7153506	2119939	223945	5348264	1805242
41626		6629598	2548965	4080633	4849562	1186846	123821	3361121	1488441
13958		284810	60696	224114	480815	328573	14175	369283	111532
6543	44	1250757	327955	922802	1823129	604520	85948	1617861	205268

10－7 续表2

指　　标	#实收资本	国家资本	集体资本	法人资本
总　　计	**9730771**	**2410887**	**109133**	**3409309**
按登记注册类型分组				
内资企业	6279173	1917045	89583	2468643
国有企业	1351944	1046345		
集体企业	5773		2579	2395
有限责任公司	2643859	817065	982	1677973
国有独资公司	527880	465380		500
其他有限责任公司	2115978	351685	982	1677473
股份有限公司	1015274	44721	67646	152126
私营企业	1262323	8914	18376	636149
私营独资企业	2822			900
私营合伙企业	13114		1592	4871
私营有限责任公司	580250	8805	490	345177
私营股份有限公司	666137	109	16294	285202
港、澳、台商投资企业	1336916	21956		605164
合资经营企业(港或澳、台资)	623349	12570		495259
港、澳、台商独资经营企业	225294	9386		1770
港、澳、台商投资股份有限公司	488272			108135
外商投资企业	2114683	471886	19550	335501
中外合资经营企业	926451	346555	19550	116111
外资企业	400515			2014
外商投资股份有限公司	787717	125332		217376
按经济组织类型分组				
独资企业	1986348	1055731	2579	7079
国有企业	1351944	1046345		
集体企业	5773		2579	2395
私营独资企业	2822			900
港澳台商独资经营企业	225294	9386		1770
外资企业	400515			2014
合作合伙企业	13114		1592	4871
私营合伙企业	13114		1592	4871
股份有限公司	2957400	170161	83940	762839
股份有限公司(内资)	1015274	44721	67646	152126
私营股份有限公司	666137	109	16294	285202
港澳台商投资股份有限公司	488272			108135
外商投资股份有限公司	787717	125332		217376
有限责任公司	4773909	1184994	21022	2634520
国有独资公司	527880	465380		500
私营有限责任公司	580250	8805	490	345177
合资经营企业(港或澳、台资)	623349	12570		495259
中外合资经营企业	926451	346555	19550	116111
其他有限责任公司	2115978	351685	982	1677473

单位:万元

			主营业务收入	主营业务成本	主营业务税金及附加	其他业务利润	销售费用	管理费用	财务费用
个人资本	港澳台资本	外商资本							
1872856	**589135**	**1339452**	**52082325**	**35595311**	**5847328**	**129046**	**2663565**	**3335134**	**691575**
1495912	1861	306129	37066476	23312164	5620528	79999	2034151	2371993	531287
		305600	9214718	2304625	5307997	9115	124937	385631	165752
798			45593	41388	53		922	827	145
147339	500		8497009	7015969	69886	33279	385319	525697	137881
62000			1144402	1059736	7888	10153	66868	75952	19812
85339	500		7352608	5956233	61998	23126	318451	449744	118069
749910	871		2328727	1561298	18386	16317	275777	215711	89825
597864	490	530	16980429	12388884	224208	21288	1247196	1244128	137684
1922			86423	69311	10135		1566	1551	216
6652			119561	96433	14468		1071	861	163
224798	490	490	14537586	10730419	176941	18947	958798	1036553	119907
364492		40	2236860	1492721	22665	2341	285762	205163	17399
77355	587274	45166	7348987	6140744	28302	24676	279542	535971	87450
7319	108201		1685968	1374921	3273	7003	59637	164766	42355
	168972	45166	642206	487018	5878		82001	35967	-2688
70036	310101		5020813	4278805	19151	17673	137904	335238	47782
299589		988157	7666862	6142404	198497	24371	349873	427170	72838
		444235	3347327	2801457	174247	4137	50166	163979	11366
		398501	1928231	1508977	9853	20234	115859	122943	-2074
299589		145420	2391304	1831970	14398		183848	140248	63546
2721	168972	749267	11917171	4411318	5333915	29349	325285	546919	161351
		305600	9214718	2304625	5307997	9115	124937	385631	165752
798			45593	41388	53		922	827	145
1922			86423	69311	10135		1566	1551	216
	168972	45166	642206	487018	5878		82001	35967	-2688
		398501	1928231	1508977	9853	20234	115859	122943	-2074
6652			119561	96433	14468		1071	861	163
6652			119561	96433	14468		1071	861	163
1484027	310973	145460	11977703	9164794	74599	36331	883290	896360	218552
749910	871		2328727	1561298	18386	16317	275777	215711	89825
364492		40	2236860	1492721	22665	2341	285762	205163	17399
70036	310101		5020813	4278805	19151	17673	137904	335238	47782
299589		145420	2391304	1831970	14398		183848	140248	63546
379457	109191	444725	28067890	21922766	424346	63366	1453920	1890994	311509
62000			1144402	1059736	7888	10153	66868	75952	19812
224798	490	490	14537586	10730419	176941	18947	958798	1036553	119907
7319	108201		1685968	1374921	3273	7003	59637	164766	42355
		444235	3347327	2801457	174247	4137	50166	163979	11366
85339	500		7352608	5956233	61998	23126	318451	449744	118069

10－7 续表3

指　　标	#实收资本	国家资本	集体资本	法人资本
在总计中:国有控股企业	3849911	2245697	782	807830
在总计中:大型企业	6830059	1842037		2259754
中型企业	2900713	568849	109133	1149555
在总计中:园区工业	7603526	1303661	59697	2870615
在总计中:亏损企业	1063844	324548	782	459326
按行业大类分组				
采矿业	708			
黑色金属矿采选业	500			
有色金属矿采选业	208			
制造业	8417107	1694935	89133	3140206
农副食品加工业	234250			113870
食品制造业	229093			26728
酒、饮料和精制茶制造业	45219	9386		7846
烟草制品业	446000	430000		16000
纺织业	116791	109		7816
纺织服装、服饰业	21823			
皮革、毛皮、羽毛及其制品和制鞋业	7940	490	490	5490
木材加工和木、竹、藤、棕、草制品业	800			
家具制造业	2260			
造纸和纸制品业	2775			1050
印刷和记录媒介复制业	36762	3015	2129	24269
文教、工美、体育和娱乐用品制造业	3696			1179
化学原料和化学制品制造业	313032	63217	68787	113483
医药制造业	457121			93020
橡胶和塑料制品业	193650			14522
非金属矿物制品业	125494	77962	450	38507
有色金属冶炼和压延加工业	396750	122680		270000
金属制品业	60079			38376
通用设备制造业	112480	16225	782	56589
专用设备制造业	1864497	167827	13500	977078
汽车制造业	1481642	513085	200	346580
铁路、船舶、航空航天和其他运输设备制造业	59654	53840		
电气机械和器材制造业	469553	84417		204157
计算机、通信和其他电子设备制造业	1427688	152681	2794	686041
仪器仪表制造业	290816			86761
其他制造业	1245			1245
废弃资源综合利用业	16000			9600
电力、热力、燃气及水生产和供应业	1312957	715952	20000	269103
电力、热力生产和供应业	1034801	709202	20000	
燃气生产和供应业	15000	6750		8250
水的生产和供应业	263155			260853

单位:万元

个人资本	港澳台资本	外商资本	主营业务收入	主营业务成本	主营业务税金及附加	其他业务利润	销售费用	管理费用	财务费用
173043	175	622384	14220394	6470872	5394790	51962	315602	790731	286975
1109700	505613	1112955	37472507	24549770	5637592	101051	1684856	2348020	551167
763157	83522	226497	14609818	11045541	209735	27995	978709	987114	140408
1765238	588457	1015858	39766413	30769801	420438	104151	2430816	2818479	446445
211993	37964	29231	1577413	1436336	17466	12545	115208	145192	135041
708			18707	14747	527		309	3538	117
500			10718	9155	243			1592	81
208			7989	5592	285		309	1947	36
1869846	589135	1033852	50637426	34558399	5825778	128040	2640056	3271821	474218
106549		13831	1180267	881397	4749	355	90993	67767	42790
125850	29540	46975	909709	664950	6423	328	98018	47775	2637
		27987	304566	206981	1578	300	67879	9515	-592
			8562327	1875767	5295887	8119	125761	371922	23000
108826		40	693174	486615	6134	200	99360	42099	2574
19005		2818	63586	43489	889	227	11227	6834	398
490	490	490	25241	18922	358		916	970	107
800			31071	25474	746		915	2340	343
2260			14497	10631	91		2790	1510	355
1725			34707	23881	217		5763	3597	135
7348			582375	451764	6291	5361	21611	34425	3052
2517			75571	69061	999		1468	1870	489
47995		19550	2697213	2137644	109055	4724	90623	146281	19038
364101			1387949	790933	14593		385759	107219	326
1000		178128	546894	429540	3741	32	29044	29880	-37
8575			820112	640531	11876	187	29636	56800	11821
4070			1137935	932326	5987		10458	83246	13544
20530	1174		705044	488251	6075		40017	58990	2588
32433		6451	836191	601002	6506	1757	62239	65866	9956
567535		138557	11770854	8326458	94452	5972	958104	971841	204964
96400	13758	511619	7283347	6383153	198966	44809	187886	312060	40852
		5814	134212	91611	1274		8069	28347	-103
86568	38139	56271	2757134	2185623	15477	9607	121840	186201	11068
195649	365201	25322	7479359	6413374	26406	45250	142790	572078	89523
67452	136604		549919	352068	5635	316	44988	54059	-5169
			26322	15636	224	59	1903	3910	105
2169	4231		27851	11319	1151	438		4419	454
2303		305600	1426192	1022165	21022	1005	23200	59775	217240
		305600	867669	612438	14229	996	207	19232	150586
			333854	260446	1128		11777	17637	2854
2303			224669	149280	5665	9	11217	22905	63800

10－7 续表 4

指　　标	营业利润	投资收益	营业外收　入	营业外支　出	利润总额
总　　计	**5038662**	**807745**	**176409**	**226769**	**4988301**
按登记注册类型分组					
内资企业	3785068	387008	140948	155167	3770848
国有企业	955715	25580	17233	24580	948367
集体企业	2256				2256
有限责任公司	785927	30325	37411	23955	799383
国有独资公司	－55468	552	4637	5286	－56117
其他有限责任公司	841395	29773	32773	18669	855500
股份有限公司	257693	190105	15904	27533	246064
私营企业	1783476	140999	70402	79100	1774778
私营独资企业	3635		43	19	3660
私营合伙企业	6565				6565
私营有限责任公司	1509378	110696	65375	77704	1497049
私营股份有限公司	263898	30303	4983	1377	267505
港、澳、台商投资企业	378098	97668	12533	61716	328914
合资经营企业(港或澳、台资)	43975	－872	5668	1097	48547
港、澳、台商独资经营企业	40336	2016	2447	1767	41016
港、澳、台商投资股份有限公司	293787	96524	4418	58853	239352
外商投资企业	875497	323069	22928	9886	888539
中外合资经营企业	228577	24712	1064	3605	226036
外资企业	200328	357	10935	3515	207748
外商投资股份有限公司	446591	298000	10930	2766	454754
按经济组织类型分组					
独资企业	1202270	27953	30657	29880	1203047
国有企业	955715	25580	17233	24580	948367
集体企业	2256				2256
私营独资企业	3635		43	19	3660
港澳台商独资经营企业	40336	2016	2447	1767	41016
外资企业	200328	357	10935	3515	207748
合作合伙企业	6565				6565
私营合伙企业	6565				6565
股份有限公司	1261970	614932	36234	90528	1207675
股份有限公司(内资)	257693	190105	15904	27533	246064
私营股份有限公司	263898	30303	4983	1377	267505
港澳台商投资股份有限公司	293787	96524	4418	58853	239352
外商投资股份有限公司	446591	298000	10930	2766	454754
有限责任公司	2567858	164860	109518	106360	2571015
国有独资公司	－55468	552	4637	5286	－56117
私营有限责任公司	1509378	110696	65375	77704	1497049
合资经营企业(港或澳、台资)	43975	－872	5668	1097	48547
中外合资经营企业	228577	24712	1064	3605	226036
其他有限责任公司	841395	29773	32773	18669	855500

单位:万元

所得税费用	亏损企业亏损额	本年应付职工薪酬	本年应交增值税	平均用工人数(人)	总资产贡献率(%)	资产负债率(%)	流动资产周转率(次/年)	成本费用利润率(%)	产销率(%)
701073	438209	3748372	2288216	366726	17.82	53.87	1.15	11.8	96.8
562907	427971	2476067	2011369	225249	22.45	51.22	1.22	13.35	96.46
273922		444445	1183800	11621	61.27	33.82	1.45	31.81	100.77
221		4966	1554	1060	21.73	53.05	7.07	5.21	97.92
84685	161070	645092	184108	65382	9.28	66.1	1.17	9.91	94.73
4109	76600	88589	20920	9726	-0.27	72.1	0.73	-4.59	95.14
80576	84470	556503	163188	55656	11.35	64.79	1.29	12.5	94.69
28863	248078	243484	74372	22283	6.08	42.35	0.67	11.48	91.48
175217	18824	1138081	567534	124903	13.06	55.17	1.29	11.82	96.15
215		11190	5689	2101	96.82	65.3	6.48	5.04	97.85
636		15200	9144	2844	109.56	42.11	27.57	6.66	98.47
139920	12815	901674	462925	96958	13.67	60.14	1.34	11.65	96.36
34445	6009	210018	89776	23000	9.57	35.26	0.98	13.37	94.6
49198	3302	841266	94373	103942	5	60.7	1.5	4.67	99.73
8410	2064	374401	16445	49840	3.36	74.92	1.4	2.96	100.14
7897	1238	65838	19875	7392	8.39	45.62	1.19	6.81	96.32
32891		401027	58053	46710	5.22	57.06	1.6	4.99	99.95
88969	6936	431038	182474	37535	9.88	58.78	0.76	12.71	95.93
54348	2591	161662	66929	11518	17.32	62.82	2.54	7.47	98.23
29561	4345	135011	46425	17151	18.52	46.74	2.41	11.9	94.43
5061		134365	69120	8866	6.64	59.39	0.3	20.49	94.38
311815	5583	661450	1257344	39325	54.15	35.81	1.54	22.1	99.48
273922		444445	1183800	11621	61.27	33.82	1.45	31.81	100.77
221		4966	1554	1060	21.73	53.05	7.07	5.21	97.92
215		11190	5689	2101	96.82	65.3	6.48	5.04	97.85
7897	1238	65838	19875	7392	8.39	45.62	1.19	6.81	96.32
29561	4345	135011	46425	17151	18.52	46.74	2.41	11.9	94.43
636		15200	9144	2844	109.56	42.11	27.57	6.66	98.47
636		15200	9144	2844	109.56	42.11	27.57	6.66	98.47
101260	254086	988893	291321	100859	6.6	51.08	0.71	10.82	95.94
28863	248078	243484	74372	22283	6.08	42.35	0.67	11.48	91.48
34445	6009	210018	89776	23000	9.57	35.26	0.98	13.37	94.6
32891		401027	58053	46710	5.22	57.06	1.6	4.99	99.95
5061		134365	69120	8866	6.64	59.39	0.3	20.49	94.38
287362	178540	2082829	730407	223698	11.58	63.64	1.36	10.05	96.21
4109	76600	88589	20920	9726	-0.27	72.1	0.73	-4.59	95.14
139920	12815	901674	462925	96958	13.67	60.14	1.34	11.65	96.36
8410	2064	374401	16445	49840	3.36	74.92	1.4	2.96	100.14
54348	2591	161662	66929	11518	17.32	62.82	2.54	7.47	98.23
80576	84470	556503	163188	55656	11.35	64.79	1.29	12.5	94.69

10－7 续表 5

指　　标	营业利润	投资收益	营业外收入	营业外支出	利润总额
在总计中:国有控股企业	1220319	127723	27043	42722	1204639
在总计中:大型企业	3789102	738334	113380	184670	3717813
中型企业	1249560	69411	63029	42099	1270489
在总计中:园区工业	3890784	774796	150954	198844	3842893
在总计中:亏损企业	－414143	160	9167	33233	－438209
按行业大类分组					
采矿业	－532		49	31	－515
黑色金属矿采选业	－352		45		－306
有色金属矿采选业	－181		3	31	－208
制造业	4925374	793928	162804	223708	4864468
农副食品加工业	195473	2264	2187	898	196761
食品制造业	92111	178	8080	707	99484
酒、饮料和精制茶制造业	19357	173	2167	1083	20441
烟草制品业	900313	23076	8584	23546	885351
纺织业	56441	167	235	80	56597
纺织服装、服饰业	282	－690	795	39	1038
皮革、毛皮、羽毛及其制品和制鞋业	3968		89	1	4056
木材加工和木、竹、藤、棕、草制品业	1254				1254
家具制造业	－867		7	2	－861
造纸和纸制品业	1306	185	13	52	1267
印刷和记录媒介复制业	70914	421	153	221	70846
文教、工美、体育和娱乐用品制造业	1685				1685
化学原料和化学制品制造业	225616	18558	12505	3674	234447
医药制造业	190046	99588	6278	1080	195244
橡胶和塑料制品业	54589	43	2115	437	56267
非金属矿物制品业	100163	29231	581	988	99755
有色金属冶炼和压延加工业	112785	16522	2368	2920	112233
金属制品业	111027	907	660	387	111300
通用设备制造业	82530	579	6961	4096	85395
专用设备制造业	1330202	413456	62369	104523	1288047
汽车制造业	543095	230	24426	11020	556500
铁路、船舶、航空航天和其他运输设备制造业	5053		24	51	5026
电气机械和器材制造业	243888	6111	6038	5406	244521
计算机、通信和其他电子设备制造业	457378	180152	10751	61978	406152
仪器仪表制造业	111841	2749	2056	242	113655
其他制造业	4127	29	44	44	4127
废弃资源综合利用业	10797		3321	234	13884
电力、热力、燃气及水生产和供应业	113821	13817	13557	3030	124348
电力、热力生产和供应业	75916	6201	9598	1546	83969
燃气生产和供应业	47405	6853	645	235	47815
水的生产和供应业	－9501	762	3313	1249	－7436

单位:万元

所得税费用	亏损企业亏损额	本年应付职工薪酬	本年应交增值税	平均用工人数(人)	总资产贡献率(%)	资产负债率(%)	流动资产周转率(次/年)	成本费用利润率(%)	产销率(%)
356628	153841	925642	1309209	52290	36.33	47.92	1.19	15.32	96
482732	86344	2587000	1829153	227463	18.64	54.87	1.02	12.76	97
218341	351865	1161372	459062	139263	14.3	49.56	1.71	9.66	96.29
399281	406969	2948514	979679	309663	9.36	56.77	1.06	10.54	96.19
-17248	438209	208338	38284	27171	-4.9	84.96	0.64	-23.92	88.2
	515	4340	2000	880	14.69	57.29	2.26	-2.75	99.47
	306	2080	1190	400	12.93	34.93	2.09	-2.83	100
	208	2260	810	480	17.62	94.44	2.55	-2.64	98.74
664419	415102	3609560	2209756	357778	19.02	51.76	1.14	11.88	96.93
13334	694	103534	9255	10243	11.01	45.05	1.2	18.17	93.89
18758	2064	58342	31894	8916	14.01	39.76	1.63	12.23	97.33
4854		34960	11371	3785	14.23	54.79	2.6	7.2	98.85
255774		380750	1141741	9574	91.08	13.18	1.37	36.94	100.77
13162		32626	24833	4763	10.21	59.26	1.24	8.97	97.56
170		13278	3416	2810	8.03	42.46	1.23	1.68	92.4
837		7732	945	1576	33.57	21.05	3.63	19.39	93.85
		2781	669	369	25.94	21.74	5.73	4.31	100
39	1018	3211	622	482	1.79	74.92	2.17	-5.64	97.37
262		6642	628	718	16.71	71.91	3.65	3.79	97.51
7170	67	41526	11604	4349	40.75	42.31	4.54	13.87	99.65
		7079	436	1121	31.3	54.11	12.19	2.31	98.37
29884		214298	100581	30171	26.62	40.73	2.76	9.79	99.06
12255	2224	112506	85794	10825	13.83	13.74	1.75	15.2	97.3
13129		28971	12426	3293	19.63	28.57	4.45	11.52	99.07
13460	7079	44045	32923	5277	14.01	55.9	1.2	13.5	95.74
9115		43267	12267	4447	10.64	40.38	1.42	10.8	109.11
19286	1363	44438	16611	5866	37.61	59.2	2.97	18.87	97.6
22112	38307	92844	33286	10709	11.77	64.07	0.96	11.55	95.03
46641	249156	776543	404504	56429	7.51	59.4	0.59	12.31	92.13
64677	60365	422249	111070	46181	13.76	72.45	2.05	8.04	97.74
-214	1993	27707	3740	1815	5.15	59.89	1.05	3.93	100.05
39915	33931	137687	54861	16384	11.68	58.31	1.59	9.76	98.11
61716	14293	889918	66096	111198	5.38	60.32	1.47	5.63	97.39
14012	2549	70114	32936	5504	11.74	31.5	0.58	25.49	89.07
534		7123	760	621	12.36	60.07	0.87	19.15	52.43
3539		5389	4487	352	30.2	44.79	2.52	85.74	100
36654	22593	134471	76460	8068	5.99	74.76	1.97	9.4	87.18
22725		78896	52665	3943	6.18	69.31	3.26	10.73	100
9147		18622	4807	1409	11.81	76.8	1.71	16.33	100
4782	22593	36953	18988	2716	3.94	88.74	0.86	-3.01	58.18

10－8　规模以上工业企业主要能源按行业分组消费量(2018年)

行业名称	能源消费量（吨标准煤）	原煤（吨）	1. 无烟煤（吨）	2. 炼焦烟煤（吨）	3. 一般烟煤（吨）	4. 褐煤（吨）
总　　计	**5312290**	**3158398**	**216953**	**38471**	**2902973**	
采矿业	6888	170			170	
黑色金属矿采选业	3732					
有色金属矿采选业	1658					
非金属矿采选业	1499	170			170	
制造业	2844901	659234	31664	38471	589099	
农副食品加工业	111945	26721	1914		24807	
食品制造业	77757	155	149		6	
酒、饮料和精制茶制造业	39081	5535			5535	
烟草制品业	20499					
纺织业	20518					
纺织服装、服饰业	5264					
皮革、毛皮、羽毛及其制品和制鞋业	1469	70			70	
木材加工和木、竹、藤、棕、草制品业	6386	102			102	
家具制造业	7965	36			36	
造纸和纸制品业	65202	24140			24140	
印刷和记录媒介复制业	42589	1315			1315	
文教、工美、体育和娱乐用品制造业	3535	596	451		145	
石油加工、炼焦和核燃料加工业	4059	2636	619		2017	
化学原料和化学制品制造业	214288	33898	2764		31134	
医药制造业	122458	67448	5948		61500	
化学纤维制造业	5					
橡胶和塑料制品业	71270	2768			2768	
非金属矿物制品业	620401	466544	19695	32607	414242	
黑色金属冶炼和压延加工业	4443	2			2	
有色金属冶炼和压延加工业	333683	101	101			
金属制品业	77105	1124			1124	
通用设备制造业	83441	747			747	
专用设备制造业	184552	4833	14		4819	
汽车制造业	187867	7526			7526	
铁路、船舶、航空航天和其他运输设备制造业	19958					
电气机械和器材制造业	102274	7066			7066	
计算机、通信和其他电子设备制造业	390943	10	10			
仪器仪表制造业	14116	5864		5864		
其他制造业	4155					
废弃资源综合利用业	7673					
电力、热力、燃气及水生产和供应业	2460500	2498993	185289		2313704	
电力、热力生产和供应业	2395261	2498978	185289		2313689	
燃气生产和供应业	1678					
水的生产和供应业	63561	15			15	

煤制品（吨）	焦炭（吨）	发生炉煤气（万立方米）	天然气（万立方米）	液化天然气（吨）	汽油（吨）	煤油（吨）	柴油（吨）
73	**6524**	**96**	**47047**	**12888**	**47739**	**251**	**65426**
					142		636
					137		564
							64
					5		8
73	6524	76	45120	12888	47209	245	64499
35			1947	53	1488		808
		76	2744	7	382		1155
			755	15	527		437
			826				1186
			369		868		959
			150		253		122
					84		96
			73		388		293
			195		573	1	521
			94		202		831
			988		2079	4	1505
				142	383		82
			33		103		125
2	2442		1619		3972	85	6038
			2331		2095		2633
5			1611	2	1023	13	1166
6			3888	6259	3866	2	10674
			174		53		64
	89		14151	705	1530	10	4364
	768		1514	785	5449		2184
	2213		1590	2408	4646	22	4323
26	1011		2406	1417	6180	91	16095
			5598	217	3483	10	2808
			149	874	328		40
			1456	3	4926	7	2253
			235		1707		821
	1		104		504		163
			114		69		36
			5		50		2717
		20	1927		388	6	291
			1923		31		156
			4		168	6	128
		20			189		7

10－8 续表

行业名称	燃料油（吨）	液化石油气（吨）	润滑油（吨）	石蜡（吨）	溶剂油（吨）	石油焦（吨）
总　　计	**2519**	**823**	**4095**	**30**	**4171**	**920**
采矿业						
黑色金属矿采选业						
有色金属矿采选业						
非金属矿采选业						
制造业	2519	778	4095	30	4171	920
农副食品加工业						
食品制造业						
酒、饮料和精制茶制造业		108				
烟草制品业						
纺织业						
纺织服装、服饰业						
皮革、毛皮、羽毛及其制品和制鞋业						
木材加工和木、竹、藤、棕、草制品业						
家具制造业						
造纸和纸制品业						
印刷和记录媒介复制业						
文教、工美、体育和娱乐用品制造业						
石油加工、炼焦和核燃料加工业						
化学原料和化学制品制造业		1			4139	
医药制造业						
化学纤维制造业						
橡胶和塑料制品业			4			
非金属矿物制品业	2373	410	128	30		920
黑色金属冶炼和压延加工业						
有色金属冶炼和压延加工业						
金属制品业		25	8		25	
通用设备制造业		148	150		7	
专用设备制造业		33	3771			
汽车制造业		25	27			
铁路、船舶、航空航天和其他运输设备制造业		21	4			
电气机械和器材制造业	24	8				
计算机、通信和其他电子设备制造业	1		2			
仪器仪表制造业			1			
其他制造业						
废弃资源综合利用业	122					
电力、热力、燃气及水生产和供应业		45				
电力、热力生产和供应业						
燃气生产和供应业		45				
水的生产和供应业						

石油沥青（吨）	其他石油制品（吨）	热力（百分千焦）	电力（万千瓦时）	煤矸石（用于燃料）（吨）	生物燃料（吨标准煤）	余热余压（百万千焦）	其他燃料（吨标准煤）
30394	8998	3511153	1524545	40956	110310	576597	2614
			4581				
			2204				
			1273				
			1105				
30394	8998	3312601	1049104	40956	70160	576597	2614
	3	498962	25795		13570		1946
		387139	19841		1900		
		178616	14192		131		
			6945				
			7354		3897		
			2236				
			941				
			3556				
			3043				
		879084	12330		35		
		55699	16639		1061		
			1684				
		673	1006				
		433078	76295		35871	15302	152
		201020	23222				
			4				
		92281	35084				
30394	1679	29582	82628	40956	11596	561295	175
			1634				
		476007	97071		32		
		8249	34697				
	101	30901	32894				245
	7200	26456	78631				
	15		82530		618		
			11724		1450		
		14808	54404				96
		45	312528				
			5272				
			2157				
			2768				
		198552	470859		40149		
		198552	418527		40149		
			903				
			51429				

10－9 规模以上工业企业能源购进、消费及库存(2018年)

能源名称	计量单位	年初库存量	购进实物量	消费量合计	#工业生产消费量	#用于原材料	年末库存量
原煤	吨	254011	3217517	3158398	3157853		313023
无烟煤	吨	1463	215958	216953	216905		879
炼焦烟煤	吨	7215	32996	38471	38177		3177
一般烟煤	吨	245333	2968239	2902973	2902771		308967
褐煤	吨		324				
煤制品	吨		75	73	73		1
焦炭	吨	131	6545	6524	6524	1537	153
发生炉煤气	万立方米		96	96	96		
天然气	万立方米	23	47201	47047	45852	1	5
液化天然气	吨	18	13114	12888	12881		
原油	吨		81	26	26		
汽油	吨	161	48105	47739	34269	473	56
煤油	吨	3	250	251	234	42	1
柴油	吨	2214	64456	65426	55949	2636	1338
燃料油	吨	243	2379	2519	2518	973	100
液化石油气	吨	12	783	823	771	360	
润滑油	吨	30	4090	4095	4095	23	21
石蜡	吨	2	29	30	30	30	
溶剂油	吨		4351	4171	4171	4139	180
石油焦	吨	432	1066	920	920	920	392
石油沥青	吨	874	31903	30394	30193	16108	2383
其他石油制品	吨	914	9043	8998	8998	4571	865
热力	百万千焦		3301601	3511153	3477422		
电力	万千瓦时		1482562	1524545	1499291		
煤矸石(用于燃料)	吨	1361	41346	40956	40956		1750
生物燃料	吨标准煤	392	152527	110310	110274		352
余热余压	百万千焦		15302	576597	576597		
其他燃料	吨标准煤	3	2609	2614	2610		2
能源合计	吨标准煤			5312290	5229960		

10－10 规模以上工业企业能源加工转换与回收利用表(2018 年)

能源名称	计量单位	工业生产消费量	加工转换投入合计			能源加工转换产出	回收利用
				火力发电	供热		
原煤	吨	2851099	2350255	2196893	153362		
无烟煤	吨	158265	36566	36566			
炼焦烟煤	吨						
一般烟煤	吨	2692834	2313689	2160327	153362		
褐煤	吨						
煤制品	吨						
焦炭	吨						
发生炉煤气	万立方米						
天然气	万立方米						
液化天然气	吨						
原油	吨						
汽油	吨						
煤油	吨						
柴油	吨	210					
燃料油	吨						
液化石油气	吨						
润滑油	吨						
石蜡	吨						
溶剂油	吨						
石油焦	吨						
石油沥青	吨						
其他石油制品	吨						
热力	百万千焦	198552				2719781	
电力	万千瓦时	62657				549668	
煤矸石(用于燃料)	吨						
生物燃料	吨标准煤	40149	40149	29105	11044		
余热余压	百万千焦	561295	561295	561295			561295
其他燃料	吨标准煤						
能源合计	吨标准煤	2199877	1735336	1618434	116902	768945	19140

10－11 主要耗能规模以上工业企业单位产品能源消耗情况

指　　标	计量单位	2017 年	2018 年
吨水泥熟料综合能耗	千克标准煤/吨	114.66	112.39
吨水泥熟料综合电耗	千瓦时/吨	60.31	58.38
吨水泥熟料烧成标准煤耗	千克标准煤/吨	107.57	106.14
吨水泥综合能耗	千克标准煤/吨	75.09	67.91
吨水泥综合电耗	千瓦时/吨	77.32	69.59
吨水泥标准煤耗	千克标准煤/吨	75.84	81.05
吨铝加工材消耗能源量	千克标准煤/吨	457.01	584.03
吨铝加工材消耗电量	千瓦时/吨	888.91	1082.72
电厂火力发电标准煤耗	克标准煤/千瓦时	288.85	288.44
电厂火力供电标准煤耗	克标准煤/千瓦时	304.2	303.9
发电厂用电率	%	5.05	5.08

10－12 规模以上工业企业用水情况(2018 年)

单位:万立方米

指标名称	全市	芙蓉区	天心区	岳麓区	开福区
取水量合计	101081	219	67941	992	329
1. 地表淡水	90711		67726	43	94
2. 地下淡水	1599	2	49	19	17
3. 自来水	8701	217	165	929	218
4. 海水					
5. 陆地苦咸水					
6. 矿井水					
7. 雨水	3		1	1	
8. 再生水(中水)	56				
9. 海水淡化水					
10. 其他水	9				
11. 外排水量	65401	4948	10995	787	17084
12. 重复用水量	2373	16	14	115	241
13. 直流冷却水量(河湖水)	516797				
14. 直流冷却水量(海水)					
15. 污水处理企业污水处理量	48681	4815	1918	36	16917
用新水量	28269	219	15201	992	329

10－12 **续表**

指标名称	雨花区	望城区	长沙县	浏阳市	宁乡市
取水量合计	494	6613	9315	5760	9418
1. 地表淡水	73	4658	6541	4723	6852
2. 地下淡水	8	1168	35	57	245
3. 自来水	411	786	2730	969	2277
4. 海水					
5. 陆地苦咸水					
6. 矿井水					
7. 雨水				1	
8. 再生水(中水)	3		3	9	41
9. 海水淡化水					
10. 其他水			4	2	3
11. 外排水量	299	14645	13148	1241	2254
12. 重复用水量	119	1200	200	102	366
13. 直流冷却水量(河湖水)		516797			
14. 直流冷却水量(海水)					
15. 污水处理企业污水处理量		13841	11149		5
用新水量	494	2743	3140	1547	3604

11 运输和邮电

长沙统计年鉴

11－1 1995－2018年全社会客、货运输量

指　　标	单位	1995年	2000年	2001年	2002年	2003年	2004年	2005年	2006年	2007年	2008年
一、货物运输量	万吨	6419	5910	7550	8766	10632	11066	10991	12478	16184	17158
# 铁路	万吨	284	206	188	162	189	196	218	233	244	164
公路	万吨	5376	4972	6668	7929	9572	9831	9834	10905	13994	14651
水运	万吨	758	729	691	671	867	1035	934	1334	1939	2336
民航(吞吐量)	万吨	1	1.9	2	2.5	3.5	4.3	5.2	6.3	6.9	7.1
民航(发送量)	万吨	0.4	0.9	1	1.4	2.1	2.6	3.1	3.5	3.6	3.7
二、货物周转量	万吨公里	601306	1404785	1396492	799550	910771	1011770	1003793	1094995	1296332	1323224
# 公路	万吨公里	306737	308200	322125	434100	445990	446428	447386	480520	517363	535795
水运	万吨公里	288791	1094511	1072216	58837	69841	124605	99596	142569	277565	287962
三、旅客运输量	万人	8935	9052	8578	10032	10609	11580	10895	11863	11919	13488
# 铁路	万人	785	981	1070	984	942	1187	1218	1243	1305	1442
公路	万人	8021	7825	7242	8743	9351	10003	9228	10022	9934	11334
水运	万人	44	43	44	45	17	9	7	3		
民航(吞吐量)	万人	160	203	222	260	299	380	442	595	680	713
民航(发送量)	万人	79	101	111	130	149	191	221	281	341	355
四、旅客周转量	万人公里	348951	348315	398125	739488	835591	978328	995729	1073632	1190289	1249445
# 公路	万人公里	267579	275029	322154	393873	457038	496035	469947	506305	540261	596745
水运	万人公里	6325	3580	3094	4103	2362	1459	1211	467		

11－1续表

指　　标	单位	2009年	2010年	2011年	2012年	2013年	2014年	2015年	2016年	2017年	2018年
一、货物运输量	万吨	21074	22947	25651	26145	28048	30449	33932	36767	41739	43792
# 铁路	万吨	158	167	172	157	149	133	138	113	114	123
公路	万吨	18084	19270	21788	23139	24627	27098	30412	34047	38808	41265
水运	万吨	2669	3369	3529	2668	3080	3014	3159	2388	2603	2330
民航(吞吐量)	万吨	8.7	10.8	11.5	11.1	11.8	12.5	12.2	13	13.9	15.6
民航(发送量)	万吨	4.5	6	6	5.6	5.9	6.2	6	6.3	6.8	8.0
二、货物周转量	万吨公里	1769962	2192493	2571162	3016629	3340723	3597375	3861850	3876534	4487906	4874183
# 公路	万吨公里	1036295	1285375	1609109	2061286	2352483	2642698	2898610	3274392	3833118	4233826
水运	万吨公里	210498	369090	408774	425713	485042	498947	546979	186206	203338	171022
三、旅客运输量	万人	31304	33983	35525	36440	37922	13610	13078	12655	12435	12488
# 铁路	万人	1479	1642	1816	1954	2088	3053	3633	4103	4770	5392
公路	万人	28868	31257	33102	33847	35143	9765	8606	7578	6558	5889
水运	万人	16	18	15	1						10
民航(吞吐量)	万人	942	1066	1183	1278	1390	1588	1684	1949	2218	2527
民航(发送量)	万人	471	535	592	638	691	792	839	974	1108	1196
四、旅客周转量	万人公里	1747800	1945489	2454122	2544691	2767006	2210039	2436877	2736009	2792997	3003678
# 公路	万人公里	1060178	1130385	1206736	1236101	1304296	611156	517820	495170	429333	412031
水运	万人公里	116	141	125	9						122

注:铁路旅客发送量从2018年报起,采用广铁集团报送省统计局数据,2018、2017、2016、2015、2014年实际数为5392.31万人、4769.52万人、4102.51万人、3633.37万人、3053.42万人

11－2 陆 运 工 具 情 况

单位:辆

指标	2005年	#私人	2006年	#私人	2007年	#私人	2008年	#私人	2009年	#私人
一、汽车	190684	126289	233388	163162	298280	221801	375305	290783	520622	403195
1. 载客汽车	149154	104718	188563	138760	239870	184369	308420	245501	441276	347324
2. 载货汽车	38759	20309	41492	23002	45384	26878	50298	31898	62932	43213
3. 其它汽车	2771	1262	3333	1400	13026	10554	16587	13384	16414	12658
二、摩托车	221983	215481	221008	215401	218738	213957	219100	215313	253653	249451
1. 普通	216528	210112	216475	210932	214406	209680	215010	211275	251639	247474
2. 轻便	5455	5369	4533	4469	4332	4277	4090	4038	2014	1977
三、拖拉机	8759	8759	10351	10351	12112	12112	12763	12757	15098	15098
1. 大型	20	20	439	439	725	725	4700	4699	5641	5641
2. 小型	8739	8739	9912	9912	11387	11387	8063	8058	9210	9210
四、挂车	607	155	648	140	751	154	842	181	2324	313

11－2 续表1

指标	2010年	#私人	2011年	#私人	2012年	#私人	2013年	#私人	2014年	#私人
一、汽车	672275	546834	826223	689957	1001039	856813	1189387	1055542	1444002	1285080
1. 载客汽车	572881	473654	712671	604727	876321	761391	1058547	953004	1296480	1172006
2. 载货汽车	82361	59529	96161	71360	107715	82028	114695	89766	129278	99836
3. 其它汽车	17033	13651	17391	13870	17003	13394	16145	12772	18244	13238
二、摩托车	312693	308761	340740	337480	375796	372928	365006	363903	377168	374169
1. 普通	310253	306358	339181	335933	373989	371126	363081	361983	375074	372080
2. 轻便	2440	2403	1559	1547	1807	1802	1925	1920	2094	2089
三、拖拉机	18172	18172	20002	20002	22949	22949	25954	25954	28188	28188
1. 大型	6464	6464	6814	6814	7819	7819	8980	8980	9693	9693
2. 小型	11422	11422	12832	12832	14493	14493	15900	15900	17239	17239
四、挂车	2873	560	3521	750	4049	942	4391	1160	5043	1328

11－2 续表2

指标	2015年	#私人	2016年	#私人	2017年	#私人	2018年	#私人
一、汽车	1688299	1522538	1942362	1762027	2177513	1978243	2428064	2190072
1. 载客汽车	1540228	1408674	1795437	1651429	2039624	1880184	2279041	2086715
2. 载货汽车	129994	101230	131152	100344	122812	88705	133329	94273
3. 其它汽车	18077	12634	15773	10254	15077	9354	15694	9084
二、摩托车	376321	373522	275607	272751	339770	336076	338436	336076
1. 普通	374307	371509	273899	271043	337936	334242	336612	334242
2. 轻便	2014	2013	1708	1708	1834	1834	1824	1834
三、拖拉机	29585	29585	30694	30694	29824	29824	31749	31749
1. 大型	10748	10748	11375	11375	10987	10987	12760	12760
2. 小型	17511	17511	17983	17983	17730	17730	18169	18169
四、挂车	5768	1558	6981	8853	8968	2209	9791	2473

11－3 公路里程与桥梁情况(2018 年)

指标	单位	合计	国运公路	省运公路	市县公路	乡公路	村道
一、通车里程	公里	16222	1044	1764	2165	2691	8557
# 绿化里程	公里	13450	894	1501	1943	2285	6827
其中:高级、次高级路面	公里	15610	1044	1711	2162	2651	8042
中级路面	公里	611		53	4	39	515
二、常年养护里程	公里	16222	1044	1764	2165	2691	8557
三、桥梁	米	174744	99977	37185	11634	9256	16692
	座	2867	523	558	388	481	917

11－4 电信业务基本情况(2018 年)

指标	单位	2011 年	2012 年	2013 年	2014 年	2015 年	2016 年	2017 年	2018 年
一、电信业务总量及收入									
电信业务总量	万元	990885	1073997	1141689	1643333	2088712	3201210	2468859	6438951
电信业务收入	万元	864138	942093	1027921	994611	995652	1084510	1141809	1184780
二、电信设备和服务能力									
光缆线路长度	公里	137803	161811	173035	190015	222696	261353	281728	315335
# 长途光缆线路长度	公里	2285	2366	3031	3320	4244	4140	4575	4549
移动电话基站	个	11835	15785	19408	30154	33374	42667	45400	50600
互联网宽带接入端口	万个	176.88	239.23	202.57	254.34	268.4	582.93	635.44	751.21
三、电信主要业务									
固定电话通话时长	亿分钟	48.55	38.12	35.09	32.79	27.90	24.04	22.91	17.77
移动电话通话时长	亿分钟	428.85	457.67	486.07	471.95	484.50	470.90	454.10	426.10
移动短信业务量	亿条	96.20	97.89	86.79	70.05	67.60	59.06	27.78	35.13
移动电话年末用户	万户	898.48	984.45	1086.50	1118.20	1122.77	1047.70	1202.96	1250.86
# 3G 移动电话用户	万户	98.52	216.70	380.96	494.59	416.90	93.90	92.59	99.67
4G 移动电话用户					103.75	353.80	784.40	943.97	1027.49
固定本地电话年末用户	万户	214.43	211.65	206.57	194.74	181.94	170.69	152.97	156.38
# 普通电话用户	万户	169.98	170.83	163.54	176.58	171.64	160.24	144.96	145.95
公用电话用户	万户	30.33	30.23	21.76	18.16	10.30	10.45	8.01	1.00
互联网宽带用户	万户	115.60	134.25	142.98	152.83	180.27	226.92	279.25	328.17

11－5 邮政业务基本情况（2018年）

指　　标	单　位	2013年	2014年	2015年	2016年	2017年	2018年
一、邮政行业业务总量及收入							
邮政行业业务总量	万元	211548	305265	422810	579942	828553	1128893
邮政行业业务收入	万元	184008	221701	269113	368747	481560	580336
二、邮政行业通信网络							
营业网点	处	863	1556	1540	1899	2068	2074
# 快递营业网点	处	634	1370	1310	1669	1837	1842
信筒信箱	个	309	309	306	306	301	244
邮路总长度	公里	1907	1931	2047	2339	2554	2121
农村投递路线长度	公里	14705.50	14556.50	14705.50	14872.32	19772.82	17526
城市投递路线长度	公里	11869.95	11863.87	11869.95	14512.7	16633.24	24997.73
三、邮政普遍服务							
函件	万件	2120.24	1793.39	1569.26	1220.68	1208.92	1351.19
订销报纸累计数	万份	15223.58	12206.54	12028.03	11701.06	12667.17	12928.30
订销杂志累计数	万份	1808.84	847.07	820.72	746.13	656.61	654.29
四、快递服务							
快递业务量	万件	8681.83	13469.58	18675.84	26028.21	33133.73	44407.97
# 国内同城快递	万件	1741.53	2162.76	4126.98	5769.55	8371.62	11872.31
国内异地快递	万件	6774.96	10913.21	14061.64	19648.29	23639.65	31034.05
国际及港澳台快递	万件	165.34	393.61	487.22	610.36	1122.46	1501.61
快递业务收入	万元	129107	165977	198518	282125	364503	442471
# 同城	万元	12231	14446	34700	37429	62772	84645
异地	万元	95004	111194	110111	158756	189115	242598
国际及港澳台	万元	11660	16405	19995	25533	37184	41719

11－6 民用车辆拥有量(2018年)

单位:辆

指标	总计	营运	非营运	总计中:#进口	#个人	#新注册
合计	**2817250**	**186538**	**2630476**	**175007**	**2190072**	**303594**
一、汽车	2428064	135834	2290660	174454	2086715	285909
1. 载客汽车	2279041	45053	2232418	99	29	3025
大型	17623	14795	2611	178	695	488
中型	5570	606	3611	172381	2075487	281423
小型	2243908	29451	2214457	1796	10504	973
微型	11940	201	11739	1554	11287	1340
在载客汽车中:轿车	1485981	28909	1457072	63510	1370153	172472
2. 载货汽车	133329	81768	41044	341	88705	16757
重型	37078	33505	1312	112	18235	6944
中型	5716	5024	767	1	4324	313
轻型	90433	43214	38860	228	66029	9500
微型	102	25	105		117	
在载货汽车中:普通载货	51313	17137	34176	238	42130	5947
3. 其他汽车	15694	3514	11563	82	9354	1182
# 三轮汽车	136	73	134		207	
低速货车	1918	1346	918	1	2189	
二、摩托车	338436	231	339539	629	336076	12106
1. 普通	336612	231	337705	629	334242	12079
2. 轻便	1824		1834		1834	27
三、拖拉机	31749	31749			31749	2160
四、挂车	9791	9514	277	2	2473	1196
五、其他类型车	9210	9210			9210	

注:2018年全市机动车驾驶员3045892人,其中:汽车驾驶员2963753人。

12 国内外贸易、对外经济和旅游

长沙统计年鉴

12－1 历年社会消费品零售总额

单位:万元

年份	全市	市区	县区
1978	77191	45539	31652
1979	95027	56574	38453
1980	112891	66721	46170
1981	123518	73330	50188
1982	133437	77260	56177
1983	150016	88953	61063
1984	184280	113789	70491
1985	243928	159701	84227
1986	284219	187672	96547
1987	335287	222449	112838
1988	441905	299143	142762
1989	482953	331689	151264
1990	513871	363110	150761
1991	564467	404684	159783
1992	649946	469391	180555
1993	819319	592123	227196
1994	1147852	858308	289544
1995	1658020	1256370	401650
1996	1951814	1478084	473730
1997	2273476	1730180	543296
1998	2599228	1969477	629751
1999	2998120	2267977	730143
2000	3492966	2669100	823866
2001	4064366	3105442	958924
2002	4717720	3602472	1115247
2003	5413075	4090296	1322779
2004	6403344	4868325	1535019
2005	7485700	5722359	1763341
2006	8774300	6742687	2031613
2007	10583200	8194711	2388489
2008	13087545	10147164	2940381
2009	15156791	11742042	3414749
2010	18257931	14039885	4218046
2011	22153407	16904474	5248933
2012	25460108	19965035	5495073
2013	29179024	22711428	6467596
2014	32935461	25598203	7337258
2015	36905930	28377521	8528409
2016	41174019	31317706	9856313
2017	45476752	34299332	11177420
2018	47650415	35361923	12288491

注:根据第一次全国经济普查结果对 1994－2004 年社会消费品零售总额进行了调整;根据第二次全国经济普查结果对 2005－2008 年社会消费品零售总额进行了调整;根据第三次全国经济普查结果对 2009－2014 年社会消费品零售总额进行了调整;2018 年核算社会消费品零售总额时同期数根据第三次全国农业普查结果及有关制度规定进行了修订,2018 年以前的部分年度数据将结合第四次全国经济普查一并调整。

12－2 分行业社会消费品零售总额

单位:万元

年 份	全 市	批发零售业	住宿餐饮业	其 他
1993	819319	610886	45708	162725
1994	1147852	859649	78355	209848
1995	1658020	1280314	100764	276942
1996	1951814	1485447	123176	343192
1997	2273476	1754880	162508	356088
1998	2599228	1956167	246606	396456
1999	2998120	2210101	339621	448399
2000	3492966	2570810	402656	519500
2001	4064366	3516625	508612	39129
2002	4717720	4063137	612654	41929
2003	5413075	4628513	736867	47696
2004	6403344	5457088	890904	55352
2005	7485700	6310593	1105383	69724
2006	8774300	7399489	1296058	78753
2007	10583200	8919020	1575314	88866
2008	13087545	11030860	1953855	102830
2009	15156791	12846233	2194549	116009
2010	18257931	16220790	2037141	
2011	22153407	19715699	2437708	
2012	25460108	22691064	2769044	
2013	29179024	26269595	2909429	
2014	32935461	29808759	3126702	
2015	36905930	33462791	3443139	
2016	41174019	37373196	3800823	
2017	45476752	41306895	4169857	
2018	47650415	42937497	4712917	

注:根据第一次全国经济普查结果对1994－2004年社会消费品零售总额进行了调整;根据第二次全国经济普查结果对2005－2008年社会消费品零售总额进行了调整;根据第三次全国经济普查结果对2009－2014年社会消费品零售总额进行了调整。因方法制度改革,从2010年开始取消行业分组中的“其他”。2018年核算社会消费品零售总额时同期数根据第三次全国农业普查结果及有关制度规定进行了修订,2018年以前的部分年度数据将结合第四次全国经济普查一并调整。

12－3　限额以上批发和零售业法人企业商品购进、销售和库存(2018年)

单位:万元

指　　标	购进总额	#进口	销售总额	#通过公共网络实现的销售额	批发	#出口	零售	#通过公共网络实现的销售额	年末库存总额
总　　计	**51660989**	**1075962**	**50981678**	**3686237**	**33272867**	**779692**	**17708810**	**1071057**	**3574649**
一、批发业	36121157	412928	33350621	2637693	32102797	769479	1247824	110533	2096078
1.按登记注册类型分组									
内资企业	33779802	259173	30604665	2579716	29447175	495083	1157489	52556	2062291
国有企业	907556	32747	1301651	1171387	1301651	20249			62929
有限责任公司	11950411	66798	13080680	418081	12623624	183170	457056	4305	918290
股份有限公司	6970143	904	862836	3932	859619	13387	3217		328234
私营企业	13951693	158724	15359498	986316	14662281	278278	697217	48250	752838
港、澳、台商投资企业	197897	152908	301452	57977	215964		85488	57977	33398
外商投资企业	2143459	847	2444505		2439658	274396	4847		389
2.按国民经济行业分组(行业代码2017)									
农、林、牧、渔产品批发	404586	9044	450222	12984	432222	17229	18000	2203	25706
食品、饮料及烟草制品批发	2928744	37563	3748003	1184922	3519728	21811	228275	7414	232038
纺织、服装及家庭用品批发	1953943	11686	2033367	11973	1788469	347055	244898	2094	196049
文化、体育用品及器材批发	1280521	468	1424461	11031	1366036	74094	58425	1438	99787
医药及医疗器材批发	5672699	2530	6333650	98312	6192274	45118	141375	17440	523374
矿产品、建材及化工产品批发	16756034	156099	11205108	1214562	10921837	176407	283271	577	647263
机械设备、五金产品及电子产品批发	6558299	33997	7502068	14174	7310935	75320	191133	2213	342274
其他批发业	566330	161542	653743	89736	571296	12446	82447	77154	29587
二、零售业	15539832	663033	17631057	1048544	1170070	10213	16460987	960524	1478571
1.按登记注册类型分组									
内资企业	14457402	496465	16000975	1033109	1169461	10185	14831514	945090	1377843
国有企业	8389		11598	1180			11598	1180	2232
集体企业	10230		11151		1705		9446		418
联营企业	4850		5222				5222		24
有限责任公司	5020979	196091	5740272	221809	752067		4988205	190998	461280
股份有限公司	1718526		1903049	73148	156576		1746474	66913	59347
私营企业	7694428	300374	8329683	736972	259113	10185	8070570	685999	854543
港、澳、台商投资企业	638734	162094	765107	12237			765107	12237	62698
外商投资企业	443696	4474	864976	3198	610	29	864366	3198	38030
2.按国民经济行业分组(行业代码2017)									
综合零售	2547590	4892	2822784	103425	58578		2764206	66732	154786
食品、饮料及烟草制品专门零售	407807	36136	510098	31245	50997		459101	30400	48323
纺织、服装及日用品专门零售	391060	4321	481766	8792	42227		439540	8792	98653
文化、体育用品及器材专门零售	409114	5	651134	14290	32663	51	618471	14103	129197
医药及医疗器材专门零售	405198		524261	53129	51831		472430	53129	60514
汽车、摩托车、零配件和燃料及其他动力销售	9814059	592525	10822501	93135	813937	2	10008564	92245	915331
家用电器及电子产品专门零售	746693	17936	828996	104175	48746	7461	780251	104175	28390
五金、家具及室内装饰材料专门零售	215779	299	244280	506	10555	29	233725	506	9388
货摊、无店铺及其他零售业	602532	6921	745236	639847	60537	2671	684699	590443	33990

12－4 限额以上住宿和餐饮业法人企业经营情况(2018年)

单位:万元

指标	营业额	客房收入	餐费收入	商品销售收入	其他收入
总计	**1177417**	**250945**	**830339**	**35407**	**60725**
一、住宿业	475306	231155	177408	13332	53411
1.按登记注册类型分组					
内资企业	468066	226452	174909	13332	53374
国有企业	24876	13294	6773	689	4120
集体企业	12848	4049	4140	4072	587
有限责任公司	204187	82572	84572	4060	32982
股份有限公司	17551	7899	7160	36	2456
私营企业	208604	118638	72263	4474	13229
港、澳、台商投资企业	2347	1907	440		
外商投资企业	4893	2796	2059		37
2.按国民经济行业分组(行业代码2017)					
旅游饭店	373453	170131	144459	12405	46458
一般旅馆	78925	48571	25241	830	4283
民宿服务	746	125	275	69	277
其他住宿业	22183	12328	7433	29	2394
二、餐饮业	702111	19790	652931	22075	7314
1.按登记注册类型分组					
内资企业	526342	19790	478075	21163	7314
国有企业	3004	205	2799		
有限责任公司	111869	4843	101703	3096	2227
股份有限公司	9870		6732	3138	
私营企业	401600	14741	366842	14929	5087
港、澳、台商投资企业	1436		1436		
外商投资企业	174332		173420	912	
3.按国民经济行业分组(行业代码2017)					
正餐服务	434792	19790	386226	21878	6899
快餐服务	262992		262795	198	
饮料及冷饮服务	1436		1436		
餐饮配送及外卖送餐服务	355		355		
其他餐饮业	2535		2120		415

12－5 限额以上零售业、住宿业和餐饮业连锁经营情况(2018 年)

指标	单位	合计		直营店		加盟店	
		2018 年	2017 年	2018 年	2017 年	2018 年	2017 年
门店总数	个	6407	5648	4309	3777	2098	1871
年末零售营业面积	m^2	3204808	2931147	3067722	2812729	137086	118418
年末餐饮营业面积	m^2	451189	425226	152317	139939	298872	285287
餐位数	个	179023	170803	60166	55316	118857	115487
年末从业人员数	人	77204	72136	58324	57291	18880	14845
商品购进额	万元	5366379	4431254	5217980	4292942	148397	138312
# 统一配送商品购进额	万元	4133241	3317866	4009968	3204067	123274	113799
商品销售额	万元	5842957	5477349	5700535	5345264	142423	132085
# 零售额	万元	5625883	5255946	5505934	5145974	119949	109972
营业额	万元	523773	493482	320248	299224	203525	194258
# 餐费收入和商品销售额	万元	523768	493465	320248	299207	203521	194258

12－6 限额以上批发企业主要财务状况(2018 年)

指标	法人企业数(个)	#执行《2006 年企业会计准则》企业数(个)	流动资产合计	#存货	固定资产合计
总计	**1021**	**704**	**11199101**	**2650964**	**743338**
1. 按登记注册类型分组					
内资企业	1011	696	10752122	2616557	735490
国有企业	3	2	221165	59368	53874
有限责任公司	154	123	5354431	1598583	377187
股份有限公司	18	16	606919	152798	52849
私营企业	836	555	4569608	805808	251580
港、澳、台商投资企业	2	2	141976	31385	4727
外商投资企业	8	6	305003	3022	3122
2. 按国民经济行业分组(行业代码 2017)					
农、林、牧、渔产品批发	33	23	269341	40742	21394
食品、饮料及烟草制品批发	124	85	1962515	892283	398997
纺织、服装及家庭用品批发	77	52	801890	209822	43724
文化、体育用品及器材批发	122	82	400054	92074	28469
医药及医疗器材批发	144	95	3224218	560741	99217
矿产品、建材及化工产品批发	332	240	2620284	453190	153768
机械设备、五金产品及电子产品批发	174	120	1690787	373507	－5032
其他批发业	15	7	230012	28604	2800

单位:万元

固定资产原价	累计折旧	#本年折旧	资产总计	流动负债合计	负债合计	所有者权益合计	#实收资本	营业收入	#主营业务收入
1203652	**393762**	**67845**	**14446555**	**10049612**	**10770803**	**3675752**	**2366553**	**29204722**	**29004224**
1192048	390007	64746	13948438	9646798	10367489	3580949	2343232	26818540	26675976
149143	95269	5734	426878	41615	41615	385263	9740	1128244	1123768
588892	160692	22589	6818663	5121209	5620522	1198141	534083	11475747	11417039
91527	28815	2729	1141524	609232	660823	480702	304135	751190	737458
362487	105231	33694	5561373	3874742	4044529	1516844	1495273	13463359	13397711
6630	1903	1320	150584	105079	105079	45505	3500	262649	258656
4974	1852	1778	347534	297735	298235	49298	19821	2123533	2069592
45180	23690	1264	384534	168189	169954	214580	114416	431808	416944
601529	196305	20169	3223589	1712928	2149083	1074506	258895	3368772	3335511
55256	11454	4330	911825	755446	769455	142371	55476	1809079	1800497
51799	19921	3355	460936	270756	278167	182769	88366	1265632	1256665
153245	53517	13633	3477819	2724278	2769482	708338	920525	5530399	5480565
229810	64691	18948	3617126	2487863	2634281	982845	739411	9719237	9713487
62998	23150	5739	2134714	1736029	1805252	329462	173521	6514367	6439310
3834	1034	406	236011	194123	195129	40882	15942	565428	561245

12－6 续表

指　　标	营业成本	#主营业务成本	主营业务税金及附加	销售费用	管理费用
总　　计	**26618674**	**26491038**	**207826**	**1363469**	**481730**
1. 按登记注册类型分组					
内资企业	24617616	24538455	201573	1090682	450021
国有企业	795125	791289	140810	26114	37321
有限责任公司	10819104	10797906	18392	498056	144375
股份有限公司	668602	657139	1454	36228	27159
私营企业	12334786	12292121	40918	530284	241166
港、澳、台商投资企业	105079	104339	2591	84162	10881
外商投资企业	1895980	1848244	3662	188625	20828
2. 按国民经济行业分组(行业代码2017)					
农、林、牧、渔产品批发	405326	394059	838	13570	11247
食品、饮料及烟草制品批发	2846630	2829265	147987	159174	113743
纺织、服装及家庭用品批发	1646819	1639796	4205	76650	36276
文化、体育用品及器材批发	1127356	1123561	9106	35765	25198
医药及医疗器材批发	4919490	4895827	13443	277087	121264
矿产品、建材及化工产品批发	9276660	9269848	17646	197768	93108
机械设备、五金产品及电子产品批发	5935548	5879848	10717	547069	66790
其他批发业	460846	458835	3885	56387	14105

单位：万元

财务费用	#利息支出	营业利润	利润总额	应交所得税	应付职工薪酬（本年贷方累计发生额）	应交增值税
144278	**137287**	**487384**	**493855**	**107567**	**451354**	**399430**
145780	137247	413225	419375	90492	415264	353222
-2945	38	132888	129915	34301	35043	51758
89197	81623	11022	16403	14837	142681	98270
8255	10882	13105	5495	2206	37597	8356
51273	44705	256209	267561	39149	199944	194839
-1124	16	59300	59256	12379	26720	21821
-378	24	14859	15225	4697	9370	24386
2164	3245	-586	3310	777	8096	2123
33685	37044	170689	168452	40213	109277	98534
643	1496	42194	43040	10480	44805	21986
2978	2617	59490	60016	2705	29054	22653
51775	44012	147518	149233	33993	107981	87032
46017	36905	88589	81422	9164	64776	74052
4548	8806	-50787	-46788	4376	76722	68917
2468	3162	30277	35171	5859	10644	24132

12－7 限额以上零售企业主要财务状况(2018年)

指标	法人企业数(个)	#执行《2006年企业会计准则》企业数(个)	流动资产合计	#存货	固定资产合计
总计	**1064**	**752**	**5366065**	**1565263**	**1475841**
1. 按登记注册类型分组					
内资企业	1041	732	4868227	1454669	1337790
国有企业	3	3	8462	2715	779
集体企业	3	2	9498	265	10148
联营企业	1	1	369	24	47
有限责任公司	163	130	1873987	432742	499559
股份有限公司	15	11	771083	329335	485758
私营企业	856	585	2204829	689589	341499
港、澳、台商投资企业	13	11	345238	60200	78012
外商投资企业	10	9	152600	50394	60039
2. 按国民经济行业分组(行业代码2017)					
综合零售	91	72	1101616	414877	830015
食品、饮料及烟草制品专门零售	73	46	115808	41766	49237
纺织、服装及日用品专门零售	46	30	221339	93752	13552
文化、体育用品及器材专门零售	42	34	701316	92727	58074
医药及医疗器材专门零售	20	13	388810	65066	20593
汽车、摩托车、零配件和燃料及其他动力销售	529	380	2257555	795497	451704
家用电器及电子产品专门零售	98	72	175400	27901	22249
五金、家具及室内装饰材料专门零售	74	52	66768	9923	9838
货摊、无店铺及其他零售业	91	53	337453	23753	20580

单位:万元

固定资产原价	累计折旧	#本年折旧	资产总计	流动负债合计	负债合计	所有者权益合计	#实收资本	营业收入	#主营业务收入
2250231	**749497**	**124929**	**9292153**	**5293819**	**6035607**	**3256546**	**1641455**	**15603909**	**15297602**
2002870	649682	111486	8179557	4676889	5405185	2774373	1256708	14171423	13908290
3694	2915	176	13922	4202	7962	5960	3548	10815	10143
11262	1114	130	21490	13395	13695	7795	1712	10530	9612
228	180	3	416	169	169	247	133	4501	4501
715036	210921	37275	2968530	1954569	2142934	825595	525169	5057309	4945535
725043	237227	33905	2228870	626504	1042286	1186585	226263	1781477	1718823
547607	197324	39997	2946330	2078050	2198139	748191	499884	7306789	7219676
109546	31330	6314	802624	447103	449789	352835	315512	702470	679770
137815	68484	7128	309971	169827	180634	129338	69235	730017	709541
1190832	350585	52721	2999025	1265899	1802809	1196216	396716	2630939	2518469
67641	16576	4078	228661	172628	190457	38204	80900	475469	454233
21875	8322	3800	252424	206511	207455	44969	32706	418943	415922
123099	64845	6509	865908	531353	540419	325489	175360	633763	624382
32925	12281	1930	818608	437787	444105	374504	317226	488344	471262
737175	273826	49774	3430741	2256701	2356079	1074663	505292	9363313	9242691
31466	9123	2616	216788	114315	124040	92748	53321	724779	716451
12488	2612	942	82152	53237	55497	26655	18135	214128	210876
32730	11327	2558	397845	255387	314746	83099	61799	654231	643317

12－7 续表

指　　标	营业成本	#主营业务成本	主营业务税金及附加	销售费用	管理费用
总　　计	**13549856**	**13434188**	**66301**	**1026236**	**505343**
1. 按登记注册类型分组					
内资企业	12378928	12275636	59473	883237	441657
国有企业	8178	8059	60	710	1168
集体企业	8769	8769	91	674	1567
联营企业	4159	4159	8	300	1
有限责任公司	4422981	4393680	16084	355329	150027
股份有限公司	1474005	1459644	12886	116430	99616
私营企业	6460836	6401324	30345	409795	189280
港、澳、台商投资企业	539797	535549	4026	93169	31708
外商投资企业	631131	623003	2801	49830	31977
2. 按国民经济行业分组(行业代码 2017)					
综合零售	2082501	2070126	24565	276564	159186
食品、饮料及烟草制品专门零售	381293	372697	2029	57009	17554
纺织、服装及日用品专门零售	302024	301725	1475	72706	19582
文化、体育用品及器材专门零售	434772	430922	3077	67415	58883
医药及医疗器材专门零售	333728	332445	2574	101712	29861
汽车、摩托车、零配件和燃料及其他动力销售	8689192	8617735	23926	293413	163648
家用电器及电子产品专门零售	638314	623231	2627	45181	22369
五金、家具及室内装饰材料专门零售	180333	180190	2740	9756	8857
货摊、无店铺及其他零售业	507701	505116	3289	102480	25403

单位:万元

财务费用	#利息支出	营业利润	利润总额	应交所得税	应付职工薪酬(本年贷方累计发生额)	应交增值税
80845	**85427**	**359409**	**371392**	**68010**	**607897**	**252955**
77726	80623	313759	324443	56511	527257	225715
31		728	835	165	1921	242
-52	5	-518	147	9	868	184
		34	34	3	72	51
13790	23871	75790	79733	15171	229564	56384
16256	18888	90419	90200	22301	76403	37907
47703	37860	147306	153495	18862	218429	130947
3504	4986	30349	31366	8826	51012	18461
-385	-182	15302	15584	2674	29628	8779
29370	33155	78468	80244	25565	147457	51528
1692	1704	-7352	-4705	841	38165	7578
1141	294	16355	16435	3303	34214	13040
-12011	448	81412	81851	319	80678	5140
4084	5074	19667	20257	5133	56851	20325
53167	41540	131840	137338	27574	190513	119257
1840	1278	13795	13597	1245	24479	12990
744	653	11509	11554	845	8545	6100
818	1282	13715	14821	3186	26994	16996

12－8　限额以上住宿企业主要财务状况(2018 年)

指　　标	法人企业数(个)	#执行《2006 年企业会计准则》企业数(个)	流动资产合计	#存货	固定资产合计
总　　计	**162**	**119**	**806402**	**15606**	**604754**
1. 按登记注册类型分组					
内资企业	160	117	803494	15386	552314
国有企业	10	9	30696	914	34981
集体企业	1	1	9551	214	1021
有限责任公司	41	35	176000	7863	346695
股份有限公司	4	3	331793	358	18543
私营企业	104	69	255454	6038	151075
港、澳、台商投资企业	1	1	718	47	7389
外商投资企业	1	1	2190	172	45052
2. 按行业分组(行业代码 2017)					
旅游饭店	89	68	443340	13019	514033
一般旅馆	66	44	30797	2107	66835
民宿服务	1	1	105	30	327
其他住宿业	6	6	332160	449	23559

单位:万元

固定资产原价	累计折旧	#本年折旧	资产总计	流动负债合计	负债合计	所有者权益合计	#实收资本	营业收入	#主营业务收入
1154054	**546764**	**52370**	**1888184**	**786631**	**1194033**	**694151**	**543863**	**450131**	**446024**
1070499	515650	49111	1809019	710301	1080477	728542	527820	443156	439132
65792	30811	2497	73693	22839	43059	30634	39786	23871	23258
10268	9248	616	11081	3125	3125	7956	3500	12123	12123
640426	293360	25143	717607	264766	360137	357470	270492	193040	192137
59162	40619	1922	525270	170450	231804	293466	104472	16527	16258
294851	141612	18933	481368	249122	442351	39016	109569	197595	195357
14152	6763	641	29264	28220	28220	1044	1044	2341	2258
69403	24351	2618	49902	48110	85337	-35435	15000	4633	4633
980067	465651	43943	1221076	479580	819298	401777	393680	352668	350304
110402	41414	5703	131923	132425	138752	-6828	43230	75196	74333
516	189	19	1184	1183	1185	-1	310	724	724
63070	39511	2705	534001	173444	234799	299202	106643	21543	20664

12－8 续表

指　　标	营业成本	#主营业务成本	主营业务税金及附加	销售费用	管理费用
总　　计	**160702**	**158544**	**9951**	**108444**	**164049**
1. 按登记注册类型分组					
内资企业	158142	155983	9723	106503	159440
国有企业	8043	8037	170	4997	10944
集体企业	2995	2995	28	3653	4301
有限责任公司	66768	66258	6934	38575	73323
股份有限公司	9714	8543	466	1022	7340
私营企业	70622	70150	2126	58256	63533
港、澳、台商投资企业	175	175	16	809	1232
外商投资企业	2386	2386	212	1132	3377
2. 按行业分组(行业代码 2017)					
旅游饭店	117519	116018	7695	87031	132351
一般旅馆	32971	32555	1769	17250	22230
民宿服务	307	307	4	144	307
其他住宿业	9906	9664	483	4020	9160

单位:万元

财务费用	#利息支出	营业利润	利润总额	应交所得税	应付职工薪酬(本年贷方累计发生额)	应交增值税
28183	**28235**	**-308**	**2855**	**3288**	**129209**	**10797**
25090	25287	5149	8262	3288	126801	10605
-59	157	-755	26	165	8346	873
22		1267	1268		1352	232
6933	5024	2523	4351	2799	54596	5078
1216	3660	14881	14734		8095	188
16977	16447	-12766	-12117	324	54413	4234
668	523	-559	-563		606	101
2425	2425	-4898	-4844		1802	91
25762	23608	-11673	-8413	3061	99465	8637
1184	951	-3482	-3491	226	21284	1774
5	2	-43	7		136	15
1233	3674	14890	14752	2	8324	372

12－9　限额以上餐饮企业主要财务状况(2018年)

指　　标	法人企业数(个)	#执行《2006年企业会计准则》企业数(个)	流动资产合计	#存货	固定资产合计
总　　计	**254**	**171**	**184703**	**18376**	**142490**
1. 按登记注册类型分组					
内资企业	250	169	175675	16790	113556
国有企业	2	2	1172	258	1521
有限责任公司	43	29	34913	1970	19626
股份有限公司	5	1	12535	203	2059
私营企业	200	137	127055	14360	90350
港、澳、台商投资企业	1		437	87	26
外商投资企业	3	2	8592	1498	28908
2. 按国民经济行业分组(行业代码2017)					
正餐服务	236	159	163666	15436	103299
快餐服务	12	9	19957	2802	38983
饮料及冷饮服务	1		437	87	26
餐饮配送及外卖送餐服务	1	1			21
其他餐饮业	4	2	643	50	161

单位:万元

固定资产原价	累计折旧	#本年折旧	资产总计	流动负债合计	负债合计	所有者权益合计	#实收资本	营业收入	#主营业务收入
267232	**121460**	**18773**	**473460**	**257536**	**317635**	**155825**	**146392**	**665813**	**661306**
219872	103783	16826	406203	216912	273988	132215	142348	499823	495317
2338	817	307	2759	2404	2903	－144	883	2884	2884
51119	29635	3669	79067	40398	46478	32589	41366	106599	105797
2618	559	223	17852	4655	16343	1509	2596	9386	9386
163797	72772	12627	306526	169455	208265	98260	97502	380955	377249
36	9	6	839	392	392	447	392	1355	1355
47325	17667	1941	66419	40232	43255	23164	3652	164635	164635
195138	89312	14747	369144	207422	253166	115978	125183	413722	409219
71652	31914	3963	102372	48684	63039	39333	20321	247957	247957
36	9	6	839	392	392	447	392	1355	1355
23	2	1	26			26	26	338	338
384	223	57	1080	1038	1038	42	470	2441	2437

12－9 续表

指　　标	营业成本	#主营业务成本	主营业务税金及附加	销售费用	管理费用
总　　计	**350903**	**348187**	**5229**	**183328**	**71828**
1. 按登记注册类型分组					
内资企业	268362	265646	4799	135751	56609
国有企业	1851	1851	159	732	1577
有限责任公司	58371	58080	857	26363	11306
股份有限公司	5019	5019	74	1550	3174
私营企业	203121	200696	3709	107106	40552
港、澳、台商投资企业	471	471	2	756	59
外商投资企业	82070	82070	428	46821	15160
2. 按国民经济行业分组（行业代码2017）					
正餐服务	227552	224836	4727	100706	51199
快餐服务	121421	121421	478	80883	19846
饮料及冷饮服务	471	471	2	756	59
餐饮配送及外卖送餐服务	321	321	15		43
其他餐饮业	1138	1138	7	983	682

单位:万元

财务费用	#利息支出	营业利润	利润总额	应　交 所得税	应付职工薪酬(本年贷方累计发生额)	应　交 增值税
7528	**4585**	**44102**	**45668**	**8644**	**146156**	**12320**
7426	4491	23912	25472	3647	105245	10265
13	2	-94	-89	88	1039	99
298	330	8708	9432	830	27578	2415
131	129	-562	-469	13	1593	245
6984	4031	15860	16598	2717	75035	7507
		126	128	7	407	18
102	94	20064	20068	4989	40505	2037
5175	3661	21910	23359	3133	91037	9560
2345	921	22484	22589	5503	53762	2661
		126	128	7	407	18
		-42	-42		103	15
7	3	-376	-366		848	66

12－10 亿元以上商品交易市场基本情况（按市场类别分组）（2018 年）

指　　标	市场数量（个）	总摊位数（个）	年末出租摊位数（个）	营业面积（m^2）	成交额（万元）
总　　计	**56**	**48772**	**46318**	**5381365**	**25126937**
1. 综合市场	10	18735	18506	1902032	11177531
工业消费品综合市场	4	11160	11000	861323	7689756
农产品综合市场	2	5152	5152	871100	3306997
其他综合市场	4	2423	2354	169609	180778
2. 专业市场	46	30037	27812	3479333	13949406
生产资料市场	12	8399	6737	1223982	5741480
建材市场	7	3738	2516	955065	304091
化工材料及制品市场	2	1169	729	60600	203086
金属材料市场	1	2150	2150	180000	5200000
机械设备市场	1	682	682	4200	12703
其他生产资料市场	1	660	660	24117	21600
农产品市场	3	3496	3485	160779	3412823
水产品市场	1	313	302	13340	538627
蔬菜市场	2	3183	3183	147439	2874196
食品、饮料及烟酒市场	1	312	312	7600	23645
烟酒市场	1	312	312	7600	23645
纺织、服装、鞋帽市场	7	5491	5404	165000	224480
服装市场	7	5491	5404	165000	224480
日用品及文化用品市场	2	485	482	26185	192733
文具市场	1	65	62	13000	20680
图书、报刊杂志市场	1	420	420	13185	172053
黄金、珠宝、玉器等首饰市场	1	50	50	20000	461435
电器、通讯器材、电子设备市场	4	1861	1539	49250	284622
通讯器材市场	1	200	160	1250	14350
计算机及辅助设备市场	3	1661	1379	48000	270272
家具、五金及装饰材料市场	11	7687	7562	1012301	1620841
家具市场	2	263	210	48000	21055
装饰材料市场	6	5471	5399	627177	1260883
五金材料市场	3	1953	1953	337124	338903
汽车、摩托车及零配件市场	4	1903	1888	704236	1963847
汽车市场	1	236	236	679032	1881294
摩托车市场	1	127	112	2800	25123
机动车零配件市场	2	1540	1540	22404	57430
花、鸟、鱼、虫市场	1	353	353	110000	23500
花卉市场	1	353	353	110000	23500

亿元以上商品交易市场基本情况(按摊位类别分组)

续表

指　　标	年末出租摊位个数(个)	成交额(万元)
总　　计	**46318**	**25126937**
1. 粮油、食品类	10094	7738840
2. 饮料类	602	167455
3. 烟酒类	1694	1155675
4. 服装、鞋帽、针纺织品类	6398	727677
5. 化妆品类	203	59145
6. 金银珠宝类	83	462894
7. 日用品类	1222	924235
8. 五金、电料类	3041	1219601
9. 体育、娱乐用品类	155	87661
10. 书报杂志类	357	118279
11. 电子出版物及音像制品类	124	57886
12. 家用电器和音像器材类	1164	424995
13. 中西药品类	227	248744
14. 文化办公用品类	1916	743742
15. 家具类	1050	350081
16. 通讯器材类	313	73065
18. 木材及制品类	314	20769
19. 石油及制品类	241	9946
20. 化工材料及制品类	731	198246
21. 金属材料类	2238	5206137
22. 建筑及装潢材料类	8823	2128238
23. 机电产品及设备类	1224	327540
24. 汽车类	2167	2347849
25. 种子饲料类	13	650
26. 棉麻类	15	421
27. 其他类	1909	327166

12－11　三资企业利用外资情况

单位:万美元

项　　目	项目个数		合同外资		实际利用外资	
	2018 年	2017 年	2018 年	2017 年	2018 年	2017 年
实际利用外资合计	**329**	**197**	**1066211**	**789179**	**577995**	**525042**
中外合资企业	102	59	361414	186043	199945	162827
中外合作企业	5	3	68770	2915	19468	4660
外资企业	205	134	597954	600056	341959	357316
外商投资股份制	17	1	38073	165	16623	239

12－12 利用外资按行业和主要国别(地区)分

单位:万美元

项目	项目个数		合同外资		实际利用外资	
	2018年	2017年	2018年	2017年	2018年	2017年
合计	**329**	**197**	**1066211**	**789179**	**577995**	**525042**
一、按行业分						
1. 农、林、牧、渔业	2	2	30	1024		
2. 制造业	71	40	328690	203425	220726	188536
3. 电力、燃气及水的生产和供应业	2		53860		5606	1309
4. 建筑业	5	3	13987	20989	9095	11054
5. 交通运输、仓储和邮政业	14	7	89272	25483	25070	17569
6. 信息传输、计算机服务和软件业	11	12	11368	46365	6845	8261
7. 批发和零售业	97	58	91996	129021	65875	123604
8. 住宿和餐饮业	41	7	10290	4792	10004	4731
9. 金融业	21	10	21122	177357	67830	51387
10. 房地产业	16	10	321785	80022	106981	33677
11. 租赁和商务服务业	27	33	98465	79391	54434	72458
12. 科学研究、技术服务和地质勘查业	13	9	6625	12754	2948	5690
13. 水利、环境和公共设施管理业					40	
14. 居民服务和其他服务业	3	2	16359	1999	964	2160
15. 教育	1		29			
16. 卫生、社会保障和社会福利业	1		5			
17. 文化、体育和娱乐业	4	4	2328	6557	1577	4607
二、按主要国别(地区)分						
# 香港	176	106	811563	565171	426565	347124
台湾省	27	14	5909	13813	4587	11457
美国	13	8	10268	19568	10957	21032
新加坡	2	6	1777	11031	5422	10718
英属维尔京群岛	6	3	7558	5515	5908	13076
日本	14	12	50483	25649	35612	27936
韩国	8	7	15701	10420	7372	4713
澳大利亚	6	6	9291	51797	5051	7434
意大利	20	1	12486	3	9605	333
加拿大	3	6	156	4385		3927
英国	4	3	148	6605	13	6609
德国	9	4	45492	19434	26755	16394

说明:由于存在转内资、减资、企业注销等情况,合同外资表示为负数。

12－13 对外贸易进出口总值

单位:万美元、万元人民币

项　　目	2012 年	2013 年	2014 年	2015 年	2016 年	2017 年	2018 年
进出口总额	**869252**	**989253**	**7579373**	**8055535**	**7267050**	**9380209**	**12833395**
1. 出口	517382	616591	5336520	5374214	4857448	5878919	8231473
2. 进口	351870	372662	2242853	2681321	2409602	3501290	4601922

注:2014 年以前数据计量单位为万美元,2014 年开始计量单位为万元人民币。

12－14 主要进出口商品总值

单位:万元

指　　标	2014 年		2015 年		2016 年		2017 年		2018 年	
	出口	进口	出口	进口	出口	进口	出口	进口	出口	进口
一、机电产品	2641536	1226510	3311894	1785246	2626610	1568634	3222001	2233091	4148504	2892566
# 金属制品	299366	25150	268925	33475	266871	43184	286761	52784	547178	40149
机械设备	681956	476514	638252	352680	645313	542247	762070	706368	889916	765391
电器及电子产品	965298	405481	1751773	1132930	1224930	436598	1640566	775508	1878393	1075512
运输工具	422198	184251	422731	133790	321133	378129	330026	441948	341541	512949
仪器仪表	56342	125300	55768	120911	59271	150508	87402	220203	215756	425129
二、高新技术产品	937319	458970	1585061	1051492	1100149	586303	1459262	936143	1670641	1467462
# 生物技术	1330		4697		5547		920		1493	
生命科学技术	80478	21272	67370	24335	74174	25880	83382	29552	100487	30105
光电技术	11994	79181	6743	29561	8903	44853	7435	63324	13515	130980
计算机与通信技术	657867	41342	722024	67776	872080	117584	1131000	95764	1285484	183451
电子技术	158182	166219	768627	810555	109218	259909	191805	478720	209563	741425
计算机集成制造技术	23757	128760	12520	94974	26672	121488	35308	243778	48687	243252
航空航天技术	2302	21432	1414	22766	2091	14093	1586	15705	1882	22745
三、农产品	228175	76131	249946	104661	278852	203570	309765	309151	320353	481323

12－15 进出口商品主要产销国别（地区）总值

单位：万元人民币

国家（地区）	2018年		2018年比2017年±%	
	出口	进口	出口	进口
合　计	**8231473**	**4601922**	**40.0**	**31.4**
#德　国	209585	403551	49.6	30.5
法　国	64156	30926	35.1	14.9
英　国	142331	28949	14.4	15.0
意大利	107174	108337	24.6	43.4
西班牙	69308	28660	13.9	－18.7
比利时	45665	24460	84.6	－10.8
荷　兰	164925	193075	45.2	62.6
印度尼西亚	195886	55781	23.6	31.2
马来西亚	208868	56611	42.0	14.8
菲律宾	160363	19126	28.7	－59.6
新加坡	146099	47516	169.5	42.6
泰　国	214578	104603	10.3	73.7
越　南	397907	58954	3.3	15.1
美　国	934284	397013	57.5	－5.3
香　港	1498286	12215	31.0	172.7
韩　国	536086	388945	63.8	0.3
日　本	164022	744378	30.3	11.9
中华人民共和国		412668		117.7
澳大利亚	105071	263305	24.2	26.2
印　度	229937	12954	33.1	－6.9
墨西哥	68943	28607	13.3	－12.2
加拿大	115601	47815	46.8	128.9
台湾省	117359	558230	125.6	110.9
沙特阿拉伯	90544	1500	39.7	33.3
巴　西	96444	30311	29.2	365.8
俄罗斯联邦	152563	120097	56.9	51.3
阿联酋	144277	447	37.3	1749.4
巴基斯坦	78675	1265	12.0	9.1

12－16 外派劳务按区、县(市)分组

单位:人

项　　目	2012 年	2013 年	2014 年	2015 年	2016 年	2017 年	2018 年
合　　计	**10764**	**14354**	**13631**	**16843**	**18274**	**19396**	**19774**
芙蓉区	716	1441	1121	4183	4335	4415	2185
天心区	665	600	509	1323	1078	1679	1935
岳麓区	553	518	432	398	513	989	1382
开福区	743	977	1761	2349	4051	1108	1876
雨花区	712	1134	1930	826	670	642	916
望城区	993	1560	1657	982	1075	2889	655
长沙县	663	1030	1329	1007	1039	760	807
浏阳市	1260	1849	1105	1282	1977	1085	1251
宁乡市	1200	1662	1579	1431	1681	2404	2858
长沙高新区	434	461	270	655	550	1690	2120
长沙经开区	425	438	1172	906	442	558	2098
宁乡经开区		254	249	307	171	237	440
浏阳经开区		205	517	590	442	629	503
望城经开区				604	250	311	748
其他	2400	2225					

说明:2013 年,我市新增了两家外派劳务考核单位,即宁乡经开区,浏阳经开区。2015 年新增望城经开区。“其他”栏目统计的是省属企业外派劳各人数,2014 年以后数据不含“其他”。

12－17 旅游业基本情况

项　　目	单　位	2012年	2013年	2014年	2015年	2016年	2017年	2018年
一、接待旅游者总人数	万人次	8088.1	9602.3	10607.3	11721.3	12450.0	14218.8	14973.5
接待国内游客	万人次	7982.9	9485.4	10487.1	11601.0	12328.5	14089.6	14843.1
接待海外游客	人次	1051912	1169711	1202016	1203141	1215203	1292000	1303686
外国人	人次	650966	716129	732960	690102	692827	713834	703576
港澳台胞	人次	399946	453582	469056	513039	522376	578166	600110
二、旅游业总收入（人民币）	亿元	783.1	1006.3	1192.1	1351.5	1534.8	1659.9	1808.0
国内旅游收入（人民币）	亿元	741.1	958.0	1143.6	1302.6	1482.0	1625.0	1767.0
旅游创汇（美元）	万美元	66453	77902	78195	79312	79628	51661	61988
三、接待海外旅游者人天数	万人天	378.3	417.6	432.7	412.6	416.7	248.8	323.6
# 外国人	万人天	234.3	257.7	263.8	248.4	251.1	142.5	178.4
四、旅行社总数	个	245	245	270	270	290	329	330
出境组团社	个	21	22	26	26	52	59	68
非出境组团社	个	224	223	244	244	238	270	262
五、星级饭店总数	个	83	82	79	74	62	56	46
五星级	个	12	12	12	12	9	9	9
四星级	个	22	23	25	23	21	21	20
三星级	个	41	40	35	32	26	21	17
二星级	个	8	7	7	7	6	5	
星级饭店客房总数	间	16453	16441	16126	15098	12639	11755	11003

说明：2017年开始旅游数据统计口径发生变化。2017年按照原口径：接待旅游者总人数13802.3万人次，接待国内游客13673.1万人次；旅游业总收入（人民币）1770.1亿元，国内旅游收入（人民币）1713.6亿元，旅游创汇（美元）84519.2美元；接待海外旅游者421.7万人天，其中外国人255.5万人天。

12－18 接待国际游客按国别(地区)分

单位:人次

国别(地区)	2012年	2013年	2014年	2015年	2016年	2017年	2018年
接待国际游客总数	1050912	1169711	1202016	1203141	1215203	1292000	1303686
港澳台胞	399946	453582	469056	513039	522376	578166	600110
港澳同胞	165220	211821	221003	383023	391360	328494	372667
台　　胞	234726	241761	248053	130016	131016	249672	227443
外国人	650966	716129	732960	690102	692827	713834	703576
#美　国	50678	56711	56812	42706	43006	28939	42476
日　　本	56748	53690	50280	30716	31776	45499	61362
韩　　国	307595	346822	357620	391501	368651	71455	120508
加 拿 大	14011	15550	16038	11709	11800	16458	16944
西 班 牙	4880	5026	5098	2602	2709	2941	5069
马来西亚	19045	20568	21390	22045	2235	39488	38177
新 加 坡	23136	25124	27949	20949	19749	21393	20152
德　　国	20841	22716	23648	43648	44682	12529	17166
法　　国	13453	14663	14855	10842	11263	12475	15969
瑞　　典	1988	2186	2309	2862	3051	2783	3712
英　　国	20079	22287	22866	17347	18960	14570	22253
澳大利亚	15278	16805	17009	13878	14012	12523	14875
俄 罗 斯	22052	23154	24637	16071	18268	14039	17184

13 服务业

长沙统计年鉴

13－1 规模以上服务业企业财务状况(2018年)

指　　标	单位数	资产总计	负债合计	所有者权益合计	其中：实收资本	流动资产合计	#货币资金
总　　计	**1811**	**76914797**	**40443884**	**36470913**	**15520712**	**44245708**	**7770768**
交通运输、仓储和邮政业	240	18720049	11399742	7320308	5778507	5243684	1249472
铁路运输业	2	4683330	2574952	2108378	2415306	100138	74270
道路运输业	157	11267781	7431192	3836589	1511538	4040054	918958
水上运输业	12	126561	71577	54984	75231	38349	11699
航空运输业	5	1346460	455785	890676	818216	207302	153719
管道运输业	1	40329	17753	22576		15612	
多式联运和运输代理业	28	118516	78348	40169	834144	98661	27250
装卸搬运和仓储业	23	452333	230484	221849	120311	135617	24144
邮政业	12	684738	539651	145087	3761	607952	39433
信息传输、软件和信息技术服务业	267	5525727	1820496	3705231	1700396	2588717	1454958
电信、广播电视和卫星传输服务	28	3953221	1182976	2770245	1236446	1645303	1191631
互联网和相关服务	57	776892	265837	511055	236581	344025	107066
软件和信息技术服务业	182	795614	371683	423931	227369	599390	156262
房地产业	191	3103403	2191622	911781	223112	1649311	226652
物业管理	151	680419	544816	135604	77394	476256	101063
房地产中介服务	23	79442	32076	47365	7004	73004	10708
房地产租赁经营	17	2343542	1614730	728813	138714	1100051	114881
租赁和商务服务业	356	9602622	4335960	5266663	2558442	3870152	1342998
租赁业	14	67747	48386	19361	12000	32905	2651
商务服务业	342	9534876	4287574	5247302	2546443	3837248	1340347
科学研究和技术服务业	269	8853606	4903970	3949636	1422462	6463639	1016509
研究和试验发展	20	933318	359624	573695	467386	339989	66971
专业技术服务业	219	7643663	4300882	3342780	869009	5971057	937997
科技推广和应用服务业	30	276626	243465	33161	86067	152593	11541
水利、环境和公共设施管理业	68	22939647	12152596	10787051	2162218	19811640	628405
生态保护和环境治理业	15	427126	221078	206047	105515	280066	66254
公共设施管理业	37	185978	118546	67432	39278	138079	11721
土地管理业	16	22326543	11812972	10513571	2017425	19393494	550430
居民服务、修理和其他服务业	93	277270	185911	91359	42173	191218	56569
居民服务业	41	237563	169697	67866	27416	166620	52750
机动车、电子产品和日用产品修理业	23	19552	7827	11725	7242	9281	2121
其他服务业	29	20155	8386	11769	7515	15317	1698
教育	36	160334	104398	55936	27245	74780	27715
教育	36	160334	104398	55936	27245	74780	27715
卫生和社会工作	91	814624	602321	212303	210462	404463	119878
卫生	88	763579	537953	225626	198725	366890	109938
社会工作	3	51045	64368	－13323	11737	37573	9940
文化、体育和娱乐业	200	6917514	2746868	4170646	1395693	3948103	1647612
新闻和出版业	31	2074505	294492	1780014	371921	968941	566195
广播、电视、电影和录音制作业	67	3539306	1445813	2093493	821998	2429653	947201
文化艺术业	14	48862	17327	31535	3865	40173	8398
体育	23	76508	49719	26789	29139	16725	2689
娱乐业	65	1178333	939518	238815	168769	492612	123129

单位:万元

#应收账款	#存货	固定资产原价	累计折旧	#本年折旧	无形资产	#土地使用权	#软件使用权	流动负债合计	#应付账款
4049639	**18538400**	**19424870**	**5468666**	**887839**	**4990466**	**3111436**	**106464**	**20935552**	**5001369**
446596	83431	10080218	1899249	350084	2123243	760995	4005	4418077	964446
2921	7149	3799793	343113	101959	402127	402093	34	282927	132890
321450	18217	4628515	1066426	178479	1434177	98802	1176	3099753	626680
5641	727	94433	40741	3772	4932	4066	34	25844	3705
16343	714	1168503	296005	44187	197178	197178		237401	89219
1457	1438	24967	5772	1547				4238	4238
34619	418	21583	7707	1760	35		1	73205	41864
21285	43783	221111	77428	10097	76989	53800	10	175058	13961
42880	10984	121312	62057	8282	7806	5056	2749	519651	51889
504363	88290	4129403	2293999	322461	180848	94679	77666	1497866	924488
240958	10412	3842774	2189741	304422	135452	84466	45814	974788	765269
80180	22502	150179	60903	5632	24903	493	23152	175205	65788
183224	55377	136449	43356	12406	20492	9720	8701	347872	93431
132450	174096	668029	156002	25454	156505	155740	645	993984	94460
101334	9673	105443	45577	5684	619		591	305256	31405
21375	418	5396	2835	392	187	56	40	28713	4313
9741	164006	557190	107590	19378	155699	155684	15	660014	58742
221830	231972	1353363	260876	52723	240979	130644	1476	2948395	364547
11920	10615	48728	18360	10915				47691	9781
209910	221358	1304634	242517	41807	240979	130644	1476	2900704	354766
948199	2766848	903590	271873	52497	202228	182072	8825	3627773	726217
63356	22492	129368	43098	6118	43952	40058	597	228487	12964
867673	2738893	703433	208063	41822	148277	134269	8218	3352849	703951
17169	5463	70790	20712	4557	10000	7745	10	46437	9302
1458909	14713149	477658	32880	7604	1646941	1642592	590	4521570	917150
51855	71396	46809	6650	2128	21151	17047	346	182939	73444
27240	19878	33276	10490	2784	4472	4413	59	62429	8151
1379814	14621875	397573	15739	2692	1621318	1621133	186	4276201	835555
26535	32339	55405	17304	3689	1020	358	135	153509	27468
16504	30095	42549	12359	2709	688	33	127	140886	22823
3116	1505	8224	2798	516	325	325		5312	3372
6916	739	4633	2147	465	8		8	7311	1274
3280	957	88080	23834	5508	6791	5894	897	84472	5457
3280	957	88080	23834	5508	6791	5894	897	84472	5457
69544	22599	263449	135685	20480	59483	54291	2616	541472	112225
69426	22567	262519	135340	20342	59432	54291	2565	477413	104696
118	32	930	346	137	52		52	64059	7529
237934	424718	1405675	376965	47341	372429	84171	9609	2148434	864912
18886	78201	458917	75218	5835	13061	11426	1448	270257	124796
191438	228802	444138	215798	28607	290587	4832	8072	1348937	491077
923	310	23411	7638	1231	36		25	10214	2661
3317	4326	53811	20949	2679	11813	11461	3	24822	5292
23368	113079	425398	57363	8988	56932	56453	61	494204	241087

13－1 续表

指标	营业收入	#主营业务收入	营业成本	#主营业务成本	税金及附加	销售费用	管理费用
总计	**17868386**	**17606160**	**13605181**	**13478327**	**148138**	**987275**	**1842604**
交通运输、仓储和邮政业	2885207	2816881	2530832	2503560	24398	42853	239838
铁路运输业	177440	174695	235657	234607	293		6234
道路运输业	1558389	1498154	1275842	1251683	15448	24108	132792
水上运输业	48937	48084	38035	37813	393	483	5185
航空运输业	207444	207444	177750	177750	5001	174	17585
管道运输业	25318	25318	16276	16276	62	2513	995
多式联运和运输代理业	257672	257652	254593	254573	484	5821	11965
装卸搬运和仓储业	194886	193237	151222	150859	2235	4692	16517
邮政业	415122	412297	381458	380000	482	5062	48566
信息传输、软件和信息技术服务业	2893738	2876302	1855643	1834978	13395	269417	380195
电信、广播电视和卫星传输服务	1523243	1511149	926769	914836	6419	153519	158849
互联网和相关服务	532025	529183	365440	363775	2326	63918	69701
软件和信息技术服务业	838470	835970	563434	556367	4650	51980	151645
房地产业	626513	598851	438183	429206	11185	42200	91438
物业管理	464608	442775	358209	350013	4538	15706	67419
房地产中介服务	88209	87927	45920	45809	570	19111	10904
房地产租赁经营	73696	68148	34054	33383	6076	7382	13115
租赁和商务服务业	2640375	2547902	2114351	2064507	24226	126416	219955
租赁业	53845	40136	41483	31673	364	2542	3734
商务服务业	2586531	2507766	2072869	2032834	23862	123874	216221
科学研究和技术服务业	3596624	3582390	2838414	2833055	24095	65830	405775
研究和试验发展	213782	205742	159558	156763	2339	5234	42532
专业技术服务业	3330000	3324007	2643973	2641528	20676	55781	355102
科技推广和应用服务业	52842	52640	34883	34764	1081	4816	8141
水利、环境和公共设施管理业	1653844	1646668	1439336	1438964	10736	7282	46944
生态保护和环境治理业	139926	139246	114934	114934	1237	3964	17917
公共设施管理业	128960	125897	105783	105778	1768	2453	9320
土地管理业	1384958	1381525	1218619	1218252	7732	866	19708
居民服务、修理和其他服务业	257991	256192	174470	173534	3074	33324	32858
居民服务业	178100	177120	113215	112553	1662	29469	23222
机动车、电子产品和日用产品修理业	28676	27884	20197	19971	773	1952	4543
其他服务业	51215	51188	41058	41009	639	1903	5094
教育	124216	124143	78757	78751	578	8738	24211
教育	124216	124143	78757	78751	578	8738	24211
卫生和社会工作	663052	660514	396886	394415	432	85913	106345
卫生	659518	656981	395367	392896	432	84779	104172
社会工作	3534	3534	1519	1519		1134	2173
文化、体育和娱乐业	2526826	2496319	1738309	1727358	36019	305302	295044
新闻和出版业	358238	353814	255486	253527	2381	42135	61535
广播、电视、电影和录音制作业	1890680	1866909	1318287	1311745	30187	196159	186845
文化艺术业	25410	24558	18164	17260	153	1602	6003
体育	47799	47679	32686	31686	1511	4303	8237
娱乐业	204699	203359	113688	113140	1787	61103	32424

单位:万元

财务费用	投资收益	营业利润	营业外收入	营业外支出	利润总额	所得税费用	应付职工薪酬	#社会保险和住房公积金	应交增值税	平均用工人数
383052	**418311**	**1536040**	**216709**	**159825**	**1592923**	**276784**	**2964025**	**463339**	**227143**	**303655**
257823	28746	-19029	112026	11303	81695	63522	573665	98460	15543	62982
104008		-162441	19	72	-162494	-135	30904	7676	-17820	1999
137853	28690	141527	82205	6491	217241	49542	287731	50903	23465	34848
2264	386	3092	1174	1064	3203	1638	10702	1915	1098	1106
3608	131	13867	114	1253	12728	5291	77029	16170	2246	5209
148		5274	8		5283	1293	1689	288	153	125
1196	24	-15012	23989	32	8946	1088	14288	1569	2570	1825
5984	28	18175	1697	236	19636	4158	16278	2913	2901	2394
2763	-513	-23511	2819	2155	-22847	648	135044	17027	931	15476
-20631	52407	444147	20383	9140	455389	84906	477227	95317	-9228	38167
-22343	15339	303588	5234	7796	301026	75406	196000	53927	-54304	10711
752	34737	66659	9101	405	75355	3122	82713	11535	16560	9333
960	2331	73900	6048	939	79009	6378	198515	29855	28516	18123
16641	7626	54002	2430	1081	55351	12936	223281	28716	23584	37726
1999	774	17748	1761	861	18647	6220	174168	22676	16062	31837
187	8	11458	355	63	11750	2817	37212	3811	4440	4206
14455	6844	24796	315	157	24954	3899	11902	2229	3083	1683
81929	265114	325512	13258	5226	333545	29049	359707	53949	57078	57864
468		6958	20	215	6762	1364	3200	248	1504	528
81461	265114	318554	13239	5011	326782	27685	356507	53701	55574	57336
15399	24566	266861	18529	9266	276124	39921	595431	100465	98694	44532
3357	-1199	1433	5986	379	7041	1789	44735	9702	3808	3000
4060	25755	269310	12246	8642	272914	37904	545255	89942	93713	40641
7982	9	-3882	297	245	-3831	227	5441	821	1173	891
38794	9676	156508	-42060	6345	108103	8082	49671	6045	380	7629
472	2209	605	331	3681	-2745	589	15060	2440	1553	1743
1167	99	8612	524	375	8762	1230	20221	922	3006	4606
37155	7368	147290	-42915	2289	102086	6263	14391	2683	-4179	1280
3426	2419	13409	537	162	13784	2025	94796	15670	8285	13403
2858	1249	9038	219	123	9134	1398	75431	14623	5034	8291
307	1165	2072	136	11	2197	345	3274	424	981	663
261	4	2299	182	28	2453	282	16091	622	2269	4449
1125	848	11602	482	144	11940	2568	35384	4593	2763	4582
1125	848	11602	482	144	11940	2568	35384	4593	2763	4582
8441	3587	69762	2558	9376	62943	18818	165875	16624	556	15957
7890	3587	71606	2407	9300	64712	18818	163858	16353	555	15676
551		-1844	151	76	-1769		2017	272	1	281
-19897	23322	213267	88566	107782	194050	14959	388989	43500	29488	20813
-13911	10589	15171	765	1334	14602	1006	66641	16074	6929	3954
-8833	12447	181239	84742	106004	159977	7549	278424	21654	27809	9714
216	343	1874	2155	41	3988	753	6443	1214	277	918
488	62	859	97	28	928	53	6925	1075	1363	1379
2144	-118	14124	807	375	14556	5598	30557	3483	-6890	4848

14 教育和科技

长沙统计年鉴

14－1 历年高等学校情况

单位:人

年　份	学校数(所)	招生数	毕业生数	在　校 学生数	校本部 教职工数
1949	2			2685	1359
1950	2		428	2450	1558
1952	4	3240	973	6109	1604
1953	5	2836	1399	6490	2256
1955	6	2636	2054	8374	2834
1957	6	3448	1551	13557	3923
1958	10	8083	2494	18839	4407
1960	21	10354	2955	29104	6462
1962	12	3006	4528	25477	7756
1965	9	4973	5435	19412	8038
1966	8	196	1198	18972	8330
1970	7	2288	7688	5837	8486
1975	8	6357	5757	18390	13474
1976	8	5425	6590	16620	13953
1977	8	7168	5902	16544	14830
1978	8	6937	4619	18895	15778
1979	11	7369	4235	21549	16382
1980	11	6702	817	28491	16719
1981	10	7994	761	30720	12815
1982	11	6592	11459	25641	14168
1983	12	8498	7186	26600	15110
1984	14	9783	6346	30035	16193
1985	23	13831	6661	37182	18734
1986	21	11178	7632	40458	19886
1987	21	13121	11333	43114	20510
1988	22	14472	11103	46022	21902
1989	22	12550	12896	46444	21956
1990	21	12787	12726	46041	22297

14－1 续表

单位:人

年份	学校数(所)	招生数	毕业生数	在校学生数	校本部教职工数
1991	21	13327	12953	45810	22655
1992	21	15470	12404	48050	18244
1993	21	18769	11737	55810	18270
1994	21	18455	12857	61641	18531
1995	21	19532	15911	64866	18222
1996	21	20013	16365	67420	18205
1997	20	21444	17119	72020	18473
1998	20	23570	17484	78050	18408
1999	23	35823	19152	94493	19913
2000	23	49391	19777	125582	21165
2001	29	54329	21289	158158	24568
2002	30	73379	29094	201881	26331
2003	37	94527	48597	268613	29145
2004	39	107979	60985	329424	33950
2005	45	130337	79277	394399	37698
2006	45	132662	97149	418132	39378
2007	48	147825	108698	454288	47887
2008	49	155192	129419	483917	49401
2009	48	158215	130626	504111	50509
2010	48	149977	140840	508254	50267
2011	50	148780	143310	516765	50930
2012	50	157679	151428	523174	50902
2013	50	169685	153703	530635	51339
2014	50	168438	142835	547514	52972
2015	51	171791	143705	569400	51232
2016	51	179273	151137	590020	51733
2017	51	184950	159359	610379	52666
2018	51	197243	164868	635950	53167

14－2 历年中等职业学校情况

单位:人

年 份	学校数(所)	招生数	毕业生数	在 校 学生数	校本部 教职工数
1949	16			2296	513
1950	19	638	311	4955	283
1952	12	2227	708	6069	887
1953	11	1532	1246	6305	966
1955	10	2307	1135	5445	872
1957	16	1573	2057	10006	1900
1958	28	10438	2131	17457	2046
1960	32	11685	1699	28055	2229
1962	15	112	1751	8302	1827
1965	21	3420	2734	7771	2188
1966	12	132	899	5756	1894
1970	8	540	187	676	922
1975	21	3647	2582	9871	2722
1976	21	2964	4040	8171	2878
1977	21	5162	5529	7519	4149
1978	23	5509	2342	9782	3853
1979	30	4497	302	14492	4149
1980	31	4737	5699	12641	4408
1981	31	5054	6512	11425	4928
1982	32	5687	4110	13436	5508
1983	33	6398	4696	14762	5658
1984	32	6521	5746	15621	5622
1985	32	8469	5869	18218	4851
1986	34	6841	6160	18366	4898
1987	39	8457	8701	18681	6111
1988	40	10427	6002	23037	6074
1989	39	9256	5994	26152	6915
1990	40	8140	8581	25626	7926

14－2 续表

单位：人

年　份	学校数(所)	招生数	毕业生数	在　校 学生数	校本部 教职工数
1991	42	9540	8613	26480	7118
1992	43	13091	8536	30554	6157
1993	43	19526	8352	39202	6399
1994	42	16944	7153	47272	6689
1995	42	18477	9508	55438	6352
1996	47	23704	14060	66195	7065
1997	46	27215	16186	76808	6856
1998	47	29772	20282	85987	6899
1999	40	21406	15752	70406	4395
2000	40	19334	24192	84113	5238
2001	40	19478	25748	77270	5378
2002	24	22100	25465	64948	2588
2003	105	45505	30059	107475	6041
2004	112	48194	30227	116187	5697
2005	104	43902	36938	112698	4858
2006	84	42673	41176	123870	5935
2007	81	43490	51593	113018	5855
2008	78	39042	38980	99693	6141
2009	79	65028	39894	137568	6417
2010	67	41159	53368	113709	5708
2011	59	46540	35083	115596	4794
2012	50	43426	47767	120945	4890
2013	50	40367	30648	108232	4379
2014	52	33483	24603	86670	4019
2015	50	33929	21947	91472	4087
2016	51	35891	26565	93027	4325
2017	56	40032	27162	104685	4784
2018	57	42932	30231	111596	5447

注：1. 2003年开始，中等职业教育报表制度改革，现行报表制度包括前普通中专、职业高中。2002年及以前年份的数据是中等专业学校情况。

2. 2014年部分数据调整。

14－3 历年普通中学情况

单位:人

年份	学校数(所)	招生数	毕业生数	在校学生数	教职工数
1949	45			11347	1237
1950	38	4540	2352	10335	819
1952	40	7938	3387	23222	1289
1953	37	9950	5667	26384	1674
1955	37	11441	10172	31460	2199
1957	112	13864	10640	49484	3256
1958	164	25254	10224	49804	3105
1960	101	31992	12295	68205	3648
1962	129	22928	12152	51605	3933
1965	159	30945	17115	75367	5424
1966	293	21095	21298	71433	4598
1970	289	65230	29904	107921	6091
1975	567	136529	74396	237176	13796
1976	1473	198464	94903	331353	19991
1977	1148	192835	125324	372679	23992
1978	662	147133	159281	331109	22128
1979	676	116981	150239	268246	19564
1980	457	80492	52928	234707	19137
1981	466	82847	71738	215852	19292
1982	453	77146	58458	212388	18274
1983	438	65438	53829	199172	17887
1984	412	80035	56619	214658	18001
1985	422	80871	60933	221971	17916
1986	427	77229	53806	236055	18508
1987	433	87389	66953	245438	19421
1988	429	77029	67441	235257	19597
1989	429	82389	65762	238878	19915
1990	438	87892	72833	242065	20133

14－3 续表 单位：人

年　份	学校数(所)	招生数	毕业生数	在校学生数	教职工数
1991	422	86487	69188	243473	20309
1992	418	86754	68457	246662	20769
1993	421	88993	71579	248075	21347
1994	409	98763	70133	262655	21768
1995	391	106990	72276	284050	22231
1996	379	106047	78143	298924	23364
1997	379	108558	88071	309415	23737
1998	383	119832	95489	319792	24418
1999	379	131057	95136	345200	25946
2000	377	141865	97009	384192	26636
2001	368	149566	109141	413043	27330
2002	355	153589	124346	436307	27567
2003	358	132957	134525	432826	28429
2004	347	111583	144961	395687	27783
2005	339	102616	150972	345167	26814
2006	322	95515	130686	307095	25580
2007	310	99466	110263	292979	24888
2008	298	98650	97313	289960	24582
2009	291	102405	94639	295269	24924
2010	284	111383	96302	307427	24716
2011	280	114280	93657	325136	26871
2012	284	121302	100267	343769	28063
2013	285	126082	107723	357139	28057
2014	292	122120	110251	364653	28279
2015	296	125105	117408	369520	29207
2016	302	129426	121921	374262	30736
2017	313	131366	119528	383593	32986
2018	330	138684	122672	398801	35279

14－4 历 年 小 学 情 况

单位:人

年 份	学校数(所)	招生数	毕业生数	在 校 学生数	教职工数
1949	2640			147114	7810
1950	2378			154514	7881
1952	3685	79618	28137	309698	10697
1953	2787	61714	30528	315487	10753
1955	2487	95171	39718	340451	11270
1957	2737	95487	50993	440851	12179
1958	4073	102730	49306	517473	13467
1960	3768	106735	54607	541157	14664
1962	3475	95669	51696	401229	14214
1965	4755	116549	47117	593692	17203
1966	4485	80245	62524	574329	16919
1970	3575	132014	73946	464530	17310
1975	3668	138992	106360	727790	26935
1976	2693	144455	152006	703398	26093
1977	2787	134963	135165	673741	25873
1978	3231	136850	118693	680090	25719
1979	3069	133973	127970	685466	26752
1980	3244	122705	119369	673804	27056
1981	3272	126340	128653	667152	27046
1982	3253	110548	113744	649570	26687
1983	3268	102405	98641	641960	27525
1984	3276	98470	101218	629737	27503
1985	3270	92389	100920	616305	27098
1986	3257	91033	104750	601606	26521
1987	3260	91680	107676	583871	26929
1988	3241	98996	85465	578286	28119
1989	3243	97335	95557	576904	27973
1990	3212	92649	96433	570704	28193

14－4 续表

单位：人

年 份	学校数（所）	招生数	毕业生数	在 校 学生数	教职工数
1991	3201	93372	90896	563850	28290
1992	3181	100555	90813	568617	28363
1993	3135	108385	87421	567721	28982
1994	3048	112303	92437	602788	28792
1995	3014	116075	93875	623662	28283
1996	2925	112256	88836	646190	28765
1997	2779	85984	90517	642950	28373
1998	2710	56648	99459	599897	27902
1999	2486	43026	109414	535127	27221
2000	2154	43689	113714	466515	25133
2001	1830	50945	114425	399513	22187
2002	1719	54293	112215	342110	20548
2003	1580	59466	87744	313587	19762
2004	1433	63519	59049	318024	19330
2005	1272	63328	46516	338655	20475
2006	1217	68104	44977	366100	21593
2007	1162	69292	52844	382981	21954
2008	1126	67278	55007	395059	22479
2009	1055	67924	61722	403562	22443
2010	1024	73977	66404	413498	22391
2011	987	74333	66371	425405	20865
2012	938	78853	69948	439532	21410
2013	937	84508	71078	457894	21800
2014	937	87655	70504	481333	22894
2015	939	94184	71580	509396	23641
2016	931	99495	78610	536458	25295
2017	918	110635	79852	574220	27814
2018	937	126247	85016	622174	29511

14－5 历年高考录取人数

单位:人

年份	报名人数	大学录取人数	本科	专科	大学录取率(%)
1978	54649	2491			4.56
1979	32487	1362			4.19
1980	25700	1711	1407	304	6.66
1981	8537	1136	937	199	13.31
1982	5779	1142	969	173	19.76
1983	6986	2273	862	1411	32.54
1984	7501	3049	1846	1203	40.65
1985	9480	4320	2213	2107	45.57
1986	9308	3799	2008	1791	40.81
1987	9618	4431	2388	2043	46.07
1988	10358	5219	2201	3018	50.39
1989	16418	2674	1113	1561	16.29
1990	19248	3242	1705	1537	16.84
1991	17941	3032	1419	1613	16.90
1992	17455	4504	2028	2476	25.80
1993	15317	5569	2265	3304	36.36
1994	14642	6061	2367	3694	41.39
1995	13006	6073	2573	3500	46.69
1996	13765	5886	2577	3309	42.76
1997	13864	6003	3002	3001	43.30
1998	15241	6855	3469	3386	44.98
1999	16207	10383	5720	4663	64.06
2000	18953	12037	6108	5929	63.51
2001	22893	15177	8319	6858	66.30
2002	28965	21179	10619	10560	73.12
2003	32482	26197	11540	14657	80.65
2004	37886	30726	13020	17706	81.10
2005	50750	38871	16131	22740	76.59
2006	53845	33922	16557	17365	63.00
2007	62871	42250	18966	23284	67.20
2008	66149	43072	20618	22454	65.11
2009	56494	41603	22003	19600	73.64
2010	46553	38393	22187	16206	82.47
2011	42002	34432	21240	13192	81.98
2012	43969	35557	22888	12669	80.87
2013	46790	37710	23781	13929	80.59
2014	49707	39776	25514	14262	80.02
2015	52094	40759	27920	12839	78.24
2016	56395	43627	29861	13766	77.36
2017	55187	50633	33192	17441	91.75
2018	61628	55189	35070	20119	89.55

14－6 历年高校研究生数

单位:人

年份	培养博士学位				培养硕士学位			
	机构(个)	招生人数	毕业人数	在学人数	机构(个)	招生人数	毕业人数	在学人数
1983	3	8		13	7	324	87	676
1984	3	7		22	7	389	31	1030
1985	4	24	1	44	7	751	224	1552
1986	4	36		80	7	645	342	1853
1987	5	47	10	112	9	670	424	2094
1988	6	73	14	174	9	587	750	1910
1989	4	62	22	212	9	518	637	1771
1990	6	70	42	237	9	578	621	1696
1991	6	92	62	260	9	540	606	1606
1992	7	89	43	282	9	567	445	1694
1993	7	114	102	337	9	702	513	1791
1994	8	191	78	431	9	899	497	2144
1995	7	205	73	544	9	878	564	2425
1996	8	219	90	676	10	1036	703	2779
1997	7	226	129	748	9	962	850	2789
1998	7	285	189	838	9	1198	829	3110
1999	7	479	196	1114	9	1559	1021	3708
2000	5	575	155	1534	6	2411	945	5158
2001	7	794	239	2142	10	3732	1383	8335
2002	5	899	285	2669	6	4075	1331	9501
2003	6	1350	371	3317	10	5983	2272	13390
2004	6	1553	493	4628	11	7585	3163	18214
2005	7	1602	577	5669	11	8237	3943	22657
2006	7	1645	773	6538	11	9463	5612	26663
2007	11	1687	948	7238	11	9988	7081	29670
2008	10	1723	1088	7889	10	10360	8062	31602
2009	10	1776	1136	8489	10	12157	9260	34686
2010	10	1809	1411	8863	10	12865	9521	37487
2011	10	1878	1297	9365	10	13128	10299	39679
2012	10	1918	1399	9935	10	13497	11611	40636
2013	10	1948	1429	10302	10	14052	12392	41788
2014	9	1956	1428	10584	9	14280	13633	41818
2015	8	1990	1415	10970	8	14608	12878	43353
2016	8	2025	1419	10973	10	14972	12944	44558
2017	8	2304	1716	11490	11	19207	13148	50089
2018	8	2812	1498	12674	11	19575	13867	54895

14－7 历年技工学校情况

单位:人

年　份	学校数(所)	招生数	毕业生数	在校学生数	教职工数
1979	23	3700	1552	4614	913
1980	26	2579	1739	6672	1362
1981	28	1784	4218	4179	1646
1982	27	192	3357	1693	1562
1983	24	1230	1787	1551	1471
1984	21	1181	227	2596	1246
1985	19	1337	1318	2931	1386
1986	23	2557	1390	4671	1658
1987	22	2809	1549	5792	1717
1988	22	3678	2402	7140	1837
1989	25	2894	2198	7283	1951
1990	25	3451	3197	8002	2075
1991	24	3973	3024	8989	2095
1992	28	4543	3321	10381	2245
1993	32	5140	3655	11785	2318
1994	31	5112	4264	12951	2398
1995	34	4742	5342	12575	2416
1996	41	5024	5840	13581	2412
1997	40	4850	5793	12686	2696
1998	41	3528	5566	10541	2642
1999	43	2819	4127	9331	2700
2000	43	3791	3407	7706	2418
2001	42	5562	2940	9870	2613
2002	30	5155	2968	12257	2158
2003	32	8262	3478	14942	2026
2004	33	8729	6215	14810	2069
2005	32	10676	4902	18845	2050
2006	32	9221	5841	18736	1876
2007	24	9634	6502	20208	1923
2008	24	12095	7643	22666	2016
2009	26	15271	11206	32981	3124
2010	26	14549	7354	33685	2897
2011	26	10143	10645	26250	2340
2012	23	6366	7391	18003	1537
2013	24	3551	4392	10308	1310
2014	24	3827	2865	9860	1880
2015	24	4314	1985	9930	1684
2016	14	4516	2193	10363	1764
2017	14	4321	2134	11053	1225
2018	17	6727	3124	13210	1598

14－8 高考录取情况(2018年)

单位:人

项目	全市	市区	县市	长沙县	浏阳市	宁乡市
报名人数	61628	33819	27809	9387	8220	10202
录取总人数	55189	30488	24701	8629	7335	8737
总录取率(%)	89.55	90.15	88.82	91.93	89.23	85.64
录取总人数中						
本科	35070	21762	13308	4844	4320	4144
专科	20119	8726	11393	3785	3015	4593
录取总人数中						
文科	15096	7688	7408	2846	1935	2627
理科	26689	14413	12276	3729	4184	4363
职高对口	7178	5149	2029	1066	323	640
音乐	525	182	343	103	109	131
美术	1749	851	898	290	258	350
体育	802	212	590	136	221	233
附:保送生(本科)	33	33				
单招生	9369	5550	3819	1918	579	1322
本科	1604	1604				
专科	7765	3946	3819	1918	579	1322

注:1. 录取总人数中:音乐含文、理音乐;美术含文、理美术;体育含文、理体育。
2. 录取总人数中不包括保送生和单招生人数。

14－9 大学基本情况(2018年)

单位:人

项目	学校数(所)	招生人数	在校学生数	毕业生数	校本部教职工数	专任教师
大学合计	51	197243	635950	164868	53167	35441
综合大学	13	58247	184164	46709	20096	12307
理工院校	13	46769	142006	39164	10660	7440
农业院校	2	11577	39670	10135	3431	2058
医药院校	4	14488	53071	12418	4645	3521
师范院校	2	10943	37995	8950	2275	1596
财经院校	9	30120	97072	24669	5875	4250
林业院校	1	6536	25451	6309	2349	1600
其他院校	7	18563	56521	16514	3836	2669
成人高校普通本专科						

14－10 成人高等学历教育基本情况(2018年)

单位:人

项目	合计	小计	#职工大学	#广播电视大学	#教育学院	#管理干部学院	普通高等学校
学校数(所)		4	2	1	1		
在校学生数	200848	4274	3328	946			196574
本年招生数	109256	2614	2435	179			106642
本年毕业生数	72209	1092	884	208			71117
教职员工数	269	269	71	198			
# 专任教师	134	134	57	77			

14－11 普通中学、小学情况(2018年)

单位:人

项目	学校数(所)	招生人数	毕业生人数	在校学生人数	教职工人数	专任教师人数
普通中学	330	138684	122672	398801	35279	29504
市区	136	76442	65734	217999	20447	16384
县(市)	194	62242	56938	180802	14832	13120
合计中:教育和集体办	291	117684	109789	341621	29005	
民办	32	17746	9025	46922	5397	
其他部门办	7	3254	3858	10258	877	
小学合计	937	126247	85016	622174	29511	31605
市区	377	73200	44951	351136	17329	18964
县(市)	560	53047	40065	271038	12182	12641
合计中:教育和集体办	918	119556	79490	587984	27992	
民办	11	5764	4437	28184	1148	
其他部门办	8	927	1089	6006	371	

14－12 特殊教育学校情况(2018年)

单位:人

项目	盲、聋、哑学校	工读学校
学校数(所)	4	1
班数(个)	80	4
毕业生数	257	
招生数	414	30
在校学生数	2144	30
教职工数	301	49
专任教师数	269	45

14－13 幼儿园情况(2018年)

单位:人

项目	园数(所)	班数(个)	在园幼儿数	教职工数	#教师	#保育员
总计	**1876**	**10813**	**311300**	**39022**	**18514**	**10803**
#公办	473	2691	88236	9547	4744	2470
市区	913	5960	171866	24873	11750	6575
县(市)	963	4853	139434	14149	6764	4228
长沙县	270	1565	44467	4772	2513	1336
浏阳市	415	2051	58465	6223	2793	1926
宁乡市	278	1237	36502	3154	1458	966

14－14 规模以上工业企业R&D活动人员情况(2018年)

项目	有R&D活动的单位数(家)	R&D人员(人)	#全时人员	R&D人员折合全时当量(人年)
总计	**1174**	**53163**	**43191**	**37851**
按区县(市)分组:				
芙蓉区	48	1267	1097	929
天心区	28	1722	1462	853
岳麓区	216	11362	8829	8736
开福区	38	758	636	572
雨花区	36	1984	1753	1575
望城区	135	5086	3428	3508
长沙县	182	17353	14834	11816
浏阳市	247	7695	6357	5370
宁乡市	244	5936	4795	4492
按企业规模分组:				
大型企业	39	23121	18904	17771
中型企业	173	11259	9163	7395
小型企业	453	8461	6668	5938
微型企业	509	10322	8456	6748
按登记注册类型分组:				
内资企业	1105	40836	33086	29007
国有	6	1965	1415	1148
集体	1	2	1	1
股份合作				
联营企业				
国有独资公司	11	1306	1122	808
其他有限责任公司	171	9511	7590	6488
股份有限公司	64	3997	3209	2662
私营独资	14	74	31	36
私营合伙	5	29	19	17
私营有限责任公司	743	19566	16089	14503
私营股份有限公司	87	4357	3592	3322
其他企业	3	29	18	22
港、澳、台商投资企业	34	6940	6218	5083
外商投资企业	35	5387	3887	3761

14－14 续表

项目	有 R&D 活动的单位数(家)	R&D 人员(人)	#全时人员	R&D 人员折合全时当量(人年)
按工业行业大类分组:				
煤炭开采和洗选业				
石油和天然气开采业				
黑色金属矿采选业				
有色金属矿采选业	2	29	25	19
非金属矿采选业				
其他采矿业				
农副食品加工业	76	1757	1465	1343
食品制造业	37	768	632	607
酒、饮料和精制茶制造业	20	381	266	211
烟草制品业	1	590	531	437
纺织业	9	310	279	256
纺织服装、服饰业	7	271	217	229
皮革、毛皮、羽毛及其制品和制鞋业	1	10	9	6
木材加工及木、竹、藤、棕、草制品业	5	36	20	22
家具制造业	5	81	68	72
造纸及纸制品业	14	199	175	132
印刷和记录媒介复制业	22	344	261	263
文教、工美、体育和娱乐用品制造业	8	80	62	51
石油加工、炼焦及核燃料加工业	4	45	37	34
化学原料及化学制品制造业	127	2996	2366	2068
医药制造业	64	1768	1328	1303
化学纤维制造业				
橡胶和塑料制品业	30	544	457	347
非金属矿物制品业	75	1757	1191	1369
黑色金属冶炼及压延加工业	1	20	18	20
有色金属冶炼及压延加工业	32	1294	1015	1025
金属制品业	61	1208	981	821
通用设备制造业	115	3317	2459	2254
专用设备制造业	122	13048	10424	10515
汽车制造业	70	5297	4076	3151
铁路、船舶、航空航天和其他运输设备制造业	11	1073	949	250
电气机械及器材制造业	93	2885	2459	2105
计算机、通信和其他电子设备制造业	88	9625	8518	6559
仪器仪表制造业	46	2302	2011	1758
其他制造业	9	104	88	72
废弃资源综合利用业	6	96	73	42
金属制品、机械和设备修理业				
电力、热力的生产和供应业	7	710	570	355
燃气生产和供应业	3	102	62	81
水的生产和供应业	3	116	99	74

14－15 规模以上工业企业按活动类型分R&D经费内部支出情况(2018年)

单位:万元

项目	R&D经费内部支出	基础研究支出	应用研究支出	试验发展支出
总计	**1632212.5**	**814.4**	**36603.9**	**1594794.2**
按区县(市)分组:				
芙蓉区	26477.9		740.7	25737.2
天心区	30546.9	4.3	1629.3	28913.3
岳麓区	300451.2	151.8	6881.3	293418.1
开福区	15321.6			15321.6
雨花区	60472.6		14129.7	46342.9
望城区	160334.7		2030.3	158304.4
长沙县	660286.9	184.8	2780.9	657321.2
浏阳市	180207.5	76.1	4959.0	175172.4
宁乡市	198113.2	397.4	3452.7	194263.1
按企业规模分组:				
大型企业	846283.1	4.3	15597.2	830681.6
中型企业	324008.0	397.4	6295.3	317315.3
小型企业	205332.5	18.0	9712.9	195601.6
微型企业	256588.9	394.7	4998.5	251195.7
按登记注册类型分组:				
内资企业	1284389.3	814.4	35558.6	1248016.3
国有	42680.3	4.3	15009.8	27666.2
集体	23.2			23.2
股份合作				
联营企业				
国有独资公司	55450.7		158.9	55291.8
其他有限责任公司	320081.3	202.8	1830.1	318048.4
股份有限公司	92199.6		3250.6	88949.0
私营独资	1527.4			1527.4
私营合伙	344.2			344.2
私营有限责任公司	648819.3	607.3	14197.9	634014.1
私营股份有限公司	122666.9		1111.3	121555.6
其他企业	596.4			596.4
港、澳、台商投资企业	134216.2		170.9	134045.3
外商投资企业	67648.0		91.8	67556.2

14－15 续表

单位:万元

项目	R&D经费内部支出	基础研究支出	应用研究支出	试验发展支出
按工业行业大类分组:				
煤炭开采和洗选业				
石油和天然气开采业				
黑色金属矿采选业				
有色金属矿采选业	946.0			946.0
非金属矿采选业				
其他采矿业				
农副食品加工业	43238.3		1065.8	42172.5
食品制造业	19797.2		274.6	19522.6
酒、饮料和精制茶制造业	5093.2		4.4	5088.8
烟草制品业	27477.6		14016.2	13461.4
纺织业	20056.3			20056.3
纺织服装、服饰业	3341.2		940.9	2400.3
皮革、毛皮、羽毛及其制品和制鞋业	400.0	397.4		2.6
木材加工及木、竹、藤、棕、草制品业	497.5			497.5
家具制造业	1078.5			1078.5
造纸及纸制品业	8266.7		2753.2	5513.5
印刷和记录媒介复制业	8801.9		307.8	8494.1
文教、工美、体育和娱乐用品制造业	2056.3		318.9	1737.4
石油加工、炼焦及核燃料加工业	1031.1			1031.1
化学原料及化学制品制造业	65882.1		4321.6	61560.5
医药制造业	44382.5	260.9	1185.8	42935.8
化学纤维制造业				
橡胶和塑料制品业	15587.5		175.0	15412.5
非金属矿物制品业	43371.4		265.0	43106.4
黑色金属冶炼及压延加工业	774.9			774.9
有色金属冶炼及压延加工业	68865.7		1285.3	67580.4
金属制品业	35923.3		626.7	35296.6
通用设备制造业	65106.0		1213.8	63892.2
专用设备制造业	539929.9	151.8	4419.0	535359.1
汽车制造业	203256.4		597.3	202659.1
铁路、船舶、航空航天和其他运输设备制造业	19991.6		12.6	19979.0
电气机械及器材制造业	119674.8		290.1	119384.7
计算机、通信和其他电子设备制造业	197696.1		155.8	197540.3
仪器仪表制造业	46452.8		156.4	46296.4
其他制造业	5291.0		849.9	4441.1
废弃资源综合利用业	1690.7		137.3	1553.4
金属制品、机械和设备修理业				
电力、热力的生产和供应业	8482.7	4.3	947.6	7530.8
燃气生产和供应业	3470.0		282.9	3187.1
水的生产和供应业	4301.3			4301.3

14－16 规模以上工业企业按经费来源分 R&D 经费内部支出情况(2018 年)

单位:万元

项　　目	R&D 经费内部支出	政府资金	企业资金	境外资金	其他
总　　计	**1632212.5**	**59726.4**	**1553298.7**	**19160.5**	**26.9**
按区县(市)分组:					
芙蓉区	26477.9	4366.1	22111.8		
天心区	30546.9	6093.2	24448.6	5.1	
岳麓区	300451.2	16522.5	283800.6	101.2	26.9
开福区	15321.6	1194.0	14085.8	41.8	
雨花区	60472.6	826.3	59646.3		
望城区	160334.7	9614.4	150631.1	89.2	
长沙县	660286.9	16255.4	625226.3	18805.2	
浏阳市	180207.5	2819.7	177329.5	58.3	
宁乡市	198113.2	2034.8	196018.7	59.7	
按企业规模分组:					
大型企业	846283.1	31167.7	796464.1	18651.3	
中型企业	324008.0	11096.1	312834.8	77.1	
小型企业	205332.5	8978.8	196104.4	249.3	
微型企业	256588.9	8483.8	247895.4	182.8	26.9
按登记注册类型分组:					
内资企业	1284389.3	55553.7	1212470.5	16338.2	26.9
国有	42680.3	4731.7	37943.5	5.1	
集体	23.2	10.0	13.2		
股份合作					
联营企业					
国有独资公司	55450.7	6437.9	48985.9		26.9
其他有限责任公司	320081.3	9313.3	310596.5	171.5	
股份有限公司	92199.6	10562.0	81637.6		
私营独资	1527.4	30.0	1497.4		
私营合伙	344.2	15.0	329.2		
私营有限责任公司	648819.3	20016.4	612641.3	16161.6	
私营股份有限公司	122666.9	4437.4	118229.5		
其他企业	596.4		596.4		
港、澳、台商投资企业	134216.2	1896.4	132296.0	23.8	
外商投资企业	213607.0	2276.3	208532.2	2798.5	

14－16 续表

单位:万元

项目	R&D经费内部支出	政府资金	企业资金	境外资金	其他
按工业行业大类分组:					
煤炭开采和洗选业					
石油和天然气开采业					
黑色金属矿采选业					
有色金属矿采选业	946.0		946.0		
非金属矿采选业					
其他采矿业					
农副食品加工业	43238.3	4569.5	38668.8		
食品制造业	19797.2	418.5	19369.5	9.2	
酒、饮料和精制茶制造业	5093.2	205.8	4810.3	77.1	
烟草制品业	27477.6		27477.6		
纺织业	20056.3		20056.3		
纺织服装、服饰业	3341.2	321.9	3019.3		
皮革、毛皮、羽毛及其制品和制鞋业	400.0		400.0		
木材加工及木、竹、藤、棕、草制品业	497.5		497.5		
家具制造业	1078.5		1078.5		
造纸及纸制品业	8266.7		8266.3	0.4	
印刷和记录媒介复制业	8801.9	38.0	8754.5	9.4	
文教、工美、体育和娱乐用品制造业	2056.3	47.0	2009.3		
石油加工、炼焦及核燃料加工业	1031.1	4.4	990.8	35.9	
化学原料及化学制品制造业	65882.1	2244.4	63600.4	10.4	26.9
医药制造业	44382.5	2009.1	42353.0	20.4	
化学纤维制造业					
橡胶和塑料制品业	15587.5	42.2	15505.5	39.8	
非金属矿物制品业	43371.4	1845.7	41521.3	4.4	
黑色金属冶炼及压延加工业	774.9		774.9		
有色金属冶炼及压延加工业	68865.7	1436.3	67412.8	16.6	
金属制品业	35923.3	987.5	34930.8	5.0	
通用设备制造业	65106.0	6133.7	58867.4	104.9	
专用设备制造业	539929.9	18634.5	505379.4	15916.0	
汽车制造业	203256.4	5248.0	197719.6	288.8	
铁路、船舶、航空航天和其他运输设备制造业	19991.6	119.2	19852.4	20.0	
电气机械及器材制造业	119674.8	6733.6	110508.5	2432.7	
计算机、通信和其他电子设备制造业	197696.1	4558.7	192998.9	138.5	
仪器仪表制造业	46452.8	4090.4	42336.5	25.9	
其他制造业	5291.0		5291.0		
废弃资源综合利用业	1690.7	14.0	1676.7		
金属制品、机械和设备修理业					
电力、热力的生产和供应业	8482.7		8477.6	5.1	
燃气生产和供应业	3470.0		3470.0		
水的生产和供应业	4301.3	24.0	4277.3		

14－17 规模以上工业企业按支出用途分 R&D 经费内部支出情况(2018 年)

单位:万元

项目	R&D 经费内部支出	经常费支出	#人员劳务费	资产性支出	#仪器和设备
总计	**1632212.5**	**1501954.0**	**416478.1**	**130258.5**	**129198.8**
按区县(市)分组:					
芙蓉区	26477.9	25902.1	8899.0	575.8	531.0
天心区	30546.9	28481.2	5505.6	2065.7	2046.9
岳麓区	300451.2	283810.8	106360.1	16640.4	16325.1
开福区	15321.6	14279.9	4282.0	1041.7	1040.4
雨花区	60472.6	58709.8	31255.4	1762.8	1750.4
望城区	160334.7	135640.4	25234.1	24694.3	24678.8
长沙县	660286.9	632967.5	164929.1	27319.4	26938.6
浏阳市	180207.5	134913.9	35335.4	45293.6	45221.7
宁乡市	198113.2	187248.4	34677.4	10864.8	10665.9
按企业规模分组:					
大型企业	846283.1	774946.9	209278.9	71336.2	71005.5
中型企业	324008.0	294328.3	85448.5	29679.7	29302.1
小型企业	205332.5	192362.6	58591.9	12969.9	12829.3
微型企业	256588.9	240316.2	63158.8	16272.7	16061.9
按登记注册类型分组:					
内资企业	1284389.3	1202016.2	345297.2	82373.1	81607.0
国有	42680.3	41044.1	21299.0	1636.2	1632.4
集体	23.2	23.2	5.8		
股份合作					
联营企业					
国有独资公司	55450.7	52585.1	10915.3	2865.6	2797.1
其他有限责任公司	320081.3	279312.1	86278.4	40769.2	40614.9
股份有限公司	92199.6	84808.9	34485.0	7390.7	7216.5
私营独资	1527.4	1507.2	502.4	20.2	20.2
私营合伙	344.2	309.4	111.2	34.8	34.5
私营有限责任公司	648819.3	624442.6	148677.3	24376.7	24102.5
私营股份有限公司	122666.9	117387.2	42868.9	5279.7	5188.9
其他企业	596.4	596.4	153.9		
港、澳、台商投资企业	134216.2	93888.7	38856.0	40327.5	40298.1
外商投资企业	213607.0	206049.1	32324.9	7557.9	7293.7

14－17 续表

单位:万元

项　　目	R&D经费内部支出	经常费支出	#人员劳务费	资产性支出	#仪器和设备
按工业行业大类分组:					
煤炭开采和洗选业					
石油和天然气开采业					
黑色金属矿采选业					
有色金属矿采选业	946.0	946.0	195.1		
非金属矿采选业					
其他采矿业					
农副食品加工业	43238.3	40974.3	10624.4	2264.0	2209.8
食品制造业	19797.2	18728.7	4759.8	1068.5	1043.3
酒、饮料和精制茶制造业	5093.2	4871.7	1181.4	221.5	216.2
烟草制品业	27477.6	26500.8	18868.0	976.8	976.8
纺织业	20056.3	19674.8	1891.0	381.5	380.2
纺织服装、服饰业	3341.2	3341.2	1134.9		
皮革、毛皮、羽毛及其制品和制鞋业	400.0	400.0	48.3		
木材加工及木、竹、藤、棕、草制品业	497.5	440.2	291.2	57.3	57.3
家具制造业	1078.5	1071.1	548.8	7.4	7.1
造纸及纸制品业	8266.7	7811.2	1270.8	455.5	455.5
印刷和记录媒介复制业	8801.9	8782.4	2379.3	19.5	19.3
文教、工美、体育和娱乐用品制造业	2056.3	1615.7	536.0	440.6	439.7
石油加工、炼焦及核燃料加工业	1031.1	1002.5	337.2	28.6	28.6
化学原料及化学制品制造业	65882.1	57356.6	17740.2	8525.5	8428.4
医药制造业	44382.5	39221.3	8950.6	5161.2	5112.6
化学纤维制造业					
橡胶和塑料制品业	15587.5	12858.5	2391.5	2729.0	2688.5
非金属矿物制品业	43371.4	41738.1	11199.3	1633.3	1618.0
黑色金属冶炼及压延加工业	774.9	774.9	132.9		
有色金属冶炼及压延加工业	68865.7	53542.5	7275.6	15323.2	15293.4
金属制品业	35923.3	32625.5	6051.9	3297.8	3293.2
通用设备制造业	65106.0	61052.7	18476.5	4053.3	4041.1
专用设备制造业	539929.9	522668.4	142402.4	17261.5	17121.9
汽车制造业	203256.4	192321.4	29342.3	10935.0	10604.5
铁路、船舶、航空航天和其他运输设备制造业	19991.6	19692.2	10967.5	299.4	283.1
电气机械及器材制造业	119674.8	109201.2	19805.2	10473.6	10467.7
计算机、通信和其他电子设备制造业	197696.1	155271.6	69622.6	42424.5	42245.4
仪器仪表制造业	46452.8	44704.6	23929.8	1748.2	1708.6
其他制造业	5291.0	5291.0	1023.0		
废弃资源综合利用业	1690.7	1569.9	724.3	120.8	120.8
金属制品、机械和设备修理业					
电力、热力的生产和供应业	8482.7	8300.6	1103.5	182.1	171.3
燃气生产和供应业	3470.0	3421.5	448.9	48.5	48.2
水的生产和供应业	4301.3	4180.9	823.9	120.4	118.3

14－18 规模以上工业企业办研发机构情况(2018年)

项目	企业办研发机构(个)	企业办研发机构人员(人)	#博士	#硕士	机构经费支出(万元)
总计	**766**	**33357**	**790**	**6983**	**1211527.3**
按区县(市)分组:					
芙蓉区	28	899	38	185	17057.5
天心区	22	758	113	256	8975.5
岳麓区	156	7994	167	1624	197519.5
开福区	25	543	37	144	14920.4
雨花区	28	1312	38	176	108413.9
望城区	105	2529	46	354	118867.6
长沙县	153	9351	157	3599	554198.5
浏阳市	118	6695	80	274	109303.4
宁乡市	131	3276	114	371	82271.0
按企业规模分组:					
大型企业	92	16721	312	4235	700386.7
中型企业	159	7118	150	1139	194532.8
小型企业	266	4777	193	810	111637.5
微型企业	249	4741	135	799	204970.3
按登记注册类型分组:					
内资企业	710	24942	734	5999	873930.4
国有	7	680	129	236	28207.2
集体					
股份合作					
联营企业					
国有独资公司	9	669	13	207	15428.1
其他有限责任公司	120	5428	147	1005	262741.9
股份有限公司	93	3726	82	642	85995.7
私营独资	8	50	3	4	891.5
私营合伙	2	10			60.5
私营有限责任公司	396	10827	283	3337	379512.7
私营股份有限公司	75	3552	77	568	101092.8
其他企业					
港、澳、台商投资企业	24	5804	7	232	80476.3
外商投资企业	32	2611	49	752	257120.6

14－18 续表

项目	企业办研发机构（个）	企业办研发机构人员（人）	#博士	#硕士	机构经费支出（万元）
按工业行业大类分组：					
煤炭开采和洗选业					
石油和天然气开采业					
黑色金属矿采选业					
有色金属矿采选业	2	22	1	4	1036.3
非金属矿采选业	1	10			101.3
其他采矿业					
农副食品加工业	59	1192	77	228	29833.7
食品制造业	26	499	13	52	17570.8
酒、饮料和精制茶制造业	10	171	9	20	2302.8
烟草制品业	1	202	24	46	24735.0
纺织业	4	277	1	5	11728.7
纺织服装、服饰业	14	365		14	3714.3
皮革、毛皮、羽毛及其制品和制鞋业	1	5			15.0
木材加工及木、竹、藤、棕、草制品业	6	35	5	5	176.1
家具制造业	1	14		4	214.4
造纸及纸制品业	5	115	1	12	4649.1
印刷和记录媒介复制业	16	265	6	9	5432.1
文教、工美、体育和娱乐用品制造业	5	29	1	4	118.9
石油加工、炼焦及核燃料加工业	1	12		2	622.6
化学原料及化学制品制造业	76	1589	52	319	40439.4
医药制造业	54	1406	52	236	42707.6
化学纤维制造业					
橡胶和塑料制品业	15	319		6	6417.2
非金属矿物制品业	33	749	18	182	24146.0
黑色金属冶炼及压延加工业	2	16		10	829.7
有色金属冶炼及压延加工业	18	920	42	163	72815.7
金属制品业	21	475	16	46	9119.2
通用设备制造业	76	1573	24	165	27405.1
专用设备制造业	121	8713	188	3658	364678.5
汽车制造业	40	2460	16	404	287959.0
铁路、船舶、航空航天和其他运输设备制造业	6	202	1	49	1756.0
电气机械及器材制造业	52	1193	37	190	59925.9
计算机、通信和其他电子设备制造业	57	8315	78	605	122228.7
仪器仪表制造业	28	1601	19	328	42265.5
其他制造业	4	88	3	16	1277.1
废弃资源综合利用业	5	51		4	1192.4
金属制品、机械和设备修理业					
电力、热力的生产和供应业	6	474	106	197	4113.2
燃气生产和供应业					
水的生产和供应业					

14－19 规模以上工业企业科技活动产出情况(2018年)

项　　目	新产品产值(万元)	新产品销售收入(万元)	#出口	专利申请数(件)	拥有发明专利数(件)
总　　计	**32746187.7**	**29978601.7**	**3183406.4**	**10138**	**17534**
按区县(市)分组:					
芙蓉区	414311.8	407467.1	6571.5	129	153
天心区	335333.7	261772.7	13327.4	603	1979
岳麓区	5212240.3	4961855.1	203485.1	2421	5380
开福区	163788.7	159503.7	10936.9	167	273
雨花区	7850051.6	7279445.9	30620.4	740	884
望城区	1530999.3	1094078.9	24675.5	683	1142
长沙县	9029701.8	8566707.8	1446039.4	3016	4530
浏阳市	3150760.6	2902165.7	1333748.7	1010	1433
宁乡市	5058999.9	4345604.8	114001.5	1369	1760
按企业规模分组:					
大型企业	20963353.5	19172433.1	2801208.8	3495	7735
中型企业	5719319.3	5302498.9	109169.7	1882	3053
小型企业	3219367.6	3090118.9	190733.2	2358	3150
微型企业	2844147.3	2413550.8	82294.7	2403	3596
按登记注册类型分组:					
内资企业	24570803.1	22539567.6	373908.0	9095	15136
国有	6185922.4	6119604.8	5393.4	771	1940
集体					
股份合作					
联营企业	632.2	628.7			
国有独资公司	325089.8	245722.1	20403.4	244	522
其他有限责任公司	5098763.0	4319286.1	90475.3	1607	2528
股份有限公司	1291026.1	1229856.8	42411.4	739	1969
私营独资	41797.1	38009.2	17018.6		7
私营合伙	8071.8	7173.6	356.3	3	6
私营有限责任公司	10051136.6	9071670.5	149991.1	4197	6455
私营股份有限公司	1568364.1	1507615.8	47858.5	1534	1709
其他企业					
港、澳、台商投资企业	3110137.4	2938347.4	2555641.3	594	416
外商投资企业	5065247.2	4500686.7	253857.1	449	1982

14－19 续表

项　　目	新产品产值(万元)	新产品销售收入(万元)	#出口	专利申请数(件)	拥有发明专利数(件)
按工业行业大类分组:					
煤炭开采和洗选业					
石油和天然气开采业					
黑色金属矿采选业					
有色金属矿采选业	44.2	44.2		3	19
非金属矿采选业					6
其他采矿业					
农副食品加工业	695986.7	691078.8	6571.5	131	185
食品制造业	484609.0	178419.4	13263.4	140	180
酒、饮料和精制茶制造业	53753.0	48899.9	7443.7	31	76
烟草制品业	6153930.0	6090046.8	2128.4	411	320
纺织业	615517.8	585509.4		53	43
纺织服装、服饰业	41810.2	40596.1		11	21
皮革、毛皮、羽毛及其制品和制鞋业	2856.4	2856.4			
木材加工及木、竹、藤、棕、草制品业	22962.9	18709.9		4	28
家具制造业	11585.8	11845.0		23	17
造纸及纸制品业	75631.8	73193.5		69	139
印刷和记录媒介复制业	329024.9	381351.9	426.4	55	100
文教、工美、体育和娱乐用品制造业	16149.8	15548.9	741.3	43	36
石油加工、炼焦及核燃料加工业	6716.3	6085.5		6	7
化学原料及化学制品制造业	1409226.1	1358465.9	82254.5	521	945
医药制造业	656516.8	611986.3	12047.4	358	588
化学纤维制造业					
橡胶和塑料制品业	498133.8	406119.0	3968.8	107	174
非金属矿物制品业	947132.3	965728.2	4233.4	280	928
黑色金属冶炼及压延加工业	12809.6	11450.8		9	17
有色金属冶炼及压延加工业	822064.2	792938.2	47281.1	228	485
金属制品业	687849.9	662372.4	14151.8	226	368
通用设备制造业	840859.8	700613.1	38132.7	811	988
专用设备制造业	6932514.8	6430708.6	197778.1	2843	5936
汽车制造业	4855430.5	4188424.5	49042.8	343	780
铁路、船舶、航空航天和其他运输设备制造业	97168.8	94429.4	67000.0	134	470
电气机械及器材制造业	2187860.9	1547342.7	59776.2	775	1070
计算机、通信和其他电子设备制造业	3789598.0	3565396.1	2573164.3	1271	1182
仪器仪表制造业	435386.9	430130.0	3645.1	742	811
其他制造业	33318.9	33240.9	355.5	51	42
废弃资源综合利用业	54.4	54.4		13	14
金属制品、机械和设备修理业					
电力、热力的生产和供应业				362	1526
燃气生产和供应业				1	3
水的生产和供应业	29683.2	35015.5		83	30

14－20 规模以上工业企业新产品开发项目情况(2018 年)

项　　目	新产品开发项目数(项)	新产品开发经费支出(万元)
总　　计	**5858**	**1817933.7**
按区县(市)分组:		
芙蓉区	176	27098.4
天心区	187	36220.4
岳麓区	1640	323418.4
开福区	189	17472.1
雨花区	283	43460.2
望城区	570	179772.9
长沙县	1210	740655.4
浏阳市	875	214566.3
宁乡市	728	235269.6
按企业规模分组:		
大型企业	816	922989.3
中型企业	1166	377521.1
小型企业	1965	228306.8
微型企业	1911	289116.5
按登记注册类型分组:		
内资企业	5225	1377076.2
国有	106	23032.4
集体		
股份合作	1	312.4
联营企业		
国有独资公司	176	56355.4
其他有限责任公司	890	345657.5
股份有限公司	526	96756.3
私营独资	19	2003.5
私营合伙	6	363.9
私营有限责任公司	2738	714059.1
私营股份有限公司	758	137573.7
其他企业	5	962.0
港、澳、台商投资企业	324	202661.9
外商投资企业	309	238195.6

14－20 续表

项　　目	新产品开发项目数(项)	新产品开发经费支出(万元)
按工业行业大类分组:		
煤炭开采和洗选业		
石油和天然气开采业		
黑色金属矿采选业		
有色金属矿采选业	12	1183.8
非金属矿采选业	1	96.5
其他采矿业		
农副食品加工业	229	48426.2
食品制造业	177	26352.6
酒、饮料和精制茶制造业	80	7438.5
烟草制品业	23	9117.5
纺织业	46	21817.2
纺织服装、服饰业	11	1502.8
皮革、毛皮、羽毛及其制品和制鞋业	2	460.9
木材加工及木、竹、藤、棕、草制品业	7	439.0
家具制造业	14	1818.9
造纸及纸制品业	33	5174.6
印刷和记录媒介复制业	57	11352.2
文教、工美、体育和娱乐用品制造业	26	3144.5
石油加工、炼焦及核燃料加工业	9	1143.3
化学原料及化学制品制造业	454	69615.1
医药制造业	404	55234.2
化学纤维制造业		
橡胶和塑料制品业	91	18983.4
非金属矿物制品业	254	46799.5
黑色金属冶炼及压延加工业	3	768.0
有色金属冶炼及压延加工业	157	88239.4
金属制品业	256	39852.1
通用设备制造业	485	76436.2
专用设备制造业	749	554882.6
汽车制造业	346	219820.3
铁路、船舶、航空航天和其他运输设备制造业	76	20723.4
电气机械及器材制造业	513	137997.3
计算机、通信和其他电子设备制造业	824	277395.0
仪器仪表制造业	375	48836.4
其他制造业	29	6338.0
废弃资源综合利用业	15	1289.7
金属制品、机械和设备修理业		
电力、热力的生产和供应业	71	7175.6
燃气生产和供应业	12	4443.7
水的生产和供应业	17	3635.3

15 文化、体育、卫生

长沙统计年鉴

15－1 历年文化事业发展情况

单位:个

年份	电影放映单位	#电影院影剧院	艺术表演团体	艺术表演观众人数(万人)	公共图书馆	文化馆
1949	7	7	9		1	1
1950	6		9		1	2
1952	6	6	10		1	3
1955	6		12		1	6
1957	16	7	14		2	8
1960	24		14		3	7
1962	21	10	17		3	8
1965	102	13	19		4	10
1966	151		4		4	10
1970	138		4		4	10
1975	292		13		4	10
1976	370	18	13		5	10
1977	459		13		5	10
1978	484	31	13	351	5	10
1979	503		14		5	11
1980	510	38	14	506	5	11
1981	504	42	14	431	6	11
1982	506	33	14	432	6	11
1983	537	43	14	323	6	11
1984	780	41	14	271	6	11
1985	844	42	14	207	7	11
1986	822	42	14	186	7	11
1987	818	42	14	154	7	11
1988	817	50	12	87	7	11
1989	802	48	12	70	7	11
1990	807	47	12	118.6	7	11
1991	812	46	12	127	7	11
1992	771	48	12	61.9	7	11

15－1 续表

单位:个

年　份	电影放映单　位	#电影院影剧院	艺术表演团　体	艺术表演观众人数（万人）	公共图书馆	文化馆
1993	657	34	12	55.0	7	11
1994	641	32	12	125.3	7	11
1995	644	29	12	130.3	7	11
1996	589	30	12	146.0	7	11
1997	580	31	13	132.0	7	11
1998	581	32	13	171.1	7	11
1999	485	32	13	167.3	7	11
2000	458	20	13	121.0	7	11
2001	458	20	13		7	11
2002			12	57.0	7	10
2003			12	272.0	7	10
2004			12	210.2	7	10
2005			12	247.0	12	10
2006			12	115.0	12	10
2007			12	216.1	12	10
2008			12	357.2	12	10
2009			12	203.7	12	10
2010			12	271.2	12	10
2011			12	193.7	12	10
2012			9	166.1	12	10
2013			9	149.3	12	10
2014			9	152.5	12	10
2015			12	201.8	12	10
2016			12	179.9	12	10
2017			12	170.6	12	10
2018			12	163.5	12	10

注:由于放映市场的变化,电影放映单位无法统计。

15－2 历年出版事业发展情况

年份	书籍		课本（万册）	杂志		报纸	
	种数（种）	总印数（万册）		种数（种）	总印数（万册）	种数（种）	总印数（万册）
1951	113	482		3	43		
1952	112	1626		4	245	17	6786
1954	110	589	1563	1	6	10	4503
1955	143	877	1853	2	52	10	5403
1957	267	975	2844	4	169	11	6530
1958	764	5467	3622	6	371	23	19317
1960	676	1361	5070	7	402	16	33318
1962	186	495	2735	2	150	12	6983
1965	233	2549	4568	2	211	7	17000
1970	132	10717	4242			6	10028
1975	185	7640	8618	4	1535	8	33861
1976	134	8373	5974	8	1643	8	38365
1977	88	7384	6606	8	2101	8	36931
1978	134	1983	12102	13	2680	3	30057
1979	317	4736	10614	26	3592	3	31120
1980	426	8563	11190	30	3182	5	20830
1981	568	13442	13002	41	2343	7	29838
1982	780	16082	13595	56	2189	11	33089
1983	985	15300	13882	61	2160	11	45705
1984	998	15818	14000	85	2836	23	55911
1985	1270	18850	16288	124	5149	35	59431
1986	1274	10532	19132	131	5247	38	53400
1987	1482	14073	18757	137	5931	40	60134
1988	2157	37293	23396	146	6037	31	55743
1989	2157	35055	19728	145	4968	31	37317
1990	1892	32135	21393	144	5144	28	40325

15－2 续表

年份	书籍		课本（万册）	杂志		报纸	
	种数（种）	总印数（万册）		种数（种）	总印数（万册）	种数（种）	总印数（万册）
1991	1969	35086	21392	146	6349	32	47414
1992	2124	36436	20686	149	7700	32	37592
1993	2069	33503	19726	165	7899	36	57677
1994	2249	29597	18693	162	7288	36	47815
1995	2357	33677	20146	178	7636	36	55721
1996	2734	39390	21957	180	7700	33	43698
1997	2893	37512	22139	180	7515	36	48190
1998	3262	36375	22489	171	8695	30	54831
1999	3341	30680	21171	183	12271	31	62613
2000	3156	24844	18342	198	10404	44	62354
2001	2612	24851	18007	203	9867	46	69194
2002	2866	32556	23135	213	10844	46	71169
2003	3123	29554	19222	219	12391	44	87814
2004	3353	12345	18830	192	18958	37	78802
2005	3218	8228	21000	202	10925	38	75309
2006	3221	6832	20838	198	9622	38	78381
2007	2535	8231	22735	181	8143	37	75636
2008	4230	12577	16342	184	8467	36	76080
2009	4421	14084	11820	204	11271	42	100554
2010	6222	18783	12202	201	12540	42	101861
2011	8362	21427	12858	205	12140	40	94019
2012	9237	22052	13831	205	12496	40	102698
2013	10064	23745	11890	204	12804	39	105924
2014	9817	27543	14524	204	13247	39	107582
2015	10697	33843	14645	204	13918	38	105635
2016	11622	37518	14107	203	13757	38	70934
2017	11136	31248	14621	207	11473	38	65592
2018	9292	27026	15880	209	8616	38	59510

注：因新闻出版统计口径变化，从2007年开始，一套书只按一本书计算。

15－3 历年市、县属广播事业发展情况

年 份	市台平均日播音时间（时°分′）	市电台覆盖率（%）	县、区广播台、站（个）	市电视台每周播出时间（时°分′）	市电视台覆盖率（%）
1956			1		
1957			3		
1958	8°30′		3		
1960	6°30′		3		
1961	6°30′		3		
1962					
1965			3		
1970			4		
1975			4		
1976			4		
1977			4		
1978			5		
1979			5		
1980	8°30′		5		
1981	11°05′	89.7	5		
1982	11°05′	90	5		
1983	10°00′	46.1	5		
1984	10°30′	63	5		
1985	10°45′	76	5	16°	23.6
1986	11°25′	70	5	22°	23
1987	11°25′	67.1	5	56°	23
1988	11°25′	70	5	35°	50
1989	11°30′		5	56°	80
1990	11°30′		5	56°	90
1991	11°20′		5	56°	90
1992	11°30′	92.7	5	56°	95

15－3 续表

年　份	市台平均日播音时间（时°分′）	市电台覆盖率（%）	县、区广播台、站（个）	市电视台每周播出时间（时°分′）	市电视台覆盖率（%）
1993	16°30′	95	5	56°	98
1994	16°45′	95	5	56°	98
1995	16°30′	95	5	42°	98
1996	36°30′	96	4	78°	95
1997	49°30′	95	4	125°30′	85.61
1998	36°30′	95	4	174°30′	88.39
1999	36°30′	95	4	238°00′	97.30
2000	37°40′	95	4	206°30′	97.30
2001	43°00′	96.50	4	456°	98.10
2002	54°30′	96.41	4	543°	97.23
2003	60°00′	96.46	4	817°	97.57
2004	64°00′	96.78	4	817°	97.82
2005	88°96′	96.88	4	858°12′	97.88
2006	82°12′	96.91	4	893°56′	97.90
2007	91°30′	96.93	4	916°00′	97.92
2008	139°46′	99.10	4	970°24′	98.48
2009	140°11′	99.14	4	1057°22′	98.49
2010	139°71′	99.14	4	1060°47′	98.49
2011	139°48′	99.30	4	1078°30′	98.61
2012	142°6′	99.30	4	1096°58′	98.62
2013	147°6′	99.32	4	1115°54′	98.68
2014	147°14′	99.41	4	1114°78′	98.89
2015	147°14′	99.41	4	1114°78′	98.91
2016	165°34′	99.41	4	1164°17′	99.04
2017		99.48	4		99.13
2018		99.76	4		99.73

15－4 历年市、县训练体育干部、举办运动会情况

单位:人

年　份	训练体育干部			举办运动会（次）	参赛人次
	合　计	# 裁判员	# 社会体育指导员		
1978	815	455	100	46	…
1979	538	330		43	17168
1980	1367	385	650	64	19263
1981	1967	1030	424	115	38496
1982	1802	496	768	118	37696
1983	1045	515	252	99	47746
1984	1318	606	192	130	32596
1985	745	160	336	266	66424
1986	1390	425	655	280	74000
1987	2126	599	263	467	92404
1988	1468	579	125	428	69558
1989	2642	764	380	728	164013
1990	1278	800	267	1149	563139
1991	2233	1563	86	2357	503469
1992	1540	1161	22	444	83537
1993	941	277	34	144	57401
1994	938	539		128	79684
1995	2162	352	1387	283	148479
1996	2504	450	1343	384	194981
1997	1292	373	174	152	263015
1998	1401	548	99	219	75255
1999	2480	956	307	206	84579
2000	2165	785	136	163	116958
2001	1959	608	321	149	33203
2002	865	361	150	35	22700
2003	2223	1689	370	14	489300
2004	238	60	75	28	30000
2005	776	76	700	26	12000
2006	547	58	489	200	300000
2007	3285	60	3225	214	320000
2008	5215	65	5150	301	450000
2009	5952	73	5879	334	480000
2010	2136	11	2125		
2011	1058	32	1026		
2012	451	51	400		
2013	1049	49	1000		
2014	2235	55	2180		
2015	6861	191	6670		
2016	1907	31	1876		
2017	2097	39	2058		
2018	3051	31	3020		

15－5 历年卫生事业发展情况

年份	机构数（个）	# 医院、卫生院	床位数（张）	# 医院、卫生院	卫生工作人员（人）	# 卫生技术人员	# 执业医师和执业助理医师
1949	34	14	747		1468	1253	
1952	522	38	1478		4167	2367	
1957	993	41	3312		8412	4645	
1962	992		8081		9171	7880	
1963	986	122	8177		10070	7725	
1965	1035	138	8454	5713	11235	8779	
1966	993	152	9746	6613	11112	7944	
1970	768	192	8165	4437	10451	7857	4130
1972	937	304	9276	7842	15749	11345	4949
1975	1066	313	11760	9705	18694	13854	6637
1976	1131	241	12132	11017	19687	14656	7233
1977	1192	316	12410	9941	20447	15416	7370
1978	1195	248	12976	11036	21583	16068	7247
1979	1205	323	13343	10851	23075	16722	8018
1980	1250	290	13356	11974	24637	18266	8435
1981	1337	284	13842	11179	26031	19044	8947
1982	1348	255	14000	11283	26755	19805	9305
1983	1330	317	14051	11521	27787	20979	9668
1984	1397	317	14385	11728	29053	22031	10286
1985	1403	291	13743	11503	29620	21611	10187
1986	1319	290	14940	12085	30196	22106	10034
1987	1388	285	15287	12640	30542	22813	10519
1988	1312	284	16158	13619	31960	23918	11386
1989	1397	300	17823	14281	32871	24606	11868
1990	1346	297	18349	14766	34190	26307	12423
1991	1258	300	19352	15705	34834	26546	12297
1992	1323	300	19968	16470	35549	27092	12225
1993	1009	303	20681	17031	34894	25543	11296
1994	1215	305	20878	17245	36473	26875	12210
1995	1100	205	21378	17594	37115	27553	12107

15－5 续表

年　份	机构数（个）	# 医院、卫生院	床位数（张）	# 医院、卫生院	卫生工作人员(人)	# 卫生技术人员	# 执业医师和执业助理医师
1996	1295	235	20991	17797	37434	27706	11825
1997	1218	246	20751	18240	38107	27966	11526
1998	1281	249	20569	17974	37954	28579	12070
1999	1216	256	21342	18492	38336	28840	12639
2000	1036	263	20590	17281	36225	27460	12345
2001	1086	265	22538	18998	35303	28187	12310
2002	1127	282	22487	20621	34795	27102	11172
2003	1291	282	23405	21024	38415	29909	11655
2004	1440	258	24360	22264	35937	28142	11412
2005	1519	260	27395	25501	37711	28943	12088
2006	1557	252	28845	27240	40681	31180	12692
2007	2259	265	31891	30046	47340	37402	14683
2008	2385	252	35547	31563	50599	40232	15831
2009	2709	265	41603	35909	55564	44888	17153
2010	2655	255	42629	39983	59738	48791	18258
2011	2680	255	47036	42954	66104	53030	19100
2012	4270	254	51285	46382	69011	55978	20268
2013	4690	279	57919	52507	76479	62123	22936
2014	4586	276	63606	57374	81645	66735	24340
2015	4661	284	66036	59927	84857	69634	25599
2016	4605	286	71335	64805	89246	73603	27271
2017	4493	287	73711	66458	93540	77442	29265
2018	4523	331	77253	69913	98486	81548	30793

注：1. 2001 年（含）以前“执业医师和执业助理医师”指标统计口径为“医生”。

2. 2007 年卫生系统新的报表制度将医务室、社区卫生服务中心、社区卫生服务站均统计到“卫生机构”中，故数据增加较大。

3. 2012 年卫生系统新的报表制度将村卫生室、门诊部、诊所（医务室）、专业公共卫生机构、其他医疗卫生机构均统计到“卫生机构”中，故数据增加较大，按 2011 年同口径数据为 2902 个。

15－6 医疗机构诊疗人数(2018年)

类　　别	医疗机构数（个）	总诊疗人次数（万人次）	#门诊人次数
总　　计	**4523**	**4986.64**	**4375.45**
#医院	232	2791.56	2356.63
卫生院	99	425.31	389.88
社区卫生服务机构	290	603.83	545.09
社区卫生服务中心	80	465.85	432.90
社区卫生服务站	210	137.98	112.19

15－7 医疗机构入院、出院人数(2018年)

单位:万人

类　　别	健康检查人数	入院人数	出院人数
总　　计	**377.15**	**255.44**	**262.46**
#医院	202.92	185.18	192.22
卫生院	48.79	39.67	39.64
社区卫生服务机构	99.80	12.41	12.41
社区卫生服务中心	69.36	12.41	12.41
社区卫生服务站	30.44		

16 区县(市)主要经济和社会指标

长沙统计年鉴

16－1　区县(市)年末户籍户数和人口数(2018年)

单位:人

区县(市)	年末总户数(户)	年末总人口	男性	女性	城镇人口	乡村人口
全　市	**2399930**	**7288583**	**3630733**	**3657850**	**4918339**	**2370244**
市区合计	1255571	3557549	1744360	1813189	3092420	465129
芙蓉区	141503	424671	207373	217298	424671	
天心区	189340	496128	244822	251306	481625	14503
岳麓区	277970	783265	383713	399552	654267	128998
开福区	198214	505571	243284	262287	490525	15046
雨花区	256800	720819	355325	365494	680110	40709
望城区	191744	627095	309843	317252	361222	265873
县(市)合计	1144359	3731034	1886373	1844661	1825919	1905115
长沙县	270121	806327	400260	406067	440158	366169
浏阳市	418522	1493770	761448	732322	711381	782389
宁乡市	455716	1430937	724665	706272	674380	756557

16－2 历年分区县(市)年末户籍人口

单位:人

区县(市)	2000年	2001年	2002年	2003年	2004年	2005年	2006年	2007年	2008年	2009年
全　　市	**5831894**	**5870933**	**5954592**	**6017624**	**6103844**	**6209248**	**6309958**	**6373561**	**6417367**	**6468350**
市区合计	1754142	1807670	1889773	1962561	2024646	2086476	2146096	2187488	2365801	2391675
县(市)合计	4077752	4063263	4064819	4055063	4079198	4122772	4163862	4186073	4051566	4076675
芙蓉区	313987	323035	334844	345817	359797	370498	381843	397760	408441	406271
天心区	356518	369082	386443	401010	417866	422118	429104	421136	412568	407537
岳麓区	314706	326408	353719	376124	386266	395385	416715	431013	617889	625527
开福区	376771	381347	388545	395399	399750	410326	415841	416085	411404	414841
雨花区	392160	407798	426222	444211	460967	488149	502593	521494	515499	537499
望城区	713953	706877	706546	704964	702481	710330	717055	712314	541622	541037
长沙县	735402	735958	734198	734731	737560	745179	755524	764869	775815	781972
浏阳市	1320593	1318343	1318611	1325928	1332120	1345410	1355160	1363979	1380303	1393501
宁乡市	1307804	1302085	1305464	1289440	1307037	1321853	1336123	1344911	1353826	1360165

16－2 续表

区县(市)	2010年	2011年	2012年	2013年	2014年	2015年	2016年	2017年	2018年
全　　市	**6501248**	**6566185**	**6606166**	**6628122**	**6714121**	**6803579**	**6959998**	**7087939**	**7288583**
市区合计	2395348	2967851	2979005	2992513	3035103	3184995	3283293	3397749	3557549
县(市)合计	4105900	3598334	3627161	3635609	3679018	3618584	3676705	3690190	3731034
芙蓉区	406641	409726	408872	406273	403948	403073	399936	403972	424671
天心区	400566	398395	396222	392340	397329	445700	460205	475285	496128
岳麓区	627763	630265	626976	624428	644834	645883	674871	720473	783265
开福区	419868	426620	433334	441605	452168	461884	475865	487524	505571
雨花区	540510	550721	556458	565405	576257	648812	669357	690021	720819
望城区	544314	552124	557143	562462	560567	579643	603059	620474	627095
长沙县	788566	803861	813395	818874	832244	743210	764869	785647	806327
浏阳市	1407104	1423524	1436248	1439697	1453246	1469104	1489306	1483717	1493770
宁乡市	1365916	1370949	1377518	1377038	1393528	1406270	1422530	1420826	1430937

注:望城区从2011年开始撤县设区,数据纳入市区合计。

16－3　历年分区县(市)年末常住人口

单位:人

区县(市)	2000年	2001年	2002年	2003年	2004年	2005年	2006年	2007年	2008年	2009年
全　　市	**6138719**	**6200800**	**6268778**	**6283499**	**6290000**	**6393000**	**6465000**	**6529200**	**6585600**	**6642200**
市区合计	2122873	2220025	2273184	2304859	2310860	2372600	2413421	2498341	2682518	2725458
县(市)合计	4015846	3980775	3995594	3978640	3979140	4020400	4051579	4030859	3903082	3916742
芙蓉区	390074	410289	417362	417794	419095	431600	440809	447418	460403	460700
天心区	396827	428547	437439	442319	443619	448100	455086	460588	451650	452296
岳麓区	409939	423318	438665	443720	444820	455300	464847	482435	673884	694057
开福区	423645	433394	442120	454530	455530	467600	474851	484299	479420	484405
雨花区	502388	524477	537598	546496	547796	570000	577828	623601	617161	634000
望城区	686349	673420	677953	678439	678539	686000	692760	688188	519050	522200
长沙县	774707	763529	769660	770218	770318	778300	786069	790656	803428	805249
浏阳市	1307572	1303121	1303096	1306304	1306404	1319400	1328470	1310784	1329107	1333923
宁乡市	1247218	1240705	1244885	1223679	1223879	1236700	1244280	1241231	1251497	1255370

16－3续表

区县(市)	2010年	2011年	2012年	2013年	2014年	2015年	2016年	2017年	2018年
全　　市	**7040709**	**7090700**	**7146600**	**7221400**	**7311500**	**7431800**	**7645200**	**7918100**	**8154700**
市区合计	3092034	3650800	3676000	3711400	3757600	3972900	4116400	4267500	4409500
县(市)合计	3948675	3439900	3470600	3510000	3553900	3458900	3528800	3650600	3745200
芙蓉区	523989	528200	530600	533300	539200	542800	575800	595400	589500
天心区	475196	479000	479300	481600	487400	596800	643400	664300	669600
岳麓区	801720	811800	812200	813800	818900	826500	837900	849600	893000
开福区	567140	572900	579700	588400	595000	606000	621600	636900	664800
雨花区	723989	731300	740800	748200	755000	824600	836400	888000	927400
望城区	523650	527600	533400	546100	562100	576200	601300	633300	665200
长沙县	979420	986700	998600	1008600	1037800	916000	945800	1041000	1088900
浏阳市	1279469	1284600	1285500	1295100	1297700	1307400	1317400	1327400	1351300
宁乡市	1166136	1168600	1186500	1206300	1218400	1235500	1265600	1282200	1305000

注:1. 2010年为人口普查以后的年报数,比以前年度数据有较大的增加。
2. 望城区从2011年开始撤县设区,数据纳入市区合计。
3. 因区划调整,2015年长沙县、天心区、雨花区人口数据调整。

16－4　区县(市)人口自然变动情况(2018年)

区县(市)	出生人口(人)	死亡人口(人)	自然增长人数(人)	出生率(‰)	死亡率(‰)	自然增长率(‰)
全　　市	**98260**	**48647**	**49613**	**13.67**	**6.77**	**6.90**
市区合计	51724	24976	26748	14.87	7.18	7.69
芙蓉区	4417	3229	1188	10.66	7.79	2.87
天心区	6874	4376	2498	14.15	9.01	5.14
岳麓区	13566	4439	9127	17.86	5.89	11.97
开福区	7029	4317	2712	14.16	8.69	5.46
雨花区	9901	4086	5815	14.04	5.79	8.24
望城区	9937	4529	5408	16.02	7.38	8.63
县(市)合计	46536	23671	22865	12.54	6.38	6.16
长沙县	12258	6347	5911	15.40	7.97	7.43
浏阳市	16588	8745	7843	11.88	5.76	6.12
宁乡市	17690	8579	9111	11.63	6.13	5.50

16－5　区县(市)人口机械增长情况(2018年)

区县(市)	迁入人数(人)	迁出人数(人)	机械增长人数(人)	机械增长率(‰)	自然、机械净增人数(人)	净增率(‰)
全　　市	**230958**	**48937**	**182021**	**25.32**	**231634**	**32.22**
市区合计	200908	33948	166960	48.01	193708	55.70
芙蓉区	34470	5679	28791	69.49	29979	72.36
天心区	30098	4840	25258	52.00	27756	57.15
岳麓区	55507	9555	45952	57.74	55480	69.72
开福区	25064	3739	21325	42.95	24037	48.41
雨花区	40432	7111	33321	47.24	39136	55.48
望城区	15337	3024	12313	21.23	17320	29.87
县(市)合计	30050	14989	15061	4.06	37926	10.22
长沙县	18952	4533	14419	18.11	20330	25.54
浏阳市	4649	4828	－179	－0.12	8932	6.00
宁乡市	6449	5628	821	0.58	8664	6.08

16-6 区县(市)地区生产总值(2018年)

单位:万元

指标	芙蓉区	天心区	岳麓区	开福区	雨花区	望城区	长沙县	浏阳市	宁乡市
地区生产总值	13267343	10191523	11202318	10451976	18881569	6714233	15093258	13420795	11137422
农、林、牧、渔业	245	14681	106151	11606	55023	433556	673061	1011108	1066640
工业	356850	1154555	3205492	506934	8150370	3313134	7729639	7675667	5768921
建筑业	519085	1555147	1054471	1001541	1304462	1138617	1581893	995026	827572
批发和零售业	2646354	827704	387297	1269243	1143968	119589	441658	623230	397450
交通运输、仓储和邮政业	1145113	133185	163487	377079	217309	91085	431804	290254	171705
住宿和餐饮业	497439	417436	224486	389698	328808	151310	224693	301590	320996
金融业	2237593	1033656	613852	1139105	1188303	114420	460409	297377	197497
房地产业	523481	540997	986811	471107	516271	479073	814903	566167	663536
营利性服务业	2610014	3423487	1388138	3873069	3387358	197943	937379	718507	810805
非营利性服务业	2731169	1090675	3072133	1412594	2589697	675506	1797819	941869	912300
第一产业	215	13936	101707	11184	52811	403990	640105	954068	1009282
第二产业	875935	2709321	4254994	1508475	9441791	4445887	9300788	8645057	6595974
第三产业	12391193	7468266	6845617	8932317	9386967	1864356	5152365	3821670	3532166

16-7 区县(市)地区生产总值增长速度(2018年)

单位:%

指标	芙蓉区	天心区	岳麓区	开福区	雨花区	望城区	长沙县	浏阳市	宁乡市
地区生产总值	8.4	9.6	10.0	9.3	7.8	8.6	9.6	8.6	8.0
农、林、牧、渔业	-65.1	-8.8	-3.3	-11.6	-4.5	4.0	3.5	4.9	3.8
工业	1.0	2.1	8.4	3.4	5.3	8.0	10.2	8.6	8.1
建筑业	-26.5	9.0	13.2	-0.9	0.2	10.6	7.2	9.9	4.0
批发和零售业	4.7	8.0	5.8	4.4	3.3	-0.3	0.4	5.2	6.4
交通运输、仓储和邮政业	5.8	10.1	6.7	7.3	2.7	5.1	6.6	5.5	6.0
住宿和餐饮业	5.2	4.9	5.9	4.7	3.7	11.3	7.7	5.9	5.7
金融业	0.8	0.8	1.9	0.5	6.4	5.4	4.2	7.6	5.0
房地产业	9.8	-2.1	8.4	-2.5	-3.9	9.7	2.6	6.6	15.2
营利性服务业	18.5	18.3	17.9	17.0	22.8	17.4	17.5	18.6	17.8
非营利性服务业	21.5	8.4	12.6	17.9	8.4	12.6	15.1	9.5	7.3
第一产业	-68.0	-8.5	-3.2	-11.9	-4.5	3.8	3.3	4.6	3.5
第二产业	-13.6	5.5	9.2	0.9	4.7	8.6	9.8	8.7	7.7
第三产业	10.7	11.4	11.1	11.0	11.5	10.1	10.0	9.3	10.3

16－8 区县(市)规模以上工业企业主要经济指标(2018年)

单位:万元

区县(市)	资产总计	负债合计	主营业务收入	利润总额
全　市	**102208817**	**55158207**	**85292226**	**7233537**
芙蓉区	2713932	1317096	1165502	175615
天心区	9509760	6970854	3650670	64021
岳麓区	22215786	10951237	7977171	1174034
开福区	1466971	766104	1163820	72114
雨花区	10423207	2859171	11134324	1228188
望城区	6346772	3594336	6038814	418785
长沙县	29913611	18916129	22237725	1714192
浏阳市	11968976	6099353	19873285	1012918
宁乡市	7649802	3683928	12050915	1373670

16－9 区县(市)单位GDP能耗上升或下降

单位:%

区县(市)	2006年	2007年	2008年	2009年	2010年	2011年	2012年	2013年	2014年	2015年	2016年	2017年	2018年
全　市	**－3.89**	**－4.69**	**－6.1**	**－4.53**	**－2.29**	**－3.96**	**－6.04**	**－4.56**	**－5.71**	**－5.77**	**－4.26**	**－5.60**	**－4.77**
芙蓉区	－4.35	－4.8	－6.29	－5.56	－1.66	－3.77	－5.21	－4.72	－5.49	－4.79	－5.33	－5.70	－4.54
天心区	－4.28	－5.04	－6.25	－4.66	－2.21	－3.69	－5.62	－4.79	－5.3	－4.91	－3.35	－5.14	－5.36
岳麓区	－5.28	－5.74	－6.04	－4.42	－2.02	－3.49	－6.21	－4.2	－5.67	－6.91	－6.72	－5.43	－4.72
开福区	－5.59	－5.08	－6.03	－4.61	－1.6	－3.36	－5.44	－4.55	－5.39	－5.23	－3.47	－5.54	－5.00
雨花区	－2.06	－5.69	－6.01	－4.81	－3.19	－3.71	－5.99	－4.88	－5.86	－4.67	－1.3	－5.49	－5.77
望城区	－5.54	－4.36	－6.23	－4.52	－1.23	－3.68	－7.8	－4.12	－7.67	－4.2	－2.26	－5.59	－4.32
长沙县	－4.9	－4.38	－6.32	－4.68	－3.22	－3.93	－6.07	－5.66	－6.03	－4.09	－4.38	－7.11	－5.56
浏阳市	－4.67	－4.23	－5.84	－5.52	－2.28	－4.18	－6.2	－5.93	－6.48	－7.6	－7.74	－6.16	－5.04
宁乡市	－4.41	－4.5	－6.5	－4.5	－3.54	－4.22	－6.46	－5.77	－7.88	－11.94	－5.93	－6.24	－4.71

16－10 区县(市)单位GDP电耗上升或下降

单位:%

区县(市)	2006年	2007年	2008年	2009年	2010年	2011年	2012年	2013年	2014年	2015年	2016年	2017年	2018年
全　市	**－2.14**	**－4.45**	**－5.48**	**－3.05**	**－1.52**	**0.22**	**－1.46**	**－2.31**	**－7.58**	**－1.69**	**5.21**	**0.23**	**6.98**
芙蓉区	－9.88	－10.43	－9.53	－4.79	－2.41	－2.56	－5.1	－3.16	－8.04	－1.55	3.58	－3.84	5.24
天心区	－3.17	－3.02	－0.70	－19.39	－4.17	－1.62	－4.8	－2.92	－7.55	－4.00	4.47	－2.29	4.61
岳麓区	－5.35	－3.98	－9.14	－4.39	－5.67	－3.52	－6.61	－2.75	－9.06	－2.83	2.69	－1.04	5.71
开福区	－8.23	－9.27	－6.17	－15.6	－4.81	－0.96	－4.5	－2.99	－8.84	－2.28	2.92	－4.52	4.76
雨花区	2.94	－7.76	6.47	－14.95	－1.51	－0.36	－5.21	－2.69	－6.83	－5.07	2.40	－2.53	3.76
望城区	17.62	－7.03	－3.89	－13.97	－1.63	7.49	6.30	－6.62	－11.63	5.49	26.14	－5.84	7.07
长沙县	－1.04	－2.2	－16.97	－27.29	－2.85	0.13	2.77	3.60	－2.07	7.36	6.75	4.18	8.95
浏阳市	4.920	7.94	－15.83	－1.76	8.40	10.51	5.37	－5.15	－7.72	－4.67	－2.59	7.03	8.94
宁乡市	－7.83	0.24	－4.29	2.45	－0.78	－2.03	－8.84	－4.69	－12.71	－14.59	－0.98	3.36	7.41

16－11 区县(市)房地产投资主要指标完成情况(2018年)

区县(市)	房地产开发投资 (万元)	商品房销售面积 (万 m^2)
全　市	**15007609**	**2387.3539**
芙蓉区	1206997	105.1417
天心区	1551144	196.5206
岳麓区	3590165	421.1837
开福区	1431204	181.1566
雨花区	2545091	273.9074
望城区	1262815	471.5124
长沙县	1774178	307.2318
浏阳市	463078	163.9908
宁乡市	1182937	266.7089

16－12 区县(市)财政收入(2018年)

指标	全市	市本级	芙蓉区	天心区
地方一般公共预算收入	8797072	4111114	293402	413350
税收收入	6161338	2857541	182684	265236
营业税	6734	2377	376	664
国内增值税和消费税	1981875	600364	99148	143819
企业所得税	709355	402493	23822	37358
个人所得税	372346	256526	12573	12828
资源税	1474	142		
固定资产投资方向调节税				
城市维护建设税	526986	389706		
房产税	294207	102574	20955	24487
印花税	119388	36960	6771	9914
城镇土地使用税	131563	72440		
土地增值税	610597	158177	18654	35579
车船税	86847	61802		
船舶吨税				
车辆购置税				
关税				
耕地占用税	101176	10644	385	587
契税	1210746	763089		
烟叶税	6117			
环境保护税	1927	247		
其他税收收入				
非税收入	2635734	1253573	110718	148114
专项收入	1000216	807720	1769	2103
行政事业性收费收入	310510	107204	7099	5416
罚没收入	140770	81159	2795	2012
国有资本经营收入	206	206		
国有资源(资产)有偿使用收入	650198	59956	33850	122139
其他收入	533834	197328	65205	16444
政府性基金预算收入合计	5981591	3087604		

单位:万元

岳麓区	开福区	雨花区	望城区	长沙县	浏阳市	宁乡市
339781	408821	546864	496615	1022134	691875	473116
251041	251171	308978	374373	826685	510268	333361
593	173	1478	465	95	172	341
115392	120617	152568	130846	361944	140624	116553
32550	36535	32127	19069	48128	40092	37181
11838	18145	16048	3313	10489	16425	14161
			20	106	793	413
			25924	64620	26193	20543
14133	19976	28991	12149	40636	14917	15389
5399	7897	11830	6354	21975	5987	6301
			21382	18934	9031	9776
62761	43616	63140	49637	103066	45031	30936
			2819	6996	10414	4816
8375	4212	2796	19149	16009	29385	9634
			82985	133389	166913	64370
					3546	2571
			261	298	745	376
88740	157650	237886	122242	195449	181607	139755
1300	1637	3555	24303	99462	30993	27374
14728	7677	4105	81488	42228	18837	21728
2486	1806	3683	10269	16649	10685	9226
66016	131061	148776	5749	17035	59154	6462
4210	15469	77767	433	20075	61938	74965
			671127	1234952	426780	561128

16－13　区县(市)财政支出(2018年)

单位:万元

指　　标	全市	市本级	芙蓉区	天心区	岳麓区	开福区
公共财政预算支出	13007895	4826936	537064	606772	586077	734922
一般公共服务	1620504	307704	70284	167542	153078	174980
科学技术	361871	183709	12057	16156	16131	16231
交通运输	430720	245209	1478	1467	3205	4459
农林水事务	874351	109012	9491	15355	37672	50684
环境保护	531158	213876	9396	8848	5968	19320
城乡社区事务	3574186	1926832	204931	157232	106121	222752
文化体育与传媒	162826	73716	3024	3857	4250	5546
教育支出	1946010	582483	88529	110491	127502	97955
医疗卫生支出	674167	164184	22386	23421	34431	30971
商业服务业等事务	166981	92819	1832	1641	1762	1260
社会保障和就业	1077428	280715	59392	55571	61950	58358
公共安全	681139	399117	17940	16108	6561	21551
外交支出						
其他支出	906554	247560	36324	29083	27446	30855

16－14 续表

指　　标	雨花区	望城区	长沙县	浏阳市	宁乡市
公共财政预算支出	849978	955760	1705048	1245542	959796
一般公共服务	218870	107027	192462	107335	121222
科学技术	13526	21925	39357	22970	19809
交通运输	2649	42363	47379	51349	31162
农林水事务	23957	119080	176299	180943	151858
环境保护	52668	65508	103701	29351	22522
城乡社区事务	200825	143554	328849	212985	70105
文化体育与传媒	4360	15918	20834	21061	10260
教育支出	149267	147518	219240	252822	170203
医疗卫生支出	31345	78089	98115	90602	100623
商业服务业等事务	4963	9624	40398	6883	5799
社会保障和就业	73656	99366	142342	110693	135385
公共安全	27071	42428	79831	35147	35385
外交支出					
其他支出	46821	63360	216241	123401	85463

16－14 区县(市)社会消费品零售总额(2018年)

单位:万元

指标	全市	芙蓉区	天心区	岳麓区	开福区
总计	**47650415**	**8904167**	**5503981**	**4005960**	**7374683**
按销售单位所在地分组					
城镇	42401809	8904167	5054051	3672919	7249726
# 城区	36280066	8904167	4981783	3042017	6831923
乡村	5248605		449930	333041	124957
按行业分组					
批发零售业	42937497	7878049	4745699	3608761	6656686
限额以上	18961608	3023433	2186920	2237102	1806226
限额以下	23975889	4854615	2558779	1371659	4850459
住宿餐饮业	4712917	1026119	758282	397198	717997
限额以上	1257470	133246	413512	68824	232814
限额以下	3455448	892873	344770	328375	485184

16－15 续表

指标	雨花区	望城区	长沙县	浏阳市	宁乡市
总计	**7612441**	**1960691**	**5198811**	**3488010**	**3601671**
按销售单位所在地分组					
城镇	7506653	1734936	3067762	2438978	2772618
# 城区	7134101	1351987	370814	1669587	1993687
乡村	105788	225755	2131049	1049032	829053
按行业分组					
批发零售业	6986004	1779951	5010166	3074484	3197698
限额以上	2609989	1353188	2937598	1200235	1606917
限额以下	4376015	426764	2072568	1874249	1590781
住宿餐饮业	626436	180740	188645	413526	403973
限额以上	119704	130651	63068	41887	53764
限额以下	506732	50090	125578	371639	350208

17 全国三十五个直辖市、省会和副省级城市主要经济社会指标

长沙统计年鉴

全国三十五个城市主要经济社会指标(2018年)

单位:亿元

城市	地区生产总值				第一产业增加值			
	2018年	位次	比上年±%	位次	2018年	位次	比上年±%	位次
长　沙	**11003.41**	**12**	**8.5**	**6**	**318.73**	**10**	**3.3**	**13**
郑　州	10143.32	14	8.1	10	147.05	24	2.1	26
太　原	3884.48	28	9.2	2	41.05	32	0.7	30
合　肥	7822.90	18	8.5	6	277.60	14	2.2	23
武　汉	14847.29	8	8.0	11	362.00	9	2.9	19
南　昌	5274.67	24	8.9	4	190.68	21	3.2	15
石家庄	6082.60	23	7.4	18	420.50	7	3.2	15
南　宁	4026.91	27	5.4	31	421.31	6	4.3	6
成　都	15342.77	7	8.0	11	522.59	3	3.6	10
西　安	8349.86	15	8.2	9	258.82	18	3.3	13
贵　阳	3798.45	29	9.9	1	153.10	23	6.6	1
昆　明	5206.90	25	8.4	8	222.16	20	6.3	2
兰　州	2732.94	32	6.5	27	42.98	31	6.0	3
乌鲁木齐	3060.14	30	7.6	15	26.25	33	2.2	23
西　宁	1286.41	35	9.0	3	46.08	30	4.2	8
呼和浩特	2903.50	31	3.9	34	108.40	26	2.1	26
银　川	1901.48	33	7.2	21	67.31	28	3.6	10
沈　阳	6292.40	22	5.4	31	260.10	17	3.2	15
长　春	7175.70	20	7.2	21	301.90	13	1.7	29
哈尔滨	6300.50	21	5.1	33	525.50	2	-0.1	33
福　州	7856.81	16	8.6	5	494.66	4	4.3	6
海　口	1510.51	34	7.6	15	63.96	29	4.5	4
南　京	12820.40	10	8.0	11	273.42	15	0.6	31
杭　州	13509.00	9	6.7	24	306.00	11	1.8	28
广　州	22859.35	4	6.2	29	223.44	19	2.5	21
济　南	7856.60	17	7.4	18	272.40	16	2.5	21
北　京	30320.00	2	6.6	25	118.70	25	-2.3	34
上　海	32679.87	1	6.6	25	104.37	27	-6.9	35
天　津	18809.64	6	3.6	35	172.71	22	0.1	32
重　庆	20363.19	5	6.0	30	1378.27	1	4.4	5
大　连	7668.48	19	6.5	27	442.70	5	3.0	18
青　岛	12001.50	11	7.4	18	386.90	8	3.5	12
宁　波	10745.50	13	7.0	23	306.00	11	2.2	23
深　圳	24221.98	3	7.6	15	22.09	35	3.9	9
厦　门	4791.41	26	7.7	14	24.40	34	2.6	20

续表 1

单位:亿元

城市	第二产业增加值				第三产业增加值			
	2018 年	位次	比上年 ±%	位次	2018 年	位次	比上年 ±%	位次
长　沙	**4660.19**	**12**	**6.8**	**17**	**6024.49**	**12**	**10.7**	**2**
郑　州	4450.74	14	8.1	10	5545.53	13	8.3	15
太　原	1439.13	27	10.3	2	2404.30	27	8.8	12
合　肥	3612.30	15	9.5	4	3933.10	20	8.0	19
武　汉	6377.75	6	5.7	22	8107.54	9	10.1	4
南　昌	2660.92	21	8.5	7	2423.07	26	10.1	4
石家庄	2285.50	23	4.8	28	3376.70	22	10.2	3
南　宁	1225.78	29	2.2	33	2379.81	28	7.8	20
成　都	6516.19	5	7.0	16	8303.99	8	9.0	11
西　安	2925.61	19	8.5	7	5165.43	14	8.3	15
贵　阳	1413.67	28	7.9	12	2231.68	29	11.3	1
昆　明	2038.02	24	10.0	3	2946.71	24	7.3	28
兰　州	937.98	31	4.9	27	1751.97	32	7.4	27
乌鲁木齐	950.18	30	5.4	25	2083.70	30	8.6	14
西　宁	467.99	34	8.8	6	772.34	35	9.4	6
呼和浩特	801.40	33	2.4	32	1993.70	31	4.6	34
银　川	867.33	32	5.5	24	966.84	34	9.2	7
沈　阳	2376.60	22	5.7	22	3655.70	21	5.4	33
长　春	3511.70	16	7.3	14	3362.10	23	7.8	20
哈尔滨	1689.30	26	2.7	31	4085.70	18	7.5	23
福　州	3204.90	18	8.4	9	4157.26	17	9.2	7
海　口	276.00	35	6.0	20	1170.56	33	8.1	17
南　京	4721.61	11	6.5	18	7825.37	10	9.1	9
杭　州	4572.00	13	5.8	21	8632.00	7	7.5	23
广　州	6234.07	7	5.4	25	16401.84	3	6.6	30
济　南	2829.30	20	7.8	13	4754.80	16	7.5	23
北　京	5647.70	8	4.2	29	24553.60	1	7.3	28
上　海	9732.54	2	1.8	34	22842.96	2	8.7	13
天　津	7609.81	4	1.0	35	11027.12	5	5.9	32
重　庆	8328.79	3	3.0	30	10656.13	6	9.1	9
大　连	3241.58	17	11.9	1	3984.20	19	2.9	35
青　岛	4850.60	10	7.3	14	6764.00	11	7.7	22
宁　波	5507.50	9	6.2	19	4932.00	15	8.1	17
深　圳	9961.95	1	9.3	5	14237.94	4	6.4	31
厦　门	1980.16	25	8.1	10	2786.85	25	7.5	23

续表 2　　单位:亿元

城市	规模以上工业增加值		固定资产投资	
	2018 年比 2017 年 ± %	位次	2018 年比 2017 年 ± %	位次
长　沙	**8.2**	**12**	**11.5**	**8**
郑　州	6.8	20	10.9	9
太　原	10.8	4	26.2	1
合　肥	11.3	3	7.1	23
武　汉	5.7	26	10.6	12
南　昌	9.5	5	10.9	9
石家庄	5.4	28	6.4	26
南　宁	1.5	34	11.8	6
成　都	8.5	10	10.0	15
西　安	9.4	7	8.5	20
贵　阳	7.4	18	15.0	4
昆　明	14.0	2	5.5	27
兰　州	6.0	24	12.1	5
乌鲁木齐	2.4	31	10.0	15
西　宁	8.0	13	9.0	19
呼和浩特	3.1	30	-26.5	35
银　川	7.5	17	-21.9	34
沈　阳	7.6	16	15.3	3
长　春	8.5	10	6.7	25
哈尔滨	5.8	25	-7.2	32
福　州	9.0	8	11.7	7
海　口	8.0	13	-6.2	31
南　京	7.8	15	9.4	18
杭　州	6.3	22	10.8	11
广　州	5.5	27	8.2	21
济　南	7.1	19	9.6	17
北　京	4.6	29	-9.9	33
上　海	2.0	33	5.2	28
天　津	2.4	31	-5.6	30
重　庆	0.5	35	7.0	24
大　连	15.9	1	10.1	13
青　岛	6.8	20	7.9	22
宁　波	6.3	22	3.6	29
深　圳	9.5	5	20.6	2
厦　门	8.8	9	10.1	13

续表 3 单位:亿元

城市	社会消费品零售总额				地方一般公共预算收入			
	2018 年	位次	比上年 ± %	位次	2018 年	位次	比上年 ± %	位次
长沙	**4765.04**	**12**	**9.9**	**8**	**879.71**	**14**	**9.9**	**14**
郑州	4268.09	16	9.7	9	1152.05	13	9.0	16
太原	1811.90	27	8.1	18	373.23	29	19.7	1
合肥	2976.74	22	9.1	12	712.49	18	8.6	19
武汉	6843.90	5	10.5	3	1528.70	8	11.0	9
南昌	2131.63	26	11.1	2	461.75	25	10.7	12
石家庄	2934.10	23	9.1	12	519.70	23	12.8	6
南宁	2214.69	25	9.0	14	358.96	30	8.1	21
成都	6801.80	6	10.0	4	1424.20	10	9.4	15
西安	4658.72	14	9.6	10	684.71	20	10.8	10
贵阳	1299.47	32	8.0	20	411.34	27	8.9	17
昆明	2787.41	24	10.0	4	595.63	22	6.2	27
兰州	1352.10	31	7.4	25	253.32	31	8.9	17
乌鲁木齐	1383.00	30	5.0	32	458.28	26	14.3	4
西宁	564.38	34	6.7	27	92.94	35	17.4	2
呼和浩特	1603.20	28	5.6	31	204.70	32	1.5	33
银川	552.73	35	4.8	33	181.17	33	2.1	32
沈阳	4051.20	19	9.2	11	720.60	17	10.0	13
长春	3003.60	21	6.2	29	478.00	24	6.2	27
哈尔滨	4125.10	18	4.2	34	384.40	28	4.4	31
福州	4666.46	13	11.3	1	680.38	21	7.3	22
海口	757.56	33	5.9	30	169.88	34	13.9	5
南京	5832.46	8	8.4	17	1470.02	9	15.6	3
杭州	5715.00	9	9.0	14	1825.10	6	12.5	7
广州	9256.19	3	7.6	23	1632.30	7	6.5	25
济南	4404.50	15	10.0	4	752.80	16	11.2	8
北京	25405.90	1	7.4	25	5785.90	2	5.6	30
上海	12668.69	2	7.9	21	7108.15	1	7.0	23
天津	5533.04	10	1.7	35	2106.19	5	-8.8	35
重庆	7977.01	4	8.7	16	2265.50	4	0.6	34
大连	3880.05	20	7.8	22	703.98	19	7.0	23
青岛	4842.50	11	10.0	4	1231.90	12	6.5	25
宁波	4154.90	17	8.1	18	1379.70	11	10.8	10
深圳	6168.87	7	7.6	23	3538.41	3	6.2	27
厦门	1542.42	29	6.6	28	754.53	15	8.3	20

续表 4

单位:亿元

城市	进出口总额(海关口径)				出口总额			
	2018 年	位次	比上年 ± %	位次	2018 年	位次	比上年 ± %	位次
长沙	**1283.34**	**19**	**36.8**	**3**	**823.15**	**19**	**40.0**	**1**
郑州	4105.00	14	2.2	31	2577.14	12	10.7	16
太原	1086.29	20	18.7	10	663.25	20	15.9	12
合肥	2030.61	18	20.3	9	1203.46	18	22.0	7
武汉	2146.00	17	10.9	19	1272.70	17	10.0	17
南昌	787.55	26	18.2	11	451.67	23	6.2	25
石家庄	915.50	23	6.1	23	571.60	21	7.6	24
南宁	738.79	27	21.7	8	355.09	25	28.8	3
成都	4983.20	11	26.4	5	2746.90	11	33.0	2
西安	3303.87	15	29.6	4	1957.49	14	26.1	5
贵阳	231.21	30	15.2	14	166.43	28	9.0	18
昆明	868.20	24	67.6	1	249.01	27	27.9	4
兰州	133.18	33	23.9	6	75.60	32	17.3	11
乌鲁木齐	513.50	28	12.4	18	361.36	24	1.2	30
西宁	31.28	35	-5.0	33	10.98	35	-20.3	34
呼和浩特	116.70	34	7.0	21	55.90	34	8.7	19
银川	168.83	32	-37.6	35	127.79	30	-34.8	35
沈阳	984.30	22	13.5	16	342.10	26	7.7	23
长春	1054.60	21	10.7	20	152.50	29	17.5	10
哈尔滨	209.70	31	-8.0	34	103.50	31	5.2	26
福州	2452.75	16	5.0	27	1654.82	16	11.6	14
海口	341.17	29	62.3	2	67.24	33	21.2	8
南京	4317.20	13	4.7	28	2500.70	13	7.9	22
杭州	5245.30	9	3.1	30	3417.10	6	-1.0	31
广州	9810.15	4	1.0	32	5607.58	3	-3.2	33
济南	825.00	25	16.2	12	519.30	22	14.6	13
北京	27182.50	3	23.9	7	4878.50	5	23.0	6
上海	34009.93	1	5.5	26	13666.85	2	4.2	28
天津	8077.01	6	5.6	25	3207.16	9	8.6	20
重庆	5222.62	10	15.9	13	3395.28	7	17.7	9
大连	4701.41	12	13.9	15	1889.60	15	8.5	21
青岛	5321.20	8	5.7	24	3172.20	10	4.7	27
宁波	8576.30	5	12.9	17	5550.60	4	11.4	15
深圳	29983.74	2	7.0	21	16274.69	1	-1.6	32
厦门	6002.05	7	3.2	29	3338.51	8	2.6	29

注:1. 贵阳、昆明进出口总额为 34.84 亿美元和 131.20 亿美元,表中数据按汇率将美元折算成人民币,2018 年人民币汇率为 1 美元兑 6.6174 元人民币;增长速度按美元统计口径计算;

2. 贵阳、昆明出口额为 25.15 亿美元和 37.63 亿美元,表中数据按汇率将美元折算成人民币,2018 年人民币汇率为 1 美元兑 6.6174 元人民币;增长速度按美元统计口径计算。

续表 5

城市	实际使用外商直接投资(亿美元)				城镇居民人均可支配收入(元)			
	2018 年	位次	比上年 ±%	位次	2018 年	位次	比上年 ±%	位次
长　沙	**57.80**	**10**	**10.1**	**14**	**50792**	**10**	**8.2**	**18**
郑　州	42.11	13	4.0	23	39042	23	8.3	14
太　原	0.09	31	-91.9	32	33672	34	7.0	29
合　肥	32.30	18	6.9	18	41484	20	9.3	1
武　汉	109.27	3	13.3	11	47359	12	9.1	2
南　昌	34.89	16	9.7	16	40844	21	8.4	12
石家庄	14.50	23	12.3	12	35563	28	8.0	22
南　宁	13.69	25	43.0	4	35276	30	6.2	35
成　都	76.30	6	17.5	9	42128	19	8.2	18
西　安	63.54	9	14.9	10	38729	24	8.1	21
贵　阳	15.89	22	18.1	8	35115	31	9.1	2
昆　明	8.50	26	6.1	19	42988	17	8.0	22
兰　州					35014	32	8.3	14
乌鲁木齐	0.01	32	-76.6	31	40101	22	8.3	14
西　宁					32500	35	8.2	18
呼和浩特					46565	13	7.0	29
银　川	0.72	30	135.6	2	35586	27	7.9	25
沈　阳	14.30	24	41.3	5	44054	15	6.5	32
长　春	3.30	28	-76.4	30	35332	29	6.5	32
哈尔滨	36.50	15	6.1	19	37828	25	6.4	34
福　州	8.37	27	-58.0	29	44457	14	8.5	10
海　口	2.54	29	778.0	1	36137	26	8.5	10
南　京	38.53	14	4.9	22	59308	6	8.7	6
杭　州	68.30	7	3.3	24	61172	3	8.7	6
广　州	66.11	8	5.1	21	59982	5	8.3	14
济　南	26.92	20	40.9	6	50146	11	7.5	27
北　京	173.10	1	-28.9	27	67990	2	8.9	4
上　海	173.00	2	1.7	25	68034	1	8.7	6
天　津	48.51	11	-54.3	28	42976	18	6.7	31
重　庆	32.50	17	43.8	3	34889	33	8.4	12
大　连	26.78	21	-17.6	26	43550	16	7.3	28
青　岛	86.90	4	10.0	15	50817	9	7.7	26
宁　波	43.20	12	7.2	17	60134	4	8.0	22
深　圳	82.03	5	10.8	13	57543	7	8.7	6
厦　门	30.27	19	27.7	7	54401	8	8.8	5

注：福州、济南实际使用外商直接投资为55.39亿元和178.15亿元，表中数据按汇率将人民币折算成美元，2018年人民币汇率为1美元兑6.6174元人民币；增长速度按人民币统计口径计算。

续表 6

城　市	城市居民消费价格指数(%)	
	2018 年	位次
长　沙	**102.0**	**21**
郑　州	102.4	9
太　原	101.8	28
合　肥	102.0	21
武　汉	101.9	26
南　昌	102.3	13
石家庄	102.3	13
南　宁	102.5	6
成　都	101.4	35
西　安	101.9	26
贵　阳	101.7	30
昆　明	101.7	30
兰　州	101.7	30
乌鲁木齐	102.2	16
西　宁	102.7	4
呼和浩特	102.1	19
银　川	102.2	16
沈　阳	103.0	1
长　春	102.0	21
哈尔滨	102.5	6
福　州	101.5	34
海　口	102.4	9
南　京	102.4	9
杭　州	102.3	13
广　州	102.4	9
济　南	102.6	5
北　京	102.5	6
上　海	101.6	33
天　津	102.0	21
重　庆	102.0	21
大　连	103.0	1
青　岛	102.1	19
宁　波	102.2	16
深　圳	102.8	3
厦　门	101.8	28

续表 7

城市	农村居民人均可支配收入(元)				住户存款余额(亿元)(本外币)			
	2018 年	位次	比上年±%	位次	2018 年	位次	比年初±%	位次
长沙	**29714**	**4**	**8.6**	**23**	**5692.08**	**18**	**9.4**	**26**
郑州	21652	12	8.4	25	7157.32	12	9.5	25
太原	16860	22	8.1	28	4767.46	23	8.7	30
合肥	20389	14	9.7	3	4049.35	25	14.5	5
武汉	22652	9	8.5	24	7209.00	11	2.9	34
南昌	17866	19	9.2	9	3175.45	28	9.0	29
石家庄	14518	27	8.8	20	6473.25	15	14.7	4
南宁	13654	31	9.1	13	3842.83	26	11.5	11
成都	22135	11	9.0	15	13141.00	6	9.8	21
西安	13286	32	9.0	15	8360.33	9	11.5	11
贵阳	15648	24	9.7	3	2835.74	30	7.2	32
昆明	14895	25	8.7	21	4940.15	22	11.5	11
兰州	12368	33	9.4	6	3268.29	27	9.9	20
乌鲁木齐	19623	15	10.0	2	2871.11	29	10.4	19
西宁	11504	34	9.1	13	1436.77	35	6.9	33
呼和浩特	17190	20	9.4	6	2174.09	32	11.3	15
银川	14160	29	8.2	26	1664.79	34	11.2	16
沈阳	16530	23	6.9	32	7288.10	10	12.2	9
长春	14237	28	6.0	33	4993.20	21	9.3	27
哈尔滨	16934	21	8.9	18	5394.30	19	9.2	28
福州	19419	16	8.7	21	4385.51	24	7.9	31
海口	14886	26	8.2	26	1706.46	33	9.7	22
南京	25263	7	9.2	9	6914.84	13	14.8	3
杭州	33193	2	9.2	9	10198.50	7	17.6	2
广州	26020	6	10.8	1	16042.06	3	9.7	22
济南	17924	18	8.0	29	5008.10	20	12.1	10
北京	26490	5	9.3	8	32507.80	1	12.3	8
上海	30375	3	9.2	9	28569.24	2	10.9	17
天津	23065	8	6.0	33	10011.75	8	2.6	35
重庆	13781	30	9.0	15	15907.23	4	10.7	18
大连	18103	17	7.3	31	6039.97	16	11.5	11
青岛	20820	13	7.5	30	5914.00	17	9.6	24
宁波	33633	1	8.9	18	6663.00	14	12.9	7
深圳					13478.94	5	22.8	1
厦门	22410	10	9.5	5	2610.18	31	13.9	6

18 国民经济主要指标解释及计算方法

长沙统计年鉴

国民经济主要指标解释及计算方法

1. 总产出 是指常住单位在核算期内生产的货物和服务的价值总和。它是货物和服务的全部价值,包括转移价值和新增价值两部分。

2. 地区生产总值 是指按市场价格计算的一个地区所有常住单位在一定时期内生产活动的最终成果。

3. 三次产业 我国国民经济三次产业的划分如下:

第一产业 农、林、牧、渔业(不含农、林、牧、渔服务业)。

第二产业 是指采矿业(不含开采辅助活动),制造业(不含金属制品、机械和设备修理业),电力、热力、燃气及水生产和供应业,建筑业。

第三产业 即服务业是指除第一产业、第二产业以外的其他行业。包括:批发和零售业,交通运输、仓储和邮政业,住宿和餐饮业,信息传输、软件和信息技术服务业,金融业,房地产业,租赁和商务服务业,科学研究和技术服务业,水利、环境和公共设施管理业,居民服务、修理和其他服务业,教育,卫生和社会工作,文化、体育和娱乐业,公共管理、社会保障和社会组织,国际组织,以及农、林、牧、渔业中的农、林、牧、渔服务业,采矿业中的开采辅助活动,制造业中的金属制品、机械和设备修理业。除上述第一、二产业外的其他行业。

4. 增加值 是指常住单位在生产过程中创造的新增价值和固定资产的转移价值。它反映本单位对社会所作的贡献,社会经济各部门(即第一、第二、第三产业)的增加值之和为地区生产总值。

5. 农林牧渔业总产值 是以货币表现的农林牧渔业的全部产品总量和对农林牧渔业生产活动进行的各种支持性服务活动的价值,它反映一定时期内农林牧渔业生产的总规模和总成果。

6. 农用化肥施用量 指报告期内实际用于农业生产的化肥数量,包括氮肥、磷肥、钾肥及复合肥。施用量要求按实物量和折纯量两种方法计算。

7. 工业总产值 是以货币表现的工业企业生产的产品总量,反映一定时期工业生产的总成果和总规模,1995 年第三次全国工业普查,对其计算方法和包括范围均进行了修订。

8. 轻工业 指提供生活消费品和制作手工工具的工业,是为满足人们的吃、穿、用需要的工业,按其所使用的原料不同,可分为两大类:①以农产品为原料的轻工业,是指直接或间接以农产品为基本原料的轻工业;②以非农产品为原料的轻工业,是指以工业品为原料的轻工业。

9. 重工业 是指生产生产资料的工业,为国民经济各部门提供物质技术基础的工业。按其生产和产品用途,可以分为下列三类:①采掘工业,是指对自然资源的开采;②原材料工业,是指提供国民经济各部门使用的原料、动力和燃料的工业;③制造工业,是指对原材料进行加工制造的工业。

10. 能源消费总量 指一定时期内用于生产和生活的各种能源消费量的总和。包括原煤和原油及其制品、天然气、电力的消费量,可分为三部分,即终端能源消费量、能源加工转换量和损失量。它是观察能源消费水平、构成和增长速度的总量指标。

11. 货(客)运量 指运输业实际运送的货物(旅客)数量。货运按吨计算,客运按人计算。货物不论运输距离长短,货物类别,均按实际重量统计;旅客不论行程远近或票价多少,均按一人一次作为客运量统计。

12. 货物(旅客)周转量 指运输业运送的货物(旅客)数量与其相应运输距离的乘积之总和,通常以吨公里和人公里为计算单位。它是反映运输业生产总成果的重要指标。

13. 邮电业务总量 指以货币表现的邮电部门为用户传递信息和提供其他邮电服务的总量。它综合反映了一定时期邮电工作的总成果,是研究邮电业务量构成和发展趋势的重要指标。

14. 建筑业总产值 是以货币表现的建筑业企业在一定时期内生产的建筑业产品和服务的总和。建筑业总产值包括建筑工程产值、安装工程产值和其他产值三部分内容。

15. 固定资产投资额 是以货币表现的在一定期内建造和购置固定资产的工作量以及与此有关的费用的总和。它是反映固定资产投资规模、速度、比例关系的综合性指标。

16. 新增固定资产 是指已经完成建造和购置过程,并以交付生产或使用单位的固定资产价值。它是反映固定资产投资成果的价值量指标。

17. 房屋施工面积 指报告期内施工的全部房屋建筑面积。包括本期新开工的面积、上期跨入本期继续施工的房屋面积、上期停缓建在本期恢复施工的房屋面积、本期竣工的房屋面积以及本期施工后又停缓建的房屋面积。多层建筑应填各层建筑面积之和。

18. 房屋竣工面积 指在报告期内房屋建筑按照设计要求已全部完工,达到住人和使用条件,经验收鉴定合格或达到竣工验收标准,可正式移交使用的各栋房屋建筑面积的总和。

19. 社会消费品零售总额 指各种经济类型的批发零售

贸易业、餐饮业和其他行业对城乡居民和社会集团的消费品零售额总和。这个指标反映通过各种商品流通渠道向居民和社会集团供应的生活消费品来满足他们生活需要，是研究人民生活、社会消费品购买力、货币流通等问题的重要指标。居民的消费品零售额：指销售给城乡居民用于生活消费的商品。社会集团的消费品零售额：指销售给机关、团体、部队、学校企业、事业单位和城市街道居民委员会、农村村民委员会用公款购买的用作非生产、非经营使用的消费品。

20. 商品交易市场成交总额 指市场所有摊位商品交易总额之和。

21. 旅游收入 游客（入境游客和国内游客）在旅游过程中（由游客或游客的代表为游客）支付的一切旅游支出就是国家（省、区、市）的旅游收入。旅游支出应包括（过夜）旅游者和一日游游客在整个游程中行、游、住、食、购、娱，以及为亲友、家人购买纪念品、礼品等方面的旅游支出，不包括为商业目的购物、购买房、地、车、船等资本性或交易性的投资、馈赠亲友的现金及给公共机构的捐赠。旅游收入包括国际旅游（外汇）收入和国内旅游收入。

22. 国际旅游（外汇）收入 入境游客在中国（大陆）境内旅行、游览过程中用于交通、参观游览、住宿、餐饮、购物、娱乐等全部花费。

23. 国内旅游收入 指国内游客在国内旅行、游览过程中用于交通、参观游览、住宿、餐饮、购物、娱乐等全部花费。

24. 利用外资 指我国各级政府、部门、企业和其他经济组织通过对外借款、吸收外商直接投资以及用其他方式筹措的境外现汇、设备、技术等。

25. 外商直接投资 指外国企业和经济组织或个人（包括华侨、港澳台胞以及我国在境外注册的企业）按我国有关政策、法规，用现汇、实物、技术等在我国境内开办外商独资企业、与我国境内的企业或经济组织共同举办中外合资经营企业、合作经营企业或合作开发资源的投资（包括外商投资收益的再投资），以及经政府有关部门批准的项目投资总额内企业从境外借入的资金。

26. 外商直接投资实际到位资金 外商直接投资指外国投资者在我国境内通过设立外商投资企业、与中方投资者共同进行合作开发以及设立外国公司分支机构等方式进行投资，包括外国投资者以现金、实物、技术等作为投资，外商投资收益的再投资，以及在批准的项目投资总额内，企业从境外借入的资金。

27. 进出口总额、海关进出口总额 指实际进出我国国境的货物总金额。包括对外贸易实际进出口货物，来料加工装配进出口货物，国家间、联合国及国际组织无偿援助物资和赠送品，华侨、港澳台同胞和外籍华人捐赠品，租赁期满归承租人所有的租赁货物，进料加工进出口货物，边境地方贸易及边境地区小额贸易进出口货物（边民互市贸易除外），中外合资企业、中外合作经营企业、外商独资经营企业进出口货物和公用物品，到、离岸价格在规定限额以上的进出口货样和广告品（无商业价值、无使用价值和免费提供出口的除外），从保税仓库提取在中国境内销售的进口货物，以及其他进出口货物。进出口总额用以观察一个国家在对外贸易方面的总规模。我国规定出口货物按离岸价格统计，进口货物按到岸价格统计。

28. 居民消费价格指数 是综合反映居民所购买各种消费品和生活服务项目价格变动程度的重要经济指标。通常简记为 CPI。在居民消费价格指数中分为八大类，即食品、烟酒及用品、衣着、家庭设备用品及维修服务、医疗保健和个人用品、交通和通信、娱乐教育文化用品及服务、居住。

29. 商品零售价格指数 反映市场各种零售商品（不含服务项目）价格变动的指数。它包括销售给居民和社会集团的生活消费品和办公用品价格，还包括餐饮业商品价格。

30. 年末自来水生产能力 指年末城建部门管理的自来水厂和社会单位自备水源的取水、净水、送水、出厂输水干管等环节的实际生产能力。

31. 年末实有铺装道路长度 指除土路外，路面经过铺装宽度在 3.5 米以上的道路，包括高级、次高级道路和普通道路。

32. 年末实有公共汽车（电车）辆 指年底可参加营运的全部车辆数，包括年底营运的车辆数和库存查封未参加营运的车辆，不包括非营运车辆，如架线车、油灌车、工程车、货车及其他专用车辆和借入的客运车辆。

33. 城市园林绿地面积 指城市专用绿地、生产绿地、防护绿地、郊区风景名胜区等的全部面积。

34. 城市人口 用自来水普及率、用气普及率指城市人口中的非农业人口用自来水，用煤气（包括人工煤气、液化石油气、天然气用气人口）的普及情况。

35. 工业废水排放总量 指经过企业厂区所有排放口排到企业外部的工业废水量。包括生产废水、外排的直接冷却水、超标排放的矿井地下水、与工业废水混排的厂区生活污水。

36. 工业废水排放达标量 指各项指标全部达到国家或地方排放标准的外排工业废水量，包括经过处理后外排达标的和未经处理外排达标的两部分。

37. 工业废气排放总量 指企业燃料燃烧和生产工艺过程中产生的各种排入空气的含有污染物的气体的总量，以标准状态下亿标立方米表示。

38. 工业粉尘排放量　指企业在生产工艺过程中排放的能在空气中悬浮一定时间的固体颗粒物重量。如钢铁企业的耐火材料粉尘、焦化企业的筛焦系统粉尘、烧结机的粉尘、石灰窑的粉尘、建材企业的水泥粉尘等。不包括电厂排入大气的烟尘。

39. 工业粉尘去除量　指企业在生产工艺过程中产生的废气，经过各种废气治理设施处理后，去除的粉尘重量。

40. 工业固体废物产生量　指企业在生产过程中产生的固体状、半固体状和高浓度液体状废弃物的总量，包括危险废物、冶炼废渣、粉煤灰、炉渣、煤矸石、尾矿、放射性废物和其他废物等；不包括矿山开采的剥离废石和掘进废石（煤矸石和呈酸性或碱性的废石除外）。

41. 文化事业机构　指从事专业文化工作和为专业文化工作服务的单独核算、独立建制的单位。不包括文化主管部门直属单位举办的其他行业和各部门的业务文化组织。

42. 艺术表演团体　指从事戏曲、音乐、舞蹈、杂技等专业艺术表演的，有独立帐户，实行单独核算的团体。不包括半工半艺、半农半艺的业余剧团。

43. 等级裁判员人数　指经考核正式批准授予等级裁判员称号的人数。裁判员等级分为国际裁判、国家级裁判、一级裁判、二级裁判、三级裁判。

44. 医院　指名称为医院，设有固定床位能收容病人住院并能为病人提供医疗、护理服务的医疗机构。包括综合医院、中医医院、中西医结合医院、民族医院、各类专科医院和护理院，不包括专科疾病防治院、妇幼保健院和疗养院。

45. 卫生技术人员　指卫生事业机构支付工资的全部固定职工和合同制职工中现任职务为卫生技术工作人员。包括执业医师、执业助理医师、注册护士、药师（士）、检验技师、影像技师（士）、卫生监督员和见习医（药、护、技）师（士）等卫生专业人员。不包括从事管理工作的卫生技术人员（如院长、副院长、党委书记等）。

46. 执业医师和执业助理医师　指具有医师执业证书及其"级别"为"执业医师和执业助理医师"且实际从事医疗、预防保健工作的人员，不包括实际从事管理工作的执业医师和执业助理医师。执业医师类别分为临床、中医、口腔和公共卫生。

47. 劳动力资源总数　指在劳动年龄内，具有劳动能力，在正常情况下，可能或实际参加社会劳动的人口数。劳动力资源的范围为：劳动年龄内（16周岁以上），有劳动能力，实际参加社会劳动和未参加社会劳动的人员。劳动力资源也可划分为：经济活动人口和非经济活动人口。

48. 经济活动人口　指在劳动年龄内，有劳动能力，参加或要求参加社会经济活动的人口，包括从业人员和失业人员。

49. 从业人员　指从事一定社会劳动并取得劳动报酬或经营收入的人员。

50. 失业人员　指在劳动年龄内，有劳动能力，在调查期间无工作并以某种方式正在寻找工作的人员。

51. 在岗职工　指在本单位工作并由单位支付工资的人员。以及有工作岗位，但由于学习、病伤、产假等原因暂未工作，仍由单位支付工资的人员。

52. 从业人员工资总额　指各单位在一定时期内直接支付给本单位全部从业人员的劳动报酬总额。包括计时工资、计件工资、奖金、津贴和补贴、加班加点工资、特殊情况下支付的工资，是在岗职工工资总额、劳务派遣人员工资总额和其他从业人员工资总额之和。

53. 可支配收入

老口径（2012年及以前年份使用）

城市居民人均可支配收入是指居民家庭可用于最终消费支出和其他非义务性支出以及储蓄的总和，即居民家庭可以用来自由支配的收入。它是家庭总收入扣除交纳的所得税、个人交纳的社会保障支出以及调查户的记帐补贴后的收入。

计算公式为：可支配收入＝家庭总收入－交纳的所得税－个人交纳的社会保障支出－记帐补贴

农村居民人均可支配收入指农村住户获得的经过初次分配与再分配后的收入。可支配收入可用于住户的最终消费、非义务性支出以及储蓄。

计算方法：

农村住户可支配收入＝农村住户总收入－家庭经营费用支出－税费支出－生产性固定资产折旧－财产性支出－转移性支出

新口径（2013年因报表制度改革，人均可支配收入按新口径计算）

可支配收入指调查户在调查期内获得的、可用于最终消费支出和储蓄的总和，即调查户可以用来自由支配的收入。可支配收入既包括现金，也包括实物收入。按照收入的来源，可支配收入包含五项，分别为：工资性收入、经营净收入、财产净收入、转移净收入和自有住房折算净租金。计算公式为：

可支配收入＝工资性收入＋经营净收入＋财产净收入＋转移净收入＋自有住房折算净租金

其中：经营净收入＝经营收入－经营费用－生产性固定

资产折旧－生产税净额(生产税－生产补贴)

财产净收入＝财产性收入－财产性支出

转移净收入＝转移性收入－转移性支出

54. 农村居民人均纯收入 指农村住户当年从各个来源得到的总收入相应地扣除所发生的费用后的收入总和。纯收入主要用于再生产投入和当年生活消费支出，也可用于储蓄和各种非义务性支出。

计算方法：纯收入＝总收入－家庭经营费用支出－税费支出－生产性固定资产折旧－赠送农村外部亲友支出

55. 消费支出 指住户用于满足家庭日常生活消费需要的全部支出，包括用于消费品的支出和用于服务性消费的支出。根据用途不同，消费支出可划分为食品烟酒、衣着、居住、生活用品及服务、交通通信、教育文化娱乐、医疗保健、其他用品及服务八大类。根据来源不同，消费支出可划分为现金消费支出、实物消费支出(含自产自用、来自单位、来自政府和其他社会组织)。

56. 城乡居民储蓄存款年末余额 包括城镇居民储蓄和农民个人储蓄两部分的年末余额。不包括工矿企业、部队、机关团体等集团存款。

57. 单位GDP能耗 指在一定时期内，某地区每创造一万元生产总值(GDP)所耗用的各种能源的总和。目前国家考核的指标是以包含生产和生活的各种能源消费量的总和和形成的GDP之间的总量对比。

58. 单位规模工业增加值能耗 指在一定时期内，某地区规模以上工业企业每创造一万元工业增加值所耗用的各种能源的总和。

59. 当年价格 指报告期的实际价格，如工厂的出厂价格，农产品的收购价格、商业的零售价格等。按当年价格计算，是指一些以货币表现的物量指标，如工农业总产值、国民生产总值等，按照当年的实际价格来计算总量。

60. 不变价格 用某一时期的同类产品的平均价格作为固定价格，来计算各个时期的产品价值。目的是为了消除各时期价格变动的影响，使产品价值在前后时期之间、地区之间、计划与实际之间具有可比性，建国以来我国分别使用了1952年、1957年、1970年、1980年、1990年、2000年、2010年不变价格。

61. 可比价格 指在不同时期的价值指标对比时，扣除了价格变动的因素，以确切表示物量的变化。

62. 平均每年增长速度 在我国计算平均增长速度有两种方法，一种是习惯上经常使用的“水平法”，又称几何平均法，是以间隔期最后一年的水平同基期水平对比来计算平均每年增长(或下降)速度。另一种是“累计法”，又称代数平均法或方程法，是以间隔期内各年水平的总和同基期水平对比来计算平均每年增长(或下降)速度。

公式为：平均增长速度＝期次最后一期水平/基期水平×100%－100%

中国统计出版社有限公司最新图书简目

(仅供参考,以实际出版为准)

统计资料

中国统计年鉴　中国统计摘要　中国第三产业统计年鉴
中国第三次全国农业普查综合资料　国际统计年鉴　金砖国家联合统计手册
中国-东盟国家统计手册　中国农村统计年鉴　中国县域统计年鉴
中国农产品价格调查年鉴　中国城市统计年鉴　中国价格统计年鉴
中国贸易外经统计年鉴　中国零售和餐饮连锁企业统计年鉴　中国商品交易市场统计年鉴
大中型批发零售和住宿餐饮企业统计年鉴　中国住户调查年鉴　中国工业统计年鉴
中国环境统计年鉴　中国能源统计年鉴　中国建筑业统计年鉴
中国房地产统计年鉴　投资领域统计年鉴　中国对外直接投资统计公报
中国人口和就业统计年鉴　中国劳动统计年鉴　中国社会统计年鉴
中国科技统计年鉴　中国高技术产业统计年鉴　全国企业创新调查年鉴
中国文化及相关产业统计年鉴　2018年时间利用调查资料　中国妇女儿童状况统计资料
中国基本单位统计年鉴　中国教育统计年鉴　中国教育经费统计年鉴
中国民族统计年鉴　中国残疾人事业统计年鉴　长江经济带发展统计年鉴

省级综合统计年鉴系列

北京 天津 河北 山西 内蒙古 辽宁 吉林 黑龙江 上海 江苏 浙江 安徽 福建 江西 山东 河南 湖北 湖南 广东 广西 海南 重庆 四川 贵州 云南 西藏 陕西 甘肃 青海 宁夏 新疆 新疆生产建设兵团

市(县)级综合统计年鉴系列

滨海新区 石家庄 唐山 邯郸 保定 沧州 邢台 廊坊 承德 衡水 秦皇岛 张家口 太原 大同 阳泉 长治 晋城 朔州 晋中 运城 忻州 临汾 吕梁 呼和浩特 鄂尔多斯 包头 沈阳 大连 长春 延吉 四平 白山 通化 哈尔滨 齐齐哈尔 黑龙江垦区 上海浦东新区 南京 无锡 徐州 常州 苏州 南通 连云港 淮安 盐城 扬州 镇江 泰州 宿迁 江阴 丹阳 海门 张家港 杭州 宁波 温州 嘉兴 湖州 绍兴 金华 衢州 舟山 台州 丽水 合肥 安庆 福州 厦门 宁德 漳州 龙岩 莆田 泉州 三明 南平 南昌 九江 上饶 新余 抚州 赣州 景德镇 济南 青岛 枣庄 潍坊 聊城 郑州 洛阳 平顶山 三门峡 南阳 商丘 信阳 济源 汝州 武汉 十堰 荆州 宜昌 荆门 咸宁 黄冈 长沙 湘潭 广州 深圳 惠州 东莞 汕尾 湛江 肇庆 南宁 柳州 桂林 贵港 梧州 来宾 河池 防城港 海口 三亚 儋州 成都 内江 贵阳 黔南 毕节 昆明 文山 德宏 西安 延安 安康 铜川 汉中 商洛 银川 兰州 庆阳 乌鲁木齐 昌吉 阿勒泰 兵团一师、二师、三师、四师、六师、七师、八师、十师、十三师、十四师

调查年鉴系列

天津 内蒙古 上海 河南 湖北 湖南 广东 广西 重庆 四川 云南 甘肃 宁夏 南宁 贵港 昆明

统计方法应用/实用手册

Python数据分析基础（第二版）　医用多元统计分析（第三版）　中华生物统计用表
中国国民经济核算体系（2016）基础知识　国民经济核算初级教程　医学统计学手册
全国统计专业技术资格考试系列考试用书：统计业务知识（第四版修订版）　统计业务知识学习指导与习题
全国统计专业技术资格考试系列考试用书：统计相关知识（第四版）　统计相关知识学习指导与习题

统计通俗读物/统计科普图书

领导干部统计知识问答　《防范和惩治统计造假、弄虚作假督察工作规定》辅导读本
统计新媒体运营指南　统计公文知识问答　理解国民账户　中国古代统计史简编

重点图书

辉煌70年　第三次全国农业普查农作物面积遥感测量图集　中国第四次经济普查年鉴
新编英汉汉英统计大词典　中国国民经济核算体系2016　国民经济行业分类注释
挑大学选专业2019—考研择校指南　挑大学选专业2019—高考志愿填报指南　中华医学统计百科全书

发行部电话：（010）63376907　63376908　63376909　同楫行书店电话：（010）68783171　68783172
地址：北京市丰台区西三环南路甲6号　邮政编码：100073　网址：http://www.zgtjcbs.com